DIE FRAU IN DER OPER

CATHERINE CLÉMENT

DIE FRAU IN DER OPER

Besiegt, verraten und verkauft

Aus dem Französischen
von
Annette Holoch

Mit einem Vorwort
von
Silke Leopold

J. B. METZLERSCHE
VERLAGSBUCHHANDLUNG
STUTTGART

Die Originalausgabe erschien unter dem Titel
Catherine Clément »L'opéra ou la défaite des femmes«
bei Editions Grasset & Fasquelle, Paris, 1979.

Die Deutsche Bibliothek – CIP-Einheitsaufnahme

Clément, Catherine:
Die Frau in der Oper: besiegt, verraten und verkauft/
Catherine Clément. Aus dem Franz. von Annette Holoch. Mit
einem Vorw. von Silke Leopold. – Stuttgart: Metzler, 1992
Einheitssacht.: L'opéra ou la défaite des femmes ‹dt.›

Gedruckt auf säurefreiem, alterungsbeständigem Papier

ISBN 3-476-00785-5

Einbandgestaltung: Willy Löffelhardt unter Verwendung einer Fotografie
von Hannes Kilian
Satz: Jung Satzcentrum GmbH, Lahnau
Druck: Gulde Druck GmbH, Tübingen
Printed in Germany

Für Claude Lévi-Strauss
und meinen Sohn Michel

INHALT

VORWORT

Von Frauen, Riten und Mythen

Ist die Oper misogyn? Ja, sagt Catherine Clément. Geschaffen von Männern, von Librettisten, Komponisten und Regisseuren, hat sie die Vernichtung der Frauen zum Thema, von Frauen, die dafür büßen müssen, daß sie die heile (Gefühls)welt der Männer durcheinanderbringen – besiegt wie die Königin der Nacht, verraten wie Madame Butterfly und verkauft wie Violetta Valéry. Gemordete und dem Wahnsinn verfallene, verführte und verlassene, vergiftete und mißhandelte Frauen: Das ist der Stoff, aus dem Opern sind.
Ist die Oper misogyn? Nein, sagt Catherine Clément. Denn die Oper rührt an Schichten der menschlichen Erfahrung, die dem Kopf verschlossen bleiben, sie weist den Frauen Wege aus der Gefangenschaft des (männlichen) Intellekts. Indem sie die Hysterie auf der Bühne vorführt, erlaubt sie den Frauen im Parkett, in gleicher Weise darauf zu reagieren, ihre eigene, spezifisch weibliche Welterfahrung an den Schicksalen jener Frauen zu messen, denen ihre Stärke oder ihre Schwäche zum Verhängnis wird. Die Oper, sagt Catherine Clément, kommt aus der Gebärmutter.
Aus diesem scheinbaren Widerspruch heraus ist ein Buch entstanden, das keinen Leser gleichgültig lassen wird, das Zustimmung und Ablehnung hervorrufen wird, vielleicht auch – ich bekenne es – beides gleichzeitig; in jedem Falle aber ein Buch zum Weiterdenken, mit Bedacht tendenziös in der Auswahl des Materials, bewußt subjektiv in der Deutung. Oper – das ist für die Autorin das Geschehen auf der Bühne ebenso wie die Reaktionen des Publikums, die Sänger(innen) ebenso wie die Rollen, die sie verkörpern – ein Ritual, das sich allabendlich wiederholt; ein Ritual, bei dem die Frauen unten im Parkett keine Stimme haben, sondern nur schmückendes Beiwerk sind, während die Frauen auf der Bühne den Saal mit ihrer Stimme füllen, um ihre eigene Niederlage zu besingen. Als geknechtete, von Männern ins Verderben getriebene Sängerinnen passieren da die Malibran und die Callas, Antonia und Tosca Revue; gleichermaßen dem Tode geweiht erscheinen so unterschiedliche Frauentypen wie Madame Butterfly und Carmen, Isolde und Mélisande. Ein Opfer familiärer Konstellationen ist Elisabeth von Valois ebenso wie Violetta Valéry, Pamina und Elektra, und von den Wirrnissen der Mädchenseele erzählen Tatjana und Mimi, Lucia di Lammermoor und Elvira, die Puritanerin. Turandot und Norma, die Marschallin und Amneris, Brünnhilde und Kundry stehen für die besiegten Frauen, deren Leben seinen Sinn durch einen Mann bekommt und verliert. Auch ein paar Männer kommen in dem Buch vor; freilich sind es Männer, denen, so Clément, Frauengeschichten wi-

derfahren – Männer, die dem Verderben geweiht sind, ausgeschlossene, verletzte Männer: Otello, Falstaff und Hans Sachs.
Was aber macht uns so neugierig auf die Wechselfälle einer schwindsüchtigen Näherin, einer alternden Druidenpriesterin – auf Themen, die mit unserer Wirklichkeit scheinbar so wenig zu tun haben, die auf der Theaterbühne oder im Roman kaum mehr ein Publikum finden würden? Es ist die Musik, die uns alle diese Schicksale nahebringt, die uns verrät, was die Worte bisweilen zu verbergen suchen; die Musik, aus der heraus die Texte erst ihren Sinn bekommen, die den Texten über das Einzelschicksal hinaus allgemeine Gültigkeit verleiht, die den Schicksalsfaden zwischen der Bühne und dem Publikum spinnt. Kein Wunder, daß der Musik in der Oper bisher größere Aufmerksamkeit zuteil wird als den Texten. Clément freilich nimmt zuallererst die Libretti ins Visier, denen sie ähnliche Qualitäten attestiert wie der Musik – das Bewußtmachen des Unbewußten, der Grundmuster menschlichen Miteinanders. Sie interpretiert die Libretti in strikt feministischer Weise und kommt dabei zu verblüffend originellen Einsichten in altbekannte Stoffe. Wer würde schon darauf kommen, daß der Schlüssel zu Tschaikowskys Eugen Onegin in der Marmelade zu suchen ist? Clément aber entwirft mit faszinierender Stringenz ein Bild von der Marmelade, um deren Bereitung es im ersten Bild der Oper geht, als Metapher für den Verzicht auf Leidenschaft, für die Resignation der jungen, schwärmerischen Tatjana in einer bürgerlichen Existenz. Oder wer würde in der Chromatik von Isoldes Liebestod ein Bild des Regenbogens vermuten, der Isolde als Spenderin des Guten wie des Bösen ausweist?
Es ist ein sehr französisches Buch, dieser Opernführer durch die weibliche Brille, das nun in deutscher Übersetzung sein Publikum sucht; französisch auf mehrerlei Weise: zum einen in der Darstellung, die Wissenschaftliches und Literarisches, Erkenntnisse und Assoziationen in einer Weise vermengt, die dazwischen zu unterscheiden kaum mehr erlaubt. Einem deutschen Leser wird es möglicherweise zunächst schwerfallen, die Spreu der Information vom Weizen der Interpretation zu trennen; es mag ihm seltsam erscheinen, die Königin der Nacht und Sarastro als Ehepaar wiederzufinden; der vermeintliche Irrtum entschleiert sich jedoch im Laufe von Cléments Ausführungen als eine bewußte Fiktion, als das Bild, das Clément hinter der Geschichte, wie sie auf der Bühne passiert, zu sehen vermeint – die Geschichte einer Familie, die sich um eine Tochter streitet. Wer sich auf dieses gänzlich andere Denken, auf diese gänzlich andere, spezifisch französische Zugehensweise einläßt, wird den Wert dieses Buches erkennen und in der Auseinandersetzung mit seinen Thesen, auch wenn er die Prämissen nicht nachvollziehen kann, doch von den Ergebnissen und für die eigenen Denkmuster profitieren.

Französisch ist Cléments Buch auch in seinem philosophischen Ansatz. Denn die feministische These ist nur die eine Schicht ihrer Darstellung; sie wird überlagert und durchdrungen von dem Versuch, die Erkenntnisse und Methoden des Strukturalismus und der Mythenforschung ihres Lehrers Claude Lévi-Strauss auf die Oper anzuwenden; Isoldes Chromatik und der Mythos von der Entstehung des Regenbogens bei den Amazonas-Indianern würden demnach auf ein gemeinsames Grundmuster verweisen. Nicht von ungefähr bildet Wagners Ring-Tetralogie, die Lévi-Strauss selbst als eine erste Strukturanalyse der Mythen bezeichnete, den Höhepunkt ihrer Darstellung: An Wagners Mythen, Erzählungen des Unbewußten, wo Text und Musik, Inhalt und Sprache, Handlungs- und musikalische Motive in vielfältiger Weise aufeinander bezogen und gegeneinander verschoben sind, kann Clément die altbekannte Erkenntnis, daß die Oper von Grundkonstellationen des menschlichen Miteinanders handelt, daß die Musik zwischen den Zeilen des Textes zu lesen vermag, daß sie den Text unterstützen, aber auch konterkarieren kann, daß sie eine unmerkliche, aber unmittelbare Verbindung zu der Wahrnehmungswelt des Zuschauers schafft, in einem neuen Licht beschreiben: im Licht jener kulturellen Analogien, jener elementaren Strukturen, die jedes Individuum, jede Gesellschaft über alle historischen und geographischen Grenzen hinweg mit allen anderen verbindet.

Gehört die Vernichtung der Frau dazu? Ja, sagt Catherine Clément. Jedenfalls der Frauen, die sich außerhalb der Gesetze der Familien und Strukturen stellen: die Zigeunerin, die Prostituierte, die Polizistenmörderin. Die Welt der Männer duldet keine Unordnung. Ist aber die Ordnung wiederhergestellt, wenn Carmen, Violetta, Tosca ihr Leben gelassen haben? Und wieviel Männer müssen in der Oper ihr Leben lassen, weil sie sich außerhalb der Regeln stellen? Was unterscheidet das Schicksal Turriddus aus der Cavalleria rusticana von dem der Nedda aus dem Bajazzo? Und ist Riccardo aus dem Ballo in maschera weniger ein Opfer als Maria Stuarda bei Donizetti? Was ist schließlich mit den starken Frauen, der Leonore aus Beethovens Fidelio, und was mit den Paaren, die gemeinsam für verbotene Liebe büßen müssen?

Wer auf solche Fragen Antworten sucht, wird von Cléments Buch enttäuscht sein. Erwarten Sie keinen Überblick über die Operngeschichte, über die Frau in der Oper von ihren Anfängen bis heute; Cléments Auswahl ist nicht nur tendenziös, sie ist auch eng. Susanna aus Mozarts Figaro, Leonore aus Beethovens Fidelio, Agathe aus Webers Freischütz – sie alle hätten keinen Platz im Kreis der besiegten Frauen. Auf die Oper des 18. Jahrhunderts paßt ihre These ebensowenig wie auf viele Werke der zeitgenössischen Musik. Die Opera buffa mit ihren starken, listigen Frauen muß gänzlich ausgespart bleiben wie auch die Opera seria, die generell kaum Besiegte kennt, es sei denn, jemand besiege sich selbst. Das Repertoire dieses Buches beschränkt sich, von wenigen Ausnahmen abgesehen, auf die Opern des 19. und beginnenden 20. Jahrhunderts. In ihrem strukturalistischen Ansatz leugnet Clément die Historizität der Oper, ihre Wandlungen, ihre Vielfalt, ihre Widersprüchlichkeit; und die Spielpläne der Opernhäuser von heute, die genau dieses Repertoire bevorzugen, geben ihr weltweit recht.

Daß gerade in diesem Repertoire auffallend viele Frauen ihr Leben lassen müssen, läßt sich nicht leugnen; mit sicherer Hand wählten die Opernmacher aus dem reichen Schatz der möglichen Sujets, aus der antiken Mythologie, der Historie oder der Literatur gerade solche Stoffe aus, in denen Frauen zu Tode kommen – aber auch Männer. Welchen Anteil hat daran die bürgerliche Gesellschaft? Ist es nicht auch der Sittenkodex, der eine starke Leidenschaft, ein Außer-Sich-Geraten, ein Außer-Kraft-Setzen der Regeln des menschlichen Miteinanders nicht mehr duldet? Der Bestrafung verlangt statt, wie im 18., dem Jahrhundert des Happy ending, Vergebung? Und sind es nicht gerade jene Leidenschaften, die überquellenden Herzen, die die Oper überhaupt erst möglich machen? Was rechtfertigte den Gesang, wenn nicht die Aufwallung der Gefühle? Die Oper handelt per definitionem vom Überschreiten der gesellschaftlichen Regeln, von Extremsituationen jenseits der Contenance.

Sicher, wer den eigenen Passionen freien Lauf läßt, muß dafür büßen. Das verlangt die Gesellschaft, die sonst in ihrer Ordnung, in ihrem Fortbestand gefährdet wäre. Doch sind es nicht gerade die Komponisten, die Partei nehmen für jene, denen das Herz übergeht? Spricht nicht gerade aus der Musik so etwas wie eine leise Sehnsucht, ein wenig Neid auf die Fähigkeit der Opfer, ihre Leidenschaften bis zum Exzeß, dem die Vernichtung folgt, auszuleben? Gewiß entzündete sich die musikalische Phantasie eines Komponisten eher an solchen Exzessen als an der matten Funzel des Anstandes. Auch Titus, dieses Muster an Selbstbeherrschung, singt erst in Momenten, wenn ihm diese verlorenzugehen droht.

Daß es nur den Frauen gestattet war, außer sich zu geraten, war freilich nicht immer so. Die Opera seria gedachte dem jeweils Edelsten den größten Raum für Emotionen zu – unabhängig davon, ob diese Hauptperson der Oper ein Mann oder eine Frau war. Es war die Zeit, in der Männer sich schminkten und puderten, in der sie Stärke zeigten, wenn sie weinten. In Händels Opern steht einer Alcina noch ein Bajazet gegenüber – zwei Opfern, die vormals Täter waren, deren Verzweiflungs- und Wutausbrüche sich in nichts nachstehen. Schon bei Mozart, wenn nicht gar bereits in Händels Oratorien, wird ein Wandel spürbar. Mozarts Frauengestalten ist eine weit größere Bandbreite der Gefühle, der Tonarten und Tempi eigen als seinen Männergestalten; an die Rasereien einer Elettra, einer Vitellia oder gar einer Dorabella reicht so leicht kein Mann in Mozarts Opern heran. Erst im 19. Jahrhundert mit seinen neuen Idealen von Männlichkeit und Weiblichkeit wurde daraus eine Methode; nun riskierte sein Leben, wer die Ordnung, die gesellschaftliche wie die emotionale, störte; denn nun war jeder selbst für das Funktionieren des Gemeinwesens verantwortlich, gab es doch keinen Herrscher mehr, dessen Vergebung eine ausweglose Situation, eine Schuld hätte aufheben können. Und nun gingen die Frauen voran, wenn es ans Sterben ging. Doch die Leidenschaften, das Herausschreien von Angst und Schmerz, wie es Clément für die Frauen in der Oper in Anspruch nimmt, verteilten sich bei näherer Betrachtung eher gleichmäßig auf Frauen und Männer – auch auf Manrico, den Troubadour, der die Geliebte und Mutter die verliert, auf Rigoletto, der für den Tod seiner Tochter mit dem Weiterleben bestraft wird, auf Eléazar aus Halévys Jüdin, der die Tochter dem Glauben opfert. Sie alle als Männer zu vereinnahmen, die Frauenschicksale erleiden, hieße eine an sich faszinierende These überstrapazieren.

Die Qualität dieses Buches bemißt sich freilich nicht nach dem, was es ausläßt, sondern nach dem, was es tatsächlich enthält. Catherine Clément lädt uns ein, bekannte, bisweilen allzu bekannte Opern aus einem neuen Blickwinkel zu betrachten, Personenkonstellationen neu zu sortieren und uns selbst, unsere eigenen Wurzeln dabei im Spiegel der Opern-Mythen zu erkennen. Ihr Buch, als »Übergangsritus« für ihren Sohn geschrieben, kann auch für uns, die Leser, einen Schritt in eine neue Erkenntniswelt bedeuten.

Silke Leopold

VORSPIEL

Lasciatemi morir

Ein großes Haus, fremdartig, im Herzen der Stadt. In die Oper gehen, wenn der Abend hereinbricht. Die Welten austauschen, die Welt der Arbeit gegen die eines wunderbaren und vorübergehenden Vergnügens; die gewaltigen Treppen emporsteigen Frauen aus Bronze halten falsche Fackeln, Decken voller Göttinnen und Götter schauen gleichgültig, Abendcapes lassen mit vergangener Grazie Samtstücke über den Fußboden aus Marmor gleiten; ein dumpfes Geräusch erfüllt allmählich das festlich gestimmte Haus. Tagsüber ist es ein riesiges Bauwerk, verziert mit Säulen, Statuen, ohne Nutzen. Faune tanzen mit ihren Nymphen in einer Ewigkeit aus abgenutztem Stein; ein halbnackter Orpheus hebt eine Lyra; und reihenweise Musen, eitle Tänzerinnen, beherrschen das Himmelreich. Nachts belebt sich alles. Das Haus mit der griechischen Front, der musikalische Tempel beginnt zu beben. Wagen, Kutschen, Taxis, Automobile, Métros schütten entzückte Massen aus. Bisweilen finden sich dort prunkvolle offizielle Gefolge ein, denen behelmte Motorradfahrer vorausfahren. Durch die hohen Fenster sieht man bereits den Glanz aller Lüster.

Die Oper betreten. Einer nach dem anderen die Schranken des Ritus durchschreiten; die Eintrittskarten vorzeigen; ihren Preis kennen, sich von einer Dame führen lassen, die die Türen öffnet, ins Innere eindringen. Der riesige Zuschauerraum, rot und gold, weiß und gold, blau und gold: immer das Gold der Ränge, das Gold der Girlanden. An dieser Architektur ist eine ganze Welt abzulesen, die es nicht mehr gibt. Wie in einem Traum irren die Schatten einer Gesellschaft umher. Dort lassen sich die jungen, zerbrechlichen Herzoginnen, die Balzac in den *Scènes de la vie parisienne* so sehr geliebt hat, von zweifelhaften Dandies verführen; dort, Madame de Vandenesse, Madame de Rochefide, die Prinzessin von Cadignan, die blondgelockten Frauen, hartherzige Heldinnen mit nervösem Fächer, verschwören sich gegen ihre Freundinnen. Dort, in dieser Loge, wo heute eins dieser blassen jungen Mädchen sitzt, die noch mit ihren Eltern ausgehen, fühlte Mathilde de la Mole, wie ihr Herz für Julien Sorel entflammte und bereute es, ihn schlecht behandelt zu haben ... Und sie wiederholte fiebrig die klingenden und italienischen Worte, in denen sich ihr Stolz fing: »Devo punirmi se troppo amai ...« (Ich muß mich bestrafen, wenn ich zu sehr liebte ...) Dort starb, von Louvel ins Herz getroffen, der Herzog von Berry; während man mit großer Mühe den Krankenstuhl Ludwigs XVIII. aufhob, der gekommen war – denn er allein hatte dazu das Recht –, dem Sterbenden die Augen zu schließen, verschied er in

den Kulissen ... In der Oper hat man teil am Leben der Mächtigen; man verbrennt, man tötet, man gebiert Leidenschaften, man erstickt sie.
Erinnern Sie sich an *Senso* und an Viscontis düstere Pracht. Als der Vorhang sich für eine Vorstellung des *Troubadour* hebt, regnet es von oben tausende von Blumensträußen in den Farben des im Entstehen begriffenen, künftigen Italiens herab. Fluchtartig stürmen weißgekleidete österreichische Offiziere, von der Oper besiegt, hinaus; aber in einer Loge liebt eine Frau bereits, wie in einer Oper, einen der feindlichen Offiziere. Se troppo amai ... Devo punirmi. Sie wird bestraft werden. Erinnern Sie sich nochmal, in jüngerer Zeit. Eine Frau in schwarz, ihr Blick brennt vor Traurigkeit; ein frisch verlobtes Paar, sie betrachtet es aus der Ferne. Der Mann verläßt seine Loge, trifft die Frau in einem langen verlassenen und weißen Korridor. Das war: *Prima Della Rivoluzione.*[1] *E*s sind Abschiede: von einer enttäuschten Hoffnung, von einer Revolution, die immer noch nicht kommt, von der Jugend. Im Zuschauerraum geht die Vorstellung weiter, während die junge Verlobte, erstarrt, wie man es auf einem Samtsessel sein muß, ein aufgespießter Schmetterling in der Vorstellung, zusieht, zuhört. Die Oper ist der Ort der Intrigen, der Liebschaften, der Blicke, die sich kreuzen und nicht mehr finden.
Zuschauerraum und Bühne entsprechen sich, überreichen sich den gleichen goldenen Schimmer; der glänzenden Aufführung, den Kostümen auf der Bühne entsprechen die langen Kleider und die festliche Bürgerlichkeit, auf der Suche nach einer vergessenen Würde. Um sie herum strecken die unbeweglichen Statuen ihre polierten Arme aus; unter dem großen Treppenaufgang taucht eine Nymphe mit dem Aussehen der schönen Herzogin Castiglione ihren Fuß, den Hände so oft gestreichelt haben, daß er davon glänzt, in ein Zierbecken ohne Wasser, und sie lacht, wobei sie all ihre bronzenen Zähne zeigt. Säulenreihen im antiken Stil erheben ihre Pfeiler über falschen Mosaiken; darüber staffeln sich die Ränge, und nochmals Ränge, bis zu dem Treffpunkt, der den vertraulichen Namen *Foyer* trägt.[2]
Aber darunter, so murmelt man, gibt es eine schwarzen, undurchdringlichen See, über den manchmal das Phantom der Oper[3] mit einer Barke kommt, um eine Sängerin mit goldener Stimme und dem Namen einer griechischen Göttin, Christine Daaé, zu entführen. Eine ganze Welt voller Schlupfwinkel und Heimlichtuerei; eine Welt der geheimen Tauschgeschäfte, der kleinen Handel, wo vor den Augen des anderweitig beschäftigten Publikums Geschichten der Liebe und des Tods kreisen.
Das immer schwächer werdende Licht verlöscht. Der Lärm verstummt.

1 Film von Bernardo Bertolucci, 1963
2 Foyer hat im Französischen primär die Bedeutung von Heim, Zuhause (Anm. d. Üb.)
3 Man wird den berühmten Held des fantastischen Romans von Gaston Leroux erkannt haben

Einige Huster bleiben übrig; es sind halt auch nur Menschen. Das Orchester stimmt sich ein; das Horn verweilt einen Augenblick bei einem traurigen Motiv aus dem dritten Akt. Gleich hebt sich der Vorhang: der schwere bemalte Vorhang aus Samt und goldenen Quasten hebt sich und gibt immer den Blick auf einen helleren frei. Trompe-l'œil; zwei goldene Riesinnen fliegen durch die Lüfte, um die Bühne zurückzuhalten. Trompe-l'œil; die riesige, samtene Muschel, aus der fasziniert tausende von Augen blicken. Trompe-l'œil; der Vorhang hat sich gehoben, um den Blick auf einen Wald aus Tüll und Holz freizugeben, auf einen Palast aus Stoff. Es wird immer etwas kühl, wenn sich der Vorhang hebt; ein Wind bläst von der Bühne in den Zuschauerraum. Nun erklingen die Stimmen.

Ein großes Haus, fremdartig, im Herzen des Bororo-Dorfes, im tropischen indianischen Wald, der heutzutage von unseren Straßen und unseren Mikroben massakriert ist. Rundherum sind die Hütten, in denen die Frauen wohnen, radförmig angeordnet. Im Mittelpunkt ist dieses große, mit getrockneten Palmen bedeckte Haus. Sie nennen es: das Männerhaus. In den Hütten wohnen die Familien: Frauen und Kinder. Aber in dem Haus in der Mitte verbringen die Männer den Tag damit, sich zu schmücken, sich anzukleiden; Musik- und Jagdinstrumente herzustellen; zu singen. Wenn es eine Frau aus Abenteuerlust wagt, das Haus zu betreten, ist ein oft tödlicher Angriff die Folge. Dort werden die großen rituellen Zeremonien vorbereitet, an denen die Frauen niemals teilnehmen; dort werden langsam die köstlichen Gerichte der Männerkultur gekocht. Alles ist dort anders als bei uns; aber... Anders sind die Rollenattribute: die Frauen sind bei der harten Arbeit, ohne anderen Schmuck als eine wenig variierte Arbeitskleidung, die Männer hingegen sind großen gemalten Vögeln ähnlich, bedeckt von Federn und Muscheln, nach der Mode. Anders sind die sozialen Strukturen: dort geben die Frauen den männlichen Kindern den Familiennamen, und die Männer verbringen eine kurze Zeit ihres täglichen Lebens in den Hütten ihrer Frauen. Aber trotz der Räume und der Welten, trotz des umgekehrten Codes, es bleibt der zentrale Platz eines großen und fremdartigen Hauses im Herzen einer versammelten Gruppe: ein Männerhaus, für Frauen verboten, wo männliche Stimmen singen.

Die Oper ist für Frauen nicht verboten. Das stimmt. Frauen sind der Schmuck, werden Sie sagen, das unverzichtbare Ornament eines jeden Fests. Und sie singen. Besser, sie beherrschen die Szene: Ohne Sängerin keine Oper. Die Rolle des Schmuckstücks, des dekorativen Objekts ist nicht die bestimmende Rolle; und die Frauen besingen auf der Opernbühne unabänderlich ihre ewige Niederlage. Nie ist die Emotion so herzzerreißend, wie in dem

Augenblick, wo sich die Stimme zu sterben anschickt. Schaut sie an, diese Heldinnen. Sie schlagen die Flügel mit ihren Stimmen, ihre Arme krümmen sich, da liegen sie am Boden, tot. Schaut sie an, diese Frauen, die den Saal bevölkern, begleitet von Pinguinen in kaum variierten Uniformen: sie sind dabei, sie zieren. Sie sind dabei, wenn ihresgleichen zugrunde gerichtet wird. Und wenn sich der Vorhang senkt, um die Sänger für den Schlußapplaus vortreten zu lassen, dann sind die Frauen auf den Knien, für eine Verbeugung, den Arm voller Blumen; und da, neben ihnen, der Regisseur, der Dirigent, der Bühnenbildner. Manchmal eine ... Sie könnten nicht wirklich sagen, was sie eigentlich ist: eine Regisseuse? eine Dirigentin? Wenige Frauen nehmen teil an den männlichen Machenschaften rund um dieses Spektakel, das ersonnen wurde, um die weibliche Figur anzubeten und auch, um sie zu töten.
Im 18. Jahrhundert, zur Zeit, als in Gedanken harmonische Welten entstanden, während die Monarchie und der Gedanke des Göttlichen erschüttert wurde, erträumten sich Architekten mit Leidenschaft Opern, die dieser bewegten Welt entsprechen sollten. Sie hatten nicht unrecht: die Oper ist im 16. Jahrhundert aus dem Zusammentreffen zwischen den höfischen Aufmärschen, die die feierlichen Einzüge der Könige in die Städte begleiteten, und den Mysterienspielen vor den Kathedralen geboren. Zwei gesellschaftliche Darbietungen unterstützten zwei an Gott gebundene Gewalten. Diese große, an den Höfen geborene Darbietung, kennzeichnete auch die Hierarchie einer Welt, in der einzig der König den Platz des souveränen Blicks inne hatte. Sie hatten nicht unrecht, Boullée, Ledoux, die utopischen Architekten des 18. Jahrhunderts, daß sie diesen Ort wie ein kalkuliertes Abbild ihrer Hoffnungen konstruiert wissen wollten. Ledoux' Stich für das geplante Theater von Besançon, das einzige, was von diesem Gebäude geblieben ist, symbolisiert diesen neuen Blick: die Gesellschaft im Raum des Opernhauses, wird sich selbst betrachten können. Und das Ganze wird wie ein Kreis entworfen sein. »Der Anblick eines dem Volk gratis gelieferten Spektakels regt mich an und erweitert meine Gedanken; ich werde Euch alle Schätze der menschlichen Gattung entwickeln; Völker der Erde, eilt herbei beim Klang meiner Stimme, gehorcht dem allgemeinen Gesetz. Alles ist rund in der Natur... Unerschöpflicher Quell der großen Wirkungen, die unsere Augen interessieren, nichts kann ohne Deinen überwältigenden Prunk Bestand haben; hier, ja hier findet der Mensch, zurückgekehrt zu seinem ursprünglichen Zustand, die Gleichheit, die er nie hätte verlieren dürfen. Hier, in diesem riesigen Theater, gewiegt auf Wolken, von Rund zu Rund, vermengt er sich mit dem Geheimnis der Götter.« So kommentiert Ledoux die gravierte Kupferplatte, auf der uns, wie durch ein riesenhaftes, alles verdeckende Auge, der Zuschauerraum eines Opernhauses anblickt. Indem sie die großen revolutionären Feste und die

pompösen Arrangements rund um die Göttin Vernunft vorweg nimmt, ist die Oper der Utopisten, wo sich Bühne und Zuschauerraum gegenseitig anblikken, ein Mikrokosmos, sie ist »der riesige Kreis menschlicher Zuneigung.« [1]
Ja. Wo sind die Frauen in der Organisation dieses Gebäudes? Nun, da wo sie hin gehören. »Die Frauen verschönern die ersten Reihen durch die ihrem Geschlecht innewohnende Anmut; die Stärkeren beschützen die Schwachen; die Kinder hängen sich an den Leib des Vaters; andere, auf den Knien ihrer Mütter, bilden den Übergang. Alles ist in unterschiedlichem Ton, das Ganze ist pyramidenförmig. Wie erhaben diese Feierlichkeit doch ist!« Tränen der Rührung perlen unter den Wimpern des Träumers hervor und Greuze zückt den Pinsel. Die Frauen »verschönern die Oper«, während Boullée seinerseits ausruft: »Indem ich das schöne Geschlecht versammelt und vereint habe, in der Art, daß sie in meiner Baukunst den Platz eines Basisreliefs einnehmen, glaube ich sicher zu sein, daß ich meinem Gemälde den Ausdruck und den Charakter der Anmut verliehen habe.« Nichts stört die soziale Pyramide, die aus dem Zuschauerraum selbst die Zierde der Oper macht. Nichts wird später, im 19. Jahrhundert, wo die romantische Oper floriert, die Ordnung stören, die sich vom Zuschauerraum aus auf der Bühne widerspiegelt, die Ordnung der menschlichen Zuneigung, wo Frauen kämpfen, die, kaum daß sie ihre familiäre und zierende Funktion hinter sich gelassen haben, letztendlich bestraft werden, gefallen, verwahrlost oder tot sind. Das *schöne Geschlecht*, in der Tat.
Dieser Ort der Wonnen, wo Genüsse für Ohr und Auge versammelt sind, dieser Ort, wo ursprünglich Orpheuse ihre Eurydiken durch einen einzigen Blick verloren, ruft recht befremdliche Phantasmen hervor, in denen sich die Kehrseite der Oper enthüllt. Dasjenige von Leibniz, dem philosophischen Genie der Infinitesimalrechnung und der Theodizee in einem, überragt alle anderen. Ist es Zufall oder Vorahnung? Dieser Text ist uns unter folgendem teuflischen Titel begegnet: *Drôle de penseée touchant à une nouvelle sorte de représentation*. *(Merkwürdiger Gedanke, der sich einer neuen Art der Darstellung annimmt.)* Wirklich komisch, dieser Gedanke, der im überhitzten Geist von Leibniz aufgekommen ist, nach einer Nacht der Feuerwerke und der Wundermaschinerien am Ufer der Seine.[2] Es wäre also ein großes Haus, wo all das vereint wäre, was sich darstellen läßt; alles, was den Ruhm des göttlichen Architekten aufzeigt, der in seinem Winkel die Zufälle dieser Welt – der besten, sagt man Euch – berechnet. Es würde für den Anfang genügen, daß

1 S. auch die treffende Analyse von Pierre Macherey und François Regnault: »L'Opéra ou l'art hors de soi«, les Temps modernes, 1965. Kommentar von Ledoux über die gravierte Kupferplatte, die das Theater von Besançon darstellt.

2 Text herausgegeben von Yvon Belaval in der Nouvelle Revue française, Nr. 70, 1. Oktober 1958.

»einige zu berücksichtigende Personen« damit einverstanden wären. Man würde Laternae magicae sehen – Magische Bilder, Spiegelungen, Illusionen –, optische Wunder; man würde Kriegsbefestigungen sehen, mit einem Meister der Befestigung, der alles erklären würde. Man würde eine Seeschlacht sehen, und sofort danach Konzerte. Man würde Seiltänzer sehen, ein anatomisches Theater, einen Heilkräutergarten, das Kabinett von Pater Kircher, den Feuerschlucker aus England, den Mond durch ein Teleskop, ein Schachspiel, einen Brennspiegel, Komödien unterschiedlicher Art, je nach Land, Glockenspiele, eine Tierschau ... Was würde man nicht sehen? Der Philosoph, inspiriert durch seine fiebrigen Gedanken, listet in seinem kaum ausgearbeiteten Konzept das wundersame Inventar der Kuriositäten der Zeit auf.

Aber da besinnt er sich eines Besseren. Was hat er vergessen? Die Akademie der Spiele, auch Akademie der Vergnügungen genannt. Hauptsächlich: das Spiel mit Geld, das Kartenspiel der Landsknechte, Dreißig-und-Vierzig, Karten, Würfel. Und die Idee, diese erhabene Idee.

»Diese Häuser oder Kammern werden so gebaut sein, daß der Herr des Hauses, ohne daß man ihn bemerkt, alles, was gesagt und getan wird, mittels Spiegeln und Röhren hören und sehen kann.« Na sowas! Da haben wir Polizei und Überwachung. Unschuldig fährt der Philosoph fort: »Was für den Staat sehr wichtig wäre, wäre eine Art politischer Beichtstuhl.« Wir haben's Euch doch gesagt ... Fehlt nur die Oper: nein, im folgenden Satz: »Und man würde die Oper oder die Musikakademie damit verbinden.« Die Oper, um einen Hokuspokus zu veranstalten, ein mächtiges Ablenkungsmittel hinzuzufügen und die Ohren zu verführen, während die Hände Geld auf die Tische werfen und die »Hausherrn«, die alles hören und sehen, verborgen in einem unsichtbaren Zimmer, alles registrieren, ein treues Abbild, zuerst der Könige, dann von Gott. So sieht und hört der römische Polizeichef in Puccinis Oper *Tosca* alles von einem oberen Zimmer des Palazzo Farnese aus, während die Königin tanzt und man im Zimmer nebenan Revolutionäre des Untergrunds foltert.

Ja, der Gedanke des Philosophen Leibniz ist wirklich sehr komisch. Aber das ist ein äußerst zwingender Gedanke, der die Oper, das Männerhaus, in einen Ort der Künstlichkeit umwandelt, in einen Nährboden der Illusionen und der Wissenschaften von den Illusionen – die Optik, der Krieg, das Theater, die Welt – , wo eine polizeiliche Überwachung ausgeübt wird; und ein Gedanke, der sich der Optik und der Akustik bedient, um den Illusionen selbst eine politische Seite abzugewinnen. Hat Rousseau diese Gefahr gespürt? Er haßte die Oper und die Theater; er haßte die französischen und königlichen Feste und bevorzugte die einfachen Feste, die zu Herzen gingen, bei denen Männer und

Frauen, Harmonien verbannend, die einer symbolischen Architektur ungleicher Spaltungen der Gesellschaft noch zu nahe standen, einstimmig Melodien über Melodien sangen...Und in dem ebenfalls utopischen Raum der geschlossenen Welt Julies in Rousseaus *Neuer Heloise*, singen Bauern, Domestiken und Herren gemeinsam alte Lieder, vor einem See, am Fuß der Berge, fern der Dekorationen aus Tüll und bemaltem Holz, am Busen der Natur. Dichte Bäume ersetzen die Portale, nackte Stimmen ersetzen die Arien, ungekünstelte Tracht ersetzt Federn und Stickereien... Wie das schön wäre. Wie das manchmal schön sein kann, der wundersame Augenblick eines Festes ohne Brimborium, einer unvorhergesehenen Begegnung, einer Musik ohne Harmonien und ohne Orchester!

Aber Julie stirbt an Lungenentzündung, ihr Gesicht zersetzt sich unter dem Schleier, der sie bedeckt, sie riecht. Aber die Welt ist schlecht, die Stadt pervers, die Natur unfaßbar. Und der Garten Julies, dieses natürliche Paradies, lediglich Kunstfertigkeit des Gärtners. Kann man in Gesellschaft träumen? Unmöglich. Rousseau selbst ist gegenüber den Wundern der Oper, »diesem bizarren Theater«, nicht unempfindlich: »Man sieht ein buntes Durcheinander von Göttern, Kobolden, Ungeheuern, Königen, Schäfern, Feen, Wut, Freude, ein Feuer, eine Gigue, eine Schlacht und einen Ball.« Hier ist es wieder, das Inventar, die Ansammlung von Freuden und Wundern: eine ganze Welt spricht mit sich selbst, eine ganze Gesellschaft betrachtet ihre Träume und ihre Konflikte und betrachtet ihre Götter, die auf schweren und prächtigen Maschinen herniederschweben. Und wenn der König nicht in die Stadt kommt, um die Ehrbezeugungen seiner endlich eroberten Untertanen entgegenzunehmen, so deshalb, weil er sie nicht mehr braucht. Jetzt gibt es die Nation, deren republikanisches Abbild, noch von Götterfiguren und Maschinerien verschleiert, die Oper im 18. Jahrhundert zu zeichnen anfängt. V.E.R.D.I. Ein Jahrhundert später dienen die Buchstaben, die den Namen des berühmtesten Opernkomponisten bilden, dem entstehenden Italien, der Nation um einen König im New-look, Vittorio Emmanuele Re d'Italia, als magisches Symbol. Und tausende von Blumensträußen, von tausenden von Händen geworfen, fallen in Venedig im weißen Teatro Fenice auf die weißen Uniformen der österreichischen Offiziere. Luchino Visconti kannte seine Geschichte. Aber diese historische Ouvertüre führt in die Geschichte einer Frau ein. Wenn die Dekoration errichtet ist, bleibt die Bühne und die Vorstellung, die man sich dort ansehen kann. Bleiben die Geschichten, die sich inmitten der platten Dekorationen und der Leidenschaften abspielen, bleiben die Opern.

Diese Opern habe ich entstehen sehen; wenn sie mich berührt haben, dann deshalb, weil sie von Frauen und von ihrem Unglück sprechen.

In dem großen Haus im Herzen der Stadt habe ich mit äußerstem Genuß Frauen gesehen, gehört, die in ein Netz grausamer Intrigen verstrickt waren. Ich habe beim Klang der Stimmen vor Freude geweint, ich habe in die Hände geklatscht, um meiner Zustimmung Ausdruck zu verleihen, ich habe geträumt, ich habe gefühlt. Nach und nach erschienen mir Tote, Leidende, Zerrrissene; es war wie ein unermeßliches Komplott aus den Tiefen der Zeiten, gemacht um diese Frauen als Beute ihrer Weiblichkeit zu zeigen, angebetet und gehaßt, simulierte Figuren einer allzu wirklichen Gesellschaft.
Meine erste Oper, ich war ein kleines Mädchen, hat mich zum Lachen gebracht. Die Leinwand der Erinnerung läßt irgendeine Oper erscheinen, die der Operette glich, mit offenen Verwandlungen und flatternden Kostümen, sonnenbeschienen Palästen, sauberen Wirtschaften, dem Messer in der Luft, schwarzen Augen. Dann kam *Pelléas:* es gab nichts von alledem. Die dichten Nebelschwaden, die Einfachheit der Worte, die Fremdheit einer traurigen Geschichte, und dann diese Frau im Kindbett, vorne auf der Bühne, das war komisch. Wochenlang besang ich das tägliche Leben in Pseudo-Debussy, in Sozusagen-Maeterlinck. Bei Tisch amüsierten sich Gäste und Verwandte. Ich hatte Einzug gehalten in die bürgerliche Farce, die die Oper, welche sie widerspiegelt, ins Lächerliche zieht, und sich an den Nachahmungen erheitert, deren sie voll ist, ohne sie überhaupt zu sehen. Die Farce dauerte lange. In gewissem Sinne dauert sie immer noch an. Aber sie hat sich umgedreht wie ein Handschuh: Wie die Anamnese in einer Psychoanalyse.
Später hat mich die Oper zum Weinen gebracht. Es war das Gleiche, ohne den Familientisch. Es war gleich, hinzugekommen war das Leben. Ein Mädchen, das sich unwissend lustig macht, indem es die Erwachsenen nachahmt, diese unbekannten Riesen, oder eine Frau, die weint, ohne zu wissen, woher diese Tränen ohne Ursprung kommen. Es ist die gleiche Bewegung des Körpers; es ist die gleiche Emotion, die das Leben ohne Vorwarnung im Nachhinein auslöst. Es gibt nichts Lächerlicheres, als eine gesungene Liebesgeschichte auf der Bühne zu sehen; grotesk ist die Oper, wenn man auch nur die geringste Distanz einnimmt; erhaben, wenn man sich auf die Seite der Identifikation begibt. Durch das prächtige, äußerst reiche Haus verwandeln die Verzierungen, die Treppen, die Flure, die barocken Perspektiven, den Zuschauer in die Figur eines Schauspiels, in dem er mitwirkt. Nicht nur als dekorativer Komparse, sondern als Schauspieler, gefangen in einer Identifikation, für die er bezahlt hat.
Es ist eine Identifikation ohne Risiko: es ist »Musik«, und so verlagert sich das alte brechtsche Problem der Distanzierung also in einen die Wahrheiten auflösenden Nebel. Ohne Risiko: oft versteht man den Text nicht, sei es, daß er aus einer anderen Sprache stammt, sei es, daß er aufgrund des Gesangs unver-

ständlich geworden ist. Ohne Risiko: man wird so tun, als interessiere man sich nicht für die Handlung, die völlig unbedeutend ist. Man ist also gerührt, ohne Grund, welch ein Glück! Man wird diese Tatsache der Sängerin, dem Vergnügen, dem Wunder der Oper zuschreiben. Vor allem darf man nicht wissen, wo man ist. Man muß verkennen. Man geht, es ist zu Ende. Draußen ist es kühl; das war eine schöne Aufführung.

Das Unterbewußsein hört sie nicht, ist auf diesem Ohr taub. Es vollendet seine Bohrarbeit, zieht für den Zuschauer die tiefere Beschaffenheit der Geschichte heraus, findet die Phrase, das Wort, die Geste, die der Identifikation vorangehen und bringt Freudentränen hervor, das heißt den Jubel über einen vorgegebenen Schmerz ohne Objekt. Die Musik läßt die Handlung vergessen, aber die Handlung lockt die Einbildung in die Falle. Die Handlung verhält sich wie ein Dämpfer, allen sichtbar, aber außerhalb des Codes des Opernvergnügens. Indem sie flach ist, setzt sie stets unbestimmte philosophische Ansätze aufs Spiel, alltägliche Banalitäten, Liebe-Leben-Tod; all das weiß man, vergißt man. Aber jenseits der romantischen Ideologie werden Verbindungen geknüpft, die die Personen einbinden und sie wegen Überschreitungen dem Tod zuführen. Überschreitungen von Familienregeln, politischen Regeln, den Regeln über den Einsatz sexueller und autoritärer Macht. Das ist alles. Eine Zigeunerin liebt, wen sie will und folgt Schmugglern: *Carmen*. Ein in Venedig fremder Mohr heiratet ein zu blondes, zu fernes Mädchen aus der Lagune: *Otello*. Eine Prostituierte genehmigt sich eine eheähnliche Liebe: *La Traviata*. Ein spanischer Infant liebt seine Stiefmutter: *Don Carlos*. Ein einäugiger Gott sucht den Inzest und die absolute Macht: Wotan im *Ring*. Eine Sängerin tötet den Chef der römischen Polizei: *Tosca*. Ein spanischer Grande trotzt dem Himmel und einem Vater: *Don Giovanni*. Das ist schon alles. Das ist die Hinrichtung, die für uns gespielt wird, zu unserem Vergnügen, ohne Risiko. Daher das Lachen, daher die Tränen. Daher manchmal der Schmerz und die Angst.

Später, nachdem ich mit Hingabe die alten, nachgeborenen und jüngsten Theorien über die Oper gelernt hatte, habe ich von Brecht erfahren, daß die Oper um so mehr Freude bereitet, gerade weil sie irreal ist; von Lévi-Strauss, daß sie, wie jede kulturelle Produktion, eine Sache der Familie und der Strukturen ist; von dem Psychoanalytiker Rosolato, daß die Stimme in Zusammenhang mit Trieb und Geschlechtlichkeit steht. Ich hatte eine Art schamhafter Gewissensbisse verspürt, als ich bei Adorno gelesen hatte, daß einzig Schönberg wahrhaftig sei, und daß es unheilvolle musikalische Schönheiten gäbe. Und ich schauderte als ich *Tosca* hörte, und ich liebte den Tod der Traviata, ich fühlte mich schuldig. Ach, ich wußte schon Dinge, nützliche, überlegte, wahre, über dieses Kulturerbe, das so viele andere gebührend bedacht hatten: so viele Männer.

Ich selbst wußte nicht so viel. All das schien mir irgendeiner Sache gegenüber taub. Es gab da etwas, von dem sie nichts gehört hatten. Man dreht am Knopf eines Radios, man sucht, unschlüssig, die Hand ist unbestimmt, und plötzlich ertönt eine Frauenstimme, sehr hoch; das ist Glückseligkeit; man geht durch eine Straße in Italien, das kann während der Siesta sein, in der Sonne, und man hört plötzlich, wie eine Stimme ertönt. In einem Augenblick ist die ganze Oper gegenwärtig; egal wo, sie ist da, in ihrem ganzen Schein und Prunk. Die Arie geht vom Mund zum Ohr, ist volkstümlich, ihrer Größe beraubt, wird manchmal von einem ganzen Volk aufgegriffen, und sogar von denen, die schließlich ihren Ursprung vergessen. Als sich Sacco und Vanzetti zu ihrem Gang zur Richtstätte aufmachten, sangen sie die Arie des Mario aus dem letzten Akt von *Tosca*: »O dolci baci o languide carezze...« O süße Küsse, o verzehrende Zärtlichkeit, singt der Gefangene im Augenblick seiner Hinrichtung; in der Oper war das ein Abschied vom Leben. In jenem amerikanischen Gefängnis, wo die beiden Gefangenen, wie der fiktive Mario, wegen polizeilichem Mißbrauch eines rassistischen Systems sterben sollten, war es der Abschied vom Italien ihrer Kindheit, der Opernabschied: eine beunruhigende Art, sich als fremd zu bezeichnen, das zu bestätigen, wofür man stirbt. In der Straße hält der Gesang inne: die Straße ist wie vorher. Die wenigen Passanten gehen auf der Schattenseite.

Die Oper ist Frauensache. Nein, keine feministische Version; nein keine Befreiung. Ganz im Gegenteil: sie leiden, sie schreien, sie sterben, auch das nennt man singen. Sie stellen sich aus, dekolletiert bis zum Herzen, leuchtend vor lauter Tränen, mit dem Blick derer, die sich gerade an ihrer gespielten Seelenpein ergötzt haben. Keine kommt davon, oder nur so wenige...

Kommt, meine Gleichgesinnten von früher. Erscheint mit Gefolge, auf daß Euer Tod wenigstens triumphal sei. In dreckigen Lumpen, in höfischen Gewändern, im Négligé, in kaiserlichen Fetzen, als Geishas für unschuldige Kolonialisten, Ihr schleppt Euch schwindsüchtig dahin, Ihr tanzt erstochen, erstickt unter Schilden, Ihr sterbt, erwürgt von schwarzen Händen, fallt beim Kuß eines Prinzen, Ihr stürzt Euch von einem römischen Palast, Ihr stürzt Euch freudig ins Feuer. Ihr schreit, Ihr lacht, Ihr trillert, Ihr schwingt Eure Stimme auf bis sie unweigerlich abbricht... Gegenüber wartet das Schauspiel, in dem schwarzen Loch voller freudig glänzender Augen. Man müßte sich wie im Zirkus hinunterstürzen, ohne Netz, und sich die Knochen brechen. Ihr seid nur hier für dieses Trugbild: auf der Bühne sterben, aus Angst sterben, so tun als ob. Ihr seid hier, um in endlicher Herrlichkeit die Frau von früher im Spiegel der Männer zu zeigen. Diese Welt hat Euch gemacht. Wie ein Labyrinth, das eine kopflose Ratte bis ans Ende führt, wo Käse und Test sie erwarten. Ein goldenes Labyrinth, aus köstlichen Statuen, samtenen Logen und Lichtern; wo Leisten, Pfosten, Versatzstücke der Stimme den Weg in ihren Raum weisen, Leuchtern und Lüstern gegenüber; wo die engen Wege der Läufe und Oktaven zu dem Lärm führen, den das Publikum zurückgeben wird: beklatschen, töten, anbeten, dann vergessen.

Jenem Kind namens Maria Felicia Garcia, als sie zum ersten Mal in der Tragödie *Otello* singen durfte, drohte ihr Vater, sie auf der Bühne zu töten, sollte sie nicht gut genug singen. Sie wurde die Malibran. Dieses Kind, es ist ein anderes und doch immer das gleiche, irrte in Unterröcken durch die Straßen der Pariser Vororte, durch die Gassen von Sevilla, über den Wall eines nordischen Schlosses. Sie ist zum Freudenmädchen geworden, sie trinkt den mörderischen Champagner der Halbwelt; sie arbeitet in einer Tabakfabrik, raucht Zigarren und legt sich Karten; sie irrt in einem Wald umher, sie hat ihre Krone verloren, die Krone, die er ihr gegeben hat; sie wird mit Gewalt von einem traurigen Helden entführt, der sie für einen anderen, auf einem Schiff voller Männer, in ein Königreich führt. Wenn man sie anrührt, werden sie sich hinabstürzen. Ins Wasser, ins Meer, in die Liebe, von einem Gefängnis. Man wird sie berühren: sie singen »Lasciatemi morir...« Laßt mich sterben. Sie singen das mit einer Stimme, die zu Herzen geht, mit einer Stimme, die die Seele schmelzen läßt, die einen zum Weinen bringt. Am Ende wird dieses Kind sterben. Arm und schwindsüchtig; erstochen vor den Pforten der Arena, während des Einzugs der Cuadrilla; sie wird ein kleines Mädchen zur Welt bringen und in aller Stille verlöschen; sie wird sich auf die Leiche Tristans werfen und aus Trauer sterben, oder aus Freude. Zwischen der vergessenen Kindheit und dem Tod von Violetta, Carmen, Mélisande, Isolde wird es Theaterstücke geben. Die Frauen knöpfen ihre Handschuhe wieder zu – das war im letzten Jahrhundert, täuschen Sie sich nicht, das ist auch heute noch so –; die Männer schlüpfen in einen Mantel und kommentieren, erschöpft vom Zuhören. Das Leben nimmt wieder die Wertigkeit eines Zwischenakts an. Sie verlassen die Bühne und gehen ihrerseits essen, reden, bumsen, schlafen. Bis zur nächsten Arbeit auf der Leiter der Stimmen und der Ängste.

Dieses perfekte Spektakel hat die Zeit seiner Erschaffung beendet und wiederholt in diesem Jahrhundert die Liebesgeschichten des vorigen. Es hat Zuschauerraum und Bühne hinter sich gelassen und produziert überall Operneffekte: Im Kino, im Musical, im Theater und in Romantexten. Der Gesang der Toten und der Sängerinnen nährt die Formen einer Erschaffung, die die lange Geschichte ihrer Leidenschaften bis ins Unendliche wiederkäut. Dies ist zweifellos das Ende der Strecke, die man endlich verlassen muß. Ist es möglich, im Augenblick, wo die Oper eine Renaissance erlebt, wo sich die Zuschauerräume mit alten und neuen Zuschauern füllen, aus dem Erbe herauszutreten, auf ein anderes Spiel zu setzen? Ist das mein Wunsch?

Dennoch, dort hat sich die höfische Musik eines Tages mit der göttlichen Macht verbunden, um ein unbewegliches Publikum vor eine gesungene Geschichte zu setzen. Dort hat das triumphierende Bürgertum sein träges Hinterteil plaziert, um seine Familiengeschichten anzuschauen, prima della rivoluzione. Dort verewigt ein wundersames Erbe ein unbekanntes, von der Geschichte gedrechseltes Massaker; dort wird vielleicht endlich das 19. Jahrhundert vollendet, dessen Modelle, Ideen, Gefühle, Liebesarten wir in unseren vergeßlichen Erinnerungen immer noch mit uns herumschleppen. Dort sterben, wie immer, die Götter, die das Christentum unaufhörlich tötet und wiedererweckt. Dort erhebt sich eine Stimme zur Agonie, verloren, nie mächtiger und beunruhigender, wie wenn uns sämtliche Illusionen ihr Antlitz der Traurigkeit zuwenden. Verlorener Gesang für eine tote Oper; wiedergefundener Gesang für eine Oper, die aus den immer neuen Quellen leidender Frauen sprudelt... »Lasciatemi morir.«

Duette auf das Goldene Kalb

Ich werde also über Frauen sprechen und über ihre Operngeschichten. Ich werde einen Frevel begehen: auf die Worte hören, die Libretti lesen, den Handlungen, ihren Knoten, ihren Verwicklungen folgen. Ich bin nicht bereit, den Schritten der großen Vorfahren zu folgen, ich weigere mich, den so gut ausgebauten Pfaden zu folgen; es wird primär nicht um die Musik gehen. Was ich mit der Musik mache? Aber sie ist überall, in den Wörtern selbst. Diese Frauen singen, und die Melodien tragen sie hinfort. Ich jedoch entscheide mich, auf die Sprache achtzugeben, auf den vergessenen Teil der Oper. Auf den, der stets im Schatten bleibt, und doch bleiben die Wörter Töne, sind Musik. Ach, das geht nicht von ganz alleine...

Oft sind es Musiker oder Musikwissenschaftler. Als Instrument hat er ein Klavier. Für ihn hat es eine fast physische Anziehungskraft; er streichelt es, fummelt an ihm herum, wie an einer Frau, mit der er schläft. Er poliert seinen schwarzen Körper und sein goldenes Innenleben, er mißhandelt es. Er steht für all jene, für die die Musik zuerst kommt, unbesiegbare Riesin, vollkommene Geliebte, totale Liebe. Und für ihn ist die Oper die Perversion selbst. Diese Diskussion über die Oper hatten wir schon hundert mal, so mechanisch, daß das Kopierband ganz alleine abgespult werden könnte, oft verkratzt, wie eine alte Platte. Irgendwie sind das abgedroschene Schlager.

Er sagt ..., daß die Worte der Sprache einen unerlaubten Eingriff in die Musik darstellen. Man müßte sie verbannen könne, und zwar alle. Sie verhindern, daß man wirklich zuhört. Parasiten sind das. Und im Zorn geht er sogar soweit zu sagen, daß das eine Penetration ist, wie wenn die Musik vergewaltigt würde, ihre Jungfernhaut durchstoßen. Und die leuchtende Metapher erhellt mit ganzer Kraft die Gewalt dieses Widerstands gegen die Sprache. Da er Mann ist, findet er in der Musik eine Überfrau, eine, in die er niemals eindringen, die er niemals besitzen wird. Über die Sprache und auch über die Frauen macht er unaufhörlich Wortspiele; er liest Joyce und Freud, da dieser ganz ernsthaft die sprachlichen Tücken des Unterbewußtseins freilegt. Der Verrat ist eindeutig; gerade das wortreiche Durchstoßen des Hymen. Dieser vollkommene Musiker ist ein Don Juan, der eine Figur, indem er sie mit Musik umhüllt, mit dem Phantasma einer auf immer fliehenden, unantastbaren Frau besetzt. Er kann nicht in sie eindringen: deshalb liebt und beschützt er sie.

Mit aller Kraft. Bei Schubert kommen ihm die Tränen, weniger bei den Liedern, als vielmehr bei den Kompositionen für Klavier, und kaum erträgt er die Titel, die ein Rachmaninov oder ein Chopin für ihre Werke gewählt haben. Er streckt nicht die Waffen und holt zu einer ziemlich langen Tirade über die Musikgeschichte aus. Von mir aus gerne; Kurse bringen immer was.

So lerne ich, daß es im 16. Jahrhundert die Polyphonie gab; daß der Generalbaß geboren wird, wie ein ABC; und daß durch die Oper die Komposition einen Rückschritt macht, indem sie ihr Fortschreiten aufhält. Heute, wo der Form Oper die Luft zum Atmen ausgeht, wo es so wenig neue Opern gibt, fände man da keinen Ausweg. Mir soll's recht sein, noch bin ich gelehrig. Aber ich denke an diese jungen Komponisten, die ein wenig in der Klemme sind, dafür jedoch voller musikalischer Energie, die in der Mythologie der Oper, in ihren Quellen Nahrung für ihre Schöpfungen suchen. Ja, Nahrung, wie man zur frischen Milch zurückkehrt, zu einem lebenden Fluß, ohne den sich kein Bild artikuliert, kein Ton besteht. Dieser in eine bestimmte Musik verliebte Pianist wiederholt bis ins Unendliche ein lediglich von einem Menschen gespieltes Repertoire, vor einem Publikum, das sich manchmal rar macht, eine Elite mit gebildetem Ohr. Ich denke an das Opernpublikum, das zum Teil aus Fanatikern besteht, denen keine Note einer Partitur entgeht, die sie bisweilen mit in den Zuschauerraum nehmen; zum Teil auch aus Unwissenden, die nie eine einzige Note auf einer einzigen Notenlinie gelesen haben, aber die zuhören können, mit bebendem Herzen, Tränen in den Augen, ohne zu verstehen, was sie bewegt. Ich denke an den großen Ritus, den mein Biedermann, der Pianist, versäumt, an dieses gesellschaftliche Fest, bei dem indes die Musik regiert, und das seit seinen Anfängen für das Volk gedacht war. Und das sich Völker zu eigen zu machen wußten.

Der Unterricht geht weiter. Er spult eine befremdliche Argumentation ab, von einer Geschichte, die mit der Geburt der Oper zerbrochen sei, als ob es irgendwo eine einzige Geschichte gäbe, deren Verlauf so unterbrochen werden könnte. Was er beschreibt ist ein Traum. Es ist, in einem mythischen Raum, die perfekte und inexistente Geschichte einer Musik, in der die Oper nur einen kindischen Ausbruch darstellt, eine Art Röteln. Der Anachronismus langweilt mich. Ich gähne. Mich umflattern meine bevorzugten Phantome, die Schmerzensschreie Violettas, wenn sie ihrem Geliebten Adieu sagt und er es nicht weiß, Toscas Ängste, Carmens Provokationen, die, kaum ausgesprochen, im Ohr, und schnell auch im Mund sind. Es passiert mir oft, daß ich so im Leben vor mich hin singe. Manchmal haben sich die Worte meiner Heldinnen verirrt; es passiert mir sogar für einen kurzen, vom Alltäglichen losgelösten Moment, nicht mehr zu wissen, wer von mir Besitz ergriffen hat. Aber wenn ich ein wenig suche, weiß ich, warum diese Arie, diese Frau mich heimgesucht haben. Ein Wort, vom Unterbewußtsein im Flug aufgefangen, ein Widerwort in einem Gespräch, eine unvorhergesehene Assoziation, eine schwelender Konflikt, rufen sie herbei. Zuerst kommt die Melodie zurück, sie ist nicht trennbar von den Wörtern, die ihr das Geleit geben. Dieser Herr, dem eine ganze Welt verschlossen bleibt, widert mich schließlich an. Mozart langweilt ihn, Bellini findet er gräßlich, Puccini ist vulgär, Verdi anmaßend; und das ganze ist figurativ, also nicht musikalisch. Es ist, so sagt er, das Goldene Kalb.

Das Goldene Kalb! Daß ich daran nicht früher gedacht habe! Das frevelhafte Götzenbild, gebaut von den von Moses verlassenen Hebräern, trägt in sich den Sinn von Schmutz und Laster. Das Goldene Kalb: Geld, Luxus, Banken; das Goldene Kalb: Kapitalismus, prall gefüllte Dollarsäcke, Prostitution. Und für einen Musiker, mehr noch für einen Solisten, ist die Oper wirklich das Goldene Kalb, die Gefälligkeit, das Dekor, die bildliche Darstellung der Geschichte. Da ist mein Moses, die asketische Reinheit, die ästhetische Keuschheit, die stolze Armut des Künstlers, Generationen von Rimbauds, Pléiaden von Verfluchten... Das unschuldige Tier mit gehörntem Kopf und ägyptischem Blick symbolisiert eine Opposition, die es nicht erst seit gestern gibt. Ja, das Goldene Kalb, das gefällt dem Volk, so ist die Oper. Ja, es gibt immer einen Moses, der von seinem Berg Sinai heruntersteigt und die Götzenbilder zerstört; aber er tut es um den Preis der Freude, um den Preis des Glücks und um einer religiösen Enthaltsamkeit willen, die kein dargestelltes Bild zuläßt, wo ein Vergnügen lediglich im auf ewig unsichtbaren Antlitz eines sich entziehenden Gottes zu finden ist. Wie bei dieser nicht zu vergewaltigenden, unzugänglichen Musik-Frau.

Soll er reden. Diese brutale und streitsüchtige Formulierung richtet sich an alle Moses, an alle Zensoren. Soll er reden, sagten die Hebräer zu Moses, als sie um ihren neuen Gott herumtanzten, während der andere, in sich versunken, auf dem Gipfel des Berges mit sich selber sprach. Ein perfekter Zufall will es, daß eine der letzten Opern der Geschichte *Moses und Aaron* heißt. Mit bewundernswerter Beharrlichkeit ist Schönberg nicht damit fertig geworden; die Oper ist unvollendet, so daß hier wie anderswo vom Gelobten Land keine Rede sein kann. Was hier gespielt wird, ist recht interessant. Denn dieser Grenzfall einer Oper betrifft die Unmöglichkeit der Oper selbst. Zwei Personen im Dialog: Moses, der nicht singt sondern spricht, und sein Bruder Aaron, der nicht spricht und dem der Gesangspart zufällt. Also in der Oper der bessere Part. Der eine verteidigt die Idee, die Theorie durch das nackte Wort, das in der Oper keinen Platz hat; der andere verteidigt das Bild, die Darstellung, die Inkarnation. Moses ist ein widersprüchlicher Held, der gerade dort spricht, wo man nur Gesang erwartet. Und Aaron, der Heldentenor mit glänzender Stimme, spricht die lyrische Sprache, die das Opernpublikum der Zeit wie einen geliebten Code wiedererkennen konnte. Auf der Bühne dieser Oper entwickelt sich der Dialog zwischen dem Volk und seinem Führer, zwischen Freude und Askese, zwischen der vom Wort befruchteten Musik und dem göttlichen, edlen, vorzüglichen, unmöglichen Wort.

In der Tat unmöglich: Moses ist besiegt. Alleine kann er nicht zu dem Volk sprechen, das ihn nicht versteht. Er braucht Aarons Unterstützung, also die der Musik und der Magie: der Stab wird zur Schlange, Wasser zu Blut, es regnet Frösche... So wird der Gott von Moses nur durch Aufmerksamkeit heischende Phänomene als allmächtig anerkannt. Aber für Moses ist dieser Gott eine Idee und nichts anderes. So ist es ein Fehlschlag, wenn man, um das Volk von der Existenz dieser Idee zu überzeugen, zu Bildern übergehen muß: Sollte sich Moses eine Einbildung, ein Phantasma zurechtgemacht haben? Seine letzten Worte sind die der Niederlage: »So habe ich mir ein Bild gemacht, falsch wie nur ein Bild es sein kann. So bin ich besiegt. So war alles, was ich gedacht habe nur Wahn und kann und darf nicht gesagt werden. O Wort, o Wort das mir fehlt...« Hier hat Schönberg aufgehört. Und diese Oper, die man unvollendet nennt, hat das logische Ende gefunden, das ihrer inneren Konsistenz entspricht.

Es ist die bewundernswerte Darstellung einer unmöglichen Scheidung auf einer Opernbühne. Das Wort allein ist ohnmächtig, durch die Kraft der Idee zu überzeugen. »Ich verstehe nicht recht«, sagt da der Pianist. »Sie suchen in der Oper den Sinn der Wörter, und hier haben Sie eine ganze Tirade gegen Moses, gegen den Sprechenden, den Ohnmächtigen...« Ja, denn in der Oper gibt es weder Moses noch Aaron. Es gibt weder das nackte Wort, noch Gesang ohne Worte. Moses und Aaron stehen gut und gern für die beiden Begriffe eines Gegensatzes, den die Oper vereint, indem sie unaufhörlich vom einen zum andern geht, ohne jemals anzuhalten. Kein Wort, selbst flüchtig, selbst

punktuell, gilt etwas ohne den Akkord, der ihm vorangeht, ohne die Punktierung, die ihm folgt: Wenn in Puccinis Oper Floria Tosca den Leichnam des Polizeichefs zu ihren Füßen betrachtet, den sie gerade mit Messerstichen getötet hat, und sagt: »Und vor ihm zitterte die ganze Stadt Rom...«, umgibt sich dieses gesprochene Wort, ohne Orchester, mit einer reichen musikalischen Linie, die die Gewalt und den Mord besänftigt und kommt zur Ruhe; und sobald die Phrase endet, setzt die Musik wieder wie ein langsames Echo ein und begleitet Toscas Flucht. Keine Musik, auch keine vorübergehende, die gespielt wird, ohne daß die Sänger dazu den Mund öffnen, hat Gültigkeit ohne die Worte, die sie eingeführt haben, ohne diejenigen, die ihr folgen: wenn Butterfly still die ganze Nacht auf den Mann wartet, den sie liebt und den sie seit drei Jahren nicht gesehen hat, erzählt ein langer musikalischer Augenblick vom Sonnenaufgang über dem Hafen von Nagasaki; und er führt den Tag ein, das enttäuschte Warten der kleinen Japanerin und spielt im voraus mit den Worten des Todes. Die Oper ist das Goldene Kalb, um so besser; schließlich wird dieses glänzende, aus dem Schmuck aller gemachte Rindvieh für die in Ägypten so lange unterjochten Hebräer ein wirklicher Gott sein, ebenso verehrungswürdig wie Jave.
Moses kehrt murrend an sein Klavier zurück und tröstet sich mit der wiedergefundenen mystischen Liebesbeziehung, die er mit seinem Idol unterhält. Sein Bruder Aaron, folgt ihm auf den Fersen. Er ist ein wackerer Opernliebhaber, wie es so viele gibt. Er ist kein Musikkenner, er kann zumindest keine Noten lesen: denn für eine ganze Elite bedeutet »die Musik kennen«, daß man eine Partitur lesen und solange die Musik spielt, den komplexen Entwicklungen einer spezifischen Schreibweise folgen kann. Aber jener liebt die Oper, in die er seine ganze Leidenschaft legt. Und er besitzt, ganz für sich, insgeheim ein immenses Wissen über Schallplattenaufnahmen von Opern. Er würde so weit gehen, die Stimme der Callas im Jahre 1802 zu erkennen (sein erster Milchzahn); die Betonungen der Sutherland im Jahre 1870 (seine ersten langen Unterhosen); die großartigen Schreie der Nilsson im Jahre 1914 (seine erste Frau); die Seufzer der Malibran im Jahre 1950 (sein erster Liebeskummer). Er hat sie alle, alle. Die offiziellen Aufnahmen, die großen und stattlichen Subskriptionsangebote in prachtvollen Kassetten, die Wiederauflagen in Mono, auf denen die Stimmen nicht ganz ausgeglichen sind, dafür aber so bewegend in ihrem vergangenen Trödelcharme, die lange Zeit unter der Hand vertriebenen Raubmitschnitte, einfach alle. Man könnte sagen, daß er sich in Ermangelung eines anderen Wissens, welches er sich durch Zufall nicht hat aneignen können, auf diese Sammlung gestürzt hat und daß sich darin seine Sprache über die Musik befindet. Hier findet er seine in lebende Karteien verwandelte Erregung wieder; sein Gedächtnis füllt eine Bibliothek wie die von

Borges, wo Schallplatten wie Bücher sind, falsche oder richtige, die sich der langen Flure bemächtigen, wo er tagein tagaus ordnet. Seine Gespräche sind auf wundersame Weise langweilig; man könnte sie als die langsame Reifung einer These bezeichnen, deren Hauptinhalt kritische Anmerkungen sind. Und auch für ihn zählen die Worte nicht.

Oh, der Text stört ihn nicht. Weiß er überhaupt, daß es ihn gibt? Das ist nicht sicher. Keiner hört dem Text zu, keiner achtet auf ihn... Aber der Text ist doch nur Beiwerk! Was singen Sie uns denn da vor, von wegen Sinn? Dennoch ist er, mehr recht als schlecht, in der Lage, eine komplette Arie mit diesem berühmten Text, den es gar nicht gibt, vorzutragen. Sehen Sie das merkwürdige an diesem Phänomen, diese Wörter tun wie eine unbekannte Sprache. Es stimmt, daß er weder *Carmen* noch *Pelléas* mag, und daß er zu denen gehört, für die die französische Oper ein Reinfall ist. Ach, sicher, der Sinn entgeht einem selten: Carmen zu singen, das bedeutet »Ein schwarzes Auge schaut Dich an«, und dann »Auf in den Kampf«, und dann noch »Die Liebe vom Zigeuner stammt...« Hier kann man nicht abschalten: man muß verstehen. Ich glaube hierin liegt der geheime Grund für den Widerstand gegen die französische Oper: der Sinn existiert, kein Mysterium mehr, leb wohl Exotismus. Durch diesen Riß in der Faszination der unbekannten Sprache stürzt das Lächerliche; und kommt der griesgrämliche Saint-Evremond zurück, jener Mensch auf dieser Erde, dem die Oper am meisten verschlossen war. »Kann man sich vorstellen, daß ein Herr seinen Diener singend ruft, oder ihm singend einen Auftrag gibt; daß ein Freund einem Freund singend eine Vertraulichkeit mitteilt; daß eine Versammlung singend berät; daß man singend Befehle gibt, und daß man Männer mit Degen- und Speerhieben melodisch im Kampf tötet?« Und doch spricht der Graf Almaviva auf italienisch zu seinem Diener Figaro, und dieser erwidert: «Se vuol ballare, signor contino...« Wenn Du tanzen willst, mein kleiner Graf, spiel ich Gitarre dazu!

Aber mehr als über die gesungenen Befehle ist Saint-Evremond über die revoltierenden Antworten besorgt, die darauf gegeben werden können, wo doch gerade der muntere und ungestüme Gesang Figaros die Französische Revolution vorwegnimmt. Das ist eine andere Geschichte? Nein, es ist immer noch die gleiche. Das geringste Wort trägt in sich Jahrhunderte von Geschichte und Kultur; das geringste Wort ruft Unmengen an Ideen hervor, wie sich Vögel aufschwingen, wenn sie von Hunden aufgespürt werden.

Unser Mann kennt weder den Text noch die Handlung. Aber er begeistert sich für diese psychotische Sprache, die für viele Italienisch ist (und sein Körper wird von der Liebe erschüttert); für viele Deutsch (und sein Körper wirft sich nieder und reflektiert gegen seinen Willen auf Knien das metaphysische Wesen Wagners); für wenige ist es Russisch (und die Zwiebeltürme überragen die ewig unterjochten Massen); für einige ist es Spanisch, Tschechisch, Englisch. Eine ökumenische Sprache, in der sich, zur Freude eines endlich vom Sinn befreiten Ohres, unbekannte musikalische Worte versammeln. Und dann noch zu behaupten, daß die Musik den Sinn verleiht, was falsch ist. Denn ob sie ihn begleitet, ihn vervollständigt, ihn herausfordert oder bremst, sie gibt den Worten keinen Sinn, diese haben aus eigener Kraft heraus ihren eigenen, inneren Sinn. Und dann noch zu behaupten, daß der Zauber der Oper gerade darin besteht, daß man nichts versteht, und daß das auch besser so ist. Schweigen. Was diesen Punkt angeht, da frag ich mich schon ...

Bin ich anders gebaut, als die Opernfans an meiner Seite? Sicher, eine Oper, deren Text ich nicht kenne, lockt mich, zieht mich an; aber sobald ich die Worte kenne, die Leidenschaften, alles, was mit hineinspielt, umhüllt mich die Oper gänzlich mit einer Welt wunderbarer Reinheit, von unvergleichbarem Leben. Und die Musik enthüllt sich dann in ihrer ganzen Fülle. Verstehen oder nicht verstehen; Vergnügen daran finden, die ganzen Widersprüche der Wirklichkeit aufzuspüren, oder sich am Unbekannten zu sättigen: zwei unvereinbare Möglichkeiten, zwei unversöhnliche Arten zu leben und die Oper zu erleben. Der lange Monolog auf deutsch der Marschallin im *Rosenkavalier* erschien mir großartig, als ich wußte, daß sie von ihrer Kindheit sprach und von den Falten in den Augenwinkeln; das langsame Quintett aus den *Meistersingern* hat mich mit Glück erfüllt, als ich verstehen konnte, daß der alte Hans Sachs, der Schuhmacher und Poet, darin eine große Enttäuschung, maskiert von der musikalischen Bewegung, zum Ausdruck brachte. Aber warum sollte man diejenigen um ihr Glück bringen, die sich an dieser geheimnisvollen Sprache erfreuen, welche gemacht ist, um nicht verstanden zu werden, gemacht, um zu dem Teil der Kindheit zu sprechen, der die Mutter hört, der sie ganz nahe bei sich hört, ohne noch den Sinn der zärtlichen Worte zu verstehen?

Ich verlasse also Aaron, der sich mitten in einer langen Rede über die zu vergleichenden Meriten der Caballé und der Callas auf Schallplattenaufnahmen von Aix-en-Provence und Los Angeles befindet. Vielleicht hat Maria Callas nie in Kalifornien gesungen, ist mir egal, ich haue ab. Der Opernliebhaber spielt mit seinen Amuletten und umzingelt das Goldene Kalb mit erhobenen Armen und neuen Ketten. Meine Sache ist der tote Teil der Oper: es ist die Sprache.

Die Oper: eine Szene, in der Wörter nur als durch Musik organisierte Töne gesagt werden können. Diese doppelte Szene, in der untrennbar zwei Sprachen, die gesprochene und die musikalische, spielen, von zwei Autoren verfaßt, dem Librettisten und dem Musiker. Der unsägliche Saint-Evremond, immer der gleiche, sah in diesem Aufeinandertreffen die Gründe für das Lächerliche in der Oper: » ... eine sonderbare Arbeit aus Poesie und Musik, wo sich Dichter und Musiker gegenseitig behindern und sich alle Mühe geben, eine schlechte Arbeit zustande zu bringen.« Noch ist dieses Aufeinandertreffen nicht allen bekannt. Was geschieht hingegen? *Don Giovanni* ist eine Oper von Mozart; *Otello* eine Oper von Verdi, und der Librettist wird in der langen Geschichte der Oper in den Trümmern eines nötigen, aber tunlichst zu vernachlässigenden Textes verscharrt. Reden wir gar nicht von dem, was man gemeinhin als »schlechte Libretti« bezeichnet; die gibt es zweifellos. Reden wir lieber von wirklichen Dichtern wie Da Ponte, Mitautor von Mozarts Opern, von Boïto, Mitautor der besten Opern Verdis, fügen wir lieber, um dem ganzen ein Gewicht zu geben, die Berufsschriftsteller hinzu, die ihre Zeit der Bearbeitung von Opernlibretti gewidmet haben: sie gibt es, von Hofmannsthal über Maeterlinck bis zu Hélène Cixous. Aber... vor allem anderen haben sie ein Recht auf freundliche Worte und eine bewußte Wiedergutmachung: »Vergessen wir nicht«, so ist manchmal im Radio zu hören, »daß Da Ponte ein genialer Librettist war.« Ja, er schrieb den Text zum *Don Giovanni* der bis ans Ende der Zeiten einzig und allein Mozart zugeschrieben wird. Ja, das Libretto von *Pelléas und Mélisande* und die so nackten und traurigen Worte Maeterlincks, die mit so reiner Klarheit zu hören sind, sind wesentlicher Bestandteil der Oper. »Nous ne savons jamais que l'envers des destinées, l'envers même de la nôtre«[1] ... und »Je vois une rose dans les ténèbres«[2] sind unvergessliche Worte. Und die Arie des Leporello, die man »Register«-Arie nennt, weil er all die Schönen zusammenzählt, die sein Herr, Don Giovanni, schon verführt hat, was wäre sie ohne »die Magere«, »die Dickliche«, »die erste Jugend« und das von der Musik so sehr betonte »Tausendunddrei«? Musik, in der Oper ist sie die Kaiserin, die Räuberin des Ruhms... Sie enteignet einen der Autoren, der auf ewig seiner Arbeit beraubt ist, ohne die es keinen Operngesang geben würde. Und die Libretti sind Waisenkinder.

Die jüngste Entwicklung in der Oper bringt noch ein anderes Geheimnis ans Licht. Zur Zeit ist nicht einmal mehr der Musiker der Autor. Nein, es ist der dritte Spitzbube: der Regisseur. Ich habe gehört und nicht verstanden, was man mir erzählen wollte, daß *Simon Boccanegra* eine Oper von Giorgio Strehler sei; bald wird man sagen, daß *Lulu* eine Oper von Patrice Chéreau ist, eine interessante Entwicklung; ich sehe hierin eine maskierte Rückkehr des Operntextes. Denn nicht alle Regisseure haben ein Recht auf diese angesehene Vaterschaft. Diejenigen, die das Erbe antreten, lesen die Oper immer aufs neue, arbeiten an ihr; sie ziehen aus den Worten selbst, und dem was sie umgibt, Ideen, die fähig sind zu erneuern, oder die einfach den Worten, die

1 Wir wissen nie, daß die andere Seite der Schicksale, die Umkehrung selbst unseres eigenen...
2 Ich sehe eine Rose in der Finsternis.

bisher lediglich als Vorwand für Gesang galten, das Leben zurückgeben. Diese Erneuerung der Oper in der Inszenierung gibt den Autoren der Texte und Geschichten nicht den Namen zurück; aber die Arbeit an einer Inszenierung von Strehler, oder mehr noch von Chéreau oder Jorge Lavelli, ist vor allem anderen eine Lesearbeit.

Sie wissen, daß ein Opernlibretto eine Geschichtslektion ist. Daß es in der Aufführung nicht klar wird, wenn es nicht ersichtlich im Zeitgeist, der es hervorgebracht hat, interpretiert wird. So wird *Simon Boccanegra* seine Klarheit zurückerhalten, trotz der äußersten Kompliziertheit der Handlung; und trotz der Auslassungen gibt die Geschichte des Volkes von Genua und seiner inneren Kämpfen dem beliebten Dogen sein unglückliches Schicksal zurück; so erklärt mit einem einzigen Bild ein Schleier, der sich hebt und wieder über dem fällt, der früher Seefahrer war, den genueser Geist, den Verdi und die drei sich ablösenden Autoren des Librettos[1] Augen und Ohren übermitteln wollten. Eine einzige, vom Regisseur gefundene Geste, fügt den zahlreichen Zeichen, die schon da sind, noch eines hinzu; wir befinden uns in einer meditativen Zeit, in der die Oper, auf dem Gebiet der Uraufführungen völlig außer Atem, über eine historische Lesart wieder zu ihren Quellen findet. Distanziert, kritisch, poetisch, träumerisch oder kämpferisch entwickelt die Inszenierung Ausstattung, Gesten, Requisiten, gibt einer historischen Tiefe Raum, die es vorher zweifellos nie gegeben hat. Geschichtslektionen. Alle Opern Verdis knüpfen an einen politischen oder ideologischen Kampf an. Heute ist *Traviata* nicht mehr die Geschichte einer unglücklichen Liebe zwischen einer Prostituierten und einem ein wenig verrückten jungen Mann, sondern der grausame Konflikt zwischen der Familie, ihren Besitzinteressen und der gleichzeitig existierenden Welt der Prostitution. *Otello* ist nicht einfach ein Eifersuchtsdrama; es ist der rassistische Konflikt zwischen einer mächtigen Stadt und einem Mohren, den sie braucht. *Don Carlos* ist kein rührender Bericht der widrigen Liebe zweier junger Leute; es ist der komplexe Konflikt zwischen der spanischen Inquisition, dem Erben Karls V., Flandern, und verloren in diesen düsteren Intrigen befinden sich hier zwei junge Liebende, die durch einen königlichen Vertrag zu Blutschändern wurden. Verdi ist deutlich. Andere, denen man stets den Gesang zuschrieb, der vom Herzen kommt und hier auch endet, sind es weniger. So will es zum Beispiel die unumstößliche Mythologie der »Frauenopfer in Puccinis Opern«. Psychologische Auslegungen, allzu simple Charakterologien, Näherinnen und verwelkte Blumen: Stereotype Clichébilder in einer Oper, die ihre Grenzen hat. Als ob »das Herz«, diese mächtige Wirklichkeit, von der Geschichte zu trennen wäre. Als

1 Antonio Garcia Gutierrez, Francesco Maria Piave und Arrigo Boïto

ob nicht alle Liebesgeschichten an die Art und Weise gebunden wären, wie man heiratet, an Bräuche, an die unbewußten Widerstände, an dieses riesige Gewicht, das aus jedem von uns eine Figur auf dem Schachbrett der Kultur macht. Butterfly ist vor allem anderen Japanerin, vor allem anderen Gefangene einer Tradition, die sie unbewußt zwingt, einen einzigen Mann zu lieben und an der Entehrung zu sterben. Daß dieser Mann ein amerikanischer Marineoffizier ist, ist nicht nur ein mehr oder weniger lächerliches Detail. Es ist die Voraussetzung für das kolonialistische Mißverständnis, das Butterfly zum Selbstmord führen wird. Und wenn es sich um ein Land der Träume handelt, wie bei *Turandot,* deren Handlung in einem fiktiven China spielt, finden sich die alten Projektionen eines Europa wieder, das im 18. Jahrhundert anfängt, China in Szene zu setzen, und das in diesem fernen Land seine Überschreitungen, seine Phantasmen, seine Träume ansiedelt. Keine der »Frauen in Puccinis Opern« kann man ohne die Geschichte verstehen; vielleicht wußte keiner besser als er und seine Librettisten ein mit der Politik unlösbar verbundenes Schicksal aufzuzeigen, bishin zur finalen Vernichtung.

Es gibt Landschaften in der Oper. Sie sehen Dekorationen, Sie vergessen nicht, daß sie künstlich hergestellt sind. Aber schauen Sie sich schnell mal den Wald, rund um diese herrlichen Stimmen an, die Ihnen das Herz zusammenziehen, den Wald, in dem sich Mélisande verirrt hat; das ist das Mittelalter der Hexen, kein Mensch kann hier ohne Furcht wohnen, und die rätselhafte Mélisande hat eine goldene Krone auf dem Grund eines Brunnens verloren ... Schauen Sie sich die düsteren Tannen und die schattigen Plätze eines Altdorfer oder eines Dürer an. Sehen Sie in Puccinis (und Giacosas und Illicas) *Bohème* das romantische Paris, seine erbärmliche Armut und die mit Eis überzogenen Pflastersteine, auf denen die Barrikaden entstanden sind; sehen Sie jenseits der gängigen Poesie einer Jugend, die sich an alles gewöhnt, ein durch fehlendes Feuer und fehlende Nahrung zerbrochenes Leben. Sehen Sie in Bellinis (und Felice Romanis) *Norma* das Treiben der Druiden, so wie es die Phantasie eines Jahrhunderts auf der Suche nach seinen Quellen erträumen konnte; sehen Sie Rom und die Gallier und die zögernde, feurige Suche des 19. Jahrhundert nach seinen kulturellen Anfängen. Schauen Sie sich Poussin an und, verloren zu Füßen eines riesigen Baumes, winzige Figuren in Toga, in Tunika, in einem vom Wind bewegten blauen Mantel: Opernfiguren.

Sie meinen, daß man die Figuren sehen muß, daß sie im Zentrum der Bühne sind, daß sie sie mit ihrem Gesang erfüllen; aber ihr Gesang selbst und das Orchester, das die Dekoration bis ins Unendliche ausdehnt, plazieren sie inmitten dieser riesigen Landschaft mit den weiten Horizonten; und sie sind

nur noch symbolische Figurinen, ganz kleine Darsteller einer Geschichte, in der Natur und Kultur sich suchen, sich entgegentreten, sich vermählen, sich trennen, sich zerreißen.
Es gibt ganze Städte in den Opern. Da sehen Sie Nürnberg im 15. Jahrhundert, Windsor in der Renaissance, Moskau zur Zeit Peter des Großen. Wenn am Bolschoitheater eine Oper inszeniert wird, wird mit Geschichte nicht geknausert; und Pferde – echte, wie früher in der *Walküre* – führen Gefangene in Ketten, oder Führer mit ihrer Armee über die Vorbühne, und die von Tartaren bevölkerte Steppe erhebt sich am Horizont, und die Armee Peter des Großen zieht durch den verschneiten Wald. Aber nein, das ist kein Beiwerk: das ist wesentlich. Zeichen sind das, Worte dieser komplexen Sprache in der sich, wie die glücklichen Theoretiker des 18. Jahrhunderts sagten, alle Künste vereinigen. Fontenelle ging sogar so weit zu sagen: »Ich stelle mir immer vor, daß die Natur ein großes Spektakel ist, das dem einer Oper ähnelt.« Damit kehrte er die kausale Ordnung um; aber die Oper hat nicht aufgehört, die Welt und ihre Konflikte darzustellen. Weshalb ist dies das Privileg der Musik?
Brecht, der über alles, was spektakulär ist, nachgedacht hat, sagte darüber Dinge, die mir stets überzeugend schienen. »Dieses Unvernünftige der Oper liegt darin, daß hier rationale Elemente benutzt werden, Plastik und Realität angestrebt, aber zugleich alles durch die Musik wieder aufgehoben wird. Ein sterbender Mann ist real. Wenn er zugleich singt, ist die Sphäre der Unvernunft erreicht...« Ja, der fiktive Realismus der Wälder, der Städte und der geschlossenen Zimmer wird wie von einer mächtigen Strömung hinfortgetragen, die diesen unendlichen Landschaften, diesen aufgesprengten Räumen, diesen Meeren ohne Grenzen, Platz macht... Ja, die sehr wirklichen Grenzen des Theaters werden durchbrochen von der Musik und der wirklichen Erzählung, die sie meint. Ganze Abschnitte der Geschichte, an der Sie teilhaben, werden durch die Musik erzählt.
Eine untrennbare, doppelte Szene: die Worte rufen die Musik hervor und die Musik entwickelt die Sprache, stellt sie in Frage, hüllt sie ein, widerspricht ihr oder verstärkt sie. Ob bewußt oder unbewußt: Worte sind auf der lesbaren und rationalen Seite eines bewußten Diskurses, und die Musik ist das Unbewußte des Texts, die ihm seine Tiefe gibt, sein Relief, ihm eine Vergangenheit, eine Erinnerung zuordnet, die empfindsam, nicht gegenüber dem Bewußtsein des Zuhörers, sondern gegenüber seinem verzauberten Unbewußten ist. Ein Wort geht vorüber, eine Melodie, so fängt eine Oper an. Sie geben nicht acht darauf. Die Geschichte geht weiter. Aber im Moment der Auflösung, im entscheidenden Moment, wo der Konflikt wie ein Blitz in seiner ganzen Gewalt zum Vorschein kommt, erklingt die Arie, ohne Worte. Sie sind gefangen in der musikalischen Erinnerung. Und selbst wenn Sie nicht darauf achten,

werden Sie im Unterbewußtsein, »im Kopf«, wie man sagt, die kaum ausformulierte Idee dieses flüchtigen, wiederkehrenden Worts haben. Zu Beginn von *Otello* (von Verdi und Boito) umschlingt der Mohr seine blonde und weiße Gemahlin und bittet sie um einen Kuß, und die Musik ist ganz Leidenschaft, da alles klar, da alles rein ist, da es eine Hochzeitsnacht ist. Aber wenn er sie getötet haben wird, kehrt die gleiche Musik wieder und vollendet die Worte, die er, vom Tod bereits erstickt, nicht mehr aussprechen kann. So arbeitet die Musik am Text.

Er wird vergessen. Ein außerordentliches Paradox: in einer Welt, in der das Unbewußte so wenig Raum einnimmt, in der man so sehr auf das gesprochene Wort achtet, wie wenn es sagen würde, was es sagt, ohne Vergangenheit, ohne Wurzeln, wird gerade in der Oper der bewußte Teil, der des Texts vergessen. Ohne Zweifel ist die Oper der Ort unausgesprochener Träume, geheimer Leidenschaften; ein Ort, an dem Brecht die Verbindung zwischen Freude und Irrealität sah. So ist die Freude um so größer, je weniger man vom Text versteht... So langsam fange ich an, wie im Traum, die ambivalente Faszination, die weiße und schwarze Magie, die Oper der anderen zu verstehen. Und da denke ich wieder an die Frauen: an die massakrierten, überall, in jeder Oper, die wir lieben.

Schon wieder die Frauen. Ich höre so etwas wie ein irritiertes und ironisches Gemurmel, immer das gleiche; kaum zu unterscheiden von dem furchtsamen und geduckten Gemurmel, das die Frauen zu Wort kommen läßt, Du redest, sprich Du nur immerzu. Und das stimmt, daß einen das anöden kann, dieses bisweilen unvermutete, gar zu oft diktatorische Ergreifen des Wortes, dessen Exzesse sich, im Hinblick auf die ganz simplen Forderungen der Freiheit, mit nichts rechtfertigen lassen. Aber da muß man durch. Wir sind in einer Epoche, in der sich die Welt erneuert, die allzu lange die Vernachlässigten neben sich vergaß.

Schon wieder die Frauen: in der Oper stecken die vergessenen Wörter, die vergessenen Frauen in denselben Wurzeln. Denn in den Texten, mehr noch als im Gesang, der von einer angebeteten Stimme gefangen ist, habe ich mit Schrecken, mit Entsetzen Wörter gefunden, die töteten, Wörter, die jedesmal den Untergang der Frauen besiegelten. Oh, das ist klar, Sie folgen, der Spur nach, der Geschichte einer ziemlich unglücklichen Frau; was soll's, so sind Liebesgeschichten, und außerdem, ist das nicht weibliches Schicksal? Oh Stimmen, erhabene Stimmen, hohe und reine Stimmen, wie Ihr die Worte vergessen laßt, die Ihr singt! Wie schön die Melodie des Leidens ist, wie gut man sich dabei fühlt, wenn man einen kleinen angenehmen Schmerz spürt, der die Seele schrammt, ohne sie wirklich zu verletzen! Ich vergesse nicht, daß diejenige, die singt, Sängerin ist, und daß sie spielt; aber ich kenne die

Tugenden des Spektakels zu gut, um nicht gewaltig, mit ganzem Auge hinzuschauen, mit ganzem Ohr hinzuhören, bei den tausendmal wiederholten Geschichten von Männern, die Frauen jagen und sie vernichten. Wissen Sie, daß »lasciatemi morir« heißt: »Laßt mich sterben«? Es ist die Klage der verlassenen Nymphe, die Klage von jeder Dido, jeder Ariadne, die weibliche Klage. Kein anderer Ausweg als der Tod, das ist das heimliche Ziel der Oper.
Ihnen gehört die schönste Musik, ihnen das Licht der Scheinwerfer, ihnen die Anbetung, die Erhöhung, die furchtbare Liebe, die ohne Unterlaß erobert werden muß, und das absolute Risiko. Ihnen auch die Geste des Falls, die Geste des Endes; und die sterbende Stimme. Und wenn Männer sterben, wenn sie besiegt sind, dann bekennen sie sich mit einem ganz unerwarteten Charakterzug zu einer Weiblichkeit, über die sich die Oper niemals täuscht. Besiegt sind sie, die kränkelnden Kinder, die Lahmenden, Buckligen, die Neger, die Fremden, die Alten; darin sind sie den Frauen verwandt. Es triumphieren die Väter, die Könige, die Onkel, die Liebhaber; es triumphieren die Mächte, die Kirchen, jenseits derer sich notdürftig das göttliche Bild verbirgt. Besiegt sind die Kräfte der Nacht, die Kräfte des Schattens, die Kräfte der Schwachen und Enterbten; besiegt ist der heidnische Glaube an die Vielgötterei, das begehrliche und revoltierende Leben der Hexen, der Überschreitungen. Die Oper ist unbarmherzig; und wenn das 19. Jahrhundert diese zweifelhafte tödliche Mythologie, die Macht der Oper auf die Liebe ausgedehnt hat, so muß man sehr wohl im aufgehenden Licht des 18. Jahrhunderts die religiösen Kräfte finden, die ihr das Leben gaben. Ich würde fast sagen: der Kampf gegen Gott auf dem Rücken zerschmetterter Frauen.
An einen Mann richte ich meine Leidenschaft. An ihn, damit er später sehen und hören kann. An ihn, damit er versteht und damit die Wirklichkeit in seinem Leben und in meinem ein wenig geändert wird. Vielleicht ist es ein Mann, den ich liebe, vielleicht ist es mein Sohn, der noch nie in die Oper gehen wollte, weil seine Welt woanders ist. Aber eines Tages wird er zweifellos hingehen, und an diesem Tag wird er, vielleicht, ein bißchen mehr wissen.
Er ist ein junger Mann. Für ihn, auf daß er, wenn der Augenblick da ist, anders lieben möge: Auf daß ihm die Musik und die Worte klar sein mögen, und auf daß seine Freude um so größer sei, je mehr er die Geschichte der Oper und die der vergangenen Jahrhunderte wird verstehen können. Vielleicht sind Sie das. Du bist es.

SÄNGERINNEN ODER DER FRAUENZIRKUS

Wo man sie fliegen, sterben, singen sieht, in Spiegeln auf dem Grund geheimnisvoller Schlösser; wo die Stimmen geboren werden unter den Drohungen der Väter und der Abwesenheit der Mütter; wo sie schluchzend zusammenbrechen; wo sie töten und sich von Gefängnissen hinab in die Tiefe stürzen: um Mitternacht ihrer selbst.

Hör zu. Ein Dichter mit wirrem Haar, zerstreut wie ein alter junger Mann, schrieb eines Tages eine Kantate für Männerchor und eine Sängerin. Die Sänger singen:

»Überall an den Fenstern dieser Welt,
Rufen, rufen die jungen Leute
Auf der Schwelle zum Tag
Rufen sie um Hilfe.
Die Schlafgemächer des Monds, die Liebestoten ...«

Antwortet die Sängerin ohne zu antworten:

»Seht seht wie ich fliegen kann
Ich kann mich ganz alleine halten
Mich von der Erde lösen
Mich um mich drehen mich erheben
Mich erheben ohne Flügel ohne Flügel
Und mich in die Luft erheben wie man
Sanft
Zurückfällt.«[1]

Schau hin. Inmitten der Manege ein von weißen Projektoren erleuchtetes helles Rund und ein Dompteur im Kostüm von Monsieur Loyal[2] mit mächtigen Offizierslitzen. In der Hand hält er eine Peitsche, wie um ein Raubtier zu dressieren. In der Tat stellt er wilde Tiere vor. Hier das wildeste von allen, das Tier, das den Menschen ins Verderben stürzte: die Schlange; herein kommt eine weibliche Marionette; es ist die Sängerin.

In der Oper von Alban Berg heißt sie Lulu; sie ist eine von diesen Frauen, die man »femme fatale« nennt, weißt Du, diese schlimmen Frauen. Sie heißt Lola in dem großartigen Film *Lola Montès* von Max Ophüls; sie spielt ihr eigenes Leben, spielt ihre eigene Rolle. Auch die Sängerin spielt, wenn sie abgegangen ist, die glänzende Rolle, die das Leben ihr zumißt, eine Gefangene des Lichtkegels, der sie festhält, anzieht und peinigt. In dem Film *Lola Montès*

1 Jean Cocteau, La Cantate.
2 Monsieur Loyal ist eine Clownsfigur aus dem französischen Zirkus.

führt der in Lola verliebte Dompteur sie in die lebenden Bilder, in denen das geträumte Leben einer Heldin abläuft, die aus ihren wahrhaftigen Erlebnissen einen Zirkus macht, in Pailletten und in weiß, in Paradeuniform und in gold. Maskierte Pagen in schwarz halten dem Zuschauer an Stangen Beutel hin, um die Dollars zu sammeln, die ihn dazu berechtigen, Lola Fragen zu stellen. Sie, eine lebende Museumsfigur, antwortet mit dünner Stimme. »Wieviele Liebhaber hat die Gräfin gehabt? Erinnert sich die Gräfin an ihre Vergangenheit?«, und schwindelnd flieht die Kamera, während Gräfin Lola vor sich hinträumt; aber das ist nicht ihre Rolle.

Sie geht bis ans Ende der Vorstellung. Bis zu dem gefährlichen Moment, wo sie springen muß, ohne Netz, vom der Zirkuskuppel herab in einen Korb. »Are you ready, Lola?« fragt der Dompteur mit der goldenen Peitsche. Sie ist bereit; alles um sie herum schwankt, aber sie ist bereit. Und nach dem Sprung – an diesem Abend und an allen kommenden Abenden – wird Lola im Plüschmorgenmantel sowie ihrer Tütüs und ihrer zerbrechlichen Krone des Schwarzen Schwans entblöst, in einem Käfig ausgestellt. Dort werden die wilden Tiere eingesperrt. Für einen Dollar dürfen die Männer eine der beiden Hände berühren, die zu den Gitterstäben heraushängen. Und zwei endlose Schlangen stehen an, um einen Kuß auf die Hand der Frau, auf ein wenig Schlange zu drücken. So endet die Geschichte einer Frau, die, um ihren Lebensunterhalt zu verdienen, ihr Leben zur Schau stellt.

Diese Fabel, von einem Wiener in einem geträumten Zirkus Barnum gefilmt, ist eine perfekte Metapher der Sängerin. Femme fatale, entleerte Frau, in Kostümen, auf der Bühne, hinter der Bühne, Trägerin eines Schicksals, das niemals nur ein Leben ist, weil um sie herum mit Macht der magische Effekt der Oper wirkt und ihre Gesten überborden läßt, indem er jede ihrer Gesten zur Dramaturgie umformt. Erinnere Dich an die Castafiore, deren Karikaturen in *Tintin* die Wahrheit aller Sängerinnen entlarvt. Das Theatralische der geringsten Geste, die entsetzten, mit Bühnenstimme hervorgestoßenen Schreie »HIHIHIHI....« , die bei weit geöffnetem Mund ihren Kopf umgeben, der dicke Leib lächerlich verkrampft. Sie blamiert sich mit grandiosen Arien, sie ist zickig und singt so laut, daß Kapitän Haddock die Mütze vom Kopf fällt. Und sie trägt Schmuck, der ihr geraubt wird. Die falschen Zöpfe der Marguerite aus *Faust* machen aus ihr die Travestie des ewig alten jungen Mädchens. Und sie ist die einzig wichtige weibliche Figur in dieser merkwürdig homosexuellen Welt, in der ein alter Lausbub in Golfhosen und ein betrunkener Kapitän ihre Zeit damit verbringen, die Welt zu retten. Welche echte Frau aus Fleisch und Knochen könnte sich in die Geschichten von Tintin einbringen? Keine, die auf der Seite eines möglichen Verlangens stünde und einen der Helden, den alten oder den jungen, zum Liebhaber machen könnte. Keine die einfach nur möglich wäre. Bianca Castafiore ist unmöglich; sie ist keine wirkliche Frau, sie ist eine Sängerin.

Hör nochmal zu, Du weißt, wie gern ich Geschichten erzähle. Erinnerst du dich an diese gespenstischen Frauen in den Büchern, die Du als Kind gelesen hast? Es war einmal in einem düsteren, von Vampiren und schwarzen Wäldern heimgesuchten Land, ein Schloß in den Karpaten. Sein Autor Jules Verne besteht sehr wohl darauf, daß diese Geschichte nicht »fantastisch« ist; »sie ist *lediglich* romanhaft«. Ein junger Graf von Telek liebt eine Diva, die poetische Stilla. Eines Tages beschließt sie, auf der Bühne des Theaters San Carlo in Neapel von der Oper Abschied zu nehmen. Aber als sie zu der Szene kommt, in der die Heldin stirbt, bemerkt sie in einer Loge einen gräßlichen Kopf, der sie anschaut. Sie strauchelt, ihr Mund füllt sich mit Blut, sie stößt einen Schrei aus. »Die Stilla ist tot... Ein Blutgefäß ist in ihrem Brustkorb geplatzt... Ihr Gesang ist mit ihrem letzten Seufzer verlöscht!«

Sie ist tot. Aber nicht ganz. Der junge Graf geht darüber schier zugrunde, wie es sich gehört. Aber am Ende einer langen Suche und einer langen Reise hört er die angebetete Stimme, lebendig, in dem Schloß in den Karpaten. Er sieht sie sogar, ganz in weiß, in ihrem Opernkostüm, und immer noch singend... Als sie zu der fatalen Note kommt, hört sie wieder auf und schreit erneut. Aber sie fällt nicht. Der Spiegel, der ihr Bild wiedergegeben hatte, zerspringt in tausend Splitter, und die Maschine, die die Worte der Sängerin wiederholt hatte, zerfällt in Stücke. Die zweite Stilla war nur eine Täuschung, das wiederhergestellte Phantom eines verrückten Liebenden; sie ist Teil einer fantastischen Maschinerie, in der sich das Verlangen eines Mannes niederschlug, der einzig für die Stimme der Toten entbrannt war. Das Schloß wird von einer gewaltigen Explosion vernichtet; niemand wird jemals mehr die Stimme der Stilla hören.

Die Sängerin, Gefangene einer Maschinerie, in der Falle einer Machination, eine lebende Puppe, die man entführt, die man reproduziert, die man zu seinem eigenen Vergnügen spazierenführt, sie nimmt den Platz eines Kinderspielzeugs ein. Ein Plüschspielzeug mit mütterlicher Stimme ausgestattet, ein Schmusetier, das in seiner weiblichen Schwäche niemals entkommen wird.

Es war einmal ein großes Opernhaus in Paris, frisch gebaut, mit Untergeschossen, Gängen und einem großen, verborgenen Teich, zu dem niemand Zugang hatte.[1] Es gab auch eine junge Sängerin, Christine Daaé, deren hohe Geburt sie mit Gunst und Gerüchten umgab. Und es gab ein seltsames Phantom, das in den Logen aus Samt spukte, Bühnenarbeiter ermordete, die man

1 Le Fantôme de l'Opéra von Gaston Leroux.

dann aufgehängt hinter der Bühne fand und die kleine Welt des Theaters terrorisierte. Das Phantom liebte die Sängerin und gab sich, indem es ihr, ohne sich zu zeigen, ins Ohr sprach, als Engel der Musik aus. Und richtig, sang Christine Daaé mit Hilfe der geheimnisvollen Stimme dieses gesichtslosen Mannes wunderschön. Um den Ruhm der geliebten Frau sicherzustellen, ging das Phantom der Oper so weit, den Erfolg einer Rivalin zu sabotieren. Als diese den Mund für den erschütternden Ton öffnet, der ihr den Triumph sichern wird, kommt an seiner Stelle eine »Frosch« heraus. Ein gräßliches »Quak«. Der Direktor der Oper sitzt in der Loge, in der das Phantom spukt – die Loge Nummer fünf. Hörst Du, die Stimme des Phantoms flüstert ihm ins Ohr: »Sie singt heute Abend so, daß der Kronleuchter herunterbrechen will!«

Schau hinauf, über Deinem Kopf! Der riesige Kronleuchter löst sich, er fällt in den von Schreien erfüllten Zuschauerraum, er tötet mit seinen Kristallen eine unschuldige alte Dame, für die dies der erste Opernabend war. Stimmen lassen Lichter abstürzen; sie töten, sie handeln. Aber ihre Macht hängt von einer gnadenlosen Keuschheit ab. Und wie die Stilla, so liebt Christine einen Mann, der nicht das Phantom ist. Dieses entführt die Sängerin, um den Gesang zu schützen. (Gleiche Szene, gleiche Struktur: eine Sängerin, eine göttliche Stimme, eine unmenschliche, an den reinen Gesang gebundene Liebe, eine menschliche Liebe, von der jeder weiß, daß sie die singende Glut löschen wird, wie man aus einem Kübel Wasser in ein lichtes Feuer schüttet.) Das Phantom entführt die Sängerin und bringt sie in seine geheimen Gemächer, wo er sich gerade unter der Oper ein märchenhaftes Reich eingerichtet hat. Das Phantom der Oper macht es wie Leibniz: es hat dort unten Abhörzimmer konstruiert, Paläste der Illusionen, Zimmer, in denen man foltern kann, in denen man vor Hitze und Durst zu sterben meint. Und ein Pulverfaß steht bereit, um alles in die Luft zu jagen.

Die Sängerin wird gerettet, verheiratet und stumm, wird ihres Gesangs beraubt. Und das arme Phantom, weil es vor ihr sein Gesicht enthüllen konnte, welches seine Mutter niemals hatte ansehen können, stirbt, wie man eine Flamme ausbläst. Es ist schon tot. Keine Haut versteckt den Kopf eines Toten, der ihm stets als Gesicht gedient hatte. Christine Daaé und das Phantom, oder das ewige Paar des Todes und des Mädchens. Sie liebten aus reiner Liebe, der Tod und das Mädchen, sie liebten wie in dem Lied von Schubert, und ihr Duett galt nur ihren beiden fleischlosen Stimmen. Der Gesang, oder der Haß auf den Körper. Die verheiratete Christine wird nicht mehr singen. Es war, noch einmal, ein Dichter, mit Namen Hoffmann. Es gab ihn, er schrieb, er komponierte, er starb. Und Offenbach machte aus ihm den Helden seiner einzigen Oper *Les Contes d'Hoffmann* , ein allzu verkanntes Wunderwerk. Er liebt alle

Frauen. Er liebt eine Erinnerung, einen Arm, der vorübergeht, einen Schatten, den er im Fensterrahmen wahrnimmt. Die schöne unbewegliche Silhouette entflammt ihn ... Sie spricht kaum etwas, welch unerhörter Reiz; sie diniert nicht, ein rührendes Zeichen ihrer guten Erziehung. Aber sie singt ganz entzückend ein kleines Lied, das sie auswendig gelernt hat, mit einer leicht unmenschlichen Stimme. Alle um ihn herum haben verstanden; aber der hingerissene Dichter möchte seine Angebetete berühren, drückt ihr die Hand, zieht sie am Arm ...

Und da zerspringt sie in Stücke. Ihre Arme gehen ab, ihr Kopf fällt zu Boden, aus ihrem Körper steigen Rauchschwaden auf. Es war eine Puppe, ein Automat. All diese Maschinen, die die Sängerin umgeben, bis hin zu diesem Stück, in dem die Sängerin selbst zur Maschine wird ... Die Sängerin ist eine Phantomerscheinung, deren Körper nur Stimme ist, deren Leben nur Stimme ist: Als neue Eva ist sie der Topos der Täuschung.

Hör zu. Der Dichter der träumenden Sterne, der Autor der *Parents Terribles* läßt die Sängerin singen.

»Eine Sängerin
Ist eine in der Mitte geborstene Säule
Die von oben bis unten blutet ...«

Die Callas und die Malibran

... Als sie ganz diskret an einer Herzattacke starb, zu einem Zeitpunkt, als sie schon keiner mehr zu Gesicht bekam, als sie ihren wirklichen Tod starb, hat für sie das traurige Phänomen der posthumen Verehrung begonnen. Einige Monate später – so lange braucht es, um einige zusammengepfuschte Worte zu diktieren und zu veröffentlichen – erschienen kümmerliche Liebeslieder auf den Ruhm der Maria Callas.

Alle waren sie Männer, diese albernen Sänger.[1] Sie entwickelten bisweilen Mordthesen. Wir hätten Maria Callas getötet. »Wir« – Sie auch? – hätten sie soweit gebracht, abzunehmen, damit ihre schwerfällige Gestalt zum tragischen Irrlicht würde, wahnsinnig wie Lucia di Lammermoor, übersinnlich wie Norma, schwindsüchtig wie die Traviata. So wird sie also dargestellt und entstellt, auf ewig mit ihren Heldinnen verwechselt. Falsche Grabmale, Grabmale aus Worten veruntreuen von vornherein die Frau aus Fleisch und Blut,

1 Eine Ausnahme bildet die Arbeit von Roland Mancini in *Opéra international,* Extrabeilage zur Februarausgabe 1978.

die Eis und Konfekt liebte und die aus Liebe liebte, was man ihr zum Vorwurf machte. Warum sollten sie sich für die wirkliche Maria Callas interessieren, die ich nicht kenne? Wie nekrophile Aasgeier nähren sich die Männer, die um sie herumschreiben, von ihrem bebenden Bild, über gealterte Dokumente, aus denen, ganz lebendig, bewegte Arme hervorkommen, ein lebhafter Mund und Augen, die den Blick senken konnten, um sich noch mehr zu öffnen, riesig, im vollen Licht der Bühne. Welche Hast, welcher Haß treibt sie, eine Frau derart auf ihr Bild zu reduzieren? Sie spotten, soweit die Schreibe reicht über den zeitgleichen Verlust der Stimme und des Fetts; ihre Freude über die abgebrochenen Töne ist außerordentlich; welche Gewalt! Durch sie erstickt sie, in gleicher Weise tödlich erdrückt, wie Dorian Gray von seinem unsterblichen Bild. Eine Frau in drei Dimensionen, lebendes Fleisch, heute eingeäschert, wie es ihr Wille war.

Sie ist ganz banal gestorben. Aber man hat ihre Asche vom Friedhof Père-Lachaise gestohlen. Man hat ihr ganze Scheiterhaufen aus Büchern errichtet, man hat im Überfluß hastig gepresste Platten verkauft.[1] Ach, Ihr Männer, die Ihr von ihr lebt, schweigt endlich. Laßt diese Frau in Ruhe, deren Beruf es war, für Eure verdrängten homosexuellen Phantasien geradezustehen. Gebt Ihr keine weiteren Rollen mehr. Streift diese falsche Liebe ab, diese erstikkende Zärtlichkeit und gebt ihrer Asche Frieden, so wie sie es wollte. Er, der nichts von sich selbst verbarg und der sie so sehr liebte, daß er ihr keinen Gesang entlocken wollte, Pier Paolo Pasolini, auch er ist tot. Aber von ihnen und ihrem Aufeinandertreffen, wird das Bild einer von lebenden Flammen umgebenen Callas bleiben, einer mit dem Tode ringenden Frau, deren Gesicht ein wenig durch die Wogen erzitterte, die die brennende Hitze durch ihren Blick jagte. Dieses verschwommene Gesicht einer sprechenden und nicht mehr singenden Medea, das war sie, in den Flammen.

Mir kommt, während flüchtig und in heiteres Vergessen getränkt die Arme der Callas wie im Stummfilm um ihr Gesicht herumflattern, die Erinnerung an eine dicke Frau. Mächtig und lebendig, dieser Haufen Fleisch, der da für uns singt. Enorm, diese dicke Dame, die mit ihrem Gewicht Oper machen kann und die Montserrat Caballé heißt. Unfähig zu jeglichem Ausdruck, soviel wiegt sie, herrlich erstarrt in ihrem Gesang, ihre Aufmerksamkeit einzig auf die stimmliche Perfektion gerichtet, singt sie, als wolle sie die Erinnerung an die Frau verjagen, die ihre Stimme der Perfektion eines schließlich todesgleichen Körpers opferte. Oh Caballé, unförmiges Idol, nimm nicht ab. Bleib vergraben im Leben, in der Wut, die Dich manchmal packt. Gealterte Norma, imposante Matrone, bleib häßlich, danke, daß Du es inmitten männlicher

1 Erst kürzlich hat eine Frau die Asche der Sängerin in ihre Heimat Griechenland überführt.

Flügel sein kannst, die um Dich herum ihre vergeblichen Hände bewegen, ihre leeren Hände. Nie wird jemand am Ende von *Roberto Devereux* so wie Du den gnadenlosen Boden berühren, in der wirklichen Verzweiflung eines dikken unnützen Körpers. Niemand wird sich jemals so die kleine Krone der verlassenen Königin von England herunterreißen können und ihre weibliche Gehäßigkeit hinausschreien.

Aber – welch ein Zufall! – das ist eine Oper, in der die Heldin nicht stirbt. Die dicke, enttäuschte, gehörnte Königin lebt. Maria Callas, die würdevoll zu sterben verstand, ist tot. Die Sängerin muß so erscheinen, wie die Männer sie haben wollen, wie diese andere Frau in der Frauenrolle, Norma Jean, genannt Marilyn Monroe. Federn, Augen, von falschen Wimpern umrandet, falsches Blond, Launen und ein verkleideter Körper... Sie haben sie nach ihrem Bild umgeformt. Ob sich eine umbringt oder scheitert, die Aasgeier haben die Feder schon in der Hand. Und der Gestank ihrer Schreibe ist stärker als die natürliche Zersetzung dieser toten Körper, über die sie zu schreiben wagen.[1]

Und ich applaudiere stumm vor Rührung. An meiner Seite wendet der Mann, den ich liebe, seine Augen voller Liebe auf mich und ist gerührt über meine Rührung. Mich überkommt nutzlose und rasende Wut. Ach, werde ich diese zwei Seelen in meiner Brust nie los, dieses doppelte Herz, das mich als Frau, als ob ich es nicht besser wüßte, an der perfekten, stets perfekten Grablegung meinesgleichen wortlos teilnehmen läßt?

> »Ich blute aus Liebe ohne daß
> Mir jemand zu Hilfe eilt...«

Kennst Du die Geschichte der Maria Malibran? Man weiß nicht mehr, ob man träumt, man weiß nicht mehr, was wahr ist. Ihr Vater war ein berühmter spanischer Tenor, Manuel Garcia. Sie war eine kleines mageres Mädchen, deren Bilder und Beschreibungen denen der Tragödin Rachel ähneln. 1825 war sie sechzehn Jahre alt. Ihr Vater sang den Otello in Rossinis Oper. Es fehlte eine Desdemona. Manuel Garcia gab seiner Tochter sechs Tage, um die Rolle der Desdemona zu lernen. Sie schaffte es. Er warnt sie, daß er, wenn sie in dieser Rolle, der ersten ihres Lebens, nicht vollkommen wäre, sie wirklich während der Vorstellung töten würde.

Er war ihr wirklicher Vater, er war ein falscher Liebhaber. Und am Abend, als sich das fiktive und wirkliche Drama abspielte, war sie so sicher, daß sie sterben würde, daß sie, als ihr Vater sie an sich zog, um sie zu erwürgen, seine Hand ergriff und ihn bis aufs Blut biß.

1 Hingegen hat Pierre-Jean Rémy vor langer Zeit einen kleinen, vollkommenen Text geschrieben: *Der Tod der Floria Tosca* (Mercure de France)

Später, als die Malibran eine Diva war, gab sie eine Neuauflage dieser Anfangsszene, in der sie mit demselben Körper ihr Leben und ihre Stimme aufs Spiel gesetzt hatte. Sie, ein Sopran, sang die Rolle des Otello, und welche unbekannte Desdemona terrorisierte sie? Ich weiß es nicht. Aber sicher war der Gesang der Angst der einzig wahre. Der Gesang unter Drohungen, vom väterlichen Gesetz entrissen, ohne daß der Schatten einer liebenden Mutter jemals herbeigeeilt wäre, um die Sängerin zu retten ... Eltern sind schrecklich. Auf diese schlecht geliebten, seit ihrer Kindheit auf die disziplinierte Ausübung des Gesangs dressierten Töchter, übertragen sie in erster Linie ihre Angst.
Sie starb jung, mit achtundzwanzig Jahren. Sie hatte einen Reitunfall und wurde am Kopf verletzt. Am gleichen Abend spielte sie die *Sonnambula* von Bellini. Geschminkt und ihre Beulen unter einer Perücke versteckt, war sie ein letztes Mal großartig in einer Rolle, in der die Betäubung der Verletzten die halluzinierende Fremdheit des im Schlaf singenden jungen Mädchens unterstrich. Dann verlor sie ihre Stimme, dann schließlich ihr Augenlicht; und sechs Monate später, sie hatte trotz allem nicht aufgehört zu singen, starb sie. Ihr Leichnam rief Leidenschaften und Gesänge hervor. Ihr Körper wurde mehrmals exhumiert, mehrmals beerdigt. Ihr armen, der Entweihung bestimmten Leichname von Sängerinnen! Von ihr bleiben einige Verse von Musset übrig, ein beängstigender Film von Werner Schroeter, in dem ihr Blut und Schnee wie ein Trauerschmuck stehen.[1] Wie die Callas in der sanften Tebaldi, hatte die Malibran ein umgekehrtes Double, eine blonde und kühle Rivalin. Sie hieß Henriette Sontag. Malibran, Callas, Caballé, Sontag ... Fremdartige Namen, fremdländische Namen. Die Sängerin kommt von woanders, als ob sie das Exil brauchte, um den Ruhm kennenzulernen. Man wird ohne Zweifel soziologische oder technische Erklärungen suchen. Ich sehe darin etwas anderes. Es braucht die Fremde, um die Fremdheit einer Frau zu erklären, die nicht wirklich eine Frau ist, eine vollkommene, entfleischlichte Schaufensterpuppe, an der einzig die Stimme lebt. Und die Spanierin Malibran, die Österreicherin Sontag, die Griechin Callas haben ihre Wurzeln durchtrennt und in der Verlagerung und im Verlust des Geburtslandes die Quelle ihrer mythischen Macht gefunden. Den schrecklichen Eltern folgt das Land der Adoption und die unsichere Vaterschaft eines verehrenden und gefährlichen Publikums. Dieser symbolische und fordernde Vater, für den sie singen bis sie sterben. Ja, die Oper bildet um die Sängerin die Familie. Eine Familie, deren Verbote fürchterlich sind: keine Heirat ohne Genehmigung, keine Liebschaften, außer solchen mit spektakulärer Fassade, die zur Rolle gehören. Mit den Sängerinnen ist das wie mit den Toreros. In Madrid, im Vier-

1 *Der Tod der Maria Malibran.*

tel der Stierkämpfer, macht es sich nicht gut, wenn ein »richtiger« Torero sich mit einer geliebten Frau in der Öffentlichkeit sehen läßt. Es gibt zwei Ausnahmen: Stars und Nutten.

Diese Adoptivfamilie überwacht sie eifersüchtig und schließt ihre goldenen Töchter in einem Netz aus Licht ein, dem nichts entgeht. Die große Sängerin Cornélie Falcon war eines Tages heiser. Sie ließ sich behandeln, ging nach Italien, um ihre Stimme wiederzuerlangen und wagte sich schließlich zurück auf die Bühne. Aber nichts tat sich; kein Ton mehr, keine Stimme mehr. Charles de Boigne, der an diesem denkwürdigen Abend zugegen war, erzählt: »Diese Vorstellung, die als Familienfest gedacht war, das die Rückkehr der Wunderstimme feiern sollte, wandelte sich zu einem Abend der Trauer, an dem zweitausend Zuschauer mit Schmerz den unwiderruflichen Verlust konstatierten, den die Kunst erlitten hatte.« Sie sang dennoch, laut schluchzend an der Schulter ihres Partners und versuchte, zwischen dem Weinen eine Stimme hervorzubringen, die überhaupt nichts mehr als unsägliche Töne produzierte... Man sah sie nicht wieder.[1]

Aber die Worte erzählen noch mehr. »Ein Familienfest«. »Die Rückkehr der Wunderstimme«: die Stimme, das Kind als Deserteur, das aus dem Herzen entflohen ist. »Ein Abend der Trauer«. Die Sängerin ist Kind und Stimme. Wenn die Stimme weggeht, trauert das Publikum um das Kind. Aber es bleibt doch ein Körper und eine Stimme, die noch spricht... Das taugt nichts mehr. Die Opernfamilie trägt Trauer und zeigt sie. Cornélie Falcon schloß sich bis zu ihrem Tod ein, ihre Portraits und Noten hatte sie verbannt; Maria Callas ging nicht mehr aus, sondern war statt dessen gefangen im endlosen Hören einer toten Stimme, ohne die Trauer des Publikums zu übernehmen. Und dieses Publikum findet andere Kinder, andere aufgekeimte Stimmen, um seine verschlingende Zärtlichkeit zu stillen.

Ein Schritt weiter, nur den Bruchteil eines Schrittes... Da sind die Sängerinnenfiguren in der Oper selbst. Objekte der Spiegelungen, Orte der Trugbilder, mußten sie eines Tages Opern hervorbringen, in denen diese Figur die Heldin ist. Hier ist die Königin der toten Sängerinnen; die rührende Antonia.

Du mußt wissen: *Ein Dichter, Hoffmann – der richtige Hoffmann. Er liebt eine richtige Sängerin, auf die er, während sie auf der Bühne singt, drei amoureuse Erinnerungen projiziert, die ihn quälen und ihn zerstören. Drei Frauen. Eine Prostituierte, die ihm in Venedig, nachdem er mit dem Teufel paktiert hat, sein Spiegelbild raubt. Ein Automat, der in seinen Armen in*

1 Man kann diese Geschichten (Malibran, Sontag, Falcon) in dem köstlichen Buch von Olivier Merlin *Quand le bel canto régnait sur le boulevard* nachlesen.

Stücke geht. Und ein junges Mädchen, Antonia, die an einer Lungenkrankheit leidet, die ihr zu singen verbietet. Ihr Vater und ihr Verlobter – Hoffmann – passen auf sie auf und versprechen ihr ein ruhiges, bürgerliches Familienleben ohne Gesang. Da mischt sich der Teufel ein; er beschwört das Gespenst der Mutter Antonias, die selbst früher Sängerin war. Das junge Mädchen erliegt ihren Versuchungen und singt. Sie stirbt daran. Hoffmann trinkt viel, um sein Unglück zu vergessen, so daß er volltrunken unter den Tisch fällt. Als die richtige Sängerin kommt, kann er nicht einmal mehr aufstehen. Also geht sie mit einem anderen fort.[1]

Keiner hat so klar gesehen, wie der Hofnarr im vorgerückten Alter, keiner ist weiter gegangen als Jacques Offenbach. So weit, eine richtige Sängerin – die nicht singt; es ist eine Sprechrolle – auf die Bühne zu stellen und eine »falsche«, geträumte Sängerin, die stirbt, weil sie zuviel singt. Die richtige Sängerin (Stella-Stilla, künstliche Sterne der Nacht) geht ihrem Beruf als Sängerin nach, man sieht sie kaum. Aber Antonia ... Antonia ist das Phantasma des Gesangs im Reinzustand. Um sie herum ein vorsichtiger und gutmütiger Vater, ein Dichter im Flanellanzug und für die Zukunft Hochzeit und Kinder, die drei deutschen »K«: Kinder, Kirche, Küche. Ein Frauenleben eben.
Das heißt die Rechnung ohne die Mutter machen. Denn wie Christine Daaé hat Antonia keine Mutter. Ihre Kindheit haben sie im Schatten eines besitzergreifenden und Mißbrauch treibenden Vaters verbracht – wer war die Mutter von Maria Malibran? Und dieser Vater verbietet den Gesang. Das heißt, daß dort, wo sich die Hand aufs Herz legt, die tödliche Bedrohung besteht. Das Blutgefäß platzt, das Herz versagt, springt, wie wenn Stimme und Herz durch einen geheimen Lebensweg verbunden wären. Wie wenn die gar zu beanspruchte Stimme das Blut spritzen ließe, wie wenn sich der wertvolle Saft seinerseits aus dem Körper stürzen würde ... Antonia kann nicht mehr singen, aber der Schatten der Mutter dringt in sie, und bald schon umringt er sie als vom Teufel beschworenes Gespenst. Es wird genügen, daß die Mutter-Sängerin ihre Tochter beim Namen ruft ... Es genügt, daß eine andere weibliche Stimme die Stimme der Mutter nennt, und die Tochter, Gefangene eines auf ewig in ihrem Verlangen verankerten Mangels, widersteht nicht länger.
Sie singt, wie man sich in die Arme einer liebenden Mutter wirft; sie singt, wie man sich freut, wie man trinkt, wie man liebt. Der Walzer ist seicht, ein wenig dümmlich; der Teufel und die Mutter mischen ihre beiden Stimmen nicht existierender Phantome darunter. Aber die Kleine singt höher als sie, dominiert mit ihrer endlich von den väterlichen Schatten befreiten Stimme, und mit

1 Oper von Jacques Offenbach und Jules Barbier nach E.T.A. Hoffmann.

jedem noch höheren Aufschwung nähert sich der Augenblick des Todes. Sie fällt, von ihrem Gesang erstickt, an nichts gestorben, gestorben an einem besessenen, immer schneller werdenden, trunkenen Gesang; an nichts gestorben, wenn nicht am Gesang selbst.
Die beiden lebenden Männer, Vater und Schwiegersohn, eilen herbei – wo zum Teufel waren sie denn, und warum haben sie das junge Mädchen dem Verderben überlassen? Sie ist ein Stück Stimme, das fortgeht, während es die Violoncelli ganz zart begleiten ... Ein Stück Lied, »ein Liebeslied, traurig und wahnsinnig ...«, es ist zu Ende. Aber was hat sie gesungen, kurz bevor sie gestorben ist? »Es ist meine Mutter ...«, seufzt sie sterbend. Ja, es ist immer die Mutter, hinter der Maske der Männer verborgen, die abwesende Übermutter, die die toten Töchter hinunterschluckt und ihre Stimme verschlingt, auf daß sich verkleidete Söhne an allen Frauen rächen. Das ist nur Theater, weißt Du, das gelungenste, das prächtigste, das einfachste – das schönste.

Die Hysterikerin um Mitternacht ihrer selbst

»Mich um mich selbst drehen mich erheben
Mich erheben ohne Flügel ohne Flügel
Und in die Lüfte steigen wie man zurückfällt ...«

Sie fliegen in der Tat. Große Vögel mit nicht vorhandenen Körpern, fliegen sie ohne Ikarus' Flügel dahin, ohne Federn, die mit brüchigem Wachs an den Schultern befestigt wurden; sie fliegen dahin auf den Flügeln ihrer Stimme und fallen, wie Ikarus, von innen heraus verbrannt, mythische, androgyne Wesen, die auf dem Klang, der ihren Körper verläßt, die Phantasmen beider vereint, von Söhnen, die ihre Mutter suchen, und die von verlassenen Töchtern. Dieses Liebeslied, traurig und voller Wahn, gehört ihnen. Und die naiven Melodien Offenbachs, geheimnisvoll und einfach in ihrer Frische, berühren den Mythos in seinem eigentlichen Wesen. Hinter den herrlichen Stimmen und gequälten Körpern spielt sich die Elterngeschichte ab, die ewige Geschichte der Hysterikerinnen.
Frau Rosalie H. wollte Sängerin werden. Aber mit dreiundzwanzig Jahren hat sie keine Stimme mehr. Der Hals ist ihr zugeschnürt, sie fühlt sich gewürgt; eine Untersuchung der Stimmbänder ergibt keinerlei Anomalie, keinerlei Verengung. Also geht sie zu dem guten Onkel Doktor, der die Hysterikerinnen so gut behandelte. Der gute Onkel Doktor, der noch nicht zum Sigmund Freud geworden war (dazu brauchte es noch einige Jahre), hypnotisierte sie. So erinnerte sich Frau Rosalie an ihre Kindheit. Sie war Waise und wuchs bei

ihrer Tante auf, welche von einem brutalen, »offensichtlich kranken« Onkel, der hinter den Frauen her war, gequält wurde. Der böse Onkel litt unter Rheuma; sie sollte ihm den Rücken massieren. Und die schreckliche Szene – die schreckliche Szene der Hysterikerinnen – läuft nach dem ewig gleichen Drehbuch ab.

»Er lag zu Bett und plötzlich, als er seine Decken zurückschlug, erhob er sich und versuchte, sie zu packen und hinzuwerfen.« Allein durch die Erinnerung an diesen Mann, der in voller Größe vor ihr steht und, so nimmt der gute Onkel Doktor an, wenngleich er es nicht ausspricht, eine Erektion hatte, findet Frau Rosalie ihre Stimme wieder. Damit die Szene vollkommen ist, muß man, wie Doktor Freud, jene Ergänzung hinzufügen, die er viel später allen seinen Studien über die Hysterie anfügte. »Auch hier handelt es sich um den Vater und nicht um den Onkel«, schrieb Freud, als er berühmt genug geworden war, um die Wahrheit wagen zu können. Das ist also die Quelle der Stimme: der väterliche Mißbrauch, das geheime Phantasma, das Maria Malibran ihre ganze Stimme gab, das die sanfte Antonia sterben ließ, und das auf immer die Sängerin in ihrer imaginären Rolle bewegt. Eine verschwundene, schüchterne, abwesende Mutter; ein mächtiger und besitzergreifender Vater. Ein Bett, nachts, ein Mann, der sich aufrichtet, ein erstickter Schrei ... Und je nach den immer wiederkehrenden Variationen seines gebieterischen Körpers, eine Frau, die singt, oder die nicht mehr singen kann; eine Stimme, die sich erhebt oder sanft zurückfällt, plötzlich zum Schweigen gebracht. Vor Entsetzen der Hals abgeschnürt: Manuel Garcia war Vater und Analytiker, ein Wilder als Vater, der Desdemonas Erdrosselung spielte, um die Stimme seiner Tochter und Sängerin zu erschaffen. Ein Bett, nachts, ein Mann der sich aufrichtet, ein heftiger Schrei ...«Genti, servi, al traditore! ...« Leute, Diener, haltet den Verräter...Eine Frau im Nachtgewand, mit offenem Haar, kommt aus ihrem Zimmer, um öffentlich einen Vergewaltiger anzuzeigen. Sie tauscht leidenschaftliche Beleidigungen mit ihm aus. Sie behandelt ihn wie einen Schurken, er behandelt sie wie eine Wahnsinnige. Er ist ständig von Wahnsinnigen umgeben. Von allen Opernfiguren ist er diejenige, die am meisten Deutungen hervorruft; die zweideutigste. Und unter allen glücklichen oder unglücklichen Phallokraten, die uns durch die Opern hindurch begegnen, ist er der Frauenschänder. Er ist Don Giovanni; er ist nicht mehr ganz »Don Juan«.

Du mußt wissen: *Leporello, Diener von Don Giovanni, einem spanischen Edelmann, hält Wache, während sein Herr in das Schlafzimmer eines jungen Mädchens, Donna Anna, eindringt, das ihn nicht erwartet. Der Vater des jungen Mädchens fordert ihn zum Duell, da er ihn beim Verlassen des Zimmers überrascht; Don Giovanni tötet ihn. Ohne seinen Vergewaltiger zu kennen, schwört das junge Mädchen Rache, unterstützt von einem blutleeren Verlobten, Don Ottavio, der ihr wie ein Hündchen folgt. Unbehelligt setzt Don Giovanni seinen Weg fort; er wird von Donna Elvira, einer Frau, die er verlassen hat, verfolgt, beauftragt Leporello damit, sie ihm vom Hals zu schaffen und eilt neuen Eroberungen entgegen. Die nächste ist Zerlina, eine Bäuerin, die er schon beinahe mitten auf der Feier zu Ehren ihrer Hochzeit mit dem jungen Masetto verführt. Elvira, Ottavio, Anna verbünden sich gegen den Wüstling; während eines prächtigen Fests, das er für das bäuerliche Brautpaar mit der festen Absicht veranstaltet, die Braut endgültig zu verführen, nehmen die drei ihre Masken ab und drohen Don Giovanni mit der himmlischen Rache. Diese läßt nicht auf sich warten. Don Giovanni hat aus Spottlust das Standbild des Komturs, des Vaters von Donna Anna, zum Abendessen eingeladen. Und die Statue nimmt die Einladung an. Vor Elvira, die ihren Verführer anfleht zu bereuen und einem verängstigten Leporello, spricht die Statue mit Don Giovanni, nimmt ihn schließlich bei der Hand und zieht ihn in die Hölle. Alle Personen sind geheilt, erlöst von Don Giovanni, und jedermann scheint sein ruhiges Leben wiederzufinden, als ob nichts geschehen wäre.*[1]

Drei Frauen umgeben also den Verführer. Drei Frauen, die für die Biographie des Verführers stehen: die bereits Verführte, die Vergangenheit, die verlassene Elvira; die gewaltsame Verführung, die Gegenwart, Donna Anna; und die zu Verführende, Zerlina, die Zukunft Don Giovannis. Aber alle sind Teil der Vergewaltigung. Wie man das wissen kann? Indem man den Weg der kleinen Zerlina verfolgt. Verführt gibt sie die Hand; ihr Körper ist dabei, sich hinzugeben; der zweimal »gefangene Vogel«[2] folgt den berauschenden Worten und der eindringlichen Musik. Als es Don Giovanni schließlich gelingt, sie in ein Nebenzimmer zu ziehen und er zur Sache schreitet, ertönt der Schrei. Der gleiche Schrei, den Donna Anna mitten in der Nacht ausgestoßen hatte; der gleiche Schrei, den Frau Rosalie, wie angewurzelt beim entsetzlichen Anblick des sexuell erregten Vaters, nicht mehr auszustoßen in der Lage ist. Ja, am Ende der charmanten Verführung steht die Vergewaltigung in ihrer ganzen Gewalt und ein brutaler Don Giovanni mit seinem ganzen Gewicht, der so wenig ein Experte in der Liebe ist, als er auf sie hinzuführen weiß. Zerlina schreit mit der ganzen Kraft der Betrogenen, und die Vergewaltigung mißlingt. Also, siehst Du, wie komisch diese Geschichte ist!

1 Oper von Mozart und Da Ponte.
2 »l'oiseau pris« – den Ausdruck prägte Pierre Jean Jouve in seinem Buch *le Don Juan de Mozart.*

Diese so vielbesungene Figur, dieser Don Giovanni, der Generationen von Männern mit zitterndem Schwänzlein so faszinierte, ist ein armer Mann, der nicht einmal mehr sein erklärtes Ziel erreicht. Vielleicht ist dies ja das heimliche Ziel, das das Schicksal für diese Oper verfolgt.

Das Bild Don Juans – und ganz besonders in Mozarts *Don Giovanni* – ist mit derart vielen theoretischen Phantasmen belegt, daß es schwer sein wird, sie abzuziehen, so wie man ein leicht schmuddeliges Heftpflaster von einer verschmutzten Wunde abzieht. Mit einem Ruck.

All diese Frauen um ihn herum sind hysterisch. Sie sind in die Falle einer Figur, eines Mantels, eines Huts geraten und bereit, sich jeder Puppe hinzugeben, die sich als Don Giovanni ausgibt. So läßt sich Donna Elvira, die doch Don Giovannis Körper und Stimme kannte, für eine flüchtige Umarmung vom Diener Leporello fortziehen, dem der Herr für einen Augenblick seinen Umhang und seinen Hut geliehen hat. Don Giovannis eigentliche Merkmale sind leere Kleider. Es gibt nichts anderes. So funktioniert die Hysterie: sie taugt zum Verführen, taugt zur Identifikation, taugt dazu, sich auf sinnlose Bilder zu stützen, um sich im richtigen Moment zu enthüllen und zu schreien. In den Geschichten der Hysterikerinnen hat die Vergewaltigung nie stattgefunden. Einzig die Angst besteht, die Bedrohung und der große schattenhafte Umriß, der sich mitten in der Nacht aufrichtet.

Nachdem Freud nun aber geduldig und mit bebender Leidenschaft tausend Geschichten von Hysterikerinnen angehört hatte, die von ihren Vätern vergewaltigt wurden, kamen ihm große Zweifel. Die Geschichte wankte in ihren Grundfesten, und der Gründervater der berühmten psychoanalytischen Wissenschaft fand sich mit einem unmöglichen Dilemma konfrontiert. Entweder waren alle Väter Vergewaltiger, oder die Töchter waren alle verdammte Lügnerinnen. Er dachte nicht lange darüber nach; er gab vielmehr der göttlichen Eingebung nach. Und da er auf Seiten der Väter war, entschied er sich dafür, daß die Sünde bei den Töchtern zu finden sei.

Da haben wir also die lügenden Hysterikerinnen. Sie sind mit Lügen behaftet, deren Tragweite die christlichste Metaphysik erreicht, die Trägerin des Hexenfluchs und des Fluchs meiner Mutter Eva, der ich nie genug ihre Kühnheit zu danken weiß. Einverstanden: wir lügen. Vielleicht war Donna Anna nie Gegenstand einer versuchten Vergewaltigung; ohne Zweifel fand sich Don Giovanni in ihrem Zimmer ein, um mit ihr über Politik zu reden, da er anscheinend auch die Revolution vertritt. Vielleicht schreit Zerlina wegen nichts. Zweifellos sind sie die Opfer ihrer Phantasmen; und es ist was dran an all den Zeugenaussagen von Bullen aller Zeiten über das sichtliche Verlangen der vergewaltigten Frauen. Die Musikwissenschaftler bilden keine Ausnahme von der Regel: für Henri Barrault wie für Pierre Jean Jouve[1] sehnen sich die Frauen um Don Giovanni, allen voran Donna Anna, nach der Vergewaltigung.

Wir wollen ein bißchen kräftiger am Heftpflaster ziehen. Ja ich weiß, wenn man langsam zieht, tut es viel mehr weh. Aber die Sache ist von Wichtigkeit: Unter dem Mantel von Don Giovanni verbirgt sich das Phantasma fast aller Männer, die in die Oper verliebt sind. Also, Schritt für Schritt, hast Du Lust? Angesichts dieser Verrückten, in die Vergewaltigung verliebten, die, und das stimmt, bereit sind, den Körper des Vergewaltigers in einer bacchanalischen, zerstörerischen Geste in Stücke zu reißen, wird auch Don Giovanni zum Lügner. Die Puppe betrügt alle. Mit den Frauen versteht sich das von selbst; deshalb ist man gekommen und hört sich den Don Giovanni an. Er betrügt Gott. Und die schmetternden Trompeten der heuchlerischen Philosophen intonieren die große Arie der Rebellion gegen die soziale Ordnung. Es bleibt die nackte Tatsache: Don Giovanni lügt gegenüber allen. Er hat sogar einen Diener zur Seite, der sich darum kümmert, die Lüge noch zu vergrößern, den Mythos zu bedienen. Die Registerarie beschreibt eindrucksvoll einen Verführer, der fähig ist, »mille e tre« weibliche Wesen verführt zu haben. Tausendunddrei Frauen: an dem überflüssigen Detail, an den drei hinzugefügten Frauen erkennst Du die Lüge und ihre Dummheit. Die Lüge wird gerecht geteilt; und Don Giovanni trifft sich, jenseits des mythischen Unterschieds der Geschlechter, durch eine subtile Ellipse mit seinen weiblichen Komplizinnen. Er ist hysterisch, wie sie.

Nur diejenigen werden ihn homosexuell nennen, die immer noch die Existenz der Bisexualität ignorieren. Don Giovannis Homosexualität ist kaum wichtiger als jene, die die drei verführten Frauen untereinander mächtig verbindet und die sie zu christlichen Rächerinnen macht. Aber Don Giovannis Hysterie ist die Leere unter dem Umhang und dem Mantel, die herrliche und erhabene Lüge, die jeden gefangen nimmt, der ihn vor sich hat, das Paradox des Komödianten. Ein Phantom als Mann, eine beinahe so perfekte Maskerade wie die der Sängerinnen; und wie die Sängerin entkommt Don Giovanni seinem ursprünglichen Geschlecht, um all die alten Phantasmen in sich zu binden. Die Sängerin in der Verkleidung einer Frau ist keine Frau; Don Giovanni, mit Männerkram ausstaffiert ist kein Mann.

»Mann« und »Frau«: der Gegensatz entzieht sich, fliehend, gefangen wechselt er ohne Unterlaß von einem zum anderen.

In Mozarts Oper sind die Hysteriker beiderlei Geschlechts Komplizen, der geniale Mann, der seine doppeldeutige Haut riskiert, weil er zu sehr versucht

1 Henri Barrault, les *Cinq Grands Opéras* und Pierre Jean Jouve, *op. cit.*

hat, sich in das feminine Phantasma zu integrieren, und die Wahnsinnigen um ihn herum, die seine Haut bilden. Don Giovanni ist nicht weit entfernt von jenem Orpheus, den die Bacchantinnen zerstückeln, die ihre Geheimnisse eifersüchig bewachen, die auf diesen Mann eifersüchtig sind, der ihnen zu nah und zu fern ist, die gewalttätig sind, weil auch er es begehrt. Freud hatte nur die große primitive Szene zwischen Vater und Tochter vorgesehen; er hatte nicht an die vielschichtige und zärtliche Szene gedacht, die sich im *Don Giovanni* zwischen einem Sohn und einer Tochter abspielt.

Denn wer sind die Männer um ihn herum? Ein Diener – weniger als nichts, ein menschliches Double, eine aufrichtige Seele außerhalb dieses Herrenzirkus, in dem er sich verstellt. Eine Marionette als Verlobter, ein unscheinbarer Tenor, gut genug, um hinter einer tobenden Anna herzuhecheln, deren Wutausbrüche er nicht bändigen kann und die ihn in einer Ecke warten läßt, während sie in ein Kloster geht, um ihren Atem und die Erinnerung an ihren nächtlichen Schrei wiederzufinden. Und ein Vater. Ein anfangs schwacher und besiegter Vater, der nur auf die Bühne kommt, um einen raschen und vollendeten Tod darzustellen; aber ein Vater, der in der schrecklichen Gestalt einer steinernen Statue wiederaufersteht, ein Vater, der vom Einzelnen ins Universelle gleitet. Er war einzig der Vater von Donna Anna; er wird zum Vater für alle, aber vor allem für Don Giovanni. Und die letzte Szene, in der die beiden Stimmen zueinander sprechen ist das genaue Äquivalent der Verführungsszene zwischen Vater und Tochter: ein hocherhobener Vater, mitten in der Nacht, und der Schrei der gedemütigten Hysterikerin. Aber diesmal ist die Hysterikerin ein Mann. Und das ändert alles. Man sieht nicht den weiblichen Teil Don Giovannis; und man interpretiert seine Revolte als etwas, was anscheinend nur Männer in der Lage sind zu tun: eine gotteslästerliche, entweihende Geste, die Trägerin einer großen Idee ist.

Mich verführt viel mehr ein von Panik durchdrungener Don Giovanni, der Front macht gegen alle, um seinem Männerblendwerk so gut es geht gerecht zu werden, mehr als der vergewaltigende und mutige Held, auf den man so viele Loblieder gesungen hat. Es wird Zeit, dieses Idol zu zertrümmern und es durch eine Wahrheit zu ersetzen, die zwar nicht mehr diejenige Mozarts und des 18. Jahrhunderts ist, dafür aber die unsere. Wenn einzig Frauen hysterisch sind, dann wird uns auf ewig die erste Lüge verfolgen, deren eifriger Verfechter Freud und nach ihm so viele andere waren. Wenn Männer hysterisch sein können, dann teilen wir auch mit ihnen Phantasmen, Maskeraden, die eingebildete Kreuzung der Geschlechter, die sich ins jeweils andere flüchten, und wir sind dann nicht mehr wahnsinnig oder verflucht. Wir Frauen werden ganz verrückt sein auf diesen Helden aus Baumwolle, und wir werden ihn mit der Zärtlichkeit umgeben, die er verdient. Dann wird er vielleicht, jenseits des

Phallus, den er mit Verzweiflung und verkommener List trägt, sein fehlendes Geschlecht wiederfinden.

Es wird doch wenigstens einen Mann gegeben haben, der etwas von diesen Dingen versteht. Dieser Mann ist Louis Aragon in *la Mise à mort*. Ein Schriftsteller, der ihm ähnelt wie ein Bruder, ist in eine Sängerin verliebt, deren Leben er heiratet. Für die anderen hat sie einen Bühnennamen, einen doppelt fremden Namen, in dem sich der mythische Norden mit dem Schatten Edgar Allan Poes mischt: Ingeborg d'Usher. Aber er möchte ihr andere Namen geben, die er für sie gefunden hat: Farn, Morgendämmerung, Madame, Gemurmel ... eine ganz leise Stimme, die einem ins Ohr flüstert, das Gegenteil der ausladend singenden Stimme. Diese obsessive Vorsicht wird den Schriftsteller nicht vor Abwegen bewahren. Wenn sie singt, verliert er sich. Wenn sie singt, ist er ein Nichts, trotz seiner Berühmtheit. »Sie singt, und ich habe aufgehört zu sein, nur um zu folgen ... Eine Flamme wie ein ausgeleerter Parfumflacon, ein Glück schließlich, das, durch welche Abwesenheit auch immer, nur noch spürbarer wird, ein grenzenloses Unglück, das sich nur zurückhält, um zu wachsen ...« Wie er das weiß! Er leidet so stark daran, daß er auf sich selbst eifersüchtig wird. So sehr, daß er seinem eigenen Blick im Spiegel nicht mehr begenen kann, denn Gemurmels Gesang ist ein drehbarer Spiegel, der alle Bilder bricht und den Gegenstand irreführt. Und als er bis zum äußersten auf sich selbst eifersüchtig geworden ist, zerschmettert er den Spiegel und sein Bild in endgültigem Wahn. O Stilla, Gespenst ... Aber die Geschichte hat sich gewendet. Die Epoche ist vorbei, in der gespenstische Sängerinnen die Spiegel ihrer Bewunderer heimsuchten; in dem prophetischen Roman von Aragon bleibt die Sängerin zum ersten Mal unversehrt. Und es ist der Mann, der zerbricht, das zersplitterte, zerstörte, letztlich hysterische Abbild, das Zugang erhält zu einer männlichen Wahrheit, die über einen Jahrhunderte währenden Chauvinismus hinweg verdrängt wurde.

Der Schriftsteller sagte von ihr, von der geliebten Sängerin: »Es handelte sich stets um eine Frau um Mitternacht ihrer selbst.« Und das ist wahr. Die Männer sind am Mittag ihrer selbst, zur Stunde des Tages, an der die Schatten klar sind, wo Verwirrung nicht möglich ist; sie leben zur geregelten Arbeitsstunde, zur sozialen und ruhigen Stunde, deren Wege abgesteckt sind. In der Oper schlafen die Frauen nachts nicht. Sie weinen, sie lehnen sich auf, sie irren umher, sie bitten, sie töten, wenn es sein muß; sie handeln. Mitternacht ist für sie die Stunde des ewigen Hexensabbat, ist ihre Stunde. Sie werden dort ihr Leben lassen; Othello, der nach dem Mord schlecht aufwacht, wird im Morgengrauen Desdemonas toten Körper betrachten; am frühen Morgen wird Butterfly den Dolch ihrer Ahnen suchen, um sich den Bauch aufzuschlitzen. Und das Leben dreht sich, es dreht sich der Spiegel des Gesangs, die gewohnten Werte stehen auf der Opernbühne auf der Kippe. Oper der Nacht, Frauen der Mitternacht, morgen ist ein Tag wie jeder andere, aber heute Abend ...

Die schnellen Füße der Leidenschaft

In einer warmen Nacht, der Himmel ist mit friedlichen Sternen übersäht, ersticht Floria Tosca den Chef der römischen Polizei. Sie ist von allen Opernheldinnen die reinste, diejenige, die am meisten Sängerin ist. Es ist ihr »wirklicher« Beruf: In Rom um 1800, wo das Drama spielt, singt sie in den Kirchen, in den Palästen, auf den Bühnen. Mit ihr vollendet sich der Mythos der Sängerin und findet seine perfekte Erfüllung. Aus ihrem Leben macht die Geschichte Theater, als ob die Bühne wie eine Haut an ihr kleben würde. Aus dem Tod der anderen wird sie eine Oper in der Oper machen; und aus ihrem wird sie die symbolischste Geste des Gesangs machen. Floria Tosca stürzt sich von der Mauer der Engelsburg in die Tiefe: »Seht seht ich kann fliegen ...«

Du mußt wissen: *Floria Tosca, eine berühmte Sängerin, hat als Liebhaber einen jungen Maler und Revolutionär, Mario Cavaradossi, der zu Beginn der Oper in einer römischen Kirche eine weinende Magdalena malt. Er ist allein, manchmal ist der Mesner bei ihm, der ihm zu essen bringt und ihm die Pinsel wäscht. Ein Mann, ein Flüchtling, sucht Schutz in der Kirche und bittet Mario um Hilfe: es ist Angelotti, der ehemalige Konsul von Rom, der gerade aus der Engelsburg entflohen ist. In dieser Zeit lebt Rom unter dem Protektorat einer Königin und unter der diktatorischen Herrschaft des römischen Polizeichefs, des gefürchteten Scarpia, der die Republikaner verfolgt. Mario versteckt Angelotti in einer Kapelle, bietet ihm sein Essen an und hilft ihm zu fliehen, indem er ihm vorschlägt, bei ihm zu wohnen. Aber Tosca kommt und stattet ihrem Geliebten einen Besuch ab. Eifersüchtig stellt sie fest, daß die Magdalena das Portrait einer Büßerin ist, die häufig in dieser Kirche ihre Andacht verrichtet: eine Blonde mit blauen Augen, die Marchesa Attavanti. Sie weiß nicht, daß die Marchesa die Schwester Angelottis ist, und daß sie oft herkommt ist richtig, aber um in der Kapelle Frauenkleider zu deponieren, die ihrem Bruder auf der Flucht als Verkleidung dienen sollen. Sie macht Mario eine Szene, befiehlt ihm, aus den blauen Augen der Magdalena schwarze zu machen und verabredet sich mit ihm für den Abend in ihrem Häuschen. Man hört einen Kanonenschuß. Angelottis Flucht wurde entdeckt ... Oder aber es ist die Ankündigung des*

Siegs der königlichen Truppen über Bonaparte. Scarpia tritt auf. Er kündigt in der Tat den Sieg an und für den Abend ein Te Deum, das von Tosca gesungen werden wird. Aber er entdeckt Zeichen der Flucht Angelottis: ein Fächer, den er verloren hat, der verschwundene Essenskorb. Und als Tosca in die Kirche zurückkehrt, um das Rendezvous abzusagen, ruft er ihre Eifersucht hervor, indem er mit dem Fächer als Waffe der Marchesa spielt. Tosca flüchtet; Scarpia läßt sie verfolgen, in der Gewissheit, daß Angelotti dort ist, wo sie ihren Mario treffen wird.

Im zweiten Akt wartet Scarpia. Mario wurde festgenommen; Tosca singt eine Etage tiefer im Palazzo Farnese, in dessen oberen Gemächern sich Scarpia einquartiert hat. Mario tritt gefesselt auf. Scarpia verhört ihn, während man von ferne Tosca singen hört. Als sie geendet hat, wird auch sie von Scarpia gerufen, der sie seit langem begehrt und der versucht, einen doppelten Coup zu landen: Polizei und Erotik werden vermischt. Mario wird im Nebenzimmer gefoltert, während Tosca zuhört und nach und nach schwach wird. Sie entdeckt Scarpia Angelottis Versteck. Aber ein Bote verkündet, daß der gefeierte Sieg in Wirklichkeit eine Niederlage (die von Marengo) ist. Und so singt Mario mit Leidenschaftlichkeit ein republikanisches Glaubensbekenntnis. Sein Tod ist dadurch besiegelt. Tosca versucht, Scarpia mit Geld zu kaufen. Aber er möchte etwas anderes: Toscas Körper. Sie gibt nach, gezwungenermaßen. In dem Moment, als Scarpia sich auf sie stürzt und sie umarmen will, ersticht sie ihn mit einem Tafelmesser und nimmt den Passierschein, den er für sie und Mario ausgestellt hat, mit dem Versprechen, eine Scheinexekution anzuordnen, die ihm die Flucht ermöglichen würde.

Mario erwartet im Gefängnis der Engelsburg friedlich den Tod. Er schreibt an Tosca einen letzten Abschiedsbrief, als diese erscheint, und mit ihr die Hoffnung. Sie sind gerettet. Es bleibt nur noch, die Maskerade der Exekution zu erdulden. Tosca begleitet Mario bis zum Erschießungskommando, verfolgt die Bewegungen der Soldaten, die angelegten Gewehre, und als alle gegangen sind, nach den Schüssen, rennt sie zu Mario, damit er aufsteht und sie fliehen können. Aber Scarpia hatte mit Tosca ein Spiel getrieben. Die Exekution war wirklich; und Mario ist tot. Genau in diesem Moment entdeckt man den Tod Scarpias, und die Soldaten erscheinen, um Tosca festzunehmen, die sich von der Engelsburg hinunterstürzt.[1]

Tosca, der Taumel. Der Taumel einer Stimme, der opernhafte Ereignisse in einer Oper widerfahren. Eine einzigartige Frauenstimme, die von Männern bedrängt wird. Tosca oder die wahnsinnige Hetzjagd von Gesang und Eifer-

1 Oper von Giacomo Puccini, Illica und Giacosa, nach einem Drama von Victorien Sardou.

sucht, die schnellen Füße der Leidenschaft. Sie hört nicht auf zu rennen, einzutreten, abzutreten, keuchend, unter Druck. Und wenn sie zufällig nicht auf der Bühne ist, füllt ihre Singstimme den Raum von außen, und alles erstarrt, plötzlich, zärtlich, als ob sie für einige Zeit das politische Drama und die Intrigen der Männer um sie herum anhalten würde.

In der großen Kirche San Andrea della Valle dringt die Sonne durch die hellen Kirchenfenster und erleuchtet die Klarheit der Kapellen und der frommen Gemälde. Cavaradossi geht auf und ab, der Mesner umkreist ihn, alles ist heiter. Im Verborgenen ist die dumpfe Gewalt der politischen Welt zu bemerken, und Angelotti, der gejagte Flüchtling, der sie unvermittelt verkörpert. Es ist eine Männerwelt, in der die Sängerin keinen Platz hat. Die beiden Männer sprechen leise, schnell, intensiv, als . . .

Als man die Stimme hört. Außen, hinter den schweren Kirchenpforten ruft die Stimme dreimal, mit jedem mal dringlicher. Sie ist es, und alles steht still. Sie ist es, und alles beruhigt sich. Von sehr langen *pizzicati* begleitet tritt sie auf, rasch, wie sie es immer tun wird. Sie hat den Arm voller Blumen; sie ist die Unschuld selbst. Der Text verlangt, daß sie »con una specie di violenza« auftritt. Mit einem gewissen Ungestüm. Ihre ersten Worte drücken einen Verdacht aus. Warum hat sich Mario eingeschlossen? Mit wem hat er gesprochen? »Mit Dir«, erwidert er und lügt verliebt. Es wird drei Sätze brauchen, bevor sie die musikalische Zärtlichkeit, die ihre Blumen begleitet, und ihre Sanftmut wiederfindet. Dann, in einer unbewußten Pose, in der die Gesten der Sängerin diejenigen der kleinen Römerin, die sie nie aufgehört hat zu sein, veredeln, opfert sie die Blumen der Madonna und kniet fromm nieder. Pause, Pose, die Stimme hat sich beruhigt. Nicht für lange. Da geht sie wieder los. Eifersüchtig, verzehrend, fähig, in Wut zu geraten, weil eine skizzierte Magdalena wohl blaue Augen haben wird, und weil ihre schwarz sind, kämpft sie anmutig. Vergiß nicht, daß während dieser ernst gemeinten Marivaudage Angelotti in der Kapelle vor Angst stirbt, während er darauf wartet, fliehen zu können. Aber Tosca weiß es nicht; Tosca weiß nichts.

Alles was sie begehrt ist Mario, die Ursache ihrer Ungeduld. Sie verbringt ihre ganze Zeit in der Oper damit, ihn zu rufen. Von außen, als sie die Kirche betritt. Von innen, als er in Scarpias Folterkammer festgehalten wird. Von überall ruft sie ihn. Als sie zurückkommt, nachdem Angelotti geflohen und Scarpia erschienen ist, sozusagen auf seinen Fersen, ruft sie ihn nochmals. Und da lockt der Jäger Scarpia seinen Falken Tosca in die Falle, indem er auf einer einzigen Note die Spule seiner Liebesfalle abhaspelt. Der abwesende Mario, der Fächer der Marchesa Attavanti, mehr braucht es nicht, damit Tosca auf den Köder anspringt und flieht. Aber bevor sie geht weint sie, und nie ist die Musik mächtiger und aufgewühlter als in diesem Moment, wo die zärtlichen

Töne des bereits toten Liebesduetts als Echo widerhallen. Die Stimme schwankt, zittert. Sie wird also fallen.
Eine warme und ruhige Nacht. Eine Festnacht für die römische Monarchie. Durch die geöffneten Fenster hört Scarpia den Klang der Gavotten, der kleinen Orchester. Er hat Rom in seiner Hand. Er herrscht über die Königin und die Welt. Während er Mario verhört, erhebt sich plötzlich über den anderen die Stimme Toscas. Und Mario wankt, er der dem Verhör so gut standhalten konnte. Mario wankt: »La sua voce...« Ihre Stimme, ihre Stimme, die aus einer anderen Welt kommt, aus dieser glänzenden und despotischen Welt, deren dunkles und hartes Gesicht Mario zu spüren bekommt. Die Stimme folgt weiter ihrer Melodie, sorglos, professionell... Tosca weiß immer noch nichts. Scarpia läßt das Fenster schließen. Schluß mit der Stimme. Und der leichte Zauber, der die zwei Männer in Spannung hielt, wie ein zärtliches Versprechen, ist gebrochen.
Sie tritt herein. Ihr erstes Wort ist wieder ein Ruf: »Mario!« Er ist da, in die geheimen Räume der Folter verschleppt. Und das ist die Rolle ihres Lebens als Sängerin. Eine zeitlang Folter, eine zeitlang Ruhe. Eine zeitlang Folter, und die Türen öffnen sich und lassen Männerstimmen herausdringen, die Schmerzensschreie Mario, die Fragen Scarpias. Eine zeitlang Ruhe, die Türen werden wieder geschlossen, und die gebrochene Sängerin gesteht, ohne nochmals zu singen. Es gibt keine Stimme mehr, es sind gesprochene Worte. Wie schafft sie es also, sich so schnell wieder zu erholen? Woher nimmt die Gedrängte die Zeit für einen langen tiefen Atemzug, zu einem Zeitpunkt, wo jeder Ausweg versperrt ist? Und doch muß sie in einem Augenblick die Wahl treffen: mit Scarpia schlafen oder den Tod Marios besiegeln. Und die Stimme in der berühmten Arie »Vissi d'arte« durchlebt ihre ganze Geschichte. »Vissi«: ich lebte. »Vissi d'arte, vissi d'amore«: Ich lebte von der Kunst, ich lebte von der Liebe. Wie in jenen begünstigten Zeiten einer Analyse, die man im psychoanalytischen Jargon »insight« nennt, wird mit einem Lidschlag alles verstanden. Das alltägliche Leben existiert nicht mehr. Geschwindigkeit ist nicht mehr angesagt, und die Stimme hat Zeit; sie schlendert unter der Bedrohung, sie geht in ihrem Leben spazieren. Bis das Verlangen des Mannes, dieses allmächtigen Polizisten deutlich hörbar wird und sie an die Wirklichkeit erinnert: »Du bist zu schön Tosca, und zu verliebt...«
Von da an wird sie wieder Diva. Die Rolle ihres Lebens, das wußte sie nicht, oder hat es immer gewußt, das war diese dramatische Situation, wo sie ihren Körper hergeben muß, um ihren Geliebten zu retten. Ihre Gesten schließen sich präzise an, wie eine Inszenierung. Ja sagen zu Scarpia, einen Passierschein für sie und Mario verlangen, das Messer vom Tisch nehmen, auf dem das Abendessen bereit steht, die Waffe hinter ihrem Rücken verstecken, war-

ten, bis Scarpia sich ihr zuwendet, und dann zustoßen, mit aller Kraft, wie im Theater. Sie schreit. Und schließlich, in den langen Schreien, die sich mit Scarpias Todesschreien mischen, sagt sie, was sie wirklich ist: »Ich bin Tosca.« Das heißt die Sängerin. Ein Polizeichef ist weniger mächtig als eine Theaterfrau, wenn sie die Wirklichkeit ihres eigenen Lebens spielt.

Sie läßt sich sogar Zeit beim Verlassen des Zimmers, und mit ihr noch mehr die Musik, wie wenn sie die verrückte Hetzjagd, die nur durch den Tod gestoppt werden kann, aufhalten wollte. Sie hält inne. Die Tradition wollte es, daß Sarah Bernhard als erste jene kodierten Gesten der Tosca einführte: vom Kamin zwei angezündete Leuchter nehmen, sie zu jeder Seite der Leiche Scarpias niederstellen, von der Wand das große schwarze Kruzifix nehmen, es fromm auf die Brust des Polizisten legen und ihr Werk betrachten. Ihre Inszenierung. Nach vollendeter Tat, nach dem Verbrechen und dem echten vergossenen Blut – vergiß nicht, es ist das richtige Blut einer Rolle, es ist fiktives Blut, ist eine Oper – begibt sich Tosca auf die andere Seite des Theaterspiels und agiert auf eigene Rechnung. Scarpia ist nicht mehr einfach tot, er ist bereit, vor Gott zu treten; sie hat es so gewollt. Dieses Sich-Zeit-Nehmen ist etwas anderes als diese herumflatternde, von ihrer Eifersucht und von den Männern gehetzte Frau. Sie wird ihre verrückte Hetzjagd wieder aufnehmen, sie weiß noch nicht alles.

Alles ist ruhig beim römischen Sonnenaufgang. Ruhig wie auf einem Gemälde von Corot. Die Glocken bezeichnen die Regelmäßigkeit des wiedergeborenen Morgens und die Freude eines Erwachens ohne Bedrohung. Nichts ist heiterer als dieser erwachende Morgen. Die Küsse Toscas, die langsam verlöschenden Sterne, die in der Nacht über dem Palazzo Farnese leuchteten, mischen sich in einen klaren Abschied. Mario könnte so problemlos sterben, wenn nicht die Schnelle käme, wahnsinnig, außer Atem.

Und da betritt mit ihr die Zeit des unvollendeten Herzschlags die Bühne. Schnell sagt sie Mario alles: wie sie Scarpia getötet hat, wie sie den Passierschein genommen hat, wie er seinen Tod spielen soll, wie sie fliehen werden. Sie bereitet ihn auf das Theaterspiel vor. Wie beim Räuber-und-Gendarm-Spiel ist es ihr gelungen, den Gendarm an der Nase herumzuführen. Und sie spielen. Dort, auf dieser antiken Plattform, zu Füßen des christlichen Drachens, proben sie den Tod. Mario amüsiert sich: »Come la Tosca in teatro ...« Ja, wie die Tosca im Theater wird er seinen Tod spielen müssen. »Non ridi ...« Nicht lachen, sagt er zu ihr, das ist ein ernstes Spiel. In aller Unschuld besteigt Mario, sich ins Fäustchen lachend, die Richtstätte, und Tosca leitet die Inszenierung. Aber sie weiß nicht, daß das Spiel falsch ist.

»Come è lunga l'attesa ...« Wie lange das dauert! Oh Ungeduldige, die Du nie warten konntest, oh Überstürzte, es muß wohl so sein, daß Dich diese Hast

zur Vollendung Deiner innersten Regung führt ... Mario stirbt, erstaunt, verloren im großen verrückten Gelächter seines Spiels, ein Lehrling der Komödie, der dem wahren Theater in die Falle geraten ist. Die Stimme Toscas leitet den vermeintlich noch lebenden Körper, der sich doch nicht mehr bewegt.
»Beweg Dich nicht, warte noch, beweg Dich jetzt ...« Aber der lebend-tote Körper schleudert der Sängerin eine Stille ohne Antwort entgegen. Also ruft Tosca Mario noch einmal. Dann wirft sie sich auf ihn, vielleicht ohne zu verstehen und stammelt blinde Worte. »Finire così, finire così ...« So zu enden ... Auf dem Deckblatt der Partitur, auf dem großen Plakat, das ich anschaue, dort an der Wand, ist sie halb vornübergebeugt, ein weißes Kleid über einem sehr weißen Hals und legt recht artig ein Kruzifix auf den Leichnam des toten Polizisten. Braune Wolken bilden um sie herum einen unentschiedenen Schatten. Sie allein entscheidet, trotz allem.
Entscheidet über die Kandelaber, das Kruzifix, die Pose. *Così* setzt sie den Mord an Scarpia in Szene, *così* eilt sie auf die Engelsburg, *così*, genau so. Auch Mario fragt sie um Rat, um den richtigen Ausdruck im falschen Tod zu haben. »Non ridi. – Così? – Così.« Nicht lachen. – So? – So.
Und jetzt, jetzt, wo sie alleine ist und sie den Mann, der ihr Leben war, nicht mehr rufen kann, schwingt sie sich mit einem gewissen Ungestüm – »con una specie di violenza« – auf die Brüstung der Engelsburg. Mit letzter, äußerster Kraft schleudert sie ihre Stimme um Mitternacht ihrer selbst hinaus. Mit vollendeter Schnelligkeit gibt sie schließlich dem Taumel nach und vollendet das, was sie seit dem Beginn der Oper immer getan hat, außer in der Zeit des Wunders, in der sie ihr einfaches Leben der Liebe und der Kunst noch einmal durchlebt hat. *Così* stürzt sich also Floria Tosca, Sängerin, in die Tiefe.
Così fan tutte, unter dem Druck der Männer.

TOTE

Wo man ein japanisches Fräulein auf die Jahreszeit der Nachtigallen warten sieht; wo ein Mädchen aus Ägypten ganz alleine zu denken wagt; wo eine irische Hexe ein Kind ohne Mutter vergiftet.

Denken Sie nur mal, im Netzwerk Ihrer musikalischen Erinnerung, an die Opernplakate, an die Bilder, die diese kleinen Silhouetten in ihrem Unterbewußten hinterlassen haben. Wieviele Körper gibt es, in Nachtgewänder, in weiße Hemden gekleidet, mit Blut bespritzt für die Kriminellen, für die Schwindsüchtigen, Kleider der Tränen und der Morde? Wieviele Häupter, die sich neigen, wieviele Stimmen, die sich aufschwingen, bis zum kritischen »Höhepunkt«, an dem ihnen die Sinne schwinden und sie den letzten Atemhauch in einer merkwürdigen Parodie mimen, in der die Stimme das äußerste Gegenteil, das Verstummen haucht? Erinnern Sie sich, Butterfly in einen langen roten Obi gewickelt, ersticht sich, und Sie haben Tränen in den Augen; Violetta fällt, Mimi schweigt ganz einfach, und die Emotion ist da. Und dann schmarotzen andere Töne, anderes Licht in Ihren psychologischen Illusionen und zerstören Ihre Gefühle. Um Sie herum wird applaudiert, man richtet sich auf, Butterfly lebt in den Lichtern der Nacht wieder auf. Sie ist keine Japanerin, sie geht ihrer Arbeit nach, sie kann lachen und lebt. Woher kommt Ihr, wohin geht Ihr? Wachen Sie auf, vollenden Sie den Code, schlagen Sie eine Hand gegen die andere, so, ja; schreien Sie, wenn Sie es wagen, das Wort »Bravo«, das auch den »toro« qualifiziert, der sich gut schlägt. Und denken Sie vor allem nicht an den Nambikwara-Ethnologen, den es nie geben wird, und der, wovon wir gottlob keine Ahnung haben, von einer zärtlichen Basis und einer anderen Welt aus, diese Menschen betrachtet, die immer noch schlagen: ihre Hände, in Ermangelung anderer Dinge, vor einer Frau, die gerade ihren Tod gemimt hat.

Denken Sie an die Plakate. An die alten, von Ricordi herausgegebenen Plakate; an dieses, zum Beispiel. Ganz blau, schwarz umrandet, das entfernt an die Kostbarkeit einer exotischen Dose erinnert. Ein ganz weißes Kind spielt in einem so goldenen Licht, daß man es mit den Chrysanthemenknospen verwechselt, die überall durch die Luft fliegen. Es hat die Augen verbunden und die Füße zeigen nach innen. Es hält in seiner Hand eine alberne und winzige amerikanische Flagge, die voller Sterne ist. Weit, sehr weit von ihm, genau am anderen Ende des Raums schleppt sich die Japanerin auf allen Vieren, mit ausgestreckten Armen zu ihm hin. Ein Schal um ihren Hals fliegt davon, man weiß nicht wie. Der Boden mit Blumen übersäht, und Türen, die schlagen. Kein Mensch ist da; das Haus ist leer. Man hat sie beide alleine gelassen für dieses letzte Beieinandersein. Das Kind spielt, daß es diese bekannte Fahne nicht sehen kann. Die Mutter spielt, daß sie tut als würde sie spielen, vor diesem Kind, das nichts weiß, und nichts, absolut nichts weist darauf hin, daß unter den Falten des Kimono, mitten ihm Bauch ein Dolch steckt, und daß diese Frau stirbt. Nichts? Doch. Im türkisfarbenen Halbschatten des Plakats, und um 1904, bedeutet ein mythischer Name aus dem Italien Puccinis bis ins rebellierende Japan, das in ihm den Westen tötete, den Tod der Geisha: *Madama Butterfly.*

Du mußt wissen: *Pinkerton ist ein junger amerikanischer Offizier, gegen Ende letzten Jahrhunderts, dessen Schiff für einige Monate in der Bucht von Nagasaki Anker geworfen hat. Zum Zeitvertreib tut er so, als würde er ein sehr junges, fünfzehnjähriges Mädchen, genannt Butterfly, heiraten, die darauf angewiesen ist, das Gewerbe der Geisha auszuüben, seit sich ihr Vater, ein hoher Beamter des Reiches Nippon, auf Befehl des Kaisers das Leben genommen hat. Cio-Cio-San, so ihr richtiger Name, glaubt an diese Heirat; und als Pinkerton geht, wie es bei einem Seemann nun mal so ist, wartet sie unter den Sticheleien aller auf ihn. Eines Tages kommt der Konsul der Vereinigten Staaten, ein eher anständiger Mann, um ihr mitzuteilen, daß ihr »Gatte« nicht wiederkommt. Aber um ihn zu überzeugen, man weiß nicht wovon, zeigt sie ihm den Sohn Pinkertons, von dessen Existenz niemand außer der Dienerin etwas wußte. Verwirrt gibt er Pinkerton Bescheid, der, mit seinem Schiff nach Nagasaki zurückgekehrt, beschließt, den Jungen in sein Land mitzunehmen. Aber der schöne Seemann ist mit seiner richtigen Frau, einer eleganten Amerikanerin zurückgekommen; und Butterfly versteht schließlich, was geschehen ist. Sie übergibt ihm das Kind, aber zuvor und in Anwesenheit des Kleinen, den die Dienerin, um sie von ihrem Schmerz abzulenken, hereingebracht hat, ersticht sie sich, wie ihr Vater, mit dem rituellen Dolch vor den Göttern ihrer Ahnen.*[1]

Wer die Geschichte der kleinen Geisha nicht kennt, noch weiß, wie sie stirbt, was würde er in dem Bild des türkisfarbenen Plakats sehen? Eine Frau auf allen Vieren, die zu leiden scheint, ja; wer weiß, ob sie nicht ganz einfach weggehen muß? Ein spielendes Kind. Das Plakat spielt mit der erahnten, erratenen tödlichen Geste und mit der offensichtlichen Demonstration des Todes. Dieser angekündigte Tod ist der Köder: Sie werden nicht erfahren, warum sich Butterfly so vor das Kind mit den verbundenen Augen schleppt, wenn Sie nicht die musikalische Geschichte der kleinen Japanerin von Anfang an ver-

1 Oper von G. Puccini, Giacosa und Illica, nach einem Stück von David Belasco.

Luigi Cherubini, »Medea« – Maria Callas als Medea (London, Covent Garden 1959). Foto: Keystone.

Gaëtano Donizetti, »Lucia di Lammermoor« – Edita Gruberova als Lucia (Wiener Staatsoper 1990, Inszenierung: Boleslav Barlog). Foto: Fayer, Wien.

Giuseppe Verdi, »Macbeth« – Anja Silja als Lady Macbeth (München, Bayerische Staatsoper 1967, Inszenierung: Otto Schenk). Foto: Keystone.

Giuseppe Verdi, »La Traviata« – Ileana Cotrubas als Violetta, Wolfgang Brendel als Germont (München, Bayerische Staatsoper 1975, Inszenierung: Otto Schenk). Foto: Sabine Toepffer, München.

Giuseppe Verdi, »La Traviata« – Ileana Cotrubas als Violetta, Giacomo Aragall als Alfredo (München, Bayerische Staatsoper 1975, Inszenierung: Otto Schenk). Foto: Sabine Toepffer, München.

Giuseppe Verdi, »Don Carlos« – Mirella Freni als Elisabetta
(Wiener Staatsoper 1989, Inszenierung: Pier Luigi Pizzi).
Foto: Fayer, Wien.

Giuseppe Verdi, »Otello« – Anna Tomowa-Sintow als Desdemona, Plácido Domingo als Otello (Wiener Staatsoper 1987, Inszenierung: Peter Wood). Foto: Fayer, Wien.

Jacques Offenbach, »Hoffmanns Erzählungen« – Anja Silja als Antonia (Wiener Staatsoper 1966, Inszenierung: Otto Schenk). Foto: Fayer, Wien.

folgen. Was den Tod selbst angeht, so zeigt er sich in diesem Schal; eine Erdrosselung, ein Halsabschnüren, wie der lange würgende Schal von Isadora Duncan ... Aber Butterfly stirbt an sich selbst, an einem vorbereiteten Tod. Alle Opernfrauen sterben einen Tod, den ihnen ein langsames Komplott vorbereitet, von vorübergehenden und flüchtigen Helden angezettelt, bis zum Augenblick ihres Ruhms: der gesungene Tod. Und um das zu verstehen, muß man zur Quelle zurückkehren, dahin, wo sich der Vorhang hebt und in bisweilen harmlosen Worten ihr Tod vorweggenommen wird.
Butterflys Dolch zum Beispiel. Das ist nicht irgendein Messer. Sie werden es sehen, sobald sie die Bühne betritt, bekleidet mit dem Gewand der falschen Hochzeit, die nur sie für wahr hält. In ihrem wenigen Gepäck gab es Götterfiguren, Pfeifenstopfer, ein wenig Kosmetik, um sich das Gesicht zu bleichen und schließlich den Dolch, den sie verbirgt. Es ist derjenige, mit dem ihr Vater » Harakiri« machte, wie wir sagen. Man weiß nicht warum, wie ein Blitz durchzuckt es die Hochzeitsszene; aber sie ist von einem Fluch umgeben und um sie herum, mitten in der schmetterlingshaften Heiterkeit, die in Puccinis Musik umherflattert, gibt es die Bedrohung einer künftigen Wiederholung. Wenn man das Plakat gesehen hat, weiß man sehr wohl, wozu der Dolch dienen wird... Und die Zeichen des Todes durchziehen die Oper, unendlich klein, endlos eingewoben in die Melodien der Liebe. Wie dieser schreckliche Dialog mit ihrem Ehemann aus Stroh und Whisky in der Hochzeitsnacht. »Welch komische Gewohnheit die Menschen im Westen doch haben, gefangene Schmetterlinge auf Holzbretter aufzuspießen!« wundert sich die Kleine; sie ist gerade fünfzehn Jahre alt, oh Ihr Fleischtonnen, die Ihr es wagt, Butterflys Kimono anzulegen ... Und Pinkerton, was glauben Sie wohl, was er antwortet? Daß da schon was dran wäre und man alles in allem, wenn man die Schmetterlinge aufspießt, sie daran hindert davonzufliegen. Er hält Butterfly in seinen Armen; er sagt ihr diese Worte auf den ausgebreiteten Flügeln, die Puccini der Stimme eines Tenors anzulegen weiß; es ist ein Liebesduett, und Sie hören zu, entzückt, enthoben ... So kündet der amerikanische Mann den Dolch an, der Butterfly, den Frauenschmetterling, für immer auf dem anatomischen Brett des weißen Westens festnageln wird.
Jedesmal, wenn ich Textbücher von Opern lese, fern der Musik, die sie erhebt, wie das Geschlecht einen Körper verzaubert und ihn zum Leben erweckt, bin ich erstaunt über ihre Brutalität und ihre blendende Klarheit. Pinkerton ist ein junger Maschinist mit vulgärer Sprache: San-Antonio, der Komissar mit der derben Sprache, würde nicht anders vorgehen. Man spießt den weiblichen Schmetterling auf, und die Oper entspinnt die Metapher bis zur simpelsten Anwendung: erst das Geschlecht eines Mannes, dann den Dolch im Leib, stirbt Butterfly auf japanisch, für die Liebe eines Amerikaners.

Nach und nach, wie sie auf den Mann wartet, dessen Rückkehr sie für die Jahreszeit der Rotkehlchen erhofft, weil er ihr das gesagt hat, wird die Geschichte genauer, dichter; wie so oft in den Opern Puccinis, des Melodischen, ist die Handlung einfach, nackt, offenbar. Butterfly hat nur noch eine Nacht und einen Tag zu leben. Die ganze Nacht hat sie gewartet, unbeweglich und aufrecht; die ganze Nacht schlafen an ihrer Seite ihr Sohn und ihre Dienerin. Als Butterflys letztes Warten beginnt, ist alles hell und lebendig. Der Vorhang hebt sich für den letzten Akt, und die Seeleute von Nagasaki singen in der Ferne im noch beleuchteten Hafen. Ein Morgen wie jeder andere; der letzte Akt einer Oper. Diese Ruhe und dieser erwachende Morgen sind herrlich; dennoch, für den, der dieses gesungene Flechtwerk, in dem die Frau gefangen ist, verfolgt hat, könnte nichts den Tod besser bezeichnen.

Butterflys Haus liegt sehr hoch, auf einem schwer zugänglichen Hügel; wenn die Weißen da hinauf gehen, sind sie außer Atem. Butterfly und Suzuki, die Dienerin, sind bewegungslos; sie hat die ganze Nacht gewacht. Sie ist so müde, so ohne Bewußtsein, daß die Dienerin sie bis in ihr Zimmer geleiten kann, weit weg von dem Platz, von dem sie ausspäht. Ihre Stimme entfernt sich, erreicht uns von draußen; in der Musik wird es immer langsamer. Majestätisch und unzusammenhängend wechselt sie zwischen gebrochenen Seufzern und komplizenhaftem Raunen – die Weißen schmieden ein Komplott, während Butterfly am frühen Morgen ihres letzten Tages schläft; die Musik hebt zu einem ausladenden traurigen Walzer an, der in das Terzett überleitet, das die Dienerin Suzuki, den Konsul und Leutnant Pinkerton zusammenbringt, der zurückgekommen ist, ja, um dieser verlassenen Frau ihr Kind wegzunehmen.

Um sie herum wird das Komplott geschmiedet. Als sie etwas merkt, verliert die Musik beinahe den Verstand, ist gefangen. Pinkerton, dem Tenor, sind die süßen und lyrischen Entwicklungen – Harfen, Arpeggi, langsame Melodien – vorbehalten, wie wenn Puccini den musikalischen Luxus andeuten wollte, den sich der ungestrafte Held leisten kann, er, der das ganze Leben Zeit für Gewissensbisse hat. Butterfly gehört die Stille, der benommene Atem. Es ist wahr, sie wird sterben. Zwei gemurmelte Fragen: »Lebt er?«

Er: Pinkerton, den sie noch nicht bemerkt hat.

»Aber er kommt nicht wieder?«

Lange Stille, plötzlich gebrochene Stimmen.

Wie weit sie doch entfernt sind, die glücklichen Melodien! Der Schmetterling schließt sich in eine große musikalische Stille ein. Zu viel Licht, zuviel Frühling – und diese orangenen Blüten auf dem gelben Fußboden des türkisfarbenen Plakats . . . Das Kind muß man spielen lassen. Alles ist ruhig, man könnte sich einbilden, daß Butterfly sich isoliert, um zu beten, nur um zu beten.

Aber die Musik schlägt Alarm, eindringlich, heftig, in einem rituellen und präzisen Rhythmus. Es kommen mystische Akkorde, es kommen die Tiefen des Gongs, die Erinnerung wird genauer; die Religion der Ahnen spukt plötzlich auf der fast leeren Bühne, auf der sich Butterfly kaum rührt. Einzig der zufällige und brutale Auftritt des blonden Kindes unterbricht den Ablauf einer Zeremonie ohne Drama und ohne Überraschung. Das Kind, das für ein goldenes Exil bestimmt ist, entreißt Butterflys Stimme Aufschwünge, sensationelle Erhebungen, wahnwitzige und letztlich befreite Schreie, bis zum Moment des »decrescendo«, in dem sie endlich fällt. Seit langem schon unter ihrem Gewand erdolcht, aber niemand konnte es sehen. Nicht einmal das Kind, dem sie, wie zum Spiel, die Augen verbunden hat.
Nicht einmal das Kind. Es ist fast zu Ende. Sie schiebt es sanft hinaus, weg aus dem Plakat, weg aus dem Halbschatten, in dem sie sich getötet hat. Wer weiß, ob dieser ausgestreckte Arm auf dem Bild, das ich betrachte, während die Musik in meiner Erinnerung singt, ihn nicht zum Gehen nötigt, gerade bevor sie fällt, eingewickelt in diesen langen bläulichen Schal, der, man weiß nicht wie, davon fliegt? Ein Gongschlag und seine Harmonien; sie ist »tot«. Wie sollte man nicht daran glauben?
In einer letzten Bewegung spült die Musik Pinkerton an den Strand, wie eine Flasche strandet, auf dem Schaum einer sich brechenden, bitteren Welle. Das letzte Wort hat immer ein Mann.
Ein Mann am Strand, da wo der Schaum schmutzig ist.

Sie sind tot, so oft tot. Sie sterben mit aufgeschlitztem Bauch, wie Lulu unter dem Opfermesser Jack the Rippers, in einer schmierigen Mansarde im nebeligen London; sie sterben, weil sie die falsche Identität einer Frauenmarionette zu gut verkörpert haben, oder weil sie einfach zu deutlich versichert haben, daß sie nicht sind, wo die Männer sie suchen ... Sie sterben wegen nichts, nur so, aus Angst, oder aus Schrecken, oder aus Treue, oder aus Entsetzen. Sie sterben sanft vergiftet; sie ersticken; sie ziehen sich zurück, ganz ruhig. Gewaltsame Tode, lyrische Tode, sanfte Tode, geschwätzige oder stille Tode ... Du könntest die Liste leicht verlängern. In anderer Zeit, in den strengen strukturalistischen Konklaven – das wäre zu einer Zeit gewesen, die man heute vergangen nennt – hättest Du ein Anrecht auf einen schön sauberes Verzeichnis gehabt, damit man diese Toten nach dem Instrument oder ihrer Haupttodesursache klassifiziert.
Neun mit dem Messer, davon zwei Selbstmorde; drei durch Feuer; zwei stürzen sich in die Tiefe; zwei Schwindsüchtige; drei Ertrunkene; drei Vergiftete; zwei Ängstliche; und einige schlecht Klassifizierbare, denen dafür gedankt sei, daß sie sterben, ohne daß man auch nur im Geringsten wüßte, warum

und wie sie sterben. Und das hier ist nur eine erste Auswahl. Und mit meinem schön sauberen kleinen Verzeichnis zwischen den Fingern betrachte ich all diese Vornamen aneinandergereihter Träume in Fächern, wie die auf Brettern zur Schau gestellten Schmetterlinge. Man müßte nur noch den Namen dran schreiben: Violetta, Mimi, Gilda, Norma, Brünhilde, Senta, Antonia, Marfa ... Eine lächerliche Übung, von der Angst der systematischen Intelligenz geleitet, die sich versichert, daß die kleinen artigen Vierecke gefüllt sind. Aber ich habe gut lachen, es gibt immer diese Konstante, den Tod, vom Mann herbeigeführt. Ob sie nun aus sich heraus handeln, wie Butterfly, ob sie erstochen werden, wie Carmen, das Messer kommt vom Mann, oder die zudrückende Hand, oder der schwindende Atem, der tödliche Ausgang.
Ganz einfach wie im Leben. Wie alle Verzeichnisse, läßt auch dieses nur eine Selbstverständlichkeit zu Tage treten, die es in der Wirklichkeit gibt; so ist das Leben. War dieser hochtrabende Umweg wirklich nötig, und daß diese ganze Musik in ihrem majestätischen Apparat ausgebreitet würde, um Jahrhunderte von Unterdrückung und Familiarismus offenzulegen? Was ist denn nun diese Freude an der Oper; was ist ihre Perversion? Und diese Beständigkeit, wo die Form schon seit beinahe einem halben Jahrhundert tot ist, an was hält sie sich? Welche durch Schönheit und Erhabenheit verdunkelten Wesen kommen und betrachten, unbeweglich im Schwarz des Zuschauerraums, das unendlich oft wiederholte Spektakel einer sterbenden, ermordeten Frau?

»Faremen«

Die feministischste, die dickköpfigste der Toten: die Zigeunerin, Carmen, die Verdammte.
Sie, die nein sagt, wird dennoch sterben. Diejenige, die alleine entscheidet, während die Männer mit ihren kleinen Schmuggler- und Soldatentricks um sie herumschwänzeln. Sie ist die ganz Reine, die ganz Freie. Meine beste Freundin, mein Liebling.
Schon immer hat diese Oper unter dauerndem Spott zu leiden gehabt; keine Musik war so sehr Gegenstand lächerlicher Verdrehungen. Torero, Tschingbumm Tätarä und verramschtes Spanien ... Man vergaß den Tod, immer den Tod. Wenn der Hohn Einzug hält, wird etwas in mir unruhig, versucht zu begreifen. Wo sich das Lachen niederläßt, gibt es eine verkannte Wahrheit; man hat ja nicht so lange Freud gelesen, um seine Lektionen zu vergessen. Aber vom Norden lächerlich gemacht, ist Bizets Musik von *Carmen* in ganz Südfrankreich der symbolische und rituelle Indikativ des Einzugs der Corrida, der Paseos, wo die noch unversehrten Toreros in Gold und Seide vorbei-

defilieren. Der geniale und unbewußte Transfer einer Oper: eine Musik, einer Frau gewidmet, ruft männliche Helden herbei. Und die Toreros sind wie Carmen, schillernd, kämpferisch und spielen mit dem Köder und dem Tier, dessen Hörner wie Dolche sind.
Carmen, deren Musik für Generationen von Kindern, die man zum Stierkampf mitnimmt, wie ein Fest in den Ohren klingt; Carmen im Augenblick ihres Todes, der die einzige Freiheit der Wahl darstellt, die Entscheidung, die Provokation. Das vorweggenommene und verdammte Bild einer Frau, die das männliche Joch zurückweist und die dafür mit ihrem Leben bezahlt.

Du mußt wissen: *Carmen ist Arbeiterin in Sevilla, in einer Zigarrenmanufaktur, in der nur Frauen arbeiten, die von Soldaten bewacht und jeden Tag nach Arbeitsschluß von Männern erwartet werden. Am Ende einer Schlägerei unter den Frauen wird Carmen beschuldigt, dem Leutnant die Aussage verweigert zu haben. Um dem Gefängnis zu entkommen, verführt Carmen den Sergeanten, der sie dorthin führen soll: Don José, ein ausgesprochen ruhiger Bursche, der mit der sanften Micaela verlobt ist, die er, so scheint es, liebt. José läßt Carmen aus Liebe laufen und findet sich statt ihrer im Gefängnis wieder. Als er frei kommt, überzeugt ihn Carmen, die von seiner Geste gerührt ist, zu desertieren, um so mehr, als er sich gerade mit seinem eigenen Leutnant geprügelt hat – wegen Carmens schönen Augen. Denn die Schmuggler, mit denen Carmen jetzt zusammenarbeitet, brauchen dringend einen Kerl wie Don José. Sie erreicht ihr Ziel: José desertiert und folgt ihr. Aber sie ist seiner schnell überdrüssig und verliebt sich in einen Matador, Escamillo, der ebenfalls wahnsinnig in sie verliebt ist. In den Bergen, wo die Schmuggler ihre schwarze Ware verschieben, erscheinen in der gleichen Nacht zwei Besucher: Escamillo, der Carmen sucht und, so scheint es, erwartet wird, und Micaela, die gekommen ist, um José mitzuteilen, daß seine Mutter im Sterben liegt. Außer sich vor Wut, aber zum Gehen gezwungen, verläßt José Carmen, kündigt ihr aber an, daß sie sich wiedersehen werden. Und am Eingang zur Arena, während Escamillo kämpft, fängt José Carmen ab, fleht sie an, mit ihm zu gehen und, da sie nichts mehr von ihm will, da sie ihm das deutlich sagt und daran nichts zu ändern ist, ersticht er sie und läßt sich festnehmen. Das ist alles.* [1]

Festtag in Sevilla. Die Arena der Maestranza ist fröhlich und sehr weiß; goldgelb gemalte Dekorationen zeichnen barocke Schnörkel an die Wände; die hohen, schwarzbeschlagenen, roten Tore sind weit geöffnet und die schwarzen

1 Oper von Bizet, Meilhac und Halévy.

Gitter auch, die das Rund der Arena mit einem durchbrochenen Ring umgeben. Man verkauft, man kauft Kuchen, Zigaretten, es lärmt, man drängelt, es ist ein ohrenbetäubendes Fest ohne Bedrohung. Oft spielen sich in der Oper die Vorzeichen des Todes mitten in der Freude ab, an einem ruhigen Morgen, oder einem leuchtenden Sonnenaufgang, oder einem Sonnenuntergang. Als ob dieser Tod sich mit der rührenden Sorgfalt vorbereiten würde, die man aufwendet, um ein junges Mädchen, ein Kind, eine Braut anzukleiden; als ob man ein frisch bezogenes Bett aufschlagen würde, um sich schlafenzulegen. Und die Ohren werden gespitzt, und die Herzen bereiten in sich einen Platz vor, um die göttliche Teilnahme am stets ersten, stets letzten Mal aufzunehmen...

Es war einmal – diese Geschichte ist wahr – eine alte unwürdige Dame, die die Oper so sehr liebte, daß sie dafür gestorben wäre, und die zweifellos nicht reich genug war, sich den Luxus einer ganzen Aufführung leisten zu können. So sahen die Schließerinnen sie während ihres ganzen Lebens kurz vor Beginn des letzten Aktes kommen; sie nützte die freigelassenen Plätze aus und sagte verwirrt: »Ich komme zum Tod.«

Festtag in Sevilla. Mitten in der Menge ist Carmen, gewandet wie eine Dame, sie, die Zigeunerin. Ein wenig Hure also, ein wenig Jüdin, ein wenig Araberin, völlig gesetzlos, stets am Rande des Lebens. In den Ramschrüschen, in die Bizet, Meilhac und Halévy ihre Frauengestalt eingepackt haben, ist Carmen genauso wenig Zigeunerin, wie Butterfly Japanerin ist. Uns bleiben Bilder, vergleichbar diesen touristischen Püppchen, die wir von unseren Reisen mitbringen, verflossene Stereotypen von Frauen, die wir an den Orten nicht antreffen, wo unsere kultivierten Herzen sie, vergebens suchend, sich erträumt haben: in den Sträßchen, in den Tempeln, in den Palästen, auf den Stufen der Gärten. Sieh Dir Carmen als Puppe an: Den Kamm aus Sevilla im Knoten, das Klimpern des Filigrangoldschmucks, die beweglichen Schlangen der Fransen ihres Schals, und überall Rüschen... Das ist keine Zigeunerin. Aber durch eine französische Musik auf die geschriebenen Worte zweier der berühmtesten Librettisten der Offenbachzeit[1], nach einer Geschichte, die ein französischer Schriftsteller, der den Exotismus liebte, beschrieb[2], zeigt sich die ganze ausgebreitete Geschichte eines reisenden Volks. Du mußt unter den Spitzen das verzerrte Echo der Wahrheit zu hören verstehen. Carmen, Tochter Ägyptens wie Esmeralda, erbt musikalisch die großen, vom Volk der Zigeuner durchwanderten Gebiete: Indien, woher das Wort »Manush« kommt, dann Ägypten und der Magreb, bis Spanien, wo es wie überall unauslöschliche Spu-

1 Meilhac und Halévy.
2 Prosper Mérimée.

ren der vom Gesetz verhängten, mörderischen Ausgrenzung zu erdulden hatte.

Als ich Carmen vorhin das erste Mal sah, war sie Zigarrendreherin, das ist die niedrigste Schicht des Proletariats von Sevilla; und auch dort konnte sie ihren Platz nicht finden, denn wo auch immer die Zigeunerin Carmen ist, hat sie keinen festen Platz. Im Spanien des 15. Jahrhunderts durften Zigeuner keinen einzigen Beruf mehr ausüben, der mit dem Nomadenleben vereinbar gewesen wäre: Pferdehandel, Schmiedehandwerk, Korbmacherei, all das war verboten. Im 18. Jahrhundert wurden die Aufsässigen mit dem Brenneisen gezeichnet und zum Tode verurteilt... Carmen arbeitet wie ein freier Vogel; sie zieht die fahrenden Gewerbe vor, die ungesetzlichen, heimlichen, den Schmuggel in den Bergen. Jetzt kannst Du verstehen, weshalb sie aus voller Brust die Freiheit besingt. Die Freiheit zu reisen, »faremen« in der Sprache der Roma ist die Freiheit zu sein; es gibt keinen seßhaften Nomaden, und Carmen schlägt sich für das Lebensrecht.

Wie sie in den Knast geraten ist, da hab ich wirklich keine Ahnung. Die einen sagten, sie habe als erste zugeschlagen, die anderen verteidigten sie, und weil sie ja letztlich nur eine Zigeunerin ist, hat sie der Leutnant eingesperrt. Mit diesen Mädchen, da zieht das ja keine Konsequenzen nach sich. »Diese Leute, die im allgemeinen weder ein Zuhause noch einen festen Wohnsitz haben und die ein ambulantes Gewerbe ausüben, oder vorgeben es auszuüben. Ihre Frauen scheinen sehr schön unter ihren schäbigen Lumpen, sagen die Zukunft voraus, alle sind sie Räuber oder Diebe... Unheil kommt über die Gegend, die sie durchstreifen, vor allem über die, in der sie bleiben! Das Gemüse im Gemüsegarten, das Geflügel im Hühnerhof, die vergessene Geldbörse auf einem Tisch bei einer geöffneten Tür oder einem geöffneten Fenster, ein Kalb oder ein Pferd auf der Weide, alles ist ihnen gut genug, mitgenommen zu werden. Sie leben auf unserem Boden wie in besetztem Gebiet.«

Nein, das steht nicht im Libretto; aber es ist der fruchtbare Humus, der es entstehen ließ, die gute alte französische Denkungsart: Der Text ist von einem gewissen Reville, Du wirst ihn im Bericht für den Gerichtshof des Jahres 1908 finden [1].

Ich erinnere mich gut. Sie schien nicht erstaunt, daß man sie einsperrte. Sie schien es sogar zu erwarten und sang verträumt vor sich hin, anstatt die Fragen des Leutnants zu beantworten und sprach von Liebe, während er vom Gericht sprach... Und in einer Ecke reparierte José, der einzige der sie nicht anschaute, seine Schützennadel, der arme Liebling. Weil er sie nicht beachtete, warf sie ihm die Hibiskusblüte an den Kopf, die sie in den Haaren

1 Zitiert nach Edith Falque in *Voyage et Tradition,* Payot.

trug; so wie in früheren Zeiten die Ritter den Handschuh hinwarfen. Erste Überschreitung der Zigeunerin: sie ergreift die Initiative in der Liebe. Der Rest wird folgen; die Verführung, das Entkommen, der ewige Gesang, die Freiheit.

Hure nennt sie die Welt. Aber was tut sie denn? Sie benimmt sich wie ein Mann, das ist alles. Und wenn sie singt, bereits Gefangene der Fesseln, die ihr die Arme zusammenbinden, dann fangen die Worte ihrer Lieder den Vogel Mann, wie es der Don Giovanni von Mozart mit den Fräuleins macht. Er hat ihr verboten zu sprechen, also singt sie. Ein doppeldeutiges Lied, dessen Worte sagen, daß sie zu haben ist. Ihr Liebhaber ist beim Teufel, sie hat ihn vor die Tür gesetzt, und jetzt kommt das Wochenende, der Augenblick der Freuden und der flüchtigen Liebschaften ... José hat nur eins zu sagen: »Taistoi! je t'avais dit de ne pas me parler ...« Sei still! Ich hab Dir gesagt, Du sollst nicht mit mir reden ... Das sagen sie alle.

Also richtet sich Carmen auf und singt sanft den Text, der sich auflehnt: »Je ne te parle pas, je chante pour moi même, et je pense: il n'est pas interdit de penser.« Ich spreche nicht mit dir, ich hab so für mich gesungen und gedacht: es ist doch wohl nicht verboten zu denken.

Das ist der Satz aller Frauen. Aber ja, den Frauen ist es untersagt zu denken, in diesem erstickenden Europa, wo sie gerade anfangen loszufliegen. Und mit sich selbst zu singen, wenn man die Gefangene eines jungen Sergeanten ist, das heißt, daß man ihm schöne Augen macht. Denken heißt verführen.

Sie ist entkommen – auf mysteriöse Weise frei gelassen worden – und da ist sie an diesem nächtlichen Ort der Zigeuner, wo sie und ihresgleichen die Zeit verbringen. Es ist die Taverne ihres Freundes Lilas Pastias, unterhalb des Walls. Man macht dort nichts; man wartet. Und Carmen singt das geheimnisvolle Lied, in dem die französischen Worte in ihrer Färbung etwas vom Leben der Zigeuner erhalten. Hör Dir diese erstaunlichen Worte an: »Les tringles des sistres tintaient ...« Die Stege der Cistern klappern. Hörst Du diese Instrumente aus Ägypten, dieses metallische Klappern der Bogen? Und weißt Du, wo, nach Plutarch, der archaische Ursprung dieser Musik liegt? Osiris (Plutarch sagt »Jupiter«, weil für ihn alle Götter dazu neigen, sich zu vermischen) befand sich eines Tages unfähig zu gehen: Seine beiden Schenkel, seine beiden Beine hatten sich untereinander vereint, wie die mit Natron getrockneten Beine einer erdigen Mumie. Aus Scham hielt er sich abseits, aber Isis schnitt sie ihm auseinander und sagte ihm, er könne nun geradewegs nach Gutdünken losmarschieren. Seit der Zeit bewegt man zum Fest der Isis die Cistern, deren Stege klingen; siehst Du, wie die ägyptische Carmen zur heiligen Priesterin wird ... Denn, fährt Plutarch fort, »die Dinge müssen bewegt werden und dürfen nie aufhören, sich zu bewegen, und beinahe erheben sie sich und fallen in sich zusammen, wie wenn sie einschlafen und seufzen würden ...« Dort, in der Taverne von Lilas Pastias, wo vom Manzanilla berauschte Soldaten halb schlafen, schüttelt, erweckt, singt Carmen wie eine Cister; das nennt man eine unruhige Frau. Genau das ist ihre Funktion: zu stören.

»Les tringles des sistres tintaient, avec un éclat métallique, et sur cette étrange musique, les Zingarellas se levaient.« Die Stege der Cistern klingen metallisch, und auf diese fremdartige Musik erhoben sich die Zingarellas. Und die Feuerstelle der Zigeuner im Freien, nomadenhaft, Feuer im Wald, betörendes Leuchten in der Nacht, gerät im goldenen Mund der Ägypterin Carmen zum Fest der nächtlichen Isis. Es wurde in der christlichen Mythologie zu einem bedeutender Teil des Rituals. Wenn die Glocken nach Rom gehen, vielleicht erinnerst Du Dich, dann schweigt alles in den Glockentürmen. Stumm, ihrer Stimme beraubt, trauern die großen christlichen Instrumente. Es ist Karfreitag, Christus ist tot. Also klingen anstelle der Glocken die Instrumente der Finsternis, Klappern und Cistern, kleine Geräusche der Nacht.

Die Finsternis: sie ist Carmens Licht. Am hellichten Tag wird sie bedroht: am Ausgang der Tabakfabrik von Sevilla, diesem großen majestätischen Gebäude, oder vor der Arena, ist Carmen Beute des sozialen Drucks, dessen Bevollmächtigter José ist. Aber in der Taverne, wenn der Tag geht, beim Schein der Kerzen, oder nachts in den Bergen mit den Schmugglern ist Carmen die Königin, riskiert sie nichts. Die Oper ist im Wechsel konstruiert: Am Tag ist Carmen im Gefängnis; In der Nacht triumphiert Carmen, und Don José desertiert für sie. In der Nacht ist sie Geliebte; im hellen Sonnenlicht der Corrida stirbt sie.

Da ist sie vor den Toren der Arena, die sie nicht betreten wird. Du kannst natürlich sagen, daß sie das alles gesucht hat. Indem sie Don José von seiner Pflicht als Gefängniswärter abgebracht hat, dann von seiner Pflicht als Soldat und ihm gleichzeitig die Fahnenflucht und die Freiheit versprach, zieht sie ihn dorthin, wo er nicht ohne sie sein kann. Indem sie beschließt, sich von ihm zu trennen und ihm einen höflichen und bekannten Torero vorzieht, der mit einer goldenen Uniform geschmückt ist, wie José mit einer Dragoneruniform geschmückt war, besiegelt sie seine Verdammnis. Nehmt die Mantilla, das Gold und die Zigarren weg; entfernt Ägypten und die Erinnerung an Isis, so ist die Rede von irgendeiner beliebigen Frau. José folgt ihr in der Menge. Alles ist ruhig, als José sie überrascht und am weitergehen hindert. Er ist ein Verhinderer, ein Mann: er legt ihr Fesseln an, er liebt sie, er bindet sie. Alle sind jetzt woanders, im Innern der Arena, in dieser anderen Welt des Spektakels, dessen Lärm die getrennten Liebenden umgibt. Das Drama spielt sich zwischen zwei Theatern ab: zwischen dem Zuschauerraum der Oper und je-

nem fiktiven, der Arena. Tausende von Köpfen. Zwischen den beiden befindet sich dieser öde Raum, dieser Vorhof zur Arena, ein Durchgang. Ein Ort, gut genug zum Sterben, ein Ort indes ohne Tragik, nur ein langer Gang mit Treppen, Umkleidekabinen und Sitzkissen, die zum Verkauf angeboten werden. Zwischen der strahlenden und festlich gekleideten Carmen und José, düster wie eine Mauer, wird der Tod der Zigeunerin entschieden.
Sie sagt Nein. Nochmal nein. Nein! Sie will nicht mehr, sie liebt ihn nicht mehr. Er, jammernd und gefährlich, wiederholt endlos: »Il est temps encore ... Il est temps de te sauver, Carmen, et de me sauver avec toi.« Noch ist es Zeit ... Noch ist es Zeit, Dich zu retten und mit Dir auch mich zu retten, Carmen. Ach, das ist die nackte Wahrheit: was gerettet werden muß ist das Bild des Mannes, das ganz einfach von der Eifersucht gepackt ist, die alle Tode dieser Welt in sich trägt. Nun, da nichts diesen Mann überzeugen kann, mit dem sie entschieden brechen will, vollendet sie die göttliche und störrische Geste, die ihr Todesurteil bedeutet. Sie zieht von ihrem Finger den Ring, den er ihr gegeben hatte und wirft ihn ihm heftig ins Gesicht, eine freie und hochmütige Göttin. Der Dolch dringt in sie. Der Körper sinkt nieder. »Alors, damnée«, hat José geschrien als er sie tötete: So sei verdammt. Sie war es für alle Ewigkeit.
Sie wußte es im Voraus. In der unsteten Nacht, in der die Schmuggler ihre Ballen über die Berge transportieren, hat sich eine warnende Szene abgespielt. Die drei Frauen, die die Schmuggler begleiten, legen sich die Karten. Das ist immer noch eine archaische Geste; für jeden eine etwas lächerliche Geste, etwas beunruhigend, etwas, womit man spielt und sich mit einem brüchigen, ach so brüchigen, schwachen Rationalismus verteidigt ... Aber für eine Zigeunerin spricht daraus die Wahrheit. Als sich Carmen den Karten nähert, gibt sich die Musik mächtig und entschlossen. »Allons vite«, fordert sie. Schnell. Es erscheinen die Karten des Todes. »La mort, j'ai bien lu, moi d'abord, ensuite lui, pour tous les deux la mort.« Der Tod, es ist schon richtig, erst sie, dann er, beide werden sie sterben. Nichts ist so aufwühlend wie dieses tiefgründige und feierliche, unendlich langsame und religiöse Lied, mit dem intimen und durchdringenden Marschrhythmus. »Cela ne sert à rien, les cartes sont sincères, elles ne mentiront point.« Es hilft nichts, die Karten sind ehrlich, sie lügen nicht. Punktum. Hier wird der Aberglauben ernst genommen, wie eine Interpretation der Wirklichkeit, und Carmen bekommt die Größe der Pythierinnen, die Energie der Wahrsagerinnen, die geheimnisvolle Vorahnung der Zauberinnen. Sterben um zu sterben, auch den Einsatz und den Augenblick wählen. Carmen, die düstere und revolutionäre Verkündigung einer Frau, die den Tod wählt, bevor ein Mann an ihrer Stelle entscheidet.

Aus der tosenden Arena erhebt sich der Lärm des Kampfes. Carmen ist plötzlich tot. Ich erinnere mich, daß sie tanzte und halblaut dazu sang; ich erinnere mich, daß sie zum ersten Mal vielleicht wirklich liebte und dem Torero ihrer Wahl mit Gefühl zärtliche Worte sagte. Das war vielleicht ihr Glück. Da liegt sie am Boden, ein Messer im Leib. Zurück bleibt der Mann, sinnentleert. Aber lediglich die Polizei kommt, um sich mit ihnen zu beschäftigen. Die Welt ist anderweitig beschäftigt. Und Carmen ist alleine gestorben, ohne andere Zuschauer als ihren Mörder, als Sie, als wir, als ich.
Aber während sich der Vorhang senkt, erhebt sich über dem Körper der Sängerin ein verhüllter Schatten. Die Mutter, die Horus nach dem Tod Osiris gebar, die von den Wänden der hohen Tempel und in den Tiefen der geheimen Gräber lächelt, die die Beine von Osiris öffnet, die immer noch die verstreuten Teile des Körpers ihres Gemahls sucht, die große Isis belebt die aufsässige Zigeunerin mit ihrem vergangenen Atem. »Ägypten, Ägypten! Deine großen unbeweglichen Götter haben vom Kot der Vögel gebleichte Schultern, und der Wind, der über die Wüste fegt, verweht die Asche Deiner Toten ...«[1]

Die Beutelratte und das verlorene Kind

Wir befinden uns auf einer vom Wind zerzausten Heide. Oder auf einer nackten, verlassenen Bühne. Das nahe Meer hüllt die Luft mit seinen Brechern in Dunst ein. Es gibt schon einen Toten, den man der Länge nach ausgestreckt hat. Um ihn herum eine niedergeschmetterte Gruppe; und über seiner Leiche eine Frau, vielleicht ohnmächtig, vielleicht tot ... Tristan und Isolde. Von allen Toten in der Oper ist sie die berühmteste; sie gab ihren Namen einer Form des Todes in der Oper, dem »Liebestod«. Wenn Isolde sich von Tristans Körper löst, erhebt sich in den Raum ein unendlicher Gesang, ein Meer aus Musik, bis die Stimme stirbt, bis die Frau stirbt, der absolute Triumph der musikalischen Harmonie. Es ist auch der einfachste Tod, der trügerischste; der schlimmste Tod für Frauenherzen.

Du mußt wissen: *Tristan hat von seinem Onkel und Herrn den Auftrag erhalten, ihm eine Irin, Isolde, zu bringen, die Tristan in der Folge eines tödlichen Kampfes mit deren Bräutigam Morold gefangen genommen hat. Auf dem Schiff, das sie nach Kornwall führt, entdecken die beiden Helden ihre Liebe, um so mehr, als sie sicher sind, daß sie sterben werden, und daß sie von nun an nichts mehr zurückhält, sich ihre Liebe zu erklären. Aber Glück oder Unglück, der Todestrank, den Isolde Tristan reichen wollte, ist in Wirklichkeit*

1 Flaubert, *la Tentation de saint Antoine*

ein von der Dienerin Brangäne vertauschter Liebestrank: ein recht nutzloser Trank, da sie sich schon lieben. Als das Schiff anlegt, halten sich Tristan und Isolde umfangen. König Marke kommt in dem Augenblick an Bord, da sie von Brangäne und Kurwenal, Tristans Knappen, gewaltsam getrennt werden. Sie werden sich in der Nacht treffen, um das unmögliche und herbeigesehnte Treffen, die Vereinigung in der Liebe, zu besingen. Umsonst warnt Brangäne sie: der Tag bricht an, König Marke, von seinem Knecht Melot gewarnt, taucht auf. Verzweifelt stürzt sich Tristan in Melots Schwert und verletzt sich tödlich. Im letzten Akt liegt Tristan, von seinem Knappen bewacht, auf den Tod in seiner Burg Kareol darnieder. Isolde kommt spät, aber endlich ist sie da. Tristan reißt sich seine Verbände ab und stirbt in ihren Armen; König Marke und Brangäne, die ihm alles erzählt hat, erscheinen als untröstliche Zuschauer. Isolde, die körperlich nicht verletzt ist, stirbt aus Liebe über Tristans Leiche.[1]

Ja, Isoldes Tod ist einfach. Alles führt von Anfang an darauf zu, als ob die beiden Liebenden, zwei Marionetten gleich, von einem unsichtbaren Schattenspieler auf zwei parallelen Gleisen, einen Weg geführt würden, auf dem sie sich nie treffen. Dieser Tod ist einfach, weil er Liebestod getauft wurde und weil der Begriff Tod seither vertraut, wünschenswert, gezähmt ist. *Liebestod:* nicht weit entfernt von der »Liebelei«, der traurigsüßen Liebe des Wiener Nähmädchens, mit Kohlsuppe, Marmeladenbrot, oberflächlich gestreiften Gefühlen und Schnitzlers Schatten, der die romantische Geschichte im dekadenten Wien in *mezza voce* schrieb. Isolde, das sublimierte Nähmädchen. Es ist die Urform aller Photoromane, wo sich in einem mythischen Kabuff, in dem für immer und ewig alter Plunder spukt, »die Liebe und der Tod, der Tod und die Liebe« aufeinandertreffen. Lieben, das bedeutet in der Oper sterben zu wollen; mit abgezählten Schritten den Sandweg entlang gehen, der um unseres Jubels willen zum Tod führt. Und in *Tristan und Isolde*, dessen Handlung auf den einfachsten Nenner reduziert wurde, ist die Demonstration perfekt.

Ein Schiff das ablegt, um niemals ans Ufer zu gelangen. Der Raum ihrer ersten Liebe ist die Brücke; um sie herum, nicht weit entfernt, sind Seeleute, Taue, die übliche Arbeit derer, die hissen, aufrollen, waschen, die Segelroute bestimmen. Ein bevölkerter Raum ohne jede Einsamkeit und um sie herum das Meer, das sie gefangen hält. Die Seeleute, wie alle Massen, die im Chor singen, wissen alles. Es ist die Stimme eines Seemannes, der die Oper eröffnet: »Wehe, wehe du Wind! – Weh, ach wehe, mein Kind! – Irische Maid, du wilde minnige Maid!« Da haben wir das Unglück: Isoldes Wildheit.

1 Oper, Text und Musik von Richard Wagner.

Tristan hat sie von weither geholt, nach den Regeln der Verwandtschaft, die verlangen, daß ein Mann eine Frau nimmt, die von woanders herkommt; die Verbindung zieht den Austausch materieller Güter nach sich, aber der Austausch materieller Güter bestimmt die Verbindung. Alles entspricht der Norm. Tristan, wie es die Sitten wollen, ist ein Verwandter von König Marke, für den er diese entfernte Braut freien wird: er ist sein Neffe und sogar sein »Sohn«, denn Marke hat ihn bei sich erzogen. Ein Mann sucht eine Braut für einen Onkel oder einen Vater; alles ist normal. Normal sind auch die dramatischen Ereignisse, die der Entführung Isoldes vorangehen, der Kampf mit Morold, ein analoges Lanzenstechen zu der Matrize unserer Geschichte, zwischen Olivier und Roland, aus der die Verbindung von Roland und der schönen Aude hervorging. Alle königlichen Verbindungen werden nach Kriegen geschlossen, als ob diese nur eine Funktion hätten, nämlich die Vereinigung zweier Kinder in einem Bett, die beide an verschiedenen Orten aufgezogen wurden. Tristan ist wahrhaftig ein gut erzogener junger Mann und Isolde ein anständiges junges Mädchen, dem man, wie es die Tradition verlangt, beigebracht hat, mit Kräutern, Mixturen und Tränken umzugehen. So hat Tristan sie zuerst entdeckt, als er auf den Tod verwundet darnieder lag und man ihn mit seiner Harfe, seinen Waffen und einem Schleier, der ihn gegen Wind und Nebel schützen sollte, auf ein Schiff bettete. Ein Schiff bringt ihn zu Isolde; ein Schiff nimmt sie beide mit; später wird ein Schiff ihm Isolde zurückbringen. Nichts von alledem steht in Wagners Libretto, das die Liebenden im vollen Flug einfängt, als die Geschichte bereits begonnen hat. Die Ursprünge der Liebenden, ihre sich kreuzenden Erinnerungen sind im Vorfeld der Oper verscharrt. Aber die Oper hat von ihnen geerbt.

Wenn dies die Geschichte einer königlichen Hochzeit ist, die den alten keltischen Regeln gehorcht und jenen späteren der höfischen Liebe, die Gottfried von Straßburg dem Mythos aufgepfropft hat, was sind die Gründe für die tödliche Liebe? Und welches Unglück trägt die wilde Tochter Irlands? Sollen wir, wie in einem plötzlichen Traum, in die Wälder des Amazonas gehen, wo fremde welterschaffende Tiere und schlecht erzogene Frauen die Männerordnung stören?[1] Dort finden wir Isolde in unerwarteter Gestalt wieder; wir treffen dort auf den ewigen Konflikt zwischen Männern und Frauen, in archaischer Frische von Völkern gezeichnet, die weder Geschichte noch Industrie kennen und die zweifellos schon nicht mehr existieren. Dort gehört die Kultur zu den Männern; die Natur bleibt Sache der Frauen, da wo sie unvorhersehbar ist: Katastrophen, endlose Regenfälle, Krankheiten, Erdbeben und

1 Ich entlehne diese Analyse den *Mythologiques* von Claude Lévi-Strauss, pp 67–287 in *le Cru et le Cuit*.

dieses mysteriöse Phänomen, die Regel der Frauen, all das beruht auf einer Unordnung, die als solche von den Männern wahrgenommen wird, selbst wenn es sich um eine mächtige, ursprüngliche Ordnung handelt, die sie stets zu kontrollieren suchen. Aber Natur und Kultur, dieser mächtige Gegensatz, verharren nicht in einem so distanzierten Status; und vermittelnde Welten stellen sich bereit, um die Distanz zu überwinden, um die Räume zu durchschreiten und zu einem empfindlichen, wandernden, gefährlichen, notwendigen Gleichgewicht zu kommen. So erscheinen in der Welt der Mythen vermittelnde Figuren stets als ambivalent: weder gut noch böse, haben sie gleichzeitig Teil an der größten Gefahr und an den hilfreichsten Wohltaten.
Unter diesen Figuren, findest Du eine weibliche Figur zum Fürchten. Es ist eine schlechte Mutter, die ihr kleines Kind auf einem Ast zurückläßt, weil sie im Fluß tote Fische sammeln will. Man muß hinzusagen, daß man dort Fische mit einem Gift fängt, das die Fische lähmt und sie tötet, diese dabei aber dennoch eßbar bleiben. Man muß auch hinzusagen, daß diese schlechte Mutter selbst Tochter einer schrecklichen Großmutter ist, die schuldig wurde, ihren eigenen Sohn vergiftet zu haben, indem sie sich, während er schlief, über sein Gesicht hockte und stinkende Fürze ließ, um ihn krank zu machen. Nein, ich vergesse Isolde nicht; ja, ich suche sie immer noch. Noch ein wenig Geduld; sie kauert hinter den großen Fieberbäumen.
Da trifft die schlechte Mutter auf zwei vermittelnde Gestalten. Zuerst auf den Regenbogen. Denn unsere unwürdige Mutter holt die Fische und ißt sie mit soviel Gier, daß sie schwillt und schwillt und platzt, wie ein Frosch. Und aus ihrem geplatzten Körper kommen alle Krankheiten hervor, die es bis dahin noch nicht gab. Erinnere Dich, daß Tristan krank war und von Isolde gepflegt wurde: wir müssen uns daran erinnern. Wenn alle Krankheiten geboren sind, schneidet man den Körper der Frau in zwei Stücke, und sie verwandelt sich in den Regenbogen: so ist der Regenbogen gleichzeitig Träger des Guten – er kündet Regen an – und der Grund aller Katastrophen; für die Indianer ist er der Grund für die Krankheiten der Menschen, er die letzte Verkörperung der Mutter, die ihr Kind verlassen hat, um zu schnell die Fische des Flusses zu verschlingen. Aber nein, ich werde doch Isolde nicht vergessen! Sie versteckt sich in den Falten des Regenbogens.
Um sie zu finden, muß man aus dem Sack der Mythen, dieser unerschöpflichen Reserve, die zweite Figur herausnehmen, zu der die schlechte Mutter paßt. Es ist ihr Gegenteil und sie ist es selbst: eine sehr gute Mutter, Ernährerin und Wohltäterin, aber eine Mutter, die stinkt. Es ist die Beutelratte, dieses kleine hübsche Tier, das dem Stinktier oder Iltis ähnelt und das stinkt. Krankheit, Gestank, Gift... All das ist weiblich. Krankheit kommt aus dem Körper der Frau; und der Geruch der Frauen – »odor di femina«, sang der hysterische

erregte Verführer – stinkt immer. Die Indianer erzählen, als die Tiere den dafür vorgesehenen Frauen die ersten Vaginas machten, schmierte das Gürteltier die neuen Öffnungen sorgfältig mit einem Stück verdorbener Nuß ein. So würden die Vaginas riechen, wie sie riechen sollten: schlecht. Und was das Gift für Fische angeht, kommt es, sagen die Indianer, von weiblichem Schleim: gut, weil man sich davon ernähren kann und weil er sexuelles Verlangen auf sich zieht und schlecht, weil er gefährlich genug ist, um zu töten. Frauen sind Giftmischerinnen. Da sehen wir Isolde zwischen den Lianen der Bäume.

Der Regenbogen ist auch mit einer interessanten Besonderheit begabt: er ist chromatisch. Die Farben sind in kleinen Abständen abgestuft. Genau wie bei der Chromatik der Töne, bildet sich eine Logik der kleinen Intervalle heraus. Hier berühren sich also Regenbogen und Frauen: beide sind sie chromatische Wesen, das heißt ambivalente Vermittler zwischen der Ordnung der Natur und der der Kultur. Und hier ist endlich unsere Isolde: sie ist wie die Beutelratte, die schlechte Mutter, ein chromatisches Wesen. Sie ist eine Giftmischerin, die sowohl das Leben ausgibt – mit ihren wohltätigen Kräutern und dem Liebestrank –, als auch den Tod, mit dem schlechten, für Tristan reservierten Trank. Dank ihrer mythischen Fähigkeiten ist sie gut und schlecht: »Weh, ach wehe, mein Kind! – Irische Maid, du wilde minnige Maid!« Es gibt zuviel Nähe zwischen Isolde und Tristan, denn sie werden zu Blutschändern, und durch seine Verwandtschaft mit Marke und dem Spiel der Verbindungen, wird Tristan zu Isoldes Neffe, beinahe ihr Sohn ... Sie überschreiten die Grenzen der Männerordnung.

Tatsache ist aber, daß die Chromatik, diese Kunst der kleinen Intervalle, im *Liebestod* und in der gesamten Oper Wagners das Gesetz der musikalischen Komposition ist. Und die Chromatik, sei es diejenige des Regenbogens oder die musikalische, ist stets mit Kummer verbunden, mit Leid, Trauer und Tod. Das stimmt für die Indianer ebensosehr wie für Rousseau, der im *Dictionnaire de musique* schreibt: »Die chromatische Weise ist wunderbar geeignet, um Schmerz und Kummer auszudrücken; ihre verstärkten Töne zerreißen im Steigen die Seele; sie ist nicht weniger kraftvoll im Fallen; man meint richtige Seufzer zu vernehmen.« Die Chromatik ist zu vermittelnd; ihr Steigen und Fallen, ihr unmerkliches Gleiten ist äußerst verführerisch. So erklärt sich also die Figur der Isolde; die Kraft ihrer Verführung, ihre Ambivalenz der irischen Hexe, ihre Fähigkeit, gut und böse zu geben und die Unmöglichkeit, dort wo Männer sind, die Mächte, die sie verkörpert, zu kontrollieren, stinkende oder anziehende Gerüche, tödliche oder wohltätige Tränke, tödliche Liebe, die Seele verwirrende Gifte. So wäre der Zauber von Wagners Musik weitaus mehr mit dem Tod verbunden, als es die Chromatik vorgibt, und einzig eine Frau kann die unglückselige Heldin sein, eine Hexe aus Irland, die mit den mächtigen Zauberkräften der Trennung versehen ist und die den Gestank des weiblichen Geschlechts selbst »stinkt«, der Tristan vom ersten Zusammentreffen an verführt. Wie konnte man annehmen, Isolde sei eine ungewaschene Frau?

Und Tristan? Gut gewählt, um verführt zu werden. Ständig ist er, der schwache und kümmerliche, in den alten Quellentexten krank; als ob er eine geheimnisvolle Infektion nie loswerden würde. Die Liebe wird die letzte Infektion sein; und um dieses Mal ganz sicher daran zu sterben, reißt er sich in Wagners Oper seine Verbände von der befallenen Stelle. Tristan leistet sich auch eine Szene reinen Wahnsinns: »Der wahnsinnige Tristan«, der den Irrsinn mimt, wird zu einem der Außenseiter des Mittelalters, den Leprakranken, Einfältigen, Pestkranken, Verfluchten. Für all diese Übel gibt es einen einleuchtenden Grund: Den Namen Tristan erhielt er bei seiner Geburt, die seine Mutter das Leben kostete. Ein Kind ohne Mutter, wird er ein trauriges Kind sein, dem jegliches Leben unmöglich ist.[1]

Zwischen der nährenden Mutter, der großherzigen Beutelratte und dem von Geburt an abgestillten Kind, liegt der gemeinsame Nenner offen da. Und was sich wie eine banale Geschichte vollziehen könnte, in der ein Neffe eine fremde Frau für seinen königlichen Onkel sucht, wird zu diesem prächtigen Mythos, zu diesen herzerreißenden Klängen, die seit Jahrhunderten den Horizont unserer imaginären Liebenden bestimmt. Jeder Mann ist Tristan, ein Ritter von der traurigen Gestalt, mutterlos und den großzügigen Busen einer Frau ohne Kind suchend, in deren Macht das Gift der Liebe steht; jede Frau ist Isolde, duftend und verführerisch, im Wesen chromatisch, den kleinen Intervallen, den kleinen Bewegungen bis in den Tod hinein ergeben. Bis in den Tod: Isolde stirbt, wie nur eine Frau sterben kann, in kleinen Intervallen.

Ein Schiff legt ab, und auf der Brücke stehen sich die Beutelratte und das verlorenen Kind gegenüber. Sie reicht ihm den Trank und meint, es sei der des Todes, die Giftmischerin; er nimmt ihn leidenschaftlich, fühlt, welch anderes Gift ihm da gereicht wird und trinkt es. Sie trinkt ebenfalls, – ich verlasse das Amerika der Indianer –, und da sind sie verloren.

Es bleibt gegenüber der Welt zu beweisen, daß jede wirkliche Liebe tödlich ist. Der Ehebruch genügt da nicht; denn Wagner verkehrt den mittelalterlichen Mythos und macht aus König Marke, der sich entschließt, die Liebenden zum Tode zu verurteilen, ihn lebendig zu verbrennen, sie den Leprakranken aus-

1 Das »traurige Kind«, auf französisch »l'enfant triste«, woraus sich der Name »Tristan« ergibt (Anm. d. Üb.)

zuliefern, einen großzügigen Greis. Da können sie sich nachts beim Schein der Fackeln treffen so lange sie wollen, können sich, so viel sie wollen vom Tod singen – als König Marke sie überrascht, verdammt er nicht, er beklagt sich. Ein Schlag ins Wasser. Und hier wendet sich die Oper. Tristan entschließt sich, das Schicksal herauszufordern, das ihn nicht will. Er stürzt sich in Melots Schwert und spießt sich auf.

Nichts könnte ihren Tod mehr aufhalten. Der letzte Zeitabschnitt der Geschichte offenbart die selbstmörderische Wahrheit. Isolde, von Tristan gerufen, kommt endlich, nach langem, sehr langem Warten. In der Heide, wo Tristan, besiegt von der Infektion, die ihn auffrißt, im Sterben liegt, muß ein Hirt das Signal der Ankunft des Schiffes mit den weißen Segeln geben. Lange besingt die Schalmei des Hirten nur das leere Meer; und dann wird die Musik freudig, da ist sie. Tristan reißt seine Verbände herunter, daß sein Blut der Begegnung mit der Geliebten entgegenspritzt. Er nicht, er zählt nicht mehr; aber sein Blut, die einzige Regung, die ihm noch bleibt, der Lebensfluß, wird so der ursprünglichen Giftmischerin entgegengeschleudert, wie um ihr eine Schuld zurückzugeben. Tristans Tod in Isoldes Armen. Tristans Tod alleine: Isolde stirbt nicht im gleichen Augenblick wie er. Es ist ein Mißbrauch, daß wir das Bild eines Todes zu zweit behalten. Tristan geht Isolde voran. Sie wird, als sie wieder zu sich kommt, da sie schon jeder tot glaubt, gerade noch die Zeit haben, sich zu erheben um den Liebestod zu besingen, den verwesten, den berühmten. Eine verwirrte Rede, in der der Tod, das Meer, die Wellen, das Licht und der Himmel eine mystische und musikalische Apotheose bilden, in der sie wiederum alleine stirbt, trotz des letzten Akkords, wo sich die Chromatik in eine Dur-Tonart auflöst, die einzige der Oper. Sie sterben getrennt, konkurrierend, geteilt. Dies ist das Ende der Leidenschaft und ihr enttäuschendes Ergebnis.

Ja, einfacher Liebestod, dem unsere Herzen, die dem Erhabenen und der Musik auf den Leim gegangen sind, jedesmal mit Gefühl folgen. Aber jenseits der chromatischen Akkorde, die aus diesem Liebestod einen gewaltigen Aufstieg zu einer ausschließlich musikalischen Auflösung machen, spricht die mythische und dramatische Struktur vom getrennten Tod, den scheiternden Liebenden, der Armut einer Liebe, die sich auf der Vergiftung eines kranken Kindes durch eine allzu schöne Hexe gründet. Na und? Um Generationen von Romantikern zum Weinen zu bringen, wiederholen Schallplattenhüllen, Plakate, Zeichen und Inszenierungen nach Laune das Bild des umschlungenen Paares und ihre beiden Gräber, durch denselben Rosenstock vereint. Es ist die letzte Vereinigung derer, die sich nicht hätten vereinigen dürfen: wie der Regenbogen Himmel und Erde, Natur und Kultur, Mann und Frau erreicht, sprießt der Rosenstock aus einem Grab und dringt als eine Art gekrümmter

Bogen in den anderen ein. Es ist ihre einzige wirkliche Vereinigung: natürlich, endgültig, symbolisch.
Drei Frauen in der Oper, drei Tote: ein japanischer Dolch, ein spanisches Klappmesser und die Liebe. Drei Frauen, drei Fremde. Isolde, fremd auf bretonischem Boden, aus Irland; Carmen, fremd auf spanischem Boden, von überall her, über Afrika und Ägypten; Butterfly, dem Westen fremd, die sich aber ihrem eigenen Land entfremdet, indem sie einen Mann heiratet, dessen ihrem Land fremden Namen sie laut für sich beansprucht. Butterfly, der maskierte Name, mit dem englischen Kennzeichen, der einen Schmetterling bezeichnet, findet ihr Land gleichzeitig mit dem japanischen Tod wieder. Carmen, die Zigeunerin, findet ihre Ursprünge wieder, als sie ihr von den Karten und vom Schicksal vorbestimmtes Los annimmt. Isolde, die Irin, findet mit großer Mühe ihre eigene Identität über den Gesang, der sie vollendet, und der schließlich ihr alleine gehört; aber es ist ein Todesgesang.
Du wirst sehen: die Opernheldinnen sind oft Fremde. So sind sie in einem sozialen Netz gefangen, das sie nicht stützen kann, wenn es nicht Gefahr laufen will, sich selbst zu verleugnen. So zeigt die Oper ihre eigentliche Funktion: wie die Beutelratten durch ein ästethisches Vergnügen verführen, und durch die musikalische Verführung, die das Wesentliche vergessen macht, zeigen, wie Frauen sterben, ohne daß man über das Warum nachdenkt, während die herrliche Stimme singt. Du wirst sehen: ihre Fremdheit ist nicht immer geographisch, sie kann sich durch ein Detail, eine Beschäftigung, ein Alter bemerkbar machen, von dem man sagt, es ist nicht mehr das einer Frau. Aber stets, und auf welche Art auch immer, überschreiten sie eine unerbittliche und unsichtbare Linie, die Linie, die sie unerträglich macht, sodaß sie bestraft werden müssen. Sie wehren sich lange, einige musikalische Stunden lang, eine unendlich lange Zeit im Labyrinth der Intrigen, der Geschichten, der Mythen, die sie, als es bereits spät ist, zum höchsten Ende führen, wo jeder wußte, daß er sie dort finden würde.

... Ein großes stilles Zimmer, in dem in einem friedlichen Bett eine junge Wöchnerin schläft. Neben ihr eine Wiege und ein Kind, ein kleines Mädchen. Die Bettücher sind sehr sauber und alles ist ruhig. Ein Großvater und ein Arzt wachen. Das einzige Zeichen von Fremdheit ist, als sich der Vorhang hebt, die Abwesenheit des Vaters. Aber da kommt er schon herein und versucht seiner jungen Frau ein Geheimnis – welches Geheimnis? – zu entreißen. Welche Qual? Sie hat alles vergessen. Aber ja, sie ist treu gewesen; aber ja, sie hat diesen jungen Mann geliebt, war das nicht ihr Schwager, war das nicht normal? Sie weiß nicht einmal, daß sie von einer kleinen Tochter entbunden wurde; man zeigt sie ihr. Wie klein sie ist... Der Mann neben ihr dringt

verzweifelt in sie, aber sie ist schon zu weit weg, verletzt von einer anderen Wunde, als von dieser einfachen Geburt.
Die Geburt ihrer Tochter trifft mit ihrer Agonie zusammen. Aber wie ein Kontrapunkt zu all dieser gesungenen Gewalt, stirbt Mélisande, die Frau aus der Fremde, in Stille. Um sie herum erregen sich noch der Gatte, der Arzt, der Großvater, die Männer, die reden, die sich bewegen, lebendig und unnütz. Keiner von ihnen würde bemerken, daß sie im Sterben liegt, daß sie stirbt... daß sie tot ist. Die Dienerinnen wissen es; sie sind auf die Knie gefallen. Und der Arzt stellt fest: »Elles ont raison«, als etwas wie die Erinnerung einer Totenglocke läutet. Sie hatten recht, sie sahen und wußten, während all diese Männer nichts bemerkten. Gestorben in Stille, so schnell, sagen sie. Aber ja, still wie sie immer gewesen ist. Trügerisch und unschuldig. Gestorben ohne Ankündigung, unter Mißachtung der Regeln von Oper und Belcanto. Ihr letzter Atemhauch ist kein Gesang; Ihr Tod ist nicht einmal inszeniert, wenn nicht durch diese alten Frauen, die jenseits des Publikums die Wahrheit des Volkes darstellen, das Protokoll eines fortgegangenen Lebens und der Verweigerung des Dramas. Du hast sie nicht sterben gehört: Mélisande oder das störende Ende einer Heldin der Stille und der Angst.[1]

1 *Pelléas et Mélisande,* Oper von Claude Debussy und Maurice Maeterlinck.

FAMILIENGESCHÄFTE ODER DIE SCHRECKLICHEN ELTERN

Wo man eine Prostituierte einen Kreuzweg gehen sieht; wo ein Kaiser aus Spanien seinen Enkel vor dem Scheiterhaufen rettet und die Schwiegertochter vor der Verzweiflung; wo sich ein Vater und eine Mutter über die Erziehung ihrer heiratsfähigen Tochter streiten.

Walzer. Langsame, verliebte oder traurige Walzer, die bis zum Innehalten immer leiser werden; strahlende, atemlose Walzer, von verborgenen Beinen bewegt, die über den gewachsten Boden eilen. Triviale, vulgäre, verkommene Walzer. In Paris, gegen Mitte des Jahrhunderts, in Räumen mit Grünpflanzen, Pelzen, schwarzen Anzügen. Die Männer sind angezogen wie Totengräber, die Frauen halbnackt. Diese Opernheldin heißt La Traviata; das ist italienisch und heißt »die vom rechten Weg Abgekommene«. Es ist die exemplarische Geschichte einer von der bürgerlichen Familie erdrückten Frau. Exemplarisch, denn die ganze Geschichte der Oper dreht sich um den Einfluß der Familie. Ein allgemeines Gesetz, Väter, die es verteidigen und anwenden, und Rebellen.

Violetta Valéry, die sogenannte vom rechten Weg Abgekommene, befindet sich in der Rebellion, ohne danach gestrebt zu haben; wenn sie dem harten Gesetz nachgibt, das ihr ein bürgerlicher Vater aufzwingt, dann, um einen Kreuzweg zu gehen, auf dem sich bis zum Ende *eine Passion* abspielt. Jede Familie verhält sich in ihren Geschichten und Geschäften nach Riten aufgezwungener Gangart; die Jungen ordnen sich mehr oder weniger unter, oder sie gehen weg. Aber die gezwungenen Mädchen haben keine andere Möglichkeit als den Exzess. Violetta, um vom schlechten Weg abzukommen, auf den sie das Leben geführt hat, sieht außerhalb der Familie keine andere Lösung, als den tödlichen Ritus des Opfers. Und diese Walzer, ihre langsamen und schnellen Bewegungen, die ohne Unterlaß schwanken, so wie man zögert, in Ohnmacht zu fallen, sind wie ein unsicheres Licht, in dem Blicke, Schreie, Worte leuchten und verlöschen.

Wer wirbelt so, in diesem Dreierrhythmus, in diesem wechselhaften Herzen, das vom einem zum anderen, von Arm zu Arm geht? Der Kreuzweg der Traviata enthält keine schmerzhaften Stationen auf einem geraden Weg, einen Hügel entlang; sie dreht sich von Walzer zu Walzer, ruht sich wie ein erschöpfter Vogel gerade einmal aus, um aufs neue kranken Atem zu schöpfen. Um sie herum richten die Familienmitglieder, vollziehen, erlassen Gesetze. Sie tanzt, sie trinkt. Aber der Champagner, den sie hinunterschüttet, hat nicht die großartige Gloriole von Don Giovannis Kelch; ihre Schritte nämlich und ihre Lebenstage sind gezählt. Sie durchtanzt ihren Schmerz und ihre Tage im Walzerschritt; sie vertritt den getanzten Teil der verborgenen Geheimnisse der Bourgeoisie, die da zu Gericht sitzt, die sie schmückt, anzieht, auszieht und prostituiert.

Du mußt wissen: *Violetta Valéry lebt im Luxus der Frauen, die ausgehalten werden. Während einer glänzenden Soirée bei ihr – oder vielmehr bei dem Mann, dem sie gehört – nimmt es ihr den Atem. Ihre oberflächlichen Freunde wissen nicht, daß sie »schwindsüchtig« ist. Alfredo Germont, ein junger Mann aus guter provenzalischer Familie, bemerkt es. Er liebt Violetta und bietet ihr Liebe an, ihr, die nie etwas anderes als das Vergnügen im Sinn hatte. Sie lehnt zuerst ab, verwirrt fühlt sie eine Gefahr. Aber im zweiten Akt sieht man, wie sich zwischen Alfredo und ihr in einem kleinen Haus bei Paris die vollkommene Liebe entspinnt und sie an der frischen Luft ihre Krankheit auskuriert. Alles wäre so schön, wenn nicht plötzlich der drohende Vater Germont ankommen würde, überzeugt, daß Violetta das Familiensilber verpraßt. Verwirrt stellt er fest, daß Violetta Möbel verkauft, um das Haus unterhalten zu können. Das nützt nichts; durch Erpressung erhält er von Violetta das Versprechen, Alfredo zu verlassen. Das Motiv ist klar: Alfredos Schwester soll sich verheiraten, und die Familie kann sich die fehlende Achtbarkeit eines ihrer Söhne nicht leisten. Ohne Alfredo etwas zu erklären, kehrt Violetta zu ihrem früheren Leben zurück. Alfredo verfolgt sie, erniedrigt sie und beschwört einen Skandal herauf. Im letzten Akt liegt Violetta verlassen und verarmt im Sterben. Aber sie erwartet Alfredos Besuch. Er erscheint, gefolgt von seinem Papa, der verziehen hat. Alle machen Pläne für die Zukunft ... Es ist zu spät. Violetta spuckt ihr Leben aus, während sie von der Genesung singt.*[1]

Welchen Platz nimmt Violetta in dieser sozialen Komödie ein? Keine Bezeichnung wird ihr wirklich gerecht. Prostituierte? Dafür geht sie nicht genügend auf den Strich. Halbweltdame? Nicht genügend Leben dafür. Außerhalb des rechten Wegs, auf dem man heiratet, außerhalb des schlechten Wegs, auf dem man sich über alles lustig macht, ist Violetta nirgendwo. Als gutes Mädchen hat sie nicht Carmens radikale Fremdheit; als gefallenes Mädchen hat sie keine Familie. Sie steht dazwischen; vom rechten Weg abgekommen, das stimmt schon. Eine die das Zeug gehabt hätte, eine, deren Seele geheimnis-

1 Oper von G. Verdi und F. M. Piave, nach dem Theaterstück und dem Roman von Alexandre Dumas fils, *la Dame aux camélias.*

volle Eigenschaften angeboren sind, die die Bourgeoisie eigentlich nur den ihren zuerkennt: ein gewisses Pflichtgefühl, Großzügigkeit in Gelddingen, einen hohen Sinn für verwandtschaftliche Beziehungen und einen was auch immer für den häuslichen Herd, der dieser Heldin der Prostitution den Charakter einer Hausfrau verleiht, die sich in üble Küchen verirrt hat. Und da ist sie also »gefallen«.

Woher kommt sie? Das kann niemand sagen. Wie ihre Romanschwester, an der Friedrich Engels eine mystische Anziehungskraft festgestellt hat, wie Fleur-de-Marie in den *Mystères de Paris,* ist Violetta zufällig im Straßengraben gelandet, vielleicht gezeichnet von einer verdorbenen Kindheit. Hustend wird sie ihr Leben an schlammigen, glitschigen Orten verlieren; sie wird in nicht näher gekennzeichneten Sümpfen verschwinden, in Zwischenräumen, die weder bürgerlich noch proletarisch noch adelig sind. Durchgangsorte, in denen sich Frauen verlieren, und von denen sie nie zurückkehren. Der Sohn der Familie kann dort eine Runde drehen, er wird unversehrt daraus hervorgehen und hat was vom Leben gesehen; aber die Frau kommt von dort nicht mehr weg. Dies ist der geschlossene Harem der Bourgeoisie; weil sie fort wollte, wird Violetta den geforderten Preis dafür zahlen müssen, nämlich ihr Leben.

Diese Orte sind verfault. Im Originalroman von Alexandre Dumas fils läßt der junge Mann nach einem Jahr den Sarg öffnen, in dem die Leiche von Marguerite, der Kameliendame, verschlossen ist. Er zehrt, ohne sie indes ertragen zu können, von den ekelerregenden Gerüchen. Da ist der Körper der Frau, materiell aufgelöst. Sie war am Ende der Verwesung angelangt, für die die Prostitution Metapher ist. Aber laß uns den alten Engels nochmal lesen. Weißt Du, was er in *Der Ursprung der Familie, des Privateigentums und des Staates* erzählt? Die eigentliche Familie – die Du so gut kennst – hat es nicht immer gegeben. Es gab Familien in Gruppen, erste Gemeinschaften, unterschiedliche Matriarchate; von all dem haben sich die Wissenschaftler heute ziemlich abgewandt, aber die Ursprünge tun nichts zur Sache. Über die bürgerliche Familie dachte Engels folgendes: sie ist unbarmherzig monogam, was durch Ehebruch und die Prostituiton gemildert wird. Und wenn sie so sehr an der Monongamie festhält, wenn es nur noch eine einzige Ehefrau gibt, dann deshalb, um die exklusive Weitergabe des Privateigentums zu sichern. Das ist die Glanzseite; die Umkehrung ist die Prostitution, das Geld, das kursiert, ohne sich festzusetzen und die Frauen, die man nicht heiratet, weil es zwei Klassen von Frauen gibt. Die Mütter, Erzeugerinnen der Erben, und all die anderen, die keine Gewähr bieten: Nonnen, Huren, Schauspielerinnen, Kindermädchen, Zigeunerinnen, kleine Heldinnen, aus denen die Oper an einem Abend künstliche und vorübergehende Königinnen macht. Die Prostitution verwest,

sie ist Fäulnis; aber sie ist ein ausgezeichneter Mist, um die bürgerliche Erde zu düngen. Und der romantische Held, der die schwindenden Augenhöhlen und den nicht mehr vorhandenen Busen seiner Dame betrachtet, sieht die Metapher eines sozialen Korpus, sieht dessen Exkremente, dessen Abfälle. Und geht fort, um an einem sicheren Ort zu weinen.
Und immer diese Walzer, die mir so zu Herzen gehen ... Ich vergesse darüber das schreckliche Komplott. Schau hin. Violetta hat der Halbwelt den Rücken gekehrt. Sie ist nichts besonderes, sie ist einfach eine Frau mit schlechtem Lebenswandel, die beschlossen hat, sich lieben zu lassen. Wer könnte ahnen, daß sie die Demarkationslinie zwischen einer Welt und einer anderen, zwischen dem guten und dem schlechten Leben überschritten hat? Sie wird schnell merken, daß sie sich auf fremdem Territorium befindet. Und doch lebt sie dort zufrieden in einem Landhaus. Es könnte das Tal der Bièvre oder der Chevreuse sein. Es ist die ländliche Welt der Zweitwohnsitze. Violetta und Alfredo leben eine Robinsonade. Und dann kommt der Vater. Mit der Brutalität des Eigentümers kommt er herein und spricht von ganz oben herab. Diese Frau verschlingt ihm die Besitztümer der Familie. Das, um was es eigentlich geht, bricht durch; bis hierher hast Du nur Worte der Liebe gehört. Aber das zählt nicht, die Liebe ist ein gefährlicher Mythos; und Violetta wußte es im voraus. Hinter ihren gepuderten Seelen steht das Geld. Zaster, Grundstücke, Güter. Nun ist Alfredo, dieser gute junge Mann, ein gut erzogener kleiner Zuhälter. Violetta verkauft ihre Besitztümer, und die Prostitution kehrt sich um. Meinst Du etwa, daß das den Familienvater beleidigt? Nicht im geringsten. Beruhigt schnaubt er ein wenig und greift weiter an. Violetta zeigt ihm die Rechnungen: eine sagenhafte Geste in einer sentimentalen Oper. Sie weist die Papiere vor, auf denen die Verkäufe abgezeichnet sind. Sie versteht was von Leuten mit Geld. Das genügt nicht.
Vater Germont reibt sich die Hände. Nun heißt es zu verhandeln, und zwar schnell. Diese wunderbare Szene ist ein Handel. Du meinst, es geht um ein herzzerreißendes Duett zwischen einem verletzten Vater und einer leidenden Frau? Dann hör Dir die Worte an, sieh die Wahrheit. Der Familienvater verheiratet Alfredos Schwester. Die edlen Gefühle, die er der Prostituierten entgegenbringt, haben für ihn keine Bedeutung, außer in einem Punkt: deswegen wird sie in die Falle gehen. Hier setzt die Schmach an. Hör ihn, wie er auf eine zärtliche und friedliche Musik das kleine reine und jungfräuliche Mädchen beschreibt, das unter der Sonne der Provence auf einen anständigen Ehemann wartet. Wenn der Sohn der Familie mit seinen Eskapaden so weitermacht, dann lebwohl Verbindung, lebwohl vergrößertes Erbe. Die andere ist rein wie ein Engel; Violetta hält keine Sekunde stand. Kein gemurmeltes Wort. Es sei, sie wird sich für einige Zeit entfernen, wenn es nun mal sein

muß. Aber nein. Germont verlangt alles, sofort. Ein totaler Verzicht, ein wirkliches Opfer.

Ach, wie sich die kleine Kranke wehrt. Sie singt stoßartige Keucher, sie schreit ihre Liebe in musikalischen Synkopen hinaus, sie stößt abgehackte Schreie aus, die sagen, daß man das Leben von ihr verlangt. Ja, genau das will der Familienvater und vertritt mit kraftstrotzenden Phrasen seinen dickköpfigen Willen, und sie, ihm gegenüber, verteidigt sich mit Seufzern, die Steine erweichen und Herzen brechen. Als Falle für die verlorenen Frau schwebt das weiße Bild der anderen, der reinen Frau im Raum. Um ihr den Handel aus den Händen zu nehmen, beschreibt ihr der Familienvater die Zukunft. Sie ist jung und schön, sie wird geliebt. Aber später? Niemals wird sie Gattin sein. Und während der andere, ohne innezuhalten die Wörter aneinanderreiht, murmelt Violetta unablässig: »E vero ...« Das stimmt. Niemals wird sie Teil der Familie sein. Und in diesem Moment gibt sie nach; ihre Melodie wird erhaben, sie hat auf die Seite gewechselt, auf der man über sich hinauswächst. Wenn sie nicht mehr Hure oder Ehefrau sein kann, bleibt ihr die Rolle der Nonne.

Opfer: das Wort hat seine Wirkung getan. In ihrer gefangenen Erinnerung haben vorhin andere Worte geklungen: »das köstliche Kreuz der Liebe«. So sang Alfredo, um sie vom Verzicht auf das rasche Vergnügen ohne Ausweg, die Prostitution, zu überzeugen. Das Kreuz, sagte der Sohn; das Opfer, sagt der Vater. Der Moment ihrer Vollendung ist gekommen. Nun müssen nur noch Nägel in die zarten Handflächen der Frau getrieben werden.

Violetta träumt von der Tugend. Um ein Engel der Reinheit zu werden, ähnlich dem jungen unbekannten Mädchen, das dort unten Blumensträuße bindet und Stickereien anfertigt, muß sie wieder Hure werden und Alfredo verlieren. Ist die bürgerliche Moral stark genug? Ihr Heil besteht im Verlust, so stellt es Vater Germont dar. Und als Violettas Tränen fließen, in einem Duett, das zum Liebesduett geworden ist, gönnt sich Vater Germont den köstlichen Luxus der Rührung. »Piangi, misera!« Weine, Unglückselige ... Sie liegen sich in den Armen, der Vater stützt die Prostituierte. Aber durch eine Verschiebung von Bildern und Rollen ist sie, jetzt, da der Handel getätigt ist und der Vater gewonnen hat, wie seine Tochter geworden. Eine einzige Bedingung: die Andere soll von ihrem Opfer erfahren. In der Weise möchte Violetta Erwähnung finden. So soll sie in der Familie existieren, ein gefallener Schatten, der in der Gosse für das Glück einer Anderen bürgt. So ist sie auf eigenartige Weise integriert. Vom Freudenmädchen zur Adoptivtochter, und Violetta wird bald sterben.

Es ist eine religiöse Falle. Als Fleur-de-Marie zum Priester geht, in den sie all ihre Hoffnung setzt, erteilt dieser ihr keine Absolution. Jede Beschmutzung ist endgültig – sprach so das Evangelium? Eine Frau, die sich verkauft, hat auf dieser Erde, selbst wenn sie vergewaltigt wird, nichts zu hoffen. »Sie müssen die Hoffnung aufgeben, diese unselige Seite aus ihrem Leben zu löschen, aber Sie müssen auf die unendliche Barmherzigkeit Gottes hoffen. Hier unten gibt es für Sie, mein armes Kind, Tränen, Reue, Buße; aber eines Tages dort oben Vergebung, ewige Glückseligkeit!« Fleur-de-Marie und Violetta haben das gleiche Stigma. Die trostlose Seite. Die Syphilis ist von der Schwindsucht nicht weit entfernt: zwei Formen körperlicher Verderbtheit, die diejenigen erben, die nicht zur Familie gehören. Es ist ihre einzige Erbschaft; sie sichert die Vermehrung der Anderen, der wirklichen Erbschaft, Verträge, Unterschriften, Besitztümer. Germont bekehrt Violetta zur Heiligen; ganz schön pfiffig. Er verkehrt eine materielle Erbschaft, die er verloren glaubte, in eine geistige Erbschaft.

»E vero.« Das stimmt, murmelt die getroffene Violetta, als Vater Germont ihr ihr Alter ausmalt. Er trifft das Herz der Frau; er stellt ihr, falls sie lebt, Falten und körperlichen Zerfall in Aussicht, er reicht ihr tatsächlich das Opfer, den Tod in Schönheit. Ist das nicht herrlich? *La Traviata* war zuerst ein Mißerfolg; das italienische Bürgertum schätzte die, wenngleich durch die Musik gemilderte, Härte eines Spektakels wenig, in dem alles darauf angelegt war, wiedererkannt zu werden. Zu der Zeit lebte Verdi im ständigen Konkubinat, außerhalb der Normen; man verlegte *La Traviata*, zweifellos aus Vorsicht, ins 18. Jahrhundert. Aber keiner ließ sich täuschen. Der Mißerfolg hielt nicht an. Heutzutage, wo die Familie einen Teil ihrer Geschichte vollendet und sich ihr Zerfall endlich ankündigt, lassen sich die Bürger immer noch von der Kreuzigung der Prostituierten rühren. Und lassen sich vom Walzerrhythmus forttragen.

Gesetzt den unwahrscheinlichen Fall, der melodische Überfluß hätte Dich, wie es seine vorrangige Aufgabe ist, von den Geldfragen weggelockt, dann hätte Dich das Zwischenspiel zwischen dem Handel und dem Tod Violettas rüde daran erinnert. Da siehst Du sie alle in einem Spielsalon; man spielt mit beträchtlichen Summen, man wirft, man verschwendet Geld. Um sich zu rächen – er leidet doch, die gute Haut! – schleudert er öffentlich auf den Körper seiner ehemaligen Geliebten die Geldscheine, mit denen er meint, seine Schulden zurückzuzahlen. Wie der Vater, so der Sohn: der kleine Germont weiß wo er herstammt. Man hat einen Sinn für Ehre in dieser Familie. Violetta ist mit Geldscheinen übersät, wie Christus mit Speichel... Ihre Agonie hat schon begonnen, und doch ist sie prachtvoll gekleidet; aber bald, wenn ihr ihr Broterwerb, das heißt ihr Körper genommen ist, wird sie nur noch die Stufen der Armut hinabschreiten müssen.

Nichts von der mystischen Fabel fehlt. Nichts, nicht einmal die Auferstehung. Als alles von neuem beginnt, als die Jungfer gebührend verheiratet ist, kommen Vater und Sohn, von konfusen Gewissensbissen geplagt, zurück, und Violetta meint aufzuleben und sagt es. Außen geht in der Ferne der Karnevalsumzug mit einem geschmückten Festochsen vorbei. Pferde ziehen riesige Lyren aus Pappmaché, unförmige Puppen mit riesigen Köpfen schlendern die großen Boulevards hinunter. Es ist ein anonymes Konfettifest. Aber sie hört nicht mehr hin, sie ist auf ihre erstickenden Lungen konzentriert, taub gegenüber ihrem früheren Leben, das sich mit jedem Atemzug weiter entfernt. Und doch sagt sie: »Es ist seltsam...« Es ist wirklich seltsam. Sie ist aufgestanden, und vom tödlichen Gewicht der faulenden Lungen erlöst, atmet Violetta endlich frei. Sie wird leben. Nein. Sie fällt tot zu Boden.

Mit der Familie ist eben nicht zu scherzen. Es mag noch dahingehen, daß man mystische Waffen benützt, um Erbschaftsfragen zu bemänteln, aber stell Dir mal vor, sie würde tatsächlich überleben... Alles würde von vorne anfangen. Violettas Auferstehung darf ihrem physischen Tod nur wenig vorangehen. Das ist doch jetzt eine schöne Sache. Die Totengräber werden in Frieden weinen dürfen; sie wird ein Grab haben, das ein in Stein gehauener Engel mit ziselierten Tränen überragt; und Alfredo wird heiraten – Violetta hat es verlangt. Er wird ihr Bild der jungen Braut zeigen können. Das heißt für eine Ehe nicht zu viel verlangt, daß man seiner Frau das Bild einer Toten zeigt. Von dem hartnäckigen Wunsch besessen, um jeden Preis in die Familie Einzug zu halten, steht ihr nur dies armselige Mittel zur Verfügung: als Heilige von sich reden zu machen, sie vorzuzeigen, sie zu werden, sie, deren Legende man den Kindern erzählen wird, wenn sie groß sind. Die Legende der vom Weg Abgekommenen. Die vom Weg Abgekommene, sagt sie und tauft sich selbst in einer plötzlichen kirchlichen Anwandlung.

Aber man hat sie gehört, lebend. Im ersten Akt hat sie richtig gesungen. Lust empfindet sie nicht. Ob sie frigide ist? Sie weiß es nicht. Es reicht, daß sich ein Verliebter präsentiert, und schon kommt sie vom Weg ab. Alfredo bringt sie vom sichereren Weg ab, auf dem ihr der Champagner den Kopf verdrehte. Er prostituiert sie in der Liebe selbst. Ganz schöne Schweinerei mit der Liebe, alles Schlechte in der Oper wird in ihrem Namen begangen! Behalte als letzte Erinnerung zwischen den tausenden von Walzerechos einen der wenigen Momente, in denen nicht mehr getanzt wird. Hör den letzten verzweifelten Schrei, den sie in den Tiefen ihrer Eingeweide findet, um Alfredo zuzuschreien, daß sie ihn liebt, zu einem Zeitpunkt, an dem sie sich schon entschlossen hat, ihn zu verlassen. Sie wirft sich auf ihn, sie stammelt, sie stottert: »Ah, Alfredo mio, ah...« Ach, mein Alfredo, ach... Gesang ohne Worte, reiner Schrei in höchster Not, wirklicher Abschied für einen Körper, den sie gerade beschlossen hat zu töten.

Eine kleine Prinzessin aus Frankreich

Ein Kloster. Düster, mit goldenen Gittern, das Licht dringt kaum durch die Mauern in dieses verlassene Land. Ein königliches Grabmal, so groß wie der Schatten, den es wirft. Die Gegenwart von Kaiser Karl V. erfüllt den gesamten Raum, über seinen Tod hinaus. Vor diesem Grab (es ist fast Nacht, aber draußen ist heller Tag) wartet Elisabeth von Valois. Sie ist allein.

Du mußt wissen: *Fontainebleau kurz vor der Unterzeichnung des Vertrags von Cateau-Cambrésis, der den Krieg zwischen Spanien und Frankreich beendet. Die Prinzessin trifft im Wald einen spanischen Abgesandten, der ihr das Portrait dessen zeigt, dem sie zugedacht ist, Prinz Carlos von Spanien, Sohn Philipps II. Göttliche Überraschung: der Abgesandte und Don Carlos sind ein und dieselbe Person. Sie lieben sich und wollen heiraten, als plötzlich der Widerhall von Kanonenschlägen und Stimmengewirr die Unterzeichnung des Vertrags verkünden. Aber nicht Carlos wird Elisabeth heiraten, sondern sein Vater, König Philipp selbst; so haben es die Diplomaten entschieden. Es ist das Ende einer kaum geborenen, bereits unmöglich gewordenen Liebe.*
Die Dinge stehen schlecht zwischen Carlos und seinem Vater, der ihm mißtraut. Genauer: der junge Mann unterstützt die flandrischen Aufständigen und hofft, daß ihm sein Vater die Gebietsverwaltung anvertrauen wird. Verlorene Mühe: der König hört auf niemanden. Kaum hört er sich reserviert den Marquis von Posa an, einen Freund von Carlos, der ihm den »tödlichen Frieden« beschreibt, der sein Reich erfaßt. Und wenn er genau hinhört, kann er in ihm auch keinen wirklichen Freund gewinnen. Die keuschen Liebenden sehen sich wieder, trotz der Etikette, die dies untersagt. Und darüber hinaus wird ihr Geheimnis von der eifersüchtigen Prinzessin Eboli, einer Hofdame der Königin, dem König entdeckt. Wutausbruch, Rache: der König entscheidet mit dem Einverständnis des Großinquisitors, den Sohn auf den Scheiterhaufen zu schicken. Der Marquis von Posa opfert nutzlos sein Leben, um die königliche Wut abzuwenden, die vom offensichtlichen Willen zur politischen Vernichtung verdoppelt wird. Carlos und Elisabeth treffen sich ein letztes Mal am Grab Karls V. und werden von Philipp II. und dem Großinquisitor überrascht, aber in dem Augenblick, als die Soldaten der Inquisition den jungen Mann ergreifen wollen, erscheint Karl V. aus seinem Grab. Oder aber ein Mönch, der ihm ähnlich sieht; er zieht Carlos an sich, und vor den erstarrten Anwesenden werden Großvater und Enkel von der Finsternis verschluckt. Eine ganz schön düstere Geschichte.[1]

1 Oper von Verdi, Méry und du Locle nach Schiller.

So wie es aussieht, ist das eine Männeroper. Ja, der zentrale Held ist ein junger Mann, dessen Namen Verdi und seine Librettisten Méry und du Locle von Schiller übernommen haben: Don Carlos. Carlos, die Revolte, geopferte Jugend, republikanischen Ideen auf das Spanien Philipps II. projiziert; Carlos, die unglückliche Liebe, das absolute Opfer seines Vaters ... Um ihn herum ein Männerclan im Clinch: sein Vater Philipp II., sein geisterhafter Großvater Karl V., der Großinquisitor, alle auf der gleichen königlichen Seite. Demgegenüber Posa, der Herzensfreund und die flandrischen Republikaner. Und alle schlagen sich, Lager gegen Lager, in heftigen Zusammenstößen. Man verrät, schmiedet Komplotte, verleumdet, raunt. Die Oper wird von männlichen Tönen beherrscht; drei Bässe, die untereinander mühsam eine Greisenhierarchie aufstellen. Der eine, Philipp II., ein düsterer und einsamer Prinz, ein Wildschwein im geschlossenen Gehege des Escorialpalastes, hält die königliche Macht in seinen Händen. Der andere hat ihn in der Hand. Es ist der blinde Großinquisitor, den zwei Mönchlein stützen: impotent, aber allmächtig in den Entscheidungen des Staates. Als beide ein Bündnis gegen Philipps eigenen Sohn geschlossen haben, bricht die zum Verlust vereinte Macht von Kirche und Staat angesichts der dritten Macht, des dritten Basses, zusammen: der mönchische Schatten von Karl V. Man kann sich keine düsterere königliche Schwärze vorstellen, die um die höchste väterliche Macht kämpft: der wirkliche Vater, der geistige Vater, der Großvater streiten um einen Sohn. Drei Generationen väterlicher Macht geben *Don Carlos* den schwarzen Glanz einer monarchischen Oper, in der Frauen keinen Platz haben.

Dem gegenüber ist die Freiheit baritonal. Die flandrischen Gesandten sind Baritone und auch Posa, der zwischen seiner Freundschaft zu Carlos und dem Gehorsam gegenüber dem König schwankende Unterhändler. Das männliche Opfer ist Tenor, nahe an einer Weiblichkeit, die er durch seine Schwäche und Hilflosigkeit streift. Und die Frau schließlich, die kleine Prinzessin. Geister, Schatten, Blinde, eine ganze abgeschlossene und gräßliche Welt, in der sich Elisabeth von Valois, die Königin von Spanien geworden ist, wie eine gefangene Fliege wehrt. Sie schleppt das Bild ihres Vaters Heinrich II. von Frankreich mit sich, der flüchtig erwähnt wird, als man auf eine höfische Melodie erzählt, daß dort ein großes Turnier stattfinden wird, und daß man unter den Kämpfern den König erwartet. Und der geblendete König ließ sein Leben im königlichen Turnier. Wie Schatten schweben die Frauen Heinrichs II. vorbei und die Konflikte zwischen Katharina von Medici und Diana von Poitiers, der richtigen und der falschen Königin, in die schon die kleine Prinzessin verwikkelt war. Und sie, die richtige Königin, ein befremdlicher Austausch wie ein Kriegsschatz nach dem Kampf. Isoliert und unterdrückt, wie diese andere Figur, die ihr ähnlich ist: die schöne Königin aus *Ruy Blas.*

Wieviele sind es, die das Siegel des Unglücks tragen, deportiert werden und Heimweh nach dem Land ihrer Geburt empfinden?Ihre Sehnsucht nach den Wurzeln, ihre Traurigkeit, ihre Heftigkeit, ihre aufgezwungene Lüge sind auf das Land, in dem sie leben, nicht übertragbar. Aus diesem inneren Exil erwächst die süße Klage, die den Zauber der Zigeunerin ausmacht, wenn sie tanzt und singt, erwachsen Violettas Schreie, wenn sie sich entschließt, aus Liebe zu sterben, erwächst Mélisandes Stille und Butterflys selbstmörderische Reinheit. Ihre Rückkehr in die Heimat ist nur durch Tod, Leiden oder Verrat möglich.

Niemals werden sie sie wiedersehen, niemals werden sie zurückkehren. Ähnlich der fleischlich exilierten Seele, werden sie zu einer Art verrückter, metaphysischer Tänzerinnen auf dem Seil verzweifelter Stimmen. Sophia, die Weisheit, hat für immer ihre Flügel verloren; sie gleichen dieser mythischen Frau, dieser wahnsinnigen Prostituierten, die ein Scharlatan aus der hellenistischen Welt, Simon der Zauberer, in die erschütterten Gebiete führte, in denen sich der griechische Platonismus schlecht mit dem römischen Adler mischte; er zeigte sie auf Märkten, und die staunenden Gaffer starrten die gefallene Weisheit selbst an. Mit mattem Blick und preisgegebenem Körper tanzte Sophia angekettet auf die Befehle Simons, wie Lulu auf die Befehle des Dompteurs. Exiliert, nur halbe Frauen, nur so wiegt die symbolische Rolle, singen die Sängerinnen unter der Leitung des Dirigenten für uns Gaffer; nach seiner Stabführung. Und wir nehmen sie als die Figur des Unglücks der Frauen; und wie das Fußvolk von Alexandrien, Pergamon und Theben, weiden wir uns an dem Spektakel, das unsere Wirklichkeit maskiert. Eines Tages aber wollte Simon der Zauberer über den Schutzwall der Stadt fliegen; aber er war keine Frau und brach sich den Hals. Keiner wußte, was aus der wahnsinnigen Frau wurde, die ihn begleitete. Sie ist Sängerin geworden und heißt Carmen, Mélisande, Isolde oder Elisabeth von Valois.

Überall in ihrem Königreich ist sie ausgeschlossen. Ihr einziger Bereich ist ein königlicher Palast; ihre einzige Freiheit, das Geheimnis. Indem sie die Gesetze der Etikette bricht, um Carlos, ihre zum Schwiegersohn gewordene, einzige Liebe, zu empfangen, wagt sie sich in die Heimlichkeit, der König erscheint und verbannt sogleich die einzige Französin ihres Gefolges. An dieser Stelle wird vom Heimweh der kleinen Französin gesungen; und die regelmäßigen Flöten unterstreichen ihre Resignation. Sie ist überall aus den Herzen der anderen ausgeschlossen, denn der einzige, bei dem sie Ruhe finden könnte, ist ihr verboten. Keiner sorgt sich um sie; sie wird zur Statistin der königlichen Gefolgschaft, die prächtige Figur einer in schweren Mänteln gehüllten Jungfrau, als sie am Autodafé und am Martyrium der Juden auf dem großen Platz teilnehmen muß, auf dem Philipp II. gerade seinen Sohn Carlos hat festnehmen lassen. Sie ist ohnmächtig und nichtig, eine verlorene Stimme inmitten der gewaltigen Größe eines Chores. Vielleicht ist ihr einziger Platz der einer geheimnisvollen Stimme, die nicht die ihre ist, die ihr aber gleicht und die aus den Höhen des Theaters stürzt, als die Juden zum Scheiterhaufen ziehen.

Sie wartet alleine in dem verlassenen Kloster, alleine und die Verbote mißachtend, endlich alleine. Das ist ihre Stunde, ihr Gesang. Du hast sie im ersten Akt gesehen, als junge, bewegte Braut, die durch den Wechsel der Ehemänner schnell enttäuscht wurde: man verspricht ihr Carlos und sie wird Philipp, den Vater bekommen. Du hast sie schließlich als gezwungene Königin gesehen, wie sie würdevoll und mit großer Mühe eine verbotene Liebe zurückweist. Jetzt trifft sie sich für ein letztes Lebewohl mit dem jungen Prinzen, der weit vor der gefährlichen väterlichen Gegenwart fliehen muß. Aber in diesem Augenblick fallen die verwandtschaftlichen und höfischen Zwänge in sich zusammen. So weint sie nicht wegen sich, noch dessentwegen, den sie liebt; nicht wegen ihres Exils; nicht wegen ihres Unglücks. Sie wendet sich mit einer überraschenden Ahnung an den Toten in seinem Grab, der die Eitelkeiten dieser Welt kannte. Sie spricht mit dem Schatten dieses Kaisers Karls V., der nicht als König gestorben ist, sondern sich in ein Kloster zurückgezogen hat, um seine Tage im Mönchshabit zu beenden. So wird die symbolische Vereinigung zwischen einer Frau und einem toten Großvater enthüllt.

Unter Männern waren alle Fäden geknüpft. Ein heftiger Dialog zwischen Vater und Sohn. Ein Dialog über die Macht zwischen König und Großinquisitor. Ein Dialog über Freundschaft und Revolte zwischen dem Sohn und dem Freund. Ein respektvoller Dialog unter Gegnern zwischen dem König und Posa. Aber keinerlei Austausch zwischen Elisabeth und ihrem königlichen Gemahl; unerlaubte, heftige Worte zwischen Elisabeth und ihrem Geliebten. Keine Mutter ist um sie herum, die die süße Rolle der Vermittlerin einnehmen könnte. Und auf Elisabeths Schultern ruht die verbogene Funktion, die »Mutter« von Carlos zu sein. Die wirkliche Mutter des Infanten ist tot. Elisabeth ist seine »Stiefmutter«. Sie nennen sich untereinander »mia madre, mio figlio«. Und wenn ihnen einmal ein Vorname entwischt, dann deshalb, weil das Gesetz sich vor der schnell aufgegriffenen Erinnerung ihrer Kinderliebe verwischt.

Der Inzest lauert, wie auch König Philipp. Carlos war der Verlobte. Durch einen ruhmreichen Kanonenschuß, der die Unterzeichnung des Friedensvertrages verkündete, ist er zum Sohn geworden. Nun lebt ihr richtiger Gemahl, König Philipp, zu sehr unter dem Schatten seines toten Vaters, um ein wirklicher Mann zu sein. Er ist der Schatten eines Schattens, ein nicht anerkannter König, der von einem blinden Großinquisitor gestützt wird; kein Grund, vor

Freude zu hüpfen. Sein einziger Trost ist die Vorwegnahme seines Todes. Seine Frau liebt ihn nicht – er weiß, daß sie seinen eigenen Sohn liebt – und er schläft alleine. Er schläft in seinem königlichen Mantel, in dem Grab, das er sich bereitet. Dort liegt die Wahrheit. König Philipp II., der sich die verrückten Gemälde von Hieronymus Bosch über den Eingang seines Zimmers hängte, zum Ziele der einsamen Kasteiung, lebt nicht wirklich. Und weil er schon so gut wie tot ist, seit seiner Geburt vom Gewicht des Vaters erdrückt, kann König Philipp nichts gegen seinen Sohn unternehmen, selbst wenn dieser ihm die Frau weggenommen hat, die er liebte.

Diese Familie ist ohne Vater, und so viele Personen übernehmen seine Rolle. Alleine im Kloster vollendet Elisabeth die fehlende Geste. Sie, die Frau, spricht zum einzigen wirklichen Vater der Oper: zu einem toten König. So gibt er ihr aus dem Grab heraus die Kraft, die Rolle der Mutter zu vollenden, die sie niemals angenommen hatte. Und als Elisabeth, die ihre jugendliche Leidenschaft überwunden hat, entscheidet, sich wie eine Mutter zu verhalten und auf die Rolle der Geliebten zu verzichten, die ihr das musikalische Schicksal zugedacht hatte, findet die Oper ihre Auflösung. Die Konflikte waren festgefahren; der König und sein Sohn bekriegten sich, der eine mit der Waffe der Inquisition, der andere mit der des Aufstands in Flandern. Der König und seine Frau bekriegten sich. Nichts konnte zu Ende kommen.

Aber als Elisabeths Gesang geendet hat, fügt Karl V., den diese flehende Lebende angerufen hat, das fehlende Glied dieser Geschichte wieder ein. So erklärt sich das märchenhafte und mythische Ende: Das seinem Grab entsteigende Phantom nimmt den jungen Infanten mit in die Finsternis, trotz des Königs und des Großinquisitors. Der Schatten des Großvaters rettet den Enkel; eine völlig reine Symbolik, denn mit derselben Veränderung wurde ihm der Schein einer Mutter wiedergegeben.

In der lichten Heiterkeit ihres Abschieds als Liebende, kurz bevor der wunderbare Schatten des toten Königs die Szene betritt, hatten sich Carlos und Elisabeth in einem ungestörten Duett wiedergefunden. Wie hell es doch in Fontainebleau war, im Dickicht, wo sie sich liebten, wo alles klar und unbedroht war! Zwischen dem unschuldigen Duett des ersten Aktes und dem erhabenen Duett des letzten, hat viel Leid den Gesang der beiden jungen Menschen durchlaufen. Elisabeth benötigt die Zeit einer ganzen Oper für den Generationswechsel und um schließlich zu akzeptieren, daß sie die Frau eines Mannes ist, der beinahe ihr Schwiegervater geworden wäre. Am Ende ihres langen Kampfes hat sie nichts mehr zu verlieren; es ist die Geschichte ihrer Bekehrung von der Geliebten zur Mutter.

Aber sie schreit, stößt einen langen geflügelten Seufzer aus, der ein religiöses Zeichen trägt, durch das ihr Schicksal besiegelt wird, wie vorhin bei Violetta. Es

war außerhalb desselben Klosters, in welchem das Grab sie erwartete; vorhin, als sich die junge Königin einen Moment in der Sonne ausruhte, während ihr königlicher Gatte im Inneren betete. Carlos tritt auf und sieht sie.
Sie schickt, entgegen jeder Etikette, ihr Gefolge hinaus, und er umarmt sie leidenschaftlich, am Rande des Inzests... Der Himmel öffnet sich, die Welt existiert nicht mehr, die Gesetze sind abgeschafft...
Sie sagt nein.
Und als er davongeeilt ist, schwer leidend, erhebt sich der ewige Schrei, erhebt sich der schnelle Ruf, der in die Höhen der Tonleiter davonfliegt, um alsobald über ein Gebet zu einem langen, besänftigten Akkord zurückzukehren. So vollzieht sich Elisabeth von Valois' Veränderung in einer einzigen musikalischen Phrase; steigen, sterben, aufleben, fallen, erdulden, zu Gott beten.
Weshalb habe ich im Augenblick des erhabenen Schreies eine diffuse Erinnerung an die wirklichen Elisabeth? Die von Schiller erfundene Geschichte ist keine Phantasie. Es gab einen wirklichen Don Carlos, ein gräßliches Kind, ohne Zweifel psychotisch, grausam und bekannt für seine sadistischen Anwandlungen. Seine Stiefmutter kümmerte sich rührend um ihn, wie es nur ein sehr junges Mädchen im Exil einer abgeschlossenen Welt mit einem wahnsinnigen Kind tun kann. Auf den Gemälden von Hieronymus Bosch, die König Philipp jeden Abend betrachtete, sind das Paradies, die erste Familie, sowie die Hölle und unschuldiger Freuden in unmittelbarer Nachbarschaft. Das war die Verwandtschaft und sein mißgestaltetes Erbe. Das schwer lastende Gewicht eines toten Kaisers, einer besiegten Armada und eines erstarrten Spaniens, das seine Juden folterte, wohnt der Musik dieser durch die unaufhörliche Kreuzung von Politik, Familie und Religion erschreckenden Oper inne.
Elisabeths erste Worte, ihre wirklich ersten Worte, weisen auf das Gewicht der Geschichte hin, durch das sie zerstört wird. Alleine im Wald von Fontainebleau, noch ein Mädchen im eigenen Land, läßt sie sich nieder; ihr junger Page sucht die anderen, die sich in der Lichtung ein wenig verloren haben. Sie sagt nur: »Ah, come stanca sono...« Ach, wie bin ich müde... Aber es ist nicht die Müdigkeit eines jungen Mädchens im Prinzessinnenkleid, das zum königlichen Überdruß der Mutter, die unter dem Gewicht eines goldenen Mantels mit symbolischer Schwere gebeugt ist, zuviel gegangen ist. Später dann, im spanischen Königreich, das Karl V. einer ausgelaugten Familie hinterlassen hat, dem Reich, in dem die Sonne nie unterging, so weit reichten seine Länder, wird sie dem Niedergang dieses Lichts folgen; und als sie schließlich akzeptiert, das Leben mit diesem ewigen Sohn zu teilen, der Philipp II. ist, wird sie, die Exilierte, die einzige wirkliche Erbin des Reiches sein.

Flöte, Glöckchen und Koloraturen

Das 18. Jahrhundert. Die eigentliche Morgendämmerung der bürgerlichen Familie. Die Zeit, in der sich zwischen den armen Familien der Bauern und den vielen Kindern, die sie im Leben verloren haben, sowie den adeligen Familien, die jeden der Ihren in guten Verhältnissen unterbringen, die wirkliche solide Familie mit wenigen Kindern niederläßt, einer guten und monogamen Vermehrung ergeben. Noch mehr ergeben ist sie darin, Frauen zu erdrücken, die aus ihrem fügsamen Rang der Gattinnen und Töchter heraustreten. Verlassen wir Verdi und die flackernde Bewegung von Märschen und Walzern. Hier ist Mozart mit seinen göttlichen Zweideutigkeiten.
Man wird Dir vielleicht schon gesagt haben, daß *Die Zauberflöte* eine Freimaureroper ist; der Weg einer Einweihung, auf halbem Weg zwischen mystischer Phantasie und Geschichte. Man hat Dich sicher die drei majestätischen Akkorde bewundern lassen, in denen Mozart die Musik und den Code dieses geheimen Bundes, der die Freiheit des Menschen zum Ziel hat, vereint. Man wird Dir Lobeshymnen auf den Zauberer Sarastro vorgesungen haben und auf die bewegende Entwicklung der beiden unschuldigen Wesen, die eine Folge von Zauberprüfungen durchlaufen. Sollen wir den ägyptischen Plunder ablegen? Lassen wir den syrischen Plüsch beiseite, die dreieckigen Insignien, verlassen wir den blauen Himmel, den Mond, die Sonne und die Sterne; verlassen wir den Isistempel. Auf dem gespannten Stoff zeichnen sich Figuren einer anderen Geschichte ab, wie wenn auf einem Vorhang bei Sonnenuntergang ein Motiv erscheint, das man nicht gesehen hatte. Schau Dir *Die Zauberflöte* »ganz durchsichtig« an, jenseits der symbolischen und vereinbarten Zeichen, und Du wirst die Gewalt einer Familie wahrnehmen, die sich um eine Tochter streitet.

Du mußt wissen: *Tamino, seines Zeichens Prinz und ausgesprochen unschuldig, kämpft vergebens gegen ein Ungeheuer. Im Augenblick, da er fällt, wird er gerade noch rechtzeitig von drei Frauen gerettet. Es sind die drei Damen der Königin der Nacht. Im Gegenzug führen sie ihn zu dieser Herrscherin, die mit den Wundern der Nacht versehen ist. Sie fordert Tamino auf, ihre Tochter zu befreien, die der Zauberer Sarastro entführt hat, und sie vertraut dem jungen Prinzen das Bildnis der Prinzessin an, in das er sich sogleich verliebt. Tamino, begleitet von dem charmanten und furchtsamen Papageno, dem Vogelfänger der Königin, macht sich auf, die Geraubte zu befreien. Diese wird von Sarastro gut bewacht, wenngleich zu ihrem Wohl; Tamino wird sich nach und nach bewußt, daß das Böse nicht da ist, wo er es glaubte, und daß die Königin der Feind ist. Er erduldet die Einweihung in den*

Tempel der Weisheit, die über Prüfungen zu erreichen ist: Hunger, Durst, Schweigen vor allem, in grausamen Situationen. Als Pamina zum Beispiel merkt, daß Tamino ihr nicht antwortet, weil er zum Schweigen gezwungen ist, versucht sie, sich das Leben zu nehmen. Drei Knaben retten sie. Sie trifft mit Tamino zusammen und sie durchqueren gemeinsam Feuer und Wasser, um schließlich zum Licht zu gelangen. Sarastro dankt zu ihren Gunsten ab; die Königin der Nacht, die einen bewaffneten Angriff wagen wollte, ist besiegt; was Papageno angeht, so bekommt er, der keine einzige der ihm auferlegten Prüfungen bestanden hat, dennoch eine Frau... Papagena. Und die Flöte? Sie ist ein Zauberinstrument, das die Königin der Nacht Tamino gegeben hat, um Gefahren abzuwenden. Aber sie gehört Sarastro.[1]

Ein Kind wehrt sich gegen ein Ungeheuer. Es muß ganz klar sein, daß das dicke Ungeheuer, welches Tamino angreift, ein Ungeheuer aus Pappe ist. Seinen roten Zähnen, seiner flammenden Filzzunge entströmt ein imaginäres Feuer, und es rollt Glubschaugen, die von Statisten im Inneren des grünen Panzers bewegt werden. Zwei Federn bewegen die durchsichtigen Flügel des mit Krallen versehenen Drachens. Das Kind fällt in Ohnmacht. Tamino ist ein kleiner Junge. So ein Ungeheuer jagt einem ganz schön Angst ein; das ist nämlich groß, und dann erschrickt man so. Und das bemalte Holzschwert ist ohnmächtig gegen die Schrecken des Spiels. Tamino stirbt vor Schreck.

Ein kleines Mädchen spielt, gefangen zu sein. Sie ist eine kleine Prinzessin in einem unbekannten Palast, und wie in einem Traum, droht ein häßlicher Neger mit rollenden Knopfaugen, sie zu vergewaltigen. Sie schreit ganz laut: so ein Monostatos, der einen anfaßt, jagt einem ganz schön Angst ein; gottlob ist der Papa nicht weit und die Mama spielt, daß sie verreist ist... Pamina ist ein kleines Mädchen. Tamino und Pamina sind anfangs Kinder, die Prinz und Prinzessin spielen. Nur ein paar Details, damit Du merkst, daß aus dem Spiel Ernst wird. Der kleine Prinz kann mit seinem kleinen Schwert das Ungeheuer nicht besiegen, und die kleine Prinzessin spielt mit einem Feuer, an dem sie sich verbrennen könnte. Die Adoleszenz ist nicht weit; und mit ihr das Ende der Kindheit, von dem *Die Zauberflöte* erzählt.

Aus dieser ersten Welt, der Welt der Kinder, wird Papageno, der zur Hälfte ein Tier ist, bis ans Ende seinen ungestraften Charakter behalten. Er ist Vogelfänger und mit Federn bedeckt: Mensch oder Vogel? Seine offensichtlichen moralischen Schwächen werden ihm nicht vorgeworfen. Er gehört nicht zu den Auserwählten. Er ist lediglich ein kleiner Vogel, eine wilde Art, gerade gut genug, all das im Menschen zu vereinen, was ihm nicht erlaubt, sich über

1 Oper von Mozart und Schikaneder nach einer Sammlung von Erzählungen von Wieland.

seine gezähmten Verhältnisse zu erheben. Feige – sie nennen es feige –, ungeschickt, schwatzhaft, hungrig, dient er lediglich der Fortpflanzung. Der Beweis? Sein einziges Liebesduett mit Papagena spricht von der Unmenge von Kindern, die dieser Linie zweifellos entspringen werden. Seine Zukünftige heißt Papagena: wie man einer Hündin den Namen des Hundes gibt, wie man einer Tierart eine weibliche Endung anfügt, so hat das kleine Weibchen keine eigene Identität. Sie ist nichts anderes als Papagenos Weibchen; Papagen ...a also. Beide spielen Papa und Mama. Sie sind unfähig, die Etappen zu durchlaufen, die sie ins Erwachsenenalter hätten führen sollen, da wo man groß ist. Sie bleiben Kinder...

Seien sie dafür gesegnet. Papageno, der primitive Zustand respektloser Begierden, Papageno, der Ungehorsam und die unschuldige List, er ist auch der Arme, der Sklave, der zukünftige Proletarier, dessen einziger Reichtum seine Nachkommen sind. Als alles anfängt, sind Tamino und Papageno lediglich durch einen latenten Klassenunterschied voneinander getrennt, aber sie sind zwei spielende Kinder. Als alles endet, ist Tamino König geworden, erwachsen, ernsthaft, verantwortungsvoll; einzig Papageno hat sich seine Kindheit zu bewahren gewußt. Noch einen Schritt weiter, und er wird spielen, daß er seinem Freund aus Kinderzeiten die Fresse poliert. Das kommt dann später.

Wenn Tamino und Pamina, die sich noch nie gesehen haben, außer durch ein Portrait und schöne Worte, das erste Mal aufeinandertreffen, stürzt einer auf den anderen zu, »Er ist's! – Sie ist's!«, und kleben umschlungen aneinander, wie es Kinder in ihren Regungen äußerster Zärtlichkeit tun und sich bis zum Ersticken umarmen. Sie spielen Liebe; sie haben Distanz, Leid, Trauer und Verzweiflung noch nicht entdeckt. Das kommt aber bald. Die Eltern – die schrecklichen Eltern – werden sich darum kümmern, daß sie es kennenlernen. Sie trennen sie, wie sie selbst bereits im Haß getrennt sind; sie werden sie schließlich wieder vereinen, aber über Paminas, des kleinen Mädchens Anmut, zieht etwas wie ein Echo des Leids hinweg; sie weiß bereits. Und auf die Haltung Taminos, der nunmehr die Macht in Händen hält, die ihm sein königlicher Erzieher Sarastro übertragen hat, hat sich eine gefährliche Schwere gelegt. Er ist Mann geworden; er hat die Prüfungen bestanden. Sie haben die Kindheit verloren, sie sind groß geworden. Und werden niemals wieder zu Papageno und Papagena zurückkehren können.

Die Kindheit verlassen, aber um wohin zu gehen? In der *Zauberflöte* gibt es keine vereinten Eltern; statt dessen gibt es eine radikale Scheidung zwischen der Mutter, der Welt der Frauen und dem Vater, König in der Welt der Männer. Diese beiden, Königin der Nacht und Sarastro, haben sich sicher eines Tages so geliebt, wie sich heute Tamino und Pamina lieben. Aber sie sind durch die unüberwindbare Distanz getrennt, die die Nacht vom Tag und den

Mond von der strahlenden Sonne trennt. Die erste Welt, die aus der Kindheit kommt, ist die der Frauen, von der Königin der Nacht und ihren drei Damen besetzt. Drei nichtssagende, zänkische Weiber aus weiblichem Grundstoff. Und die bewundernswerte Königin mit Koloraturen, die aus dieser Rolle eine absolute Gefahr für jede Sängerin machen.

Die Königin der Nacht ist die einzige, die sich musikalisch in einer unhaltbaren Lage ausdrückt. Es ist eine unübertragbare Sprache. Von was sie auch spricht, Trauer oder Gewalt, ihre gesungenen Worte sind nicht kommunizierbar. Sie spricht eine beängstigende und verführerische Sprache, wenn man nur wüßte was sie sagt? Sie richtet sich nicht an die Vernunft. Sie sagt nicht den Sinn; sie singt die Sprache des reinen Affekts, jenseits der Worte, an die der Sinngehalt gebunden ist. Eine Koloratur ist die gedehnte Wiederholung einer Melodie, die schön tut, in einem Register, in dem die Stimme nichts anderes mehr tun kann, als Note auf Note unsinnige Silben auszustoßen. Die Königin der Nacht, wahnsinnig und von allem anderen abgeschnitten, hat keine andere Sprache als ihren schrecklichen und schönen Gesang. Die Königin, schwarz, in Silber gewandet, nächtlich, singt, und das ist alles. Den erschreckten Kindern, die in ihr die große, wahnsinnige Stimme der leidenden Mutter wiedererkennen, singt sie in der Sprache ihres Geplappers, unkenntlich verwandelt in Wut, in Zärtlichkeit... Dieser Gesang kann nur verlieren; es ist der Gesang der Weiblichkeit.

Die Welt der Gewinner ist die andere, die des Vaters, die der Männer. Und das wird gesagt: glaube nicht, mein Herz, daß ich etwas erfinde, es wird gesagt. Als Tamino, der ein wenig gewachsen ist, an die Pforten des Tempels kommt, verbieten ihm männliche Stimmen, durch eine Tür zu treten, dann durch eine zweite; die dritte öffnet sich ihm schließlich. Erste Lektion: die Arme der Mutter öffnen sich immer, nicht so die Pforten des Wissens. Es ist gut, wenn man die männliche Verweigerung kennenlernt. So findet der Eingeweihte, der zu ihm spricht, einen verlorenen Jungen vor, der bereit ist zuzuhören: er hatte Angst, ihm war kalt; zum ersten Mal hört er einem Mann zu. Was sagt er ihm? Die Dinge sind nicht, was sie scheinen; die Welt ist Schein, die Wirklichkeit schwer zu entdecken. Wer hat Tamino gesagt, daß Sarastro ein schlechter Mensch, ein Tyrann sei? Die Königin der Nacht. Aber ist sie nicht eine Frau? Und eine Frau, die plaudert viel und tut wenig... Der Text sagt das ganz unverhohlen. Eine häßliche Geschichte. Der Junge hält nicht eine Sekunde der Version der Dinge stand, die ihm der Eingeweihte darlegt. Er wechselt sofort die Fronten; das Argument der weiblichen Schwatzhaftigkeit verlangt nicht einmal den Schatten eines Beweises. Und so gelangt ein junger Mann, der noch zu schwach ist, seinen Drachenphantasien völlig zu entsagen, an seinen eigentlichen Platz, nachdem er sich eine Ohnmacht lang in den starken Armen der Mutter mit der übermenschlichen Stimme hat irreführen lassen.

So plaudern also Frauen. Die kleine Pamina wird über diesen Punkt noch mehr erfahren. Sie trifft ihren Geliebten Tamino, während dieser sich der Schweigeprüfung unterworfen hat. Und sie kann sein unverständliches Schweigen nicht ertragen. Sie *deutet* sofort. Er liebt sie nicht mehr, das ist sicher. Die schwatzhafte Pamina versteht das harte Gesetz der Stille nicht – warum sollte sie es auch verstehen, kannst Du mir das sagen? Wie könnte sie? Und wie soll man darüber nicht den Verstand verlieren? Es ist zum Vor-Kummer-Sterben. Keiner unterwirft Pamina der Prüfung; wenn sie ihren Prinzen trifft, dann nicht, damit sie die Prüfung des Leidens durchmacht; sondern damit sie den Männern als Instrument dient. Frauen werden nicht auf die Probe gestellt; das lohnt nicht mal die Mühe. Die hysterische Pamina gibt der Stimme der Mutter in sich nach und gibt der Fähigkeit zum Schmerz nach, die Tamino nicht hat. Um sie zu retten, fährt »man« Kinder auf. Richtige Kinder, Engel, deren Stimmen noch nicht ausgebildet sind, ein bißchen quietschend, ein bißchen falsch, zerbrechlich und unsicher. Das braucht's, um sie dem Leben zurückzugeben und zu verhindern, daß sie sich umbringt. Zwischen dem mütterlichen Wahnsinn und dem väterlichen Rätsel – wer hat von Sarastro behauptet, er sei gut? – versteht das kleine Mädchen nichts mehr. Sie braucht nichts zu verstehen; sie muß nur leiden.

Der unsägliche Sarastro ist äußerst achtbar. Wie bitte? Da ist ein gerechter und guter Mann, der um sich herum nur Gutes tut, ein Mann, dem das Volk zujubelt, ein Mann schließlich, der weise genug ist abzudanken, als das junge Paar zur Reife gelangt ist. Was haben Sie da gesagt? Er hat einer Mutter ihre Tochter geraubt? Sie scherzen, möchte ich meinen; Sie wissen sehr wohl, daß das sein muß, und daß die Mädchen nicht in der mütterlichen Welt bleiben können. Und die Beziehung zwischen Mutter und Tochter einfach so zerbrechen? Könnten wir von etwas anderem reden? ... Von der Notwendigkeit der Erziehung, von den herrlichen Ideen, denen Mozart Ausdruck verleiht, von mehr Gerechtigkeit, mehr Licht, wie bei Goethe ... Das ist es! Könnten wir von Goethes Tod reden, vom »mehr Licht«, von diesen wunderbaren humanistischen Themen schließlich, von der Französischen Revolution ...

Meine Stimme verliert sich in einem verwirrten Gemurmel. Es gelingt nicht, diese in jahrhundertelanger Verdrängung gegerbte Haut zu durchstoßen. Die Königin ist verloren, ihre Stimme unter den Steinbrocken des Tempels erdrückt, meine auch. Der Sieg über die Frauen ist gesichert. Und tausende von Eingeweihten sagen mir mit tadelnder Stimme, daß das Kind Pamina das beste Los der Welt gezogen hat, daß die Mutter böse ist ... Die Kinder der *Zauberflöte* erfahren mit blutendem Herzen die Scheidung ihrer Eltern. Sarastro

und die Königin der Nacht: ein richtiges haßerfülltes Liebespaar, das sich um sein Kind, seine Tochter streitet.
»Es siegte die Stärke, und krönet zum Lohn, die Schönheit und Liebe mit ewiger Kron.« Dies sind die letzten Worte der Oper. Bravo, Stärke, Bravo, männliche Behaarung, Ihr Priester, Bravo, Weisheit, Ihr Polizisten der Vernunft... Tamino verfolgt brav seinen Spießerweg; ach, der tapfere junge Mann, wie er gut durchhält gegenüber dem Tier Papageno, der sich auf Früchte, Wasser und Wein stürzt, die ihm von mysteriös verkleideten Männern angeboten werden... Ihm gehört die Erbschaft. Pamina gehört das Leid und das An-seiner-Seite-Gehen. Pamina gehört auch die rätselhafte Geste: ihr gebührt es, Tamino die magische Flöte zurückzugeben, die von Sarastro geerbt, in die Hände der Königin der Nacht übergegangen war, und die von Frau zu Mann in die Hände des Jungen gerät, ihm zu helfen, die Hölle des Feuers und des Wassers zu durchqueren. Von einem Mann kommend – Sarastro hat die Flöte an einem Gewitterabend aus einer Eiche herausgeschnitzt [1] geht die Flöte wieder an einen Mann zurück; die Frauen übergeben sie nur. Sie behalten nichts in ihren schwachen Händen zurück. Wenn eine Oper mit ihrer ganzen verbalen und musikalischen Macht, die Symbolik des Zermalmt-Werdens von Frauen durch Männer darstellt, dann heißt diese Oper *Die Zauberflöte*. Der göttliche Mozart? Er ist es. Die Ideale von Brüderlichkeit und Freiheit? Es sind dieselben. Es gibt einige Löcher im erhabenen Stoff unseres frömmelnden Humanismus.
Zwei wunderbare Momente entschlüpfen dem frauenfeindlichen Bewußtsein ihres Schöpfers. Als Pamina alleine in Sarastros Palast eingeschlossen ist, eine Gefangene ihrer Angst, steigt Papageno über die Mauern und erkennt sie wieder. Die beiden Kinder, ganz gegen die Gesetze, die sie später lernen werden, umarmen sich heftig. Papageno, der Diener und Pamina, die Prinzessin singen von der Liebe in einem Duett, in dem die Zärtlichkeit die Unschuld zweier Herzen verrät, die bereit sind, sich ineinander zu verlieben: gemeinsam singen sie, daß Mann und Frau sich ebenbürtig sind, daß es die Liebe gibt, daß es ein Glück, welch ein Glück gibt! ... Das hält nicht an. Keiner der beiden verliebt sich in den anderen. Jedem das Seine, sie werden nicht mehr miteinander reden.
Später. Pamina hat den Ihren gefunden, Papageno sucht noch die Seine. Pamina liebt Tamino, der sie auch liebt; ihr Bruch wird später kommen, wenn Pamina als Mutter ebenfalls ihre eigene Tochter wird verlieren müssen... Nichts ist schwebender, nichts ist reiner, als der Augenblick, in dem sie sich endlich bekommen. Aus der Tiefe der Dunkelheit erhebt sich die Stimme des

1 Paminas Vater, der nicht mit Sarastro identisch ist, hat die Flöte geschnitzt. (Anm. d. Üb.)

jungen Mädchens. Sie ruft: »Tamino mein, oh welch ein Glück ...« Und er tut was er kann. Er antwortet als Echo: »Pamina mein, oh welch ein Glück ...« Aber wie das erste Glück, kann auch dieses nicht dauern. Der schwatzhaften Pamina, Tochter ihrer Mutter, gehören die zukünftigen Kinder, die Blumen, das Glück, aber nur das Glück. Tamino, zum Manne gereift, gehört die Gerechtigkeit und weitere Drachen, die er, da kannst Du sicher sein, dieses Mal mühelos besiegen wird. Ihm die Flöte, die Kraft, die Gewalt und das Recht. Dir gefällt meine Geschichte nicht? Du ziehst die *Zauberflöte* Deiner Kindheit vor, und das leichte Lachen des Vogelfängers auf der Suche nach seinem Vögelchen ... Ja. Aber die Erziehung des Menschen erstickt seine ihm eigene Gewalttätigkeit, und ich habe die *Zauberflöte* noch nie nach meinem Herzen gesehen. Da würden die guten Priester mit ihren majestätischen Stimmen ihre wirklichen Gesten ausführen; sie würden Pamina mit Gewalt in den Verschlag stoßen, in dem sie Sarastro gefangen hält, sie würden die Königin der Nacht grün und blau prügeln, sie würden Papageno mit Fußtritten traktieren, die Wahrheit eben ... Man würde da in aller Klarheit die Komplizenschaft zwischen den Männern und dem Jungen ablesen können, den Druck, den sie gemeinsam auf den kleinen Vogelmenschen ausüben und die Würdelosigkeit der Frauen, die sie mißbrauchen. Die Musik wäre deshalb nicht weniger göttlich; sie würde dann einer gerechteren Sache dienen. Und die spielenden Kinder würden nicht mehr so sehr an den unwiderruflichen Brüchen zwischen ihren schrecklichen Eltern leiden. Die Nacht wäre nicht mehr gewalttätig, der Tag wäre nicht mehr brutal. Es wäre eine andere Welt, die es noch nicht gibt. Man bräuchte einen anderen Mozart, einen, der sich nicht ewig dafür rächt, als Kind ein gelehrter Vogelfänger auf der Jagd nach Vogel-Cembalos gewesen zu sein; Ein Mozart, der ... Aber ich komme ins jubelnde Schwärmen. Im Zeichen der Zauberflöte wird sich noch lange Zeit die Niederlage der Königin und das Ende der Nacht vollziehen.

...Mykene, unterhalb der aufgestützten Löwen. Die Sonne brennt herab; im Innern des Palasts ist es kühl. Es ist die Stunde, zu der sie um ihren Vater weint, und die Schreie, die sie gen Himmel schickt, um den gemordeten Schatten anzurufen, macht der Schar der Mägde Angst. Sie brüllt, daß die Mauern beben... Sie hat die Krallen ausgefahren. Dieses um den Vater trauernde Mädchen ist so beängstigend, daß ihre verbrecherische Mutter von ihr träumt. Aber ist Klytämnestra wirklich eine Mörderin, die glaubte, den Mord an ihrer Tochter Iphigenie zu rächen, als sie Agamemnon tötete? Von Verbrechen zu Verbrechen, von Vater zu Tochter, dann auch von der Mutter zur Tochter, setzt sich diese Familiengeschichte fort, die erst viel später enden wird, dank der Menschen und der Erfindung des Rechts. Im Raum und in der

Zeit der Oper schreien Frauen. Frauen bekämpfen sich, Überlebende, eine jede Trägerin eines Mannes: Klytämnestra hat sich ihren zweiten Mann Ägist, diese Memme, aufgeladen, Elektra schleppt ihren Vater Agamemnon und ihren Bruder Orest mit sich. Orest, das Werkzeug, ist ihr Mann für den Muttermord. Frauenstimmen brüllen sich zu Tode, brüllen innerhalb der Mauern. Sie sterben beide: Klytämnestra unter Orests Messer, und Elektra vor Freude. Die tote Mutter wird in der langen Geschichte des weiblichen Rechts die letzte Verkörperung des Matriarchats gewesen sein; mit ihr beginnt die historische Niederlage der Weiblichkeit. Die Siegerin und ihre Rache, sie, die die Macht des Vaters verteidigt, wird die Sache der Frauen verraten haben.

Es bleibt das letzte Paar. Die kleine Chrysothemis, die passive Schwester; und Orest, der wahnsinnig wird, gejagt von den schwarzen und zischenden schlangenartigen Göttinnen, den Erinnyen. Die Mauern von Mykene hallen wider von den Todesschreien und dem Haß der beiden Frauen. Tödlicher noch als der Kampf zwischen Männern und Frauen, denn eine Frau macht sich zum Racheinstrument der Männer gegen ihresgleichen. Entschieden tödlicher, denn dieser Kampf ist der einer Tochter gegen ihre Mutter. Dies nennt man, so sagte Giraudoux, als die Verbrechen vollbracht sind, die Morgenröte. Aber die Morgenröte, die sich über Mykene erhebt, ist die unserer Unterdrückung.[1]

1 *Elektra,* Oper von Richard Strauss und Hofmannsthal, nach Sophokles.

JUNGE MÄDCHEN UND DER SPRUNG INS LEERE

Wo man eine Mutter Marmelade machen sieht, und ein junges Mädchen einen Brief ohne einen bestimmten Empfänger schreibt; wo ein weiblicher Pierrot kein Feuer mehr hat und vor Kälte stirbt; wo die verratenen Verlobten im Traum halluzinieren; wo man Kierkegaard entdeckt und den linkischen Don Juan.

«Für ein junges Mädchen ist das Unendliche so natürlich wie die Idee, daß jede Liebe glücklich sein müsse. Wo auch immer ein junges Mädchen sich dreht, findet es um sich herum das Unendliche und mit einem Sprung gelangt es hinein, jedoch mit einem weiblichen, nicht mit einem männlichen Sprung. Was sind doch die Männer für gewöhnliche Tölpel! Um zu springen, nehmen sie Anlauf, sie brauchen eine lange Vorbereitung, sie berechnen die Entfernung mit den Augen, sie nehmen mehrmals Anlauf, ängstigen sich und kehren zurück. Schließlich springen sie und fallen hinein. Ein junges Mädchen springt anders ... Sein Sprung ist ein schwebender Flug. Und wenn es auf der anderen Seite ankommt, ist es dort nicht etwa von der Anstrengung erschöpft, sondern aufs Neue schöner als je zuvor, noch seelenvoller, es wirft uns Küsse zu, uns, die wir auf der anderen Seite geblieben sind. Jung, neu geboren, wie eine aus den Wurzeln der Berge gewachsene Blume, balanciert es über dem Abgrund, so daß uns beinahe schwindlig wird.«
Ach, Sören Kierkegaard, wie hast Du die jungen Mädchen geliebt ... Ungezählt sind die Lobgesänge auf diejenigen, die mit wundersamem Elan sprangen und die danach in unsägliches Leid fielen. Ungezählt sind Deine schmerzlichen Gesänge auf die Heldinnen der Verführung, deren zerstörter Unschuld einzig Dein Interesse gilt. Zerlina, Margarete, Donna Elvira, Marie Beaumarchais, auch Antigone, sind die einzigen, für die Du eine Art inzestuöses Geheimnis imaginierst, um sie noch inniger zu lieben ... Sören Kierkegaard, Bärenbändiger und Messerwerfer, philosophischer Gaukler, wie hast Du die jungen Mädchen geliebt ...
Und weil Dir die der Oper nicht genügten, hast Du Dir Deine eigene Fabel gebastelt, auf halbem Weg zwischen Roman und Libretto, eine Fabel, in der der Held, eines Deiner Doubles, die Liebe einer dieser weiblichen Blumen mit erwachender Lebenskraft hervorruft. Er verlobt sich, überzeugt sie, die Verlobung zu brechen und ihm in eine Liebe, frei von jeder sozialen Bindung, zu folgen. Cordelia, der Du den Namen eines berühmten geopferten Mädchens gabst, tut alles, was Du verlangst. Sie springt; sie springt nochmals, bis zum letzten Sprung, oh, Du bemäntelst ihn mit prüden Namen. Sie bumst mit

ihm. Und Dein Held läßt sie im Stich. Eine schofle Geschichte. Die Musik des Textes, die Musik, »das bevorzugte Medium der Sinnlichkeit«, so sagst Du, überläßt die Armseligkeit des kleinen Szenarios Deinen philosophischen Rachezügen. Die verführte Cordelia ist nichts mehr wert. Sie ist gesprungen, wo sie nicht springen sollte. Kaum geboren, verlöscht sie bereits wieder. Dies ist *Das Tagebuch des Verführers.*

Marmelade

Birken, ein lauer Abend, es ist Sommer in der russischen Ebene. Es ist wohl die einzige Oper, die mit Marmelade anfängt. Diese Marmelade ... Wie könnte man auch wissen, daß sie der Schlüssel zu *Eugen Onegin* ist? Auf der Vorbühne, es ist mild, bald wird die Nacht hereinbrechen, man muß sich beeilen, aber nicht zu sehr, rühren die Witwe Larina und die Amme in Kupferkesseln Marmelade. In der Ferne singen, jenseits dieser zwei schon gealterten Frauen, zwei junge Mädchen. Sie singen einfach vom Einbruch der Nacht, von der Schalmei und der Nachtigall. Ruhig singen sie von Traurigkeit und Sanftmut. Und die beiden melancholischen Alten erinnern sich; damals, beide erinnern sich gut daran, hat die Witwe Larina auch gesungen. Sie hat Richardson so sehr geliebt, sie war jung ... Mit einem Mann verlobt, den sie nicht liebte, in einen anderen, so eleganten verliebt, findet dieses altgewordene junge Mädchen über die Melodie ihrer eigenen Töchter wieder zu einer jugendlichen Ausstrahlung. Man nannte sie »Céline«. Und dann war die Hochzeit mit dem Ehemann, und dann ... hat sie sich aufgelehnt, und dann hat sie sich daran gewöhnt. Keine Gefühle, keine Eleganz mehr, keine romantischen Bücher mehr. Statt dessen »Nierenwärmer und wattierte Hauben«. Die Philosophie der Witwe Larina, die ihre wehmütigen Erinnerungen und die Marmelade beendet, während ihre Leibeigenen das erste Getreide der Ernte einbringen, läßt sich in zwei tauben und dickfelligen Sätzen festhalten, die ganz im Gegensatz zu dem Gesang der beiden jungen Mädchen stehen: »Die Gewohnheit ist eine Gabe des Himmels, die uns das Glück ersetzt.«
Eugen Onegin, oder wie Töchter die Geschichte ihrer Mütter wiederholen.

Du mußt wissen: *Tatjana und Olga sind die Töchter einer recht betuchten Gutsbesitzerin, der Witwe Larina. Olga ist mit einem jungen Dichter, Lenski, so gut wie verlobt. Und hier kommt er auch schon auf Besuch, begleitet von einem jungen Dandy, der mit allen Errungenschaften der städtischen Mode geschmückt ist. Lenski macht seiner Olga den Hof, Tatjana hat sich auf den ersten Blick in ihn verliebt. Nachts schreibt sie ihm einen langen leiden-*

schaftlichen Brief. Aber tags darauf begegnet ihr Eugen kühl und macht sich ein wenig über sie lustig. Später gibt es bei Larina einen Empfang. Olga tanzt mit Lenski, Tatjana mit Eugen. Um die alten Weiber, die über ihn schwatzen, lächerlich zu machen, und weil er anfängt, sich tödlich zu langweilen, macht er Olga den Hof. Das Drama eskaliert. Lenski fordert seinen Freund zum Duell, und Eugens erster Pistolenschuß tötet den Dichter. Jahre später finden wir Eugen Onegin in Petersburg wieder. Er langweilt sich immer mehr. Eine wunderschöne, alle überstrahlende Frau tritt herein: es ist die Fürstin Gremin, es ist Tatjana. Gremin ist ein Freund Onegins, und dieser verliebt sich nun seinerseits wahnsinnig. Er überrascht Tatjana zuhause und erklärt vergeblich seine Leidenschaft. Aber es ist zu spät, und Tatjana wird ihrem Mann treu bleiben. Die Sehnsucht ist auch nicht mehr das, was sie trotzdem nie aufgehört hat zu sein.[1]

Eugen Onegin ist keine dramatische Oper. Es passiert nichts, oder beinahe nichts. Ein junges Mädchen, eine Jugendliebe, ein Duell, ein Geschmack nach mehr, der zu nichts führt, eine große Traurigkeit, nichts, sag ich Dir. Onegin ist ein ganz kleiner junger Mann, ziemlich widerwärtig, unbedeutend, mit der rebellischen Haarlocke, die ihm Puschkin in einer kleinen, lächerlichen Skizze gezeichnet hat. Und dann hat man oft genug sagen hören, daß dieses puschkinsche Oeuvre, das in der russischen Kultur einen so bedeutenden Platz einnimmt, in keine andere Sprache übersetzt werden könne. Ein langes und unübersetzbares Gedicht über die russische Bourgeoisie, ihre Marmelade, ihre Lektüre, und die kleinen Seelenschmerzen, die für eine Zeit, lediglich für eine Zeit die Seelen von Männern und Frauen bedrängen. Es hat Tschaikowsky gebraucht, der nie genialer war als in seinen Opern, um zu einer Beschreibung der Birken, wattierten Hauben, glänzenden Walzern zu Hofe und bäuerlichen Polkas einer Gesellschaft zu gelangen, die in ganz Europa ihre Bezugspunkte suchte. Diese verdünnte Romantik, dieser Eintopf aus »Sturm-und-Drang«, diese Sanftmut überall, werden kaum einmal von wenigen großen leidenschaftlichen Momenten unterbrochen: das Leiden des Dichters Lenski, sein flüchtiger Tod und die letzten Schluchzer eines Dandys, der, und da kannst Du sicher sein, seine Langeweile aus dieser verzweifelten Liebe nähren wird.

Aber da ist Tatjana. Da gibt es, mehr als alles andere, den Raum des Landhauses und den Raum des glänzenden Petersburg mit der gleichen Glut durchmessend, das junge Mädchen und die Verführung. Mit ihr, sobald ihre traurige Stimme in der Melodie für zwei am Abend des Untergangs einer Fa-

1 Oper von Tschaikowsky und Schilowsky, nach Puschkin.

milie ertönt, hält eine leidenschaftliche Klarheit Einzug, ein Schwanenflügel, eine Niedergeschlagenheit, eine doch widerstandskräftige Zerbrechlichkeit, die nicht zu widerlegen sind. Hör sie Dir an, mit ihren widersprüchlichen Figuren. Hör wie das junge Mädchen in die Falle geht, die sie nicht kennt. Da ist sie, wie ihre Mutter in einen Dandy verliebt. Weiß sie es? Das ist nicht notwendig: das Unbewußte arbeitet, ohne ein Wort zu sagen, in der Stille. Und wie die Larina, heiratet sie einen anderen; wie diese gewöhnt sie sich daran. Zumindest so sehr – »Nierenwärmer und wattierte Haube« –, um Onegins Liebe zurückzuweisen, das alte Andenken aus der Jugend, auf den sie so sehr gewartet hat, und den sie immer noch liebt. Es ist die Geschichte einer vernünftigen Frau; wirklich nicht gerade das, woraus ein »gutes« Libretto besteht.

Aber ja. Hör Dir das gedämpfte Drama an, den unter der Ruhe des Familienlebens zermalmten Schmerz. Onegin ist ein Verführer. Aus Langeweile liebäugelt er mit Tatjana, genug, um sie zu dem Schritt zu veranlassen, ihm den Brief zu schreiben. Und aus Langeweile entscheidet er sich auch, Olga den Hof zu machen ... Ein wirklicher Verführer, wie ihn Sören Kierkegaard verstand. Dieser »kleine Kerl« ohne Format ist nur da, um etwas hervorzurufen. Rührung, Enttäuschung hervorrufen, Wirrwarr zu stiften. Für nichts. Oper verpflichtet, es wird doch wenigstens einen Toten geben, und so verliert der freundliche und nutzlose Lenski sein Leben, eine vom Dichter geopferte Figur, die Puschkin so teuer war, daß er sich, bis hin zum Sterben, mit ihr identifizierte.

Aber Tatjana, die Lebende ist eine Frau der Poesie. Und ihr kommt in einer Welt, in der die Mutter alt ist, und die Amme auch, die Inkarnation der Jugend zu. Ihre Jugend ist durch die männliche Verführung in Stücke gebrochen. Tatjanas Jugend, zerbrochen, besiegt, verloren. Wenigstens nicht ihre Schönheit; als sie Fürstin Gremin geworden ist, tritt sie ein, eine scharlachrote Barett auf dem Kopf, das Onegin ins Herz trifft – wie wichtig sowas doch sein kann! – Tatjana ist Frau geworden. Und eine treue Ehefrau. Die Fabel ist grausam und wahrheitsgetreuer als so manche auf der Opernbühne. Nach den heftigen Emotionen eines Verdi, Puccini, Bellini, habe ich mich tödlich gelangweilt, als ich zum ersten Mal *Eugen Onegin* sah. Ich erinnere mich, daß ich über diese Langeweile mit Pierre Macherey gesprochen habe; dieser marxistische Theoretiker ist einer von denen, die das Richtige über Oper denken und fühlen. Und er sagte: »Du wirst sehen ... Es ist eine Oper, die von Jugendliebe spricht. Du wirst Dich später an sie erinnern.« Es war wahr. Plötzlich, später, als auch meine Jugendlieben zerschlagen waren, kamen Erinnerungen, Töne zurück. Als ob unsere eigene Jugend, unsere eigenen Träume zurückgekommen wären.

Tatjana ist in ihrem Schlafzimmer. Die Violinen singen, daß es einem die Seele zerreißt, ganz sanft. Ganz sanft: die Amme, die ihr kleines Mädchen zu Bett gebracht hat, ist noch da. Das kleine Mädchen ist groß geworden, ohne Bescheid zu geben. Sie fragt die Amme aus: warst Du schon verliebt? Aber nein, zu der Zeit fragte keiner nach Liebe. Und die Amme erzählt ihre Geschichte. In der sich ganz brutal – aber es ist noch so sanft, es ist so ruhig in diesem Jungmädchenschlafzimmer – der riesige, radikale Klassenunterschied zeigt. Mit dreizehn Jahren wurde die Amme von ihren Eltern und einer Heiratsvermittlerin verheiratet; ihr Vater hat sie gesegnet, man hat ihr einen besonders schönen Zopf gemacht, und dann war sie plötzlich in einer anderen Familie. Die Amme singt einfache und wahre Worte. Aber Tatjana hört nichts; sie leidet so sehr. Sie sagt, daß sie verliebt ist. Die Amme, die nicht einmal weiß, von was die Rede ist, hält sie für krank und geht Weihwasser holen. Und die Musik verdoppelt sich. Tatjana setzt pünktlich zum romantischen Höhenflug an; die Amme hat den regelmäßigen und traditionellen Rhythmus einer Klage, die nur die vergehende Zeit und die Gewohnheit kennt. Diese alte Bäuerin muß gehen, damit die bürgerliche »Leidenschaft« endlich aufbrechen kann.
Tatjana ist allein, in einem weißen Nachthemd. Die Celli zögern wie sie, hüllen sie ein, und die lange, sehr lange Phrase beginnt, die durch langsam steigende Tonleitern das junge Mädchen bis zum Höhepunkt der verliebten Leidenschaft trägt. Unterstrichen von ruhigen Flöten, von süßen Oboen, wird der Brief geschrieben, während Tatjana im Rhythmus einer über das Papier eilenden Feder singt. Das Schicksal hat entschieden, er ist es, er ist Gott, wir sind es, ein Traum, ein Engel, oder ein Teufel ... Worte ohne Folge, Worte im Gleichgewicht mit der Musik, Worte der Liebe für niemanden, für ein Gespenst der Liebe. Mit abwesendem Körper, angefüllt mit dem Nichts, das diese Oper bestimmt, der Leere jugendlicher Leidenschaften und ihrer vergeblichen Heftigkeit, schreibt Tatjana einen Brief. Junge Mädchen schreiben Briefe.
In der Oper werden oft Briefe geschrieben. Aber sie sollen einen Sinn haben, eine Intrige hervorrufen, die Personen zu der Handlung drängen, die das Libretto voranbringen: Briefe wegen eines Rendezvous, Erkennungsbriefe einer Heldin, die ihre Familie verloren hat, falsche Briefe des Verräters. Du siehst nicht, wie sie geschrieben werden, denn einzig der Sinn ist von Bedeutung. Mit Tatjana ist das anders: sie schreibt, darin liegt die Handlung. Sie schreibt, darin liegt die Verwicklung und ihr Herz. Der kurze Augenblick, die wenigen Minuten einsamen Gesangs ersetzen eine ganze lange Liebesnacht: die einzige und einzigartige Liebesnacht. Ihr wirklicher geflügelter Sprung, ihr »schwebender Flug«. Auf der anderen Seite der Nacht ist sie neu, wie eine Blume, die aus den Wurzeln der Berge wächst.
Sie ist gut genug, enttäuscht zu werden. Bereit für den eigentlichen Akt der

Verführung. Oh, ich habe Dich gelesen und nochmals gelesen, Sören, ich habe wohl verstanden, was Du mit so viel Selbstgefälligkeit schreibst. Nein, die Verführung ist nicht nur der Akt, sich lieben zu lassen, wenn man nicht liebt; vor allem läßt sie den, der einen liebt, wissen, daß man ihn nicht liebt. Den Schwung unterbrechen, die Flügel stutzen, den Hals umdrehen, und auf daß das junge Mädchen die Enttäuschung in sich tragen und auf ewig mißtrauisch sein möge. Es ist Morgengrauen. Die Amme kommt wieder, Tatjana ist schöner denn je. Ein wenig blaß: die Amme ist beunruhigt. Tatjana vertraut ihr den Brief an, wie man sich ins Leere stürzt. Wer hat noch nie mit klopfendem Herzen einen Brief in ein unwiderrufliches Loch geworfen und die Seele, angesichts der Unwiderrufbarkeit, weit geöffnet?

Als Onegin, der zu väterlich ist, um beleidigend zu sein, mit Tatjana aus der Höhe seines fortgeschrittenen Alters herab spricht und ihr eben sagt, daß ein junges Mädchen seine Träume sehr wohl durch andere ersetzen könne, hat sie nur ein Wort zur Antwort: »Welche Schande ...« Es ist schon zu Ende. Der Rest – der Ball, das Duell, die höfischen Walzer von Sankt Petersburg – sind nur noch Bestätigungen, Umwege. Alles ist gespielt.

Noch einmal wird dem jungen Mädchen eine Ehrung zuteil. Von einem Alten. Dem komischen und sehr charmanten französischen Nachbarn, M. Triquet. Mit einer Romanze, die aus diesem mythischen Frankreich kommt, das im romantischen Rußland die Liebe und den Charme verkörpert, gibt der alte Mann seiner Bewunderung für Tatjana Ausdruck. Das ist nicht irgendeine einfache Romanze. Die Couplets sind schwachsinnig. Die Wortspiele dumm. Aber nun ist Tatjana auf diesem Provinzball Königin, wird von einem alten Franzosen bewundert und von den anderen mißtrauisch beäugt. Als Onegin sie auf dem anderen Ball, auf dem sie das Barett aus scharlachrotem Samt trägt, schließlich als seiner würdig erachtet, haben die Zeit und das unauslöschliche Zeichen der Verführung gute Arbeit geleistet, und was bleibt, ist nur noch eine zeitliche Verschiebung. Sie liebte ihn, er liebte sie nicht; er liebt sie, sie ist nicht mehr frei. Der Vorhang fällt über der Jugendliebe; das junge Mädchen gibt es nicht mehr: Jetzt kommt die Zeit der Marmelade.

Pierrot lunaire

Man kann an der Jugend auch sterben. An zu vielen verlorenen Flammen, wenn es überall kalt ist, wenn kein Ofen den Raum zu heizen schafft, und wenn das Leben fortgeht, ganz sanft, ohne es vorher zu sagen. So stirbt man auf Zehenspitzen, während alles um einen herum flattert und wirbelt. Dieses Mal sind keine Eltern in der Nähe. In *La Bohème* sind alle Personen irrsinnig jung. Keiner ist böse. Es ist die Oper der Unschuld. Sicher, eine Frau stirbt. Aber es ist, als gäbe es keinerlei Verantwortlichkeit, als ob sich nichts abspielen würde, außer dieser großen Kälte, die alles frieren läßt, und der eine nicht widersteht. Um sie herum, die da freundlich auf einer alten Matratze stirbt, machen sich sehr junge Leute zu schaffen. Ohnmächtig, leicht und traurig, alles auf einmal, umgeben sie die Sterbende mit ihren Gaben, mit ihrer Zärtlichkeit, mit ihrer Unfähigkeit, diese zu harte Wirklichkeit zu meistern. Mehr als alles andere konfrontiert Puccinis *La Bohème* das junge Mädchen mit der Unendlichkeit, die es sucht, mit einer unsichtbaren Reinheit, die sich in der verschwenderischen Heiterkeit unverantwortlicher Feste ausdrückt, in einem charmanten Sich-gehen-lassen, wo jeder sofort weiß, daß er verlieren kann und es akzeptiert, ohne überhaupt an Gegenwehr zu denken. *La Bohème,* das ist der natürliche Tod, das radikale Fehlen des christlichen Dramas, das auf ewig von der tragischen Liebe reingewaschene Herz. Es ist die neue und nackte Haut des Kinderschmerzes.

Du mußt wissen: *Rodolfo, Marcello, Schaunard, Colline sind dicke Freunde. Sie leben gemeinsam in Armut, aus der sie das Beste machen und ihren Vermieter, wenn es daran geht, das Quartal zu bezahlen, übers Ohr hauen und sich gegenseitig im romantischen Paris helfen. Es ist das Leben der Bohème. Eines Abends – es ist Weihnachtsabend – ist es draußen kalt und im Zimmer der Freunde ist es kaum wärmer. Rodolfo ist alleine, als Mimi, eine kleine Nachbarin an die Türe klopft. Sie hat kein Feuer mehr, ihre Kerze ist ausgegangen. Rodolfo, der feststellt, daß sie hustet und daß ihr kalt ist, behält sie bei sich, sie reden miteinander, sie verlieben sich. Und weil es Weihnachten ist, gehen sie mit den anderen aus, um in Paris zu feiern. Marcello hat eine charmante und verrückte, kokette Freundin, Musetta; aber er ist mit ihr böse, weil sie ihn für den alten Alcindoro de Mittoneaux, der reicher als Marcello ist, hat fallen lassen. Krach unter Liebenden, Kinder gehen vorbei, Rodolfo kauft für Mimi eine rosa Haube, um ihre Liebe zu besiegeln. Aber zwei Monate später ist Februar, es wird immer kälter. Mimi trifft Marcello und Musetta in einer kleinen Kammer, wo die beiden sich weiterhin an den Kragen gehen. Sie ist beunruhigt und unglücklich: Rodolfo ist eifersüchtig, drängt sie wegzugehen, will nichts mehr von ihr wissen. Da kommt er, sie versteckt sich hinter einem Baum, und so erfährt sie die Wahrheit: Rodolfo möchte gerne, daß sie ihn verläßt, das stimmt. Aber nur weil sie schwer krank ist und er nicht die Mittel hat, sie behandeln zu lassen. Sie tritt hervor, und ganz gerührt entscheiden Rodolfo und Mimi, noch den Winter zusammen zu verbringen. Später sind Rodolfo und Marcello alleine; man sagt, daß Musetta und Mimi jetzt reich und versorgt sind. Aber Musetta kommt, außer sich; sie ist nur wenig schneller als Mimi, die zu Rodolfo zurückkommt. Es ist spät, sehr spät; soll Musetta nur einen Muff suchen und Colline seinen Mantel verkaufen, um den Doktor zu bezahlen, Mimi liegt im Sterben, während Rodolfo nichts wahrnimmt. Sie stirbt; er hat es nicht gesehen.*[1]

Am Abend vor Weihnachten ist bei den anderen, den Reichen alles bereit, um Heiligabend zu feiern. Mimi klopft an der Türe wie Freund Pierrot. Von Pierrot hat das junge Mädchen die naive Anmut, seine durch Blässe gekennzeichnete Unschuld und diese Schlichtheit, mit der sie sich in einer Arie vorstellt, die so bekannt ist, daß man mit dem Herzen hinhören muß, um sie neu zu entdecken. »Mi chiamano Mimi«. Sie heißt Mimi. Kurzum, sie hat ihre Kerze verloren, es ist dunkel, sie hat Angst. Treten Sie nur herein, Nachbarin, hier ist es auch nicht wärmer als bei Ihnen, aber wir sind zu zweit. Es ist eine einsame und traurige Nacht, für zwei Herzen, die sich ineinander verlieben. Mimi-Pierrot hat ihre Kerze gelöscht, und da begeht sie ihre zweite Fehlleistung. Sie hat ihren Schlüssel bei dem jungen Mann vergessen und kehrt zurück. Und er, dieser Schlingel – sie sind fünf Jahre alt, es ist die Zeit der Streiche und Lutscher – versteckt den Schlüssel, den er gefunden hat.
Seine Kerze geht aus, es ist stockdunkel, aber es gibt keine Angst mehr; es ist das Wunder eines langen Duetts, in dem sich süß gesungene Harfenspiralen, heitere Melodien, zärtlich umarmen. Wie leben sie? Wie Kinder. Er ist Poet, das sagt alles. Sie tut nichts, sie gießt Blumen an ihrem Fenster; sie bestickt Seide und Satin für andere, das ist alles. Sie liebt alles, sie atmet den Duft der Rosen ein, Knospe für Knospe, und die Welt ist schön, unschuldig und weiß, wie ihr Pierrot-Herz. Im Übrigen weiß sie nicht einmal, woher der Name Mimi kommt, denn ihr richtiger Name ist Lucia, das Licht. Und gerade hat sie das Licht verloren.
Sie sind ganz jung, verlassen die Kindheit. Sie spielen Liebe, sie haben beide diese große elektrische Eisenbahn gefunden, dieses wunderbare Spielzeug; Sie können im Dunkeln keine Angst mehr haben. Der eine wird für den anderen der illusorische Schutz eines großen und großzügigen Busens sein, aus dem die Milch der menschlichen Zärtlichkeit quillt. Und wenn sie ans Ende ihres Lebens einer entblätterten Blume angekommen sein wird, wird Mimi zurückkehren, um bei ihrem Freund die Arme zu suchen, die drücken, die Hand, die berührt, die große Ruhe eines Todes, bei dem sie nicht mehr alleine sein wird. Es ist nicht traurig, es ist nicht fröhlich. Es ist die Kindheit und ihre verkannten Schmerzen.
Aber das kleine Licht hat noch ganz andere Hilfsmittel als den freundlichen

1 Oper von Puccini, Giacosa und Illica, nach Henri Murger.

Poeten. Sie ganz allein nimmt ihre tödliche Krankheit klar auf sich; sie ganz allein entscheidet über ihre Agonie. Wie Tatjana springt sie, fliegt davon, kommt zurück und schlägt sanft auf, zerbrechlich und stark, mutig trotz ihrer Angst vor der Dunkelheit und dieser Kälte, die sie unaufhörlich einholt. Unendlichkeit, für Mimi ist es die Wärme. In *La Bohème* spielt alles zwischen Kälte und Wärme. Mimis Hände sind kalt, Rodolfo ist nicht davon abzubringen, sie wärmen zu wollen.

Alles spielt in der großen Kälte des Winters, wenn Mimi, an der Pforte zur Hölle, nach Hilfe unter dem Schnee sucht und die wenigen Passanten sich einmummen. Die Häuser sind verrammelt, man sieht Licht im Innern, durch die erleuchteten Fenster. Aber die jungen Leute sind draußen; diese Tuberkulosekranke singt im Schnee von ihrer Liebe und springt über den Winter hinweg, von dem sie nichts wissen will, wie über den Abgrund. Bei Rodolfo zu bleiben, der ihr außer der Wärme seines eigenen Körpers nichts zu bieten hat, das heißt, mit dem Tod zu spielen. Sie entscheidet sich dennoch dafür: wenn der Winter vorbei ist, in der Jahreszeit der Blumen ... Als sie stirbt, ist ihr überall kalt. Der Winter hat gesiegt. Die anderen um sie herum sind widerstandsfähig, völlig gesund. Sie allein ... Freund Pierrot spielt ein letztes Mal mit dem Spielzeug des Nähmädchens; eine rosa Haube, die Rodolfo an seinem Herzen bewahrt hat, ein Muff. Pierrot stirbt; aber Pierrot ist kein trauriger Mann mit untröstlichen Augenbrauen.

Pierrot ist ein junges Mädchen.

Die Rollen sind vertauscht. Pierrot ist ein Mädchen, Colombine ein Dichter. Rodolfo, der Leichtfertige, Sensible, der naive Ohnmächtige, Rodolfo-Colombine zieht Mimi ins Verderben. In der Oper, wie in der Psychoanalyse, zählt alles; und wie in der Psychoanalyse wird das eigentlich Bedeutungsvolle en passant gesagt, leichtfüßig, zu Beginn, wenn noch nichts darauf hindeutet, daß hier das Drama angelegt ist. Wie in der Analyse, wenn es dem Ende zugeht, erscheint der Schlingen legende Signifikant, der im lauernden Unterbewußtsein des von der Musik gelähmten Zuschauers Alarm geschlagen hat, dessen obskures Herz die Nachricht empfängt und, ohne es zu wissen, gerührt ist. Butterfly, die sich wundert, daß man Schmetterlinge auf Bretter aufspießt; Taminos Ohnmacht; oder Carmens erste Worte: »Quand je vous aimerai? Ma foi, je ne sais pas ...« Wann ich Euch lieben werde, ach je, das weiß ich doch nicht ... Und in *La Bohème* ein kleiner Wortwechsel ohne Bedeutung, ohne Arie, ohne Anführungszeichen.

Mimi und Rodolfo sind hinausgegangen, umschlungen, im Guten und Schlechten für ihren einzigen Winter aneinandergebunden. Da sind sie auf der Straße, inmitten der weihnachtlichen Menge, beim Café Momus, alles glänzt vor Licht und Wärme. Da trifft sich die fröhliche Bande. Und als er

Mimi seinen Kameraden vorstellt, komponiert der Dichter eine Art spontane Elegie, um dieses junge Mädchen zu beschreiben, seine aufgeblühte Liebe. »Das ist Mimi, ein fröhliches Blumenmädchen. Ihr Kommen vervollständigt unsere schöne Freundschaft, weil ich ein Dichter bin und sie die Poesie. Aus meinem Gehirn sprießen Gesänge, aus ihren Fingern sprießen Blumen, aus der jubelnden Seele sprießt die Liebe.«Gut hingedreht, das melodische, glückliche Kompliment; wie ist die Nacht schön für Jungverliebte! Aber die Wahrheit liegt in den Scherzen Collines und Schaunards; rhetorisch ist das, nicht übel, aber es ist kaum ein *accessit* wert. Die Wahrheit streift wie ein kühler Hauch; Rodolfos Liebe ist rhetorisch.

Es gibt keine Rhetorik, die nicht das Schicksal verkündet; und das Schicksal Mimis zeichnet sich in Rodolfos Worten ab. Sie ist Poesie, sie ist bereits keine Frau mehr, sie wird es nicht sein. Ein junges Mädchen, den Blumen gewidmet, wird sie nie ein anderes Leben haben. Sie ist eine Gefangene der Bilder des Poeten. Als Muse und Inspiratorin reiht sie sich in die Schar der vom Verführer geopferten jungen Mädchen ein, damit dieser in einer schwebenden Zeit leben kann: ein Augenblick der Poesie, noch einer, ein letzter Wintertag, noch einer, und das Leben hält inne. Und nur Rodolfo wird aufwachen, der nichts bemerkt hat. Er hat es nicht mit Absicht getan.

Um sie herum die Menge, das Leben, die etwas brutale Freude und das feiertägliche Gedränge am Abend. Überall Kinder; ungnädige Eltern, Saturnalien für Straßenkinder. Parpignol, der Blumen- und Süßigkeitenhändler, schiebt seinen kleinen Karren. Man kauft Holzpferde und Trompeten und die rosa Haube für Mimi, von der sie so sehr geträumt hat. Man ißt, gibt Geld aus, man lebt nicht mehr in Kälte und Armut.

Ein anderes junges Mädchen singt, klar und schön. Musetta ist ebenso lebhaft, wie Mimi schwächlich ist, so fest, wie die andere zerbrechlich, so querköpfig, wie diese sanft ist. Sie ist im Gesamtwerk Puccinis eine der wenigen Frauen, die nicht an der Abhängigkeit sterben. Ich liebe sie mit ihrem spöttischen Dekolleté, ihrem herausfordernden Samt, ihrer offensichtlichen List und ihrer Launenhaftigkeit. Musetta stellt sich hin, in voller Größe, verletzend, von oben herab; was man zuerst hört, ist ihr Lachen. Sie setzt sich hin, das Glas in der Hand und singt sehr laut, um ihren Freund Marcello herauszufordern. Und der alte Graukopf, der sie begleitet, stirbt vor Angst: »Parla piano..« Rede leise... Bis an welche Grenzen wird diese wütende Teufelin gehen?

Sie singt. Sie ist Königin. Musettas Walzer rächt Generationen von Frauen. »Wenn ich alleine die Straße hinunter gehe, bleiben die Leute stehen und bewundern mich, und jeder betrachtet von Kopf bis Fuß meine Schönheit.« Von Kopf bis Fuß... Das Bild einer Frau taucht auf, ein wenig dicklich, sehr blond, eine in Schwarz gehüllte Lola-Lola, eine skandalöse Lulu, Trägerin des Todes, sagt man, für diejenigen, die auf die Idee kommen, sie zu lieben. Musetta bietet die Stirn, und wenn sie in dieser Oper der Jugend ihre Bestimmung als Femme fatale nicht entwickeln kann, dann deshalb, weil die Kindheit noch zu nahe ist. Musetta probiert sich aus in ihrer Freiheit. »Und so genieße ich die leise Begierde, die aus ihren Augen dringt, und aus dem eindeutigen Verhalten kann man die verborgene Schönheit erraten. So umgibt mich der Duft der Begierde und macht mich glücklich! ... Und Du, der Du weißt, welche Erinnerungen Dich quälen, warum fliehst Du vor mir?« Das dreht sich im Walzertakt, in einer großzügigen und oberflächlichen, trunkenen Bewegung. Musetta ist ein wenig beschwipst. Sie fühlt sich wohl in ihrem nagelneuen Kleid, und auch sie springt wie ein junges Mädchen mitten hinein und zieht, unendlich provozierend, Blicke auf sich. Und da hat sie Schmerzen, schreckliche Schmerzen am Fuß. (Kunstfertige Kindheit, listige Kindheit.) Der alte Graukopf bückt sich nach dem geschundenen Fuß, sucht einen Schuhmacher auf... Mit nacktem Fuß fällt Musetta in Marcellos Arme.

Dieser unbeschuhte Fuß, auch das ist die Oper. Dieses kleine Stück fröhlichen Lebens an einem Ort, an dem sich der sehnlichst erwartete Tod abspielen wird, diese Verrückte, die Note für Note Luftsprünge auf einem Kaskadenrhythmus macht, dieser Operettenduft, wenn man weiß, daß das Drama nahe ist, denn dafür ist man ja gekommen, all das ist Oper. Die Oper, »vermischte Gattungen«, und eine den edlen Herzen eigene Trivialität. So schreitet der Tod voran, über die lustigen Regentropfen einer wirklichen Fröhlichkeit hinweg. Augenblicke der Sanftmut, Augenblicke der Ruhe, aufblitzende Bosheit und bewahrtes Glück, unendliche Gnade einer Freude, die die Oper austeilt, gemacht indes für die Vorführung des Leids. Augenblicke der Ruhe: die Oper läßt dem Herzen Zeit zum Atmen. *La Bohème* geht vom Traurigen ins Fröhliche über, vom Studentenscherz zum mächtigen Gefühl, von den schönsten Tagen der Jugend zur aufkeimenden Angst eines künftigen Alterns. Musetta hat ihren Geliebten wiedererobert, sie lebt. Ganz nahe bei ihr, wird sie von ihrem elegischen und zärtlichen Double mit dem Staunen der Unschuld betrachtet. Die Rollen sind gut verteilt: die Fröhliche, die Traurige, die Lebende, die Sterbende; die Durchgedrehte, die Weise. Die Jungfrauen des Evangeliums.

Das wirkliche Ende betrifft nur Mimi. Als sie stirbt, beklagt sie sich nicht. Sie kennt nicht einmal die ganz kleine Revolte Violettas, die sich heftig beklagt, so jung, so jung zu sterben... Nein. Alles, was sie singt, ist so sanft wie eine Liebkosung. Die Männer um sie herum tun das, was man das Nötigste nennt. Sie verkaufen Dinge, sie holen ein Herzmittel, keiner macht sich was vor, aber man muß doch wenigstens so tun, sich kümmern... Inszenieren. Mimi droht zu ersticken, als die verführerische musikalische Figur wiederkehrt, die Rodolfo vorhin gesungen hat, um sie im Dunkeln zurückzuhalten. Sie hustet, sie geht, ist schon nicht mehr da. Aber die alte Leier des Lebens geht weiter; Puccini versäumt nie zu unterstreichen, wie alltäglich der Tod ist. Es ist ein Tag wie jeder andere, wenn einer stirbt.

Dies ist die letzte musikalische Schleife, ganz eingehüllt, in sich selbst gekehrt; schon erreichen die Noten nicht mehr die Höhe der Tonleiter, schon singt die Stimme nur noch eine einzige, ins Unendliche wiederholte, Note ... Einzig harte Akkorde läuten die Totenglocke für Mimi. Rodolfo glaubt, sie ist eingeschlafen: »E tranquilla.« Und ganz ruhig, denn sie schläft, zieht er die Vorhänge zu. Er sieht nichts, erst nach einigen Sekunden, als die anderen den Blick auf ihn richten. Jetzt, erst jetzt, nachdem er den Tod derjenigen hat eintreten lassen, die ihm so zärtlich von der Liebe sang, kann er seinen großen Männerschmerz hinausplärren. Wie das gut tut, über dem lebenden Körper der toten Sängerin mürbe zu werden, wie man lebt ... Der Muff von Musetta, nutzlos für die eisigen Hände der kleinen Toten, das ist die ganze *Bohème* und das sinnlose Vertrauen. *La Bohème* und das verlorene Leben; *La Bohème,* das ist der Wein, den man trinkt, der Ofen, den man heizt, der Schal, der zu Boden fällt, der Teller, der zerbricht, und Musettas nackter Fuß; *La Bohème*, das ist der Schnee, der weh tut, der Husten, der nicht aufhört, verrückte Kräche, und Mimis rosa Häubchen. *La Bohéme*, oder die Kälte des Winters und Weihnachten.

Der Gesang der Wahnsinnigen

Wenn der Faden sich spannt, wenn er sich an der Angst entlang dehnt und reißt, die Spannung losläßt und den Affekt befreit, fliegt das junge Mädchen so weit weg, so weit, daß sie darüber den Verstand verliert. Verlorene Wahnsinnige, rasende Wahnsinnige, und der ausgelieferte Körper singt vor einem gelähmten Publikum Worte, die nur für sie alleine einen Sinn geben. Das nennt man : Delirium. Das könnte heißen: »Entsang«. Denn es ist eine Entzauberung, ein »Entsingen«, über das die in die Söhne der anderen verliebten Wahnsinnigen ihren Verstand verlieren.[1] »Jedes junge Mädchen ist gegenüber dem Labyrinth ihres Herzens eine Ariadne, die den Faden hält, mit dessen Hilfe man sich zurechtfindet, aber sie selbst kann sich dessen nicht bedienen.« Ja.

Ja, Kierkegaard borgt diese Worte seinem dunklen und falschen Verführer.

1 Die Nominative lauten im französischen Original: »délire«, »déchant«, »désenchantement«, »déchantement« und sind als Wortspiel im Deutschen nur annähernd wiederzugeben. (Anm. d. Üb.)

Der Verführer hält die Spindel, führt das junge Mädchen, erleuchtet einen Raum nach dem anderen und läßt den Faden los: zurück bleibt ein Wirrwarr, und die verlorene Orientierung. So verlieren Elvira in den *Puritani,* Lucia in *Lucia di Lammermoor* das, was man den »Verstand« nennt. Wenn nun aber ihre Tonleitern vor lauter trunkener Sangesfreude Luftsprünge machen, bleiben doch die Worte und der Sinn, den sie nicht verloren haben. Einzig die Erinnerung verliert sich, die in einer Familie zu gegenwärtig ist, die diese nicht mehr sehen will und kann, und die durch die Mädchen fortbesteht. Sie können sich nicht mehr der Wirklichkeit bedienen, aber der Faden ist da, sie halten ihn fest, schleudern ihn in die Luft, wie Cordelia, die fiktive Braut des kierkegaardschen Verführers, ihre beiden Verlobungsringe in die Luft wirft und schreit: »Es lebe die Liebe!« Verzweiflung? Nein, eine wahnsinnige Bestätigung: »Es lebe die Liebe« schreien verzweifelt die Wahnsinnigen der Oper, die erdrückten jungen Mädchen. Ganz schön schwaches Hirnmaterial, wird die Welt dazu sagen. Aber nein: ganz widerstandsfähige Köpfe, entschlossen, ihre Sehnsüchte zu behaupten, selbst wenn sich ihnen alles entgegenstellt. Die Wahnsinnigen, die singen, sind dickköpfig und kräftig in ihrem Gesang; und ihre verschlungenen Stimmen stürmen die Vernunft und steigen viel höher als die Weisheit, viel höher als die Wirklichkeit.

Du mußt wissen: Lucia di Lammermoor *ist eine schottische Julia. An ihr wird der banale Konflikt zweier Familien ausgetragen. Lucia-Julia liebt Romeo-Edgar, ein böser Bruder vertauscht einen Ring mit einem anderen, Verrat allerorten. Lucia wird gegen ihren Willen mit einem verheiratet, den sie nicht liebt. Bruch, der Faden ist gerissen. Lucia ersticht am Abend ihrer Hochzeit ihren frisch gebackenen Ehemann. Und schreitet die große Treppe hinunter, ihr Hochzeitsnachthemd ist über und über mit Blut befleckt. Hier ist diese verzweifelte Verrückte, die gerade einen Mann getötet hat. Der verlorene Verlobte, den sie für einen Verräter hielt, der sie für eine Verräterin hielt, ist nicht weit; aber für sie steht er da, vor ihr. Die weise Vernunft der wahnsinnigen Jungfrau halluziniert die Begierde: endlich ist Edgar bei ihr. Sie ist im Nachthemd, es ist der Abend ihrer Hochzeit; vergessen sind der erstochene Ehemann und die Blutflecken. Sie stirbt. Später auch Edgar, aber das ist nicht so wichtig.*[1]

Das eigentliche Drama beginnt während eines strahlenden Fests, mit munteren Tänzen, mit einer Unmenge von Gästen. Da wird in Kadenzen getänzelt, man bewegt sich im einem etwas schwerfälligen Rhythmus. Gekünstelte

1 Oper von Donizetti und Cammarano, nach Walter Scott.

Fröhlichkeit einer adeligen Hochzeit. Ein Bass kündet plötzlich die Stille eines geflüsterten Schreckens an; Lucia hat ihren Gatten getötet, da oben, während des Fests. Eine unbewußte Tat. Keiner spricht von Mord. Der Wahnsinn ist gegenwärtig und läßt die Welt in einem faszinierten Blick erstarren. (Im Amphitheater von Professor Charcot recken sich die Hälse, quellen die Augäpfel aus ihren Höhlen, um den Meister besser zu sehen und die ausgestreckte, ausgelieferte Frau; um ihre vom Wahnsinn entblösten Brüste zu sehen, ihre aufgelösten Haare, die schlaff herunterfallenden Arme, den abwesenden, geschlossenen, schlafenden Blick. Die Hysterikerin läßt jeden ihren Körper sehen, sie ist woanders, im unendlichen Raum ihrer geträumten Zurschaustellung. Sie träumt. Und Charcot spricht von ihr.) Der Bote erzählt, als hätte er es selbst gesehen; sein Mitleid gibt der Wahnsinnsgeste den dekorativen Rahmen, und keiner bewegt sich mehr. Die Treppe ist leer? Was passiert denn da oben? Ein Toter, ein legaler Vergewaltiger wurde ermordet, Ströme von Blut; die Hand hat nicht gezittert, die Geste war sicher. Immer noch Stille.

Sie ist es. Sie schreitet herab; ein wichtiger Weg. Wie eine Braut auf den Stufen der Kirche, wie Cécile Sorel auf der großen Treppe der Operettenrevue, wie eine Königin schreitet sie zu Untertanen herab, die sie nicht sieht. Sie geht ganz weich, wie in Trance, sie schwankt Stufe für Stufe hinunter, Note für Note. Eine Flöte lenkt zärtlich ihre Schritte, begleitet ihre Melodie, wacht über sie. *Adagio*. Lucia geht zum erwarteten Treffen. So lange hat sie auf diese Minute gewartet. Alles ist so, wie sie es wollte, glücklich, versöhnt. Er kommt zurück, wie das Zeichen ihres Glücks, der Liebesgesang, den sie am Rande eines Brunnens ausgetauscht hatten. Bruch: es stimmt nicht mehr. Lucia schwankt. Einen kleinen Moment lang hat sie beinahe den Ariadnefaden verloren. Aber er ist nicht gerissen, die Stimme sucht ihn, ganz oben und findet ihn endlich, den Faden, der ihre Träume leitet. Ihre Träume sind wahrhaftig. Wenn sie um sich schauen würde, wenn sie diese Menge sehen würde, die sie anstarrt, wenn sie das Bewußtsein wiedererlangen würde, wäre alles verloren.

So fliegt Lucia in einem wundersamen Aufschwung zu Edgar, empfängt ihn, spricht zu ihm, liebt ihn, drückt in ihren leeren Armen einen abwesenden, eingebildeten Geliebten. Die Leidenschaft verstärkt sich, die verliebte Stimme singt mit mehr Festigkeit. Das großartige Duett, dem der Partner fehlt; das Phantomduett. Es ist ein langsamer und süßer, glücklicher und zärtlicher Walzer. Lucia tanzt mit ihrer entleerten Liebe Walzer. »Alfin son tua«, sagt sie zu ihm. Endlich, endlich bin ich Dein, und Du bist mein ... »Alfin sei mio« ... Endlich bist Du mein ... So lange mußten sie warten! Aber Schluß jetzt mit den Tränen und dem Jammer und der verlorenen Liebe.

Alles ist gut. Um sie herum, die so mächtig die Begierde nach jenem Mann auslebt, den ihr Gesang anwesend macht, um sie herum beendet ein entsetztes Gemurmel die Wirklichkeit ihres Traums. Lucia, die verliebte Wahnsinnige setzt ihren Walzer fort, gefolgt von der sie umschlingenden, umfangenden Flöte; die Gespensterflöte ersetzt den abwesenden Edgar. Lucias Stimme dialogisiert mit der Flöte, Antworten, Echos, Lucia ist nicht mehr alleine, sie wird nie wieder alleine sein. Die Stimme erhebt sich, verliert die Worte, singt ganz hell, ruht schließlich aus; sie hebt wieder an, in einer heiteren, fast kindlichen Bewegung. Lucia tanzt mit ihrer Begierde: hör Dir an, wie fröhlich, leicht und beruhigt das ist. Wer spricht denn von Unglück? Die Stimme der Wahnsinnigen singt vom vollkommenen Glück und gelangt zur philosophischen Wahrheit Rousseaus: »Mein vollkommenstes Glück war im Traum.«

Gedankenverloren, verträumt, blutüberströmt, findet die Mörderin die Kindheit des Gesangs und seine begehrenswerte Freiheit wieder. Kein Geräusch um sie herum könnte sie noch erreichen; jedesmal, wenn der Chor der immer noch unbeweglichen Zuschauer dazwischensingt, setzt sie höher wieder ein, jedesmal höher, leichter, und weist alle in die Dunkelheit der unglücklichen Welt zurück, jene, die auf ewig von ihr getrennt sind und die die vollkommene Totalität ihrer Freude nicht verstehen. Als sie sich noch weiter emporhebt, fällt der Vorhang über dem befreiten Jubel Lucias.

Kommentar von Monsieur Jean Chantavoine: »Diese "Wahnsinnsarie" der Lucia besteht hauptsächlich aus einem Adagio von großem melodischen Zauber und einer weniger geglückten Art Walzer, dessen Absurdität sich aber mit den Irrungen einer Schwachsinnigen rechtfertigen läßt, die selbst im Entsetzen noch einen Gegenstand der Freude sieht.« Es lebe M. Chantavoine, nomen est omen ...[1] Es ist »eine Art Walzer«, in der Tat; sie ist »schwachsinnig«, aber sicher, M. Chantavoine, eine junge Wahnsinnige, aber sie ist glücklich. Und sie täuscht sich nicht. Bei der Premiere von *Hernani* schrien die jungen ›Löwen‹, die Victor Hugo[2] unterstützten, den klassischen, im Licht glänzenden, kahlen Schädeln zu:

»Auf die Guillotine mit den ›Knien!‹« M. Chantavoine, Autor des *Petit Guide de l'auditeur de musique, cent opéras célèbres,* erschienen in der Sammlung »le Bon Plaisir«, Buchhandlung Plon, 1948, ist ein ›Knie‹. Und die Knie, gemacht, um sich vor der Wirklichkeit zu beugen, wissen nichts von den Wahnsinnsressourcen junger Mädchen und ihrer fröhlichen Musik.

Im letzten Akt bleibt von Lucia nichts, außer ihrem Grab.

1 Chantavoine bedeutet übersetzt ungefähr »Hafersänger«. (Anm. d. Üb.)

2 Théophile Gautier macht daraus eins der Bravourstücke der *Histoire du romantisme*.

Elvira und Amina

Der ganze Bellini erregt sich über zerbrochene Verbindungen. Wenn es zerbrechlich wird, wenn es zum Springen zu weit ist und sich unter dem Schritt des jungen Mädchens der Abgrund des Bruchs auftut, dann wird im langsamen Rhythmus gesungen, denn ertönt die wahnsinnige Klage der verstörten Bräute. Die Geigen und breiten Takte eines Herzens, das in einem ganz ruhigen Traum verlangsamt schlägt, in dem sich der Schmerz ohne Emphase artikuliert, gehen im Paßschritt. Der Rauch einer Zigarette beschreibt im erleuchteten Raum einen Weg, der sich verliert; so langsam schlägt Dein Herz, wenn Du schläfst, es ist das schlafende Herz der träumenden Schlafwandlerinnen, die mit einem bewundernswerten Schritt die wurmstichige schmale Brücke hinter sich lassen und mit dem Gesang der Unschuld über die Prüfungen triumphieren.

Du mußt wissen: *Elvira, Tochter eines Puritaners, soll sich mit Sir Richard Forth verheiraten, sie aber liebt Lord Talbot, der den Stuarts angehört. Im England des XVII. Jahrhunderts bekriegen sich die Puritaner, Anhänger Cromwells und die Ritter, Anhänger der Monarchie. Trotz dieser Unstimmigkeit, gibt Elviras Vater das Einverständnis zur Heirat. Aber Talbot, der Monarchist, verhilft aus politischer Überzeugung der Königin Henriette von Frankreich, Gemahlin Stuarts, zur Flucht, indem er Elviras Hochzeitsschleier benützt. Sie glaubt sich verlassen und wird wahnsinnig. Lediglich Cromwells Sieg und die Amnestie aller politischen Gefangenen rettet Talbot vor dem Tod nach seiner Festnahme. Elvira kommt wieder zur Besinnung und wird ihren Talbot wie vorgesehen heiraten.*[1]
Nachdem Elvira wahnsinnig geworden ist, weil sie ihren Verlobten verloren hat, schreitet sie im nächtlichen Prachtgewand einer racineschen Schönheit, die von einem unbekannten Tyrannen im Schlaf geraubt wurde, auf die Töne eines großen langsames Marsches einher. Ihre Klage zerreißt das Herz; ihre wirren Bilder fesseln den Blick; und ihr zögernder, riskanter Schritt pocht in meinem Busen, als ob ich, von einem tödlichen Schwindel ergriffen, fallen müßte. Ihre Worte und die Gesichter, die sie nicht wiedererkennt, schwanken. »O rendetemi la speme, o lasciatemi morir.« Dies sind ihre ersten Worte. Gebt mir meine Hoffnung wieder oder laßt mich sterben. Dieses »laßt mich sterben«. Lasciatemi morir... Dies war der ursprüngliche Gesang der verlassenen Nymphe, der Monteverdi eine kaum wahrnehmbare Melodie verliehen hat, begleitet von abfallenden Tonleitern, die sich auf einen immer düsterer

1 Oper von Bellini und Pepoli nach Walter Scott.

werdenden Wirbel zubewegen. Und wie in *Lucia di Lammermoor*, wie bei Donizetti, bricht Bellini plötzlich die Langsamkeit des Deliriums, um die Frau in eine maßlose Freude verstörter, unangebrachter, schwindelnder Noten hineinzuziehen. Die kleinen schmetternden Trompeten blasen zur freudigen Last der Phantasmen; Elvira gleitet, wie Lucia, mühelos in die magische Ordnung ihrer Begierden hinüber. Und was finden denn die Wahnsinnigen in ihrem Delirium? Die Heirat, die ihnen entgeht. Amina, eine junge Bäuerin in einer naiven Schweiz, der Rousseau nicht widersprochen hätte: das ist *La Sonnambula* von Bellini.

Du mußt wissen: *Amina soll Elvino heiraten, alles steht bestens in der besten aller Welten; aber Lisa, die Wirtin des Dorfgasthauses, ist in Elvino sehr verliebt. Nun kommt gerade der Schloßherr in seine Heimat zurück; und mitten in der Nacht betritt Amina sein Schlafzimmer, wo man sie schlafend entdeckt. Sie wandelt im Schlaf, aber nur der Schloßherr kennt die seltsame Krankheit. Elvino glaubt nicht an ihre Unschuld. Mit einem Mal zieht er ihr Lisa vor. Der Schloßherr versucht, allen die Krankheit zu erklären, von der Amina befallen ist; keiner glaubt ihm. In dem Augenblick erscheint das junge Mädchen in voller Krise; sie überquert schlafend eine kleine Brücke, die hinter ihr zusammenbricht. Elvino zieht ihr den Ring über, den er wiedergeholt hat, und sie erwacht als Ehefrau.*[1]

Sie erscheint schlafend im Zimmer eines Mannes, der nicht ihr Bräutigam ist, von ihm träumt sie in den Armen eines anderen. Der Preis wird hoch sein; sie wird ihr Leben aufs Spiel setzen müssen. In dem Augenblick, als der düpierte Bräutigam, der sich verraten glaubte, daran geht, eine andere zu heiraten, verläßt das junge Mädchen mitten in der Krise das Haus durch ein Fenster, welches auf eine Mühle hinausgeht. Unter ihren Füßen der reißende Fluß und das riesige Rad, das unaufhörlich den Weizen mahlt.

Und Amina geht schlafend weiter; Amina fällt um ein Haar hinunter, ein verrottetes Brett gibt nach. Einzig der Schlaf beschützt sie. Als dösende Prophetin sagt sie dem Mann, den sie liebt und den sie im Schlaf verloren hat, schlafend die Wahrheit. Urbild: das brodelnde Wasser, Lebenskraft, ursprünglich, gefährlich, das absolute Risiko der Leere und des Todes; das Unbewußte und der magische Schlaf einer bedrohten Jungfrau. Und wie vorhin, rund um den blutenden Wahnsinn Lucias, sind die Anderen, überall, immer die Anderen, die zuschauen. Sie sprechen mit ihnen, ohne sie zu erkennen; sie singen blind, der Begierde entrissene Reden werden den Helfern des Bruchs ins ent-

1 Oper von Bellini und Felice Romani.

stellte Gesicht geworfen. Das Herz nährt stets mit derselben unveräußerlichen Bewegung den rhythmisierten Körper des jungen Mädchens.
Werden sie sich später daran erinnern? Werden sie sich an diese angenehmen Momente erinnern, in denen sie mehr denn je sie selbst waren, außerhalb von Zwängen, außerhalb eines Systems, in denen sie in den höchsten Lagen ihrer süßen Stimmen von ihrer mystischen Hochzeit träumten? Das Wasser dröhnt unter den Füßen der Schlafwandlerin, und sie singt; die Leute sind mit Elvira zu Gange, und sie singt. Wunderbarer, einzigartiger Ausweg aus den menschlichen Machenschaften: mit der Vorausahnenden zusammentreffen, mit der Sibylle auf dem Dreifuß, allen die weibliche Umkehrung zeigen, ihren Sieg, ihren Ausbruch und dann fortfliegen, so wie die Hexe von Michelet auf einem schwarzen Bock in die höchsten Lüfte entflieht, während der Herr und seine Schergen sie mit Piken und Haken jagen.
Fliehen, verrückte Dinge machen, vor den Augen aller trödeln, in den Ländern, wo nichts anzutreffen ist; und die Musik mäßigt sich, als ob sie durch eine zu schnelle, zu laute Begleitung das Gleichgewicht der Schlafwandlerin, die wahnhafte Rede stören könnte. Die Zeit gibt es nicht mehr, die Zeit der Verwicklungen. Dies ist die ewige Dauer des Triebs, der Körper schaudert nicht mehr, der sichere Schritt auf den wurmstichigen Brettern, die sichere Verankerung der Stimmen auf der Leiter unmenschlicher Koloraturen. Sie werden gewinnen. Da sie alles in die Wagschale werfen, können sie beim Erwachen der gerührten Teilnahme der Männer sicher sein, die sie verlassen haben. Aber es bedurfte der Prüfung; die Brücke überqueren, den Geistern entgegentreten, allen einen ekstatischen Körper und eine verstörte Stimme zeigen. Um diesen Preis, und nur um diesen Preis, läßt die Oper ihre Beute los. Und auch hier hat Bellini nur Zärtlichkeit für die Frauen, die er belebt; und seine Musik umfängt sie mit wacher Aufmerksamkeit und webt Biorhythmen um sie herum, an denen sich der Körper orientiert.

Die Heliotrope

»Die Ehe ist und bleibt doch eine ehrwürdige Institution, ob sie gleich das Langweilige an sich hat, daß sie sofort in ihrer Jugend einen Teil der Würde und Ehre genießt, die das Alter gewährt. Eine Verlobung hingegen ist eine echte menschliche Erfindung und folglich so bedeutend und lächerlich, daß es einerseits ganz in Ordnung ist, wenn ein junges Mädchen im Wirbelsturm der Leidenschaft sich darüber hinwegsetzt, und andererseits doch die Bedeutung, die das hat, empfindet, ihrer Seele Energie als einen höheren Blutkreislauf allenthalben in sich gegenwärtig fühlt ...« schreibt Sören Kierkegaard.

Ich halte den aufgespulten Faden, der mich einwickelt, fest, diesen Faden, der so fest gewunden ist, daß er sich unter meinen Fingern kaum löst. Den Faden der ehelichen Verbindung, die Bedeutung der Verwandtschaft: in einem nicht enden wollenden Aufmarsch stellt mir so die Opernbühne Paare vor, vereinte, schlecht vereinte, unvereinte, die sich zu Marionetten wandeln unter der stummen Autorität des Zuschauerraums, der am Spektakel der Ehen teilnimmt, die sich auflösen, neu bilden, sich vollenden, anulliert werden. Ein Mann nimmt sich eine Frau, er ist mit ihr verlobt; ein Mann bricht das Versprechen, weil er einen politischen Auftrag hat, oder weil eine andere vor ihm erscheint. Da haben wir die verlassene Braut, die gekreuzigte Prostituierte, die isolierte Prinzessin. Ein Mann bricht die soziale Spindel, und der Faden erhebt sich, leicht wie der Faden der Jungfrau und bleibt in den höchsten Zweigen der Bäume hängen. Die Frau wird wahnsinnig vor lauter Hingabe und ist endlich frei in der Gegenwart ihrer Stimme. Aber es hätte genügt, daß der Faden sich in die Seide der Spinne verwandelt, zurückkehrt zu seinem pflanzlichen Leben, es hätte genügt, daß das junge Mädchen zum Vogel geworden wäre, daß die Spindel ihr verlorenes Ende wiederfindet und das Gesetz wieder aufgewickelt würde. Sie werden zweimal verheiratet: in ihrem wahnsinnigen Hochzeitstraum und in der wiedererlangten Wirklichkeit.

... »Worauf es nunmehr ankommt, ist, sie so zu lenken, daß sie bei ihrem kühnen Fluge die Ehe und überhaupt das feste Land der Wirklichkeit aus dem Gesicht verliert ... »

Allen werden sie, solange der Trieb andauert, zeigen, was die ursprüngliche Weiblichkeit und ihre meisterlichen Fähigkeiten sind. Mehr braucht es nicht: die ausgebreiteten Arme des Bräutigams sind am Ende der Brücke, um die Ungetreue, die in der Wirklichkeit Ungetreue zu empfangen.

Aber wenn das junge Mädchen gesprungen ist, die Brücke überquert hat, wenn die Verführung ihren mörderischen Prozess abgeschlossen hat, verliert der Verführer nach Kierkegaard das Interesse. »Sie ist defloriert, und wir leben nicht mehr in den Zeiten, in denen sich ein verlassenes Mädchen in ein Heliotrop verwandelte.« Heliotrop, die der Sonne zugewandte Blume, die in ihrer Metamorphose, den Abdruck des strahlenden Phallus bewahrt; Heliotrop, die Blume ohne Freiheit, unfähig, den Kopf aufrecht zu halten, fügsam dem Herr zugewandt, den Stunden gehorchend, die ihr der Stern des Tages diktiert. Heliotrop, eine Blume ohne Nacht, eine Blume ohne Wahnsinn, ohne Begierde, eine auf ewig unterjochte Blume. So sind die Wahnsinnigen nicht. So sind die Verführten. Die Wahnsinnigen hätten gewußt, während sie die Brücke überquert hätten, wie sie der Verführung entgehen und wie sie sie gegen den Verführer wenden. Dem Heliotrop entspricht das Bild der Blume, die nie welkt: die Immortelle.

Der Fall Don Juans

Nun zieht aufs neue der verfluchte Schatten vorüber, die Oper aller Opern, das großartige Alibi. Noch einmal ziehen die Mandoline, der Umhang und Manschetten vorüber, es zieht der Champagner vorüber, eine lebende Statue, es ziehen Legionen von Vorwürfen vorüber, es zieht der Geist Don Giovannis vorüber.

Ach. An diesem Punkt stockt meine Schreiblust. So oft angebetet, so oft beschrieben, so oft genannt, ist dieser Don Giovanni, Komma, von Mozart, Komma, Sie wissen schon, Komma, die-schönste-Oper-der-Welt auf der Männerskala. Mir kommen all die Worte wieder, von Profs und Schulmeistern, die dem *Don Giovanni* den Vortrefflichkeitsspreis der Opern verliehen. Sie ekeln mich damit an. Sie haben mir den Geschmack am »Laci darem la mano«, am »Laß uns die Hand reichen« verdorben, ich habe nicht einmal mehr Lust, es zu singen. Ach Männer, wie Ihr den Don Giovanni liebt. Nun gut, ich kann es nicht. Aber der Verführer aus Kierkegaards *Tagebuch* liefert mir einen ganz kleinen goldenen Schlüssel, der mir die Türe meiner Verweigerung öffnet. »Wenn ich ein Gott wäre«, sagt er, nachdem er Cordelia »defloriert« hat, »würde ich das tun, was Neptun für eine Nymphe getan hat, ich würde sie in *einen Mann* verwandeln.«[1]

Wer wird mir meinen Don Juan der Jugend wiedergeben, die frische Liebe, als blinden Gefangenen der Männerphantasien? Als junges Mädchen konnte ich nicht widerstehen. Mal Zerlina, mal Donna Anna, mal Elvira, gab ich nach und verteidigte mich mit »vorrei e non vorrei«, ich würde gerne und würde auch wieder nicht; ich suchte mit viel Aufwand Rache für eine Lappalie und phantasierte von der höchsten aller Kränkungen, der Vergewaltigung, stets am Horizont der Einbildung junger Mädchen; ich verzieh der Mystik und verfolgte den Geliebten eifrig mit wohltätigen Gleichnissen. Und Don Juan ging es seinerseits nicht schlecht, danke der Nachfrage.

Ich erinnere mich, es war irgendwann in der Oper. Die Bühne war riesig und rot; die Personen dieser erhabenen Farce schienen winzig, vom Raum erschlagen. Während einer ausholenden Bewegung seines Umhangs verfing sich Don Juan mit den Füßen in seiner Gitarre und fiel die riesige Treppe, auf der er das berühmte Ständchen gab, ärschlings mit einem enormen und grotesken Getöse herunter. Ohne Zweifel verstärkt meine Erinnerung den lächerlichen Lärm, ohne Zweifel hielt der Zuschauerraum, wie bei einem Artisten, der das Trapez verfehlt, den Atem an, bestrebt, den Unfall vergessen zu

1 Ich selbst habe hier unterstrichen. So liefert der Verführer also das Geheimnis seiner Verführung: die deflorierte Frau taugt nur noch als Mann. Wäre der Mann somit lediglich eine ehemalige Jungfrau?

machen, den Fleck zu löschen. Aber es ist dieses Bild von Don Juan, das ich im Ohr habe: der vom Gleichgewicht verratene Verführer, die Tolpatschigkeit des von Schwindel oder Schrecken ergriffenen Spielers, der Mythos, der sich einen Donnerschlag lang demontiert und seine Kehrseite zeigt. Don Juans Hintern, der die Treppe hinunterpurzelt; zerronnen die Champagnerverführungen und die prächtige Würde des revoltierenden Helden. Nein, Don Juan geistert nicht durch mein musikalisches Universum. Ach, Brunnen, ich will nicht schwören, daß ich nie mehr von Deinem Wasser trinken werde ... Aber vergessen wir ihn ein Buch lang. Andere haben bereits gesprochen, und werden, solange bis sich unsere Welt ändert, von dem großartigen Nimbus dieses Mannes sprechen, welcher Gott, dem Tod, den Frauen die Stirn bietet und zur Erleichterung des jubelnden gesellschaftlichen Korpus von der Hölle verschlungen wird. Das weiß ich alles; aber ich vergesse nicht die prägnante Wirkung des *Don Giovanni* auf Männer, ich vergesse nicht den Erotismus von Pierre Jean Jouve, den großen Henker der Heldinnen und großen Opernliebhaber. Nein, wie Carmen: non ...

... Ja, hör Dir einmal, ein einziges Mal den Taumel des Gelingens und das leichte Schwindelgefühl des Siegs und der Stärke an. Weil sie im amerikanischen Westen und bei den brennenden Kerzenstummeln der Pioniere spielt, weil die Pistole dort bisweilen die Stimme überdeckt, und weil da ein richtiger Sheriff auftaucht, eignet sich diese Oper zum lachen. Der im italienischen so rührende Titel – *La Fanciulla del West*; mit diesem schönen beflügelten Wort erhält das junge Mädchen im Diminuitiv den familiären Bezug – wird in Frankreich immer noch ganz vulgär mit *La Fille du Far West* übersetzt. Und das reine junge Mädchen, die wachsame Minnie, nimmt Züge einer Nutte an.[1] Gewiß, sie ist die Wirtin eines Saloons im Wilden Westen. Ein verführerischer Bandenchef, ein lumpiger und verliebter Sheriff, eine mutige Pionierin ... Es könnte ein Opernwestern sein. [2]

Aber hör mit Deinem Herzen das Intimste an, jenseits der Leinwand auf der in Deinen Erinnerungen der stahlblaue Blick und das phallokratische Kinn der amerikanischen Helden vorbeiziehen. Sieh hin: sie spielt Karten um ihren Geliebten. Sie deckt ihr Spiel auf, beinahe schreiend. Sie packt ihren verletzten Geliebten um die Taille und mit einer erhabenen Handbewegung, während die Musik sich vor Schmerzen krümmt, schleppt sie ihn bis ins Versteck. Aber vor allem, oh, vor allem, als sie die Partie gewonnen hat – drei Asse und ein Paar –, gibt es endlich die Ausnahme, ohne Bruch, und das teuer erkämpfte Glück. Der Bandit und das junge Mädchen ziehen der aufgehenden

1 *la fille* bedeutet im französischen auch *Hure* oder *Dirne* (Anm. d. Üb.).

2 *La Fanciulla del West*, Oper von Puccini, Cibinnini und Zangarini, nach einem Drama von David Belasco.

Sonne entgegen, und die Luft hallt wider von den guten Wünschen, die sie begleiten.
Ist es, weil er dem Mythos der draufgängerischen Filme zu nahe ist, in denen Mütter und Huren die müden Helden geleiten? Ist es, weil man eine Frau bei der Eroberung ihrer Liebe sieht, eine Frau die gewinnt, ohne Niederlage, ohne Schmerz? Diese Oper wird kaum geliebt. Es brauchte den Sensibelsten von allen gegenüber der besiegten Frauenseele, damit dieses Meisterwerk gelingen würde; es brauchte denjenigen, der an den weiblichen Schmerz am meisten gewöhnt ist, um eine Heldin zu lieben, bis hin zu ihrer Umformung in eine zärtliche und siegreiche Kriegerin. Es brauchte, oh Umkehrung der Rollen, Giacomo Puccini und Mimis Revanche. Minnie, la fanciulla, ist die aufgehende Sonne, sie ist, im Gegensatz zu ihren nächtlichen Schwestern, der Tag, der nicht über einer Geste der Trauer endet. Die Liebhaber der Oper lieben diese Antiheldin nicht. Sie ist für morgen gemacht. Morgen wird sie im glänzenden Licht ihres Siegs aufbrechen.

... Nochmal eine Hochzeit. Zwei ganz junge Paare, sie saugen das Glück ein. Es ist der Augenblick eines Trinkspruchs. Ein jeder, eine jede hebt das Glas auf die Gesundheit der Geliebten, des Geliebten. Nichts existiert mehr um sie herum, und die transparente Musik umgibt sie mit Licht. Die Sonne Italiens überschüttet sie mit ihrem ganzen Glanz; die beiden jungen Mädchen tragen die Namen von einem Vogel und einer Blume, sie heißen Dorabella, Fiordiligi. Die beiden Bräutigame kommen von anderswo; es sind Türken, gibt es etwas Verführerischeres? Ihre Schnurrbärte, ihre prächtigen bestickten Gewänder, ihre Turbane machen sie seltsam, zu betörenden Herzensbrechern. [1]
Täuschung. Schwindel. Trug. Die beiden Verlobten machen sich dünne und kommen in ihrer »normalen« Kleidung wieder; um die Liebe ihrer Zukünftigen zu prüfen, hatten sie sich verkleidet, die Rollen getauscht, jeder machte der Verlobten des anderen den Hof... Sie hatten ihrem Begehren nachgegeben. »Du drehst den Kopf, eine neue Liebe ...« Und das wundersame Glück, der Augenblick des vollkommenen Trinkspruchs, war eine falsche Hochzeit, mit einem falschen Notar, einem falschen Kontrakt, falschen Verlobten ... Alles war falsch. Außer dem vorübergehenden Glück. Außer dem wirklichen und flüchtigen Verlangen zwischen zwei Paaren, die brav wieder in ihren ersten Zustand zurückkehren. Ein jeder findet seine jede des Anfangs wieder, aber keiner wird das Einverständnis vergessen können, und die schwebende, blühende Musik ...
Es wird eine wirkliche Heirat geben. Aber die Eheleute werden nicht diesel-

1 *Così fan tutte,* Oper von Mozart und Da Ponte.

Ruggero Leoncavallo, »Der Bajazzo« – Julia Conwell als Nedda, Carlo Cossutta als Canio (Staatsoper Stuttgart 1982, Inszenierung: Giancarlo del Monaco). Foto: Hannes Kilian, Wäschenbeuren.

Giacomo Puccini, »Tosca« – Leonie Rysanek als Floria Tosca (Wiener Staatsoper 1965). Foto: Fayer, Wien.

Giacomo Puccini, »Tosca« – Hildegard Behrens als Floria Tosca, Sherrill Milnes als Baron Scarpia (Wiener Staatsoper 1991, Inszenierung: Margaritha Wallmann). Foto: Fayer, Wien.

Giacomo Puccini, »Turandot« – Ghena Dimitrova als Turandot, Lando Bartolini als Kalaf (München, Bayerische Staatsoper 1987, Inszenierung: Jean-Pierre Ponelle). Foto: Sabine Toepffer, München

Giacomo Puccini, »Tosca« – Maria Callas als Floria Tosca, Renato Cioni als Mario Cavardossi (Paris, Opéra 1965). Foto: Keystone.

Georges Bizet, »Carmen« – Martha Senn als Carmen, Neil Shicoff als Don José (Staatsoper Stuttgart, Inszenierung: Carlos und Antonio Saura). Foto: Hannes Kilian, Wäschenbeuren.

Georges Bizet, »Carmen« – Victoria Vergara als Carmen, Plácido Domingo als Don José (Sevilla 1981/82, Inszenierung: Jean- Pierre Ponelle). Foto: Eduard Straub, Düsseldorf.

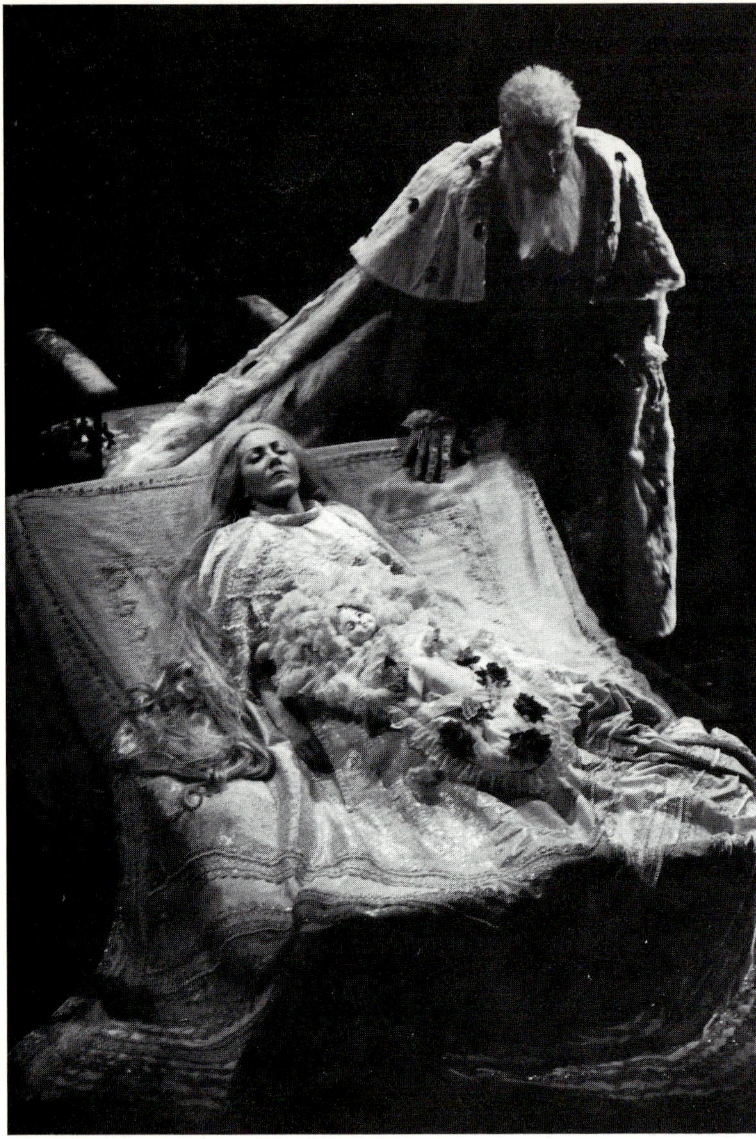

Claude Debussy, »Pelléas et Mélisande« – Karan Armstrong als Mélisande, Roland Bracht als König Arkel (Staatsoper Stuttgart 1979, Inszenierung: Götz Friedrich). Foto: Gert Weigelt, Köln.

ben sein, die Hand der Einen wird nicht diejenige halten, die sie vorher hielt, die Hand der Anderen wird vergebens die geliebte Hand suchen, die ganz nahe bei ihr gefangen ist. Ein Spiel mit den Händen, ein gemeines Spiel... Der Titel dieser Oper ist allen Frauen gewidmet: so machen es alle, sagen sie.

FURIEN, GÖTTER ODER DER ABNEHMENDE MOND

Wo man eine Kannibalenprinzessin sieht, die der allmächtigen männlichen Sonne nachgibt; wo eine gallische Priesterin Rom widersteht; wo eine dreißigjährige Frau an einem Tag alt wird; wo eine Hexe nicht auf Fragen antwortet, die man ihr stellt.

Das Kannibalenhaupt und die Regel der Frauen

Nacht. Chinesisch, fern, bläulich. Es ist die Nacht, in der die Verurteilten hingerichtet werden; der mythische Henker hebt das glänzende Fallbeil, die Dunkelheit ist von Fackeln und Lichtschein erfüllt. Die Menge, je nachdem von Freude oder Entsetzen angezogen, betrachtet hingerissen das grausame Schauspiel und entfernt sich sogleich. Es ist dunkle Nacht, in der gleichzeitig mit der Stille die Göttin Luna erscheint.

Die Kaschinawa-Indianer vom langen Amazonas, voll von bemalten Menschen und nackten Flüssen, erzählen vom Ursprung des Mondes Luna. »Früher gab es weder Mond noch Sterne, noch Regenbogen, und die Nacht war von völliger Dunkelheit. Diese Situation hat sich wegen eines jungen Mädchens geändert, das nicht heiraten wollte. Sie hieß »Luna«. Außer sich über ihre Weigerung, jagte sie die Mutter davon. Das Fräulein irrte lange Zeit weinend umher, und als sie heimkehren wollte, weigerte sich die Alte zu öffnen: »Du kannst ja draußen schlafen,« schrie sie. »Das wird Dich lehren, was es heißt, wenn man nicht heiraten will!« Verzweifelt rannte das junge Mädchen in alle Richtungen, klopfte an die Tür und schluchzte. Die Mutter war über dieses Theater so zornig, daß sie, mit einem Buschmesser bewaffnet, die Tür öffnete und ihrer Tochter den Kopf abschnitt, der zu Boden rollte. Dann warf sie den Körper in den Fluß.

»In der Nacht rollte der Kopf um die Hütte und stöhnte. Nachdem er sich über seine Zukunft befragt hatte, beschloß er; Mond zu werden. »So wird man mich nur von Ferne sehen«, dachte sie. Sie versprach ihrer Mutter, keinen Groll gegen sie zu hegen, wenn sie ihr ihre Garnknäuel geben würde, mit deren Hilfe sie, da sie ein Ende zwischen den Zähnen hielt, sich vom Aasgeier bis zum Himmel bringen ließ. Die Augen der geköpften Frau wurden zu Sternen und ihr Blut zum Regenbogen. Seither bluten alle Frauen einmal im Monat, dann gerinnt das Blut und schwarze Kinder werden geboren. Aber wenn Sperma gerinnt, kommen die Kinder weiß zur Welt.«[1]

Turandot, die letzte Oper von Giacomo Puccini, erzählt das letzte Abenteuer der freien Luna. Es wirken mit, im mysteriösen Raum, der das Unbewußte quer durch die Völker dieser Erde durchläuft, ein junges Mädchen, das sich weigert zu heiraten, eine grausame Mutter, die Regel der Frau, ihr Blut und der abgeschnittene Kopf. Woanders, gleichwohl im Amazonasgebiet, verfolgen andere Stämme die Geschichte des jungen Mädchens. Der stöhnende Kopf rollt von Tür zu Tür, verfolgt Männer, springt ihnen auf die Schultern und beißt sich fest, einem schlingenden Kannibalen gleich. Woanders, im Griechenland der Ursprünge, wirft die Jägerin Diana, die verehrte Artemis, ihren Jagdhunden den frevlerischen Akteon, der schuldig wurde, sie während des Bads nackt gesehen zu haben, zum Fraß vor. In einen Hirsch verwandelt, fällt der töricht gewordene Mann der tierischen Begierde zum Opfer und stirbt daran. Woanders, im modernen Amerika unserer elektrischen Träume, hat eine Frau vor kurzem eine Abhandlung über die Empfängnisverhütung geschrieben, in der sie den Einfluß des Mondes auf den Menstruationszyklus miteinbezog: wenn die Nacht hereinbricht, in der völligen Dunkelheit, dem geheimen Rhythmus folgen, der mit der silbernen Sichel, mit der leuchtenden und schrecklichen Gottheit, die die Nacht beherrscht, verbunden ist.

Du mußt wissen: *Turandot, eine mandschurische Prinzessin, hat geschworen nur einen Ehemann zu nehmen, der drei Rätsel lösen kann, die sie allein stellen darf. Der alte chinesische Kaiser hat das Gesetz des jungen Mädchens akzeptiert. Als die Oper beginnt, wird der Prinz von Persien hingerichtet, der die Lösungen nicht gefunden hat. In der Menge verbirgt sich Prinz Kalaf, ein Mongole, dessen Armee gerade vom chinesischen Heer geschlagen wurde. Unerkannt findet er seinen alten blinden Vater Timur wieder, der von der jungen treuen Sklavin Liù geführt wird, die seit jeher Kalaf liebt. Kalaf, wie auch die chinesische Menge, verflucht Turandot. Aber kaum erscheint sie am Fenster, verliebt er sich in sie, und trotz Liùs und Timurs Flehen schlägt er auf den Gong, der den Antritt eines neuen Freiers anzeigt, die Verkündigung einer neuen Prüfung. Die Prüfungen finden in Anwesenheit des gesamten Hofs und einer angsterfüllten Menge statt. Aber Kalaf löst die drei Rätsel, nachdem Turandot erzählt hat, wie sie dazu dazu gekommen ist: eines Tages ist ihr im Traum eine einst von einem Mongolen vergewaltigte Ahnin erschienen; das mörderische Gesetz, das sie erstellt hat, ist die Rache des kleinen*

[1] Claude Lévi-Strauss, *Mythologiques,* II, *Du miel au cendres.*

Mädchens. Aber Turandot weigert sich, sich zu unterwerfen; der immer noch von allen unerkannte Prinz schlägt ihr einen Handel vor. Wenn sie seinen Namen herausbekommt, wird er auf sie verzichten. Die ganze Nacht ermittelt Turandot und bedroht all jene mit dem Tode, die nicht mit ihr suchen. Die Morgendämmerung bricht an, ohne daß es irgend jemand gelungen wäre, den unbekannten Namen zu erfahren. Die Minister haben Timur und Liù in ihrer Gewalt und wollen sie durch Folter zum Reden bringen. Um dem Alten die Leiden zu ersparen, opfert sich Liù und erklärt, sie allein sei die Hüterin des Geheimnisses. Aber da sie beginnt, der Folter nachzugeben, ersticht sie sich vor den Augen der erstaunten Turandot. Die verstörte Prinzessin gibt nun dem Ansturm des Prinzen nach, dessen Liebe und Hand sie annimmt. Der Tag bricht an . . .[1]

Wenn die Oper beginnt ist es düster. Die Nacht ist unruhig und flüsternd, erfüllt von Schreien, Menschen, Schaudern. Seitdem Turandot und mit ihr dieses mörderische Gesetz regiert, schläft das mythische Peking nicht mehr: die Hinrichtungen, Dramen, Verfolgungen, spielen sich fern des Tages ab. Wenn die Oper beginnt ist die Bühne voller Menschen; alle Personen sind bereits da, man spricht nur von *ihr.* Man sieht sie nicht. Aber ihre mächtige Gegenwart lastet schwer auf dem nächtlichen Peking. Man wird einen langen Augenblick volkstümlichen Ungestüms warten müssen, man wird das düstere Geleit abwarten müssen, das den jungen Prinz von Persien zur Richtstätte führt, bevor stumm die Prinzessin Turandot erscheint. Herrlich und schrecklich ist diese Frauengestalt ohne Gesang. Aber auch wenn sie schweigt, so bleibt sie doch nicht völlig unbeweglich. Eine einzige präzise Geste: das »Nein« einer Hand, die niederfährt und dem Prinzen die Gnade verweigert, ihm, der für sie sterben wird, ihren Namen, Turandot rufend . . . Turandots erste Äußerung ist Totenstille, die Stille der Regungen ohne Leben, das abgeschnürte Wort, das im Keim der Zärtlichkeit Schreie, Gefühlsregungen und Ängste erstickt. In einem florentinischen Kloster bedeutet ein von Fra Angelico gemalter Mönch, der den Zeigefinger an die Lippen legt, das Schweigegebot für jene, die für die Welt auf immer gestorben sind. So lebt Turandot, zurückgezogen, unnahbar, abwesend. Und so verführt und zieht sie diejenigen an, die an ihr den Duft einer tödlichen Bedrohung und die erhabene und gefährliche Schönheit lieben, diejenigen, die sich in das Ordal stürzen, wie man sich in ein tosendes Meer stürzt.

Sieh Dir nochmal ein Plakat an, es ist wieder von Ricordi, von 1926; das von Butterfly mit Schal und türkisfarbenem Hintergrund ist von 1904. Der Ge-

1 Oper von Puccini, Adami und Simoni, nach Carlo Gozzi.

schmack hat sich geändert. Auf die fließende Eleganz der Schals à la Isadora Duncan, auf die verstreuten Blumen folgt die stilisierte Zeichnung des »modern style«. Sieh Dir dieses riesige Gesicht an, das uns mit seinen auseinandergezogenen, schwarz umrahmten, knabenhaft geschminkten Augen anschaut. Eine exotisch geformte Frisur gibt ihr ein königliches Aussehen. Zwei Drachen überragen sie, aus deren zähnefletschenden Mäulern goldene Perlen quellen. Der geschlossene Mund sagt nichts; ihr Gesicht ist undurchdringlich. Und genau über der Stirn ist ein umgedrehtes rotes Herz, wie ein mystisches Zeichen, das der Maler des Plakats sicher nicht wagte, an die richtige Stelle zu setzen, aus Angst, es könnte mit dem Herz der Junfrau von den Sieben Schmerzen verwechselt werden. Das Symbol ist indes da; und Turandots Stirn ist das umgekehrte blutende Herz, das mit all seinem Glanz auf dem rätselhaften Blick lastet.

In diesem erträumten Universum, in das Gozzi als erster die Handlung von *Turandot* versetzte, kreuzen sich westliche Phantasmen von Lunas Tod, der gefährlichen Jungfrau, und italienische, die im Kielwasser der kleinen lächerlichen Welt der *commedia dell'arte* mitschwimmen. Hampelmänner und Seiltänzer sind die Begleiter der Prinzessin, und die orientalische Atmosphäre, in der sich Rudimente des griechischen Heidentums und seiner anfänglichen Mysterien verbergen, ist in Puccinis Oper spürbar. *Turandot* ist eine Karnevalsgeschichte, wie sie E.T.A. Hoffmann schreiben kann: in *Prinzessin Brambilla,* während des zügellosen Fests, das von den Räuschen der jungen Leute erzählt, erscheint dem jungen Helden der Geschichte die Prinzessin in dem Augenblick, in dem er zur Flasche greift. Und aus der Flasche, durch den engen Flaschenhals, kommt der Kopf der Prinzessin heraus. Lediglich ein Kopf, der durch eine Öffnung erscheint; so erscheint der mondartige Kopf Turandots, wie auch die geköpften, losgelösten Häupter der Freier.

Geköpfte Häupter, Symbole einer tödlichen Liebe, runde Köpfe, wie das nächtliche Gestirn, wenn es voll leuchtet. *Turandot* wechselt ständig zwischen dem Drama und der kleinsten Pantomime. Die mythischen Massaker, die schamanistischen Reisen treffen hier auf die Pirouetten von Arlecchino, Pantalone und Colombina, die in den drei grotesken Figuren der drei Minister der Prinzessin, Ping, Pang, Pong, vereint sind. Ihr albernes Gekicher, ihre Farcen und Foppereien, ihr karikaturistisches Aussehen, dicke Nasen aus Leder, Federn am Hut, verzerrter Körper, ihre hüpfenden Gebärden, bezeichnen die mediokre und rührende Menschheit gegenüber der furchterregenden Gestalt einer Jungfrau jenseits des Menschlichen, Sphinx mit goldenen Krallen, lebendes Ungeheuer, Luna schließlich, Kannibalenhaupt. An jenem Abend, als die Prinzessin stumm auf dem Balkon erscheint, scheint der Mond nicht am Himmel; wie im Mythos der Kaschinawa, ist die Finsternis beinahe vollkommen. Und die

Menge, die wegen des fehlenden Monds beunruhigt ist, fleht Luna, das abwesende Gestirn an. »Oh verstümmeltes Haupt«, singen sie, »ausgeblutet und unheilvoll, erschöpfte Geliebte der Toten, zeige Dich... Verstümmeltes Haupt, Kannibalenhaupt, Verschlingende mit Menschengesicht«, singen sie weiter. Am Ende der Anrufung erscheinen zur selben Zeit und gemeinsam die Prinzessin und Luna, gleichermaßen schweigsam, gleichermaßen kalt und glänzend. Die chinesische Menge, das riesige und einige Volk spricht die Wahrheit über die wegen all der Toten erschöpfte Geliebte.

Verstümmelte Häupter ohne Körper. Wenn Du gestattest, kehren wir zum Kaschinawa-Mythos zurück. Ein junges Mädchen weigert sich zu heiraten, und die Finsternis ist total. Der Mond muß erschaffen werden: es wird der Kopf des jungen Mädchens sein. Ein abgetrennter Kopf im Mythos der Kaschinawa; ein abgetrennter Kopf, nach so vielen anderen, in *Turandot*. Im Mythos der Kaschinawa wird der zum Mond verwandelte Kopf das Licht am Himmel bestimmen; es wird einen Tag geben, es wird eine Nacht geben, ein Tageslicht, ein nächtliches und weibliches Licht. Aber gleichzeitig werden die Frauen von dieser anfänglichen Revolte betroffen bleiben. Da das junge Mädchen nicht heiraten wollte, werden die Frauen als mythische Folge jeden Monat bluten müssen, werden das Zeichen der Fruchtbarkeit und der notwendigen Vereinigung tragen. Das wird sie Mores lehren. Man muß sie kurz halten, diese Frauen, die so nahe am Chaos sind und unfähig, sich dem langsamen und regelmäßigen Rhythmus, den sich die Männer wünschen, zu beugen.

Die Mädchen sind schlecht erzogen: entweder weigern sie sich zu warten, oder sie warten zu lange. Eine unter ihnen, das verrückte Honigmädchen, kann es nicht erwarten, den gefährlichen und berauschenden Honig zu essen, den man in den hohlen Stümpfen der Bäume findet; sie wird hart bestraft werden. Ach, sie schleckt vom Honig in den Wäldern, ohne zu warten, bis er gesammelt ist und in der Gruppe sorgfältig zubereitet wird, wobei der gefährliche Stoff zur festgelegten Zeit zu einem leicht berauschenden Getränk verdünnt wird. Nun denn, sie wird zum Gemahl einen fleischfressenden Jaguar bekommen, der sie verschlingt. Turandot, das andere schlecht erzogene Mädchen, wartet zu lange und weigert sich, zu heiraten. Nun denn, sie wird einen Tartaren zum Gemahl bekommen. Frauen sind eben nie zur rechten Zeit da. Turandot kehrt die Ordnung um, weigert sich, für einen Mann zu bluten, verweigert die Fruchtbarkeit, bleibt Jungfrau. Daher der Mond und seine gefährliche Gefolgschaft. Was die besorgte und murmelnde Menge in der Nacht von Peking sagt, impliziert den wilden und verliebten Kampf zwischen Männern und Frauen.

Der Kampf bis zum Tode, drei groteske und charmante Minister singen buchstäblich davon, mit Falsetstimme und Luftsprüngen. Drei Wahrheitsträger, durch ihren Status als Possenreißer geschützt. Bah, sagen sie, bah, was ist Turandot schon? »Ein Mädchen mit einer Krone auf dem Kopf und einem Mantel mit Fransen... Aber wenn Du sie ausziehst ist es Fleisch, rohes Fleisch, etwas, das man nicht ißt!« Turandot ist roh, das wilde und natürliche Mädchen, das sich weigert, »gekocht« zu werden: nun ja, die werden wohl abgekocht, diejenigen, die es zulassen, daß man sie auf dem heißen Feuer der Hochzeit und der Liebe erhitzt. Turandot ist kalt, nicht eßbar... Bewundernswerte Worte, die wie Federn im Wind vorüberfliegen und die in die musikalischen Albernheiten von Ping, Pang und Pong die Wahrheit des kannibalischen Kampf einfließen lassen. Wer wird wen verschlingen? Der Mann, der die Frau abkocht oder die rohe Frau? Wenn die Oper anfängt, dann ist die Nacht der Kanibalen da. Wenn die Oper endet, wird es endlich Tag über dem befreiten Peking. Was ist geschehen? Nichts besonderes. Nur eine Frau, die nachgibt und heiratet.

Endlich hat man sie gehört, nach einem langen Marsch von jungen Mädchen und Mandarins. Es ist an der Prinzessin, den Befehl zu geben; ein Vater aus Chiffon, mit einer federleichten Baumwollstimme, gehorcht. Endlich ertönt Turandots Stimme. Hoch, in den höchsten Gipfeln übermenschlicher, kaiserlicher Stimmen, singt sie von ihrem eigenen Mythos, von ihrem ursprünglichen Wahn. Ein Schrei, der nicht der ihre ist. »In diesem königlichen Palast ertönt seit tausend und tausend Jahren ein verzweifelter Schrei...« Diesen Schrei stößt Turandot aus, wie um sich zu schützen; dieser Schrei ist ihre eigene Identität. Und doch ist es der Schrei einer anderen Frau; einer vor Urzeiten lebende Ahnin Turandots, die vor tausend und tausend Jahren regierte und die von einem mongolischen Eroberer getötet wurde. Turandot ist eine besessene Frau. »Dieser Schrei hat sich in meine Seele geflüchtet...« Ach, da ist sie wieder, die Hysterikerin aus unser aller Kindheit, die Frau ohne Seele, die ihm angehören soll, die ihre eigene Seele in der der anderen finden soll, in einer verlorenen Vergangenheit, in der die Widerstandsfähigen, die Wilden, die Meuterer dieses nicht endenden Kriegs überleben...

Mailand, November 1978. Als ich diese Geschichte in der Öffentlichkeit erzähle, erhebt sich ganz entnervt eine junge Frau. Und nennt all das, was sie als »widerwärtig« bezeichnet. Turandot ist nichts anderes als ein widerliches Weibsbild, sagt sie, und sie hat ganz schön Glück, daß sie einen Typen findet, der sie zu guter letzt noch liebt... Wie diese Geschichten Euch in die Falle locken, wie sie Euch ans Herz gehen, oder woandershin, wie man sich am wunden Punkt treffen läßt, an welchem intimen, unbekannten Leiden?

Dieser Schrei hat sich in meiner Seele eingenistet. Dann erscheint ein Mann, »ein Mann wie Du«, ruft Turandot Kalaf zu, von dem sie nichts weiß, als daß er ein Mann ist. Aber der Mythos ist unerbittlich. Und der Unbekannte männlichen Geschlechts, der mit der Sphinx zurande kommt, ist vom gleichen Blut wie der mongolische Vorfahr, der die Prinzessin Lou-Ling vergewaltigte. Weil er die Geschichte wiederholen kann, wird er die Rätsel lösen. Weil die Besessenheit durch ihre beiden Vorfahren vom einen zum anderen zirkuliert, vom besiegten, anonymen Tartaren zur blutenden Prinzessin, kann er sich ohne Gefahr den Prüfungen unterziehen.

Diese Prüfungen sind wahrlich durchsichtig. Diese Hoffnung, die jeden Tag stirbt und jede Nacht neu geboren wird. Dieses Blut, »lebendiges Licht der untergehenden Sonne«, das Blut, welches fließt: das der Männer in der Pein des Krieges, das der Frauen. Und Turandot selbst, das entflammte Eis. Nacht und Tag; kalt und heiß. Paare sind der Schlüssel zu den Rätseln. Die eine Hälfte des Paares, die sich verweigert, stellt ein leichtes Rätsel, das die andere Hälfte ohne Anstrengung lösen wird. Mit soviel Leichtigkeit, so großer Meisterschaft, daß er ohne Risiko selbst ein Rätsel aufgeben kann: wie ist sein Name?

Und hier verbreitet sich im Raum der nebligen Erinnerungen der Mythos von Oedipus. Aber es ist, als ob alle Elemente von ihm zerstreut wären, ein jedes auf eine andere Figur verteilt, so daß »Oedipus« zwar da ist, aber in Stücken. Eine weibliche Sphinx: Turandot. Ein Vater, der dank seiner Blindheit sowohl von Laios das Alter, als von Teiresias die Weisheit geerbt hätte. Ein Unbekannter ohne Familie, der eine Königin erobert. Ein Fluch über einer Stadt: das blutige Gesetz Turandots. Oedipus ist Frau, Oedipus ist Mann, und unsere Mythen geraten durcheinander, wie das Spiegelbild im Wasser, das durch einen Steinwurf verwackelt.

Denn um den unendlichen Faden der tödlichen Wiederholung von Turandots Traum zu durchtrennen, braucht es Frauenblut. Es muß vor den Augen der Prinzessin fließen, um ein Exempel zu statuieren. Und diese andere Jokaste ist eine einfache Sklavin, die kleine Liù, das perfekte Opfer. Liù, Erbin der geopferten Frauen, die durch Puccini so sehr die Herzen erfreuten, ersticht sich. Hier endete Puccini, mit dem Trauergeleit, das den Tod einer Frau zum Schutze eines Mannes vor jener besingt, die ihre Weiblichkeit verleugnet.

Es ist die letzte Szene, die er schreiben konnte, bevor er den Zug bestieg, der ihn zu einer Kehlkopfoperation bringen sollte, von der er nicht zurückkehrte. Aber als der Zug anfährt, schiebt er das Fenster herunter, und mit einer Stimme, die ich mir tonlos vorstelle, denn er hatte Kehlkopfkrebs, flüsterte er Toscanini zu, der ihn begleitet hatte: »Sorgen Sie gut für meine liebe Prinzessin, für meine schöne Turandot ...« Am Abend der Uraufführung am 25. April 1926 an der Mailänder Scala, legte Toscanini den Taktstock nach dem Tod Liùs nieder, und der Vorhang fiel. Dies war zweifellos die einzig wahre Aufführung von *Turandot*.

Franco Alfano vollendete die Oper nach den Angaben, die Puccini hinterlassen hatte, der in dieser letzten Szene ein Liebesduett, so schön wie im Tristan, vollbringen wollte ... Ach ja! Alles geschieht kurz und bündig. Kalaf schnappt sich Turandot, jetzt wird nicht mehr gescherzt. Und sie wird gewaltsam umarmt, in einem sinnschweren Orchestergetöse, und sie wird matt gesetzt, und zwar kräftig! Morgendliche Blumen, Mädchenchöre, Gefühlssirup, wie ein Echo des wieder beruhigten Meeres zieht die untröstliche Seele von Butterfly vorüber ...

»Mein Ruhm ist dahin«, stöhnt Turandot. Die männliche Sonne geht auf, Luna geht unter, der oberste Befehl der Heirat und des Tageslichts gewinnt die Partie. Um die unfreiwillige Possenhaftigkeit dieses großartigen Finales in seiner verfehlten Wahrheit herzustellen, bräuchte man einen Bubsy Berkeley, einen Stanley Donen, und das Musical sollte die Oper besiegen. Um das glückliche Paar müssen Federbeine wirbeln, Paillettengestalten, und die befreite Turandot muß die große Treppe herunterschreiten, umgeben von Majoretten mit Pfauenfedern, während Boys mit Glöckchen im Takt Holzschwerter schwingen ...

» Sorgen Sie gut für meine liebe Prinzessin«, murmelte fast unhörbar der alte Verliebte in der Agonie ... Wie Carmen ist auch Turandot nur in den gnädigen Nächten geheimnisvoll. Die kribbelnde und unruhige Nacht des ersten Aktes; die gestörte und verrückte Nacht des letzten Aktes; tausende von Chinesen suchen einen unbekannten Namen, Prinz Kalaf hört die Aufregung um sich herum, und keiner schlafe in der bedrohten Stadt: »Nessun dorma ...« Ja, Turandot herrscht in der Nacht, einer Nacht ohne Schlaf, ohne Liebe; stolz und wild, in einer Nacht der Hexen.

Rom , Du einzigartiger Gegenstand meines Grolls

Keusche Göttin, noch jung und schon so früh gemeuchelt, keusche Luna, dem Herzen eines verliebten Greises teuer, der in ihr das Nahen eines erahnten Todes vertreibt ... »Casta Diva«. So sehr tönen die Worte in der Erinnerung, daß man darüber ihren Sinn vergißt. Es ist immer noch Luna, die Göttin der prophetischen Furien, aber die Prinzessin ist gealtert. Sie ist zur Druidin geworden, in einem von Felice Romani und Bellini erträumten Gallien; ein Gallien, in dem das romantische Italien um seine Ewige Stadt herum wilde und weibliche Widerstände phantasiert. Sie wird besiegt werden; wenigstens zieht sie den Römer mit in ihr Verderben. Hier ist das Zeitalter der bedrohten Luna; hier ist ihr fortschreitender Untergang; hier ist *Norma*.

Du mußt wissen: *Pollione, römischer Prokonsul, im eben erst unterworfenen Gallien stationniert, ist von den gallischen Priesterinnen wie besessen. Nachdem er vor langer Zeit die Priesterin Norma verführt und ihr, von allen unbemerkt, zwei Kinder gemacht hat, ist er jetzt in die jugendliche Adalgisa verliebt, die, auch sie, dem Gott Irminsul dient. Norma wendet den Krieg und die drohende Gefahr ab, indem sie den Frieden predigt, während Pollione Adalgisa überredet, ihm nach Rom zu folgen und dort seine Gemahlin zu werden. Die kleine Adalgisa gesteht Norma alles; alles, sogar den Namen ihres Liebhabers. Der Zorn der beiden Frauen wird somit offenbar, denn Adalgisa hat für die verratene Norma Partei ergriffen. Außer sich, will Norma ihre Kinder töten; aber sie überdenkt noch einmal ihren Entschluß und bittet Adalgisa, Pollione zu heiraten; Intrigen, Zögern, Pläne... Pollione ist entschlossen, Adalgisa mit Gewalt zu entführen. So schlägt Norma den Kriegsschild und ruft die Krieger zum Kampf; ein Opfer wird benötigt. Norma erklärt, daß eine Priesterin Verrat begangen hat, sie soll das Opfer sein... Ein letztes Mal versucht sie, Pollione zum Verzicht zu bewegen, vergebens. Aber als Pollione angsterfüllt erwartet, daß Adalgisas Name über ihre Lippen kommt, liefert Norma sich selbst ihren Landsleuten aus. Gerührt von soviel Größe fühlt Pollione seine Liebe neu erwachen und besteigt mit der Mutter seiner Kinder den Scheiterhaufen. Schön wie ein antikes Kunstwerk.*[1]

Ach, wenn man die Töne von Michelet finden könnte, als er *La Sorcière* schrieb... Man müßte, wie er, in die gequälten Erinnerungen eintauchen können, in denen sich die Geschichte einer einzigen Frau über Jahrhunderte abspielt... *La Sorcière* erzählt von den Etappen des weiblichen Widerstands, der in der Dämmerung des Heidentums geboren wurde, als die kleinen römischen Götter, die winzigen Götter der Wälder und der Häuser vor dem einzigen und erdrückenden Gott des christlichen Monotheismus zurückweichen mußten. »Eine starke und lebhafte Religion, wie sie das griechische Heidentum war, fängt bei der Wahrsagerin an und hört bei den Hexen auf. Die erste, eine schöne Jungfrau im hellen Schein, wiegte es, gab ihm Zauber und Nimbus. Später, heruntergekommen und krank, im finstern Mittelalter, auf der Heide und in den Wäldern, wurde es von der Hexe versteckt; ihre stete Barmherzigkeit ernährte es, ließ es weiterleben. So ist die Frau für die Religionen Mutter, zärtliches Kindermädchen und treue Amme. Die Götter sind wie Männer; sie werden geboren und sterben an ihrem Busen.«
Ein wunderbarer Text, überwältigend durch seine Entdeckungen, die täglich durch die Leiden der Hysterikerinnen auf dem Sofa des Psychoanalytikers be-

1 Oper von Bellini und Felice Romani.

stätigt werden, als auch durch die umwerfenden Sammlungen der endlich einsichtig gewordenen Ethnologen, die ihre fassungslosen Augen angesichts tausender verkannter Frauen weit aufreißen. Diese Furien, diese Göttinnen, diese Frauen mit schrecklichen Armen, erregten Augen, diese Turandots, diese Normas haben im 19. Jahrhundert das Erbe der Hexen angenommen. Sie tragen unter ihren grotesken Fingernägeln mit Fingerlingen aus Metall – und Fernost wird für immer das Bild unserer Foltergärten und unseres Napalm-Vietnams wiedergeben – das kaum maskierte Bild des Widerstands gegen den Feind. Seht sie Euch an, diese fremden Frauen, die in goldenen Kutschen aus fernen Ländern kommen, in denen wir die Völker dazu genötigt haben, nur noch folgendes zu sein: unsere weiblichen Bilder, beispielhaft herausgeputzt zu gallischem Flitter, chinesischen Gewändern, irischen Zornesausbrüchen und zigeunerhaften Verrücktheiten. Schaut sie Euch an, die Revoltierenden, die erpicht darauf sind, zu verlieren, entschlossen, dort ihr Leben zu lassen. Turandot widersetzt sich dem mongolischen Vergewaltiger, Norma widersetzt sich Rom, die Irin Isolde widersetzt sich Tristan, der sie raubt, die Zigeunerin Carmen widersetzt sich allen Männern. Alle sind exotisch: die rassistische Oper läßt sie auflodern wie ein Lauffeuer, wie ein Paket Streichhölzer, das auf einmal mit ganzer Kraft brennt. Revoltierende Frauen, brennende Frauen: dies war das Schicksal der Hexe, es ist dasjenige Normas. Die Oper Bellinis endet auf dem Scheiterhaufen.

Aber zwischen Turandot und Norma liegt der Weg, der aus der Jungfrau eine alte Frau macht. So erzählt Michelet: Die ganz junge Hexe, die von niemandem auf einer verlassenen Heide geboren wird, macht sich ganz unschuldig im Innern ihres Hauses zu schaffen, während der erste Dämon, der Kobold, die Grille kommt, um sie über der Wiege ihres Kindes zu verführen. Das Elend sorgt für den Rest. Die verlorene junge Frau, die den alten Geist des lateinischen Heidentums um Hilfe bat, wird reif, schön, ein bißchen aufgebläht in ihrem drallen Fleisch und ihrem grünen Kleid. Doch als sie auf dem Gipfel ihres Ruhms steht, der zum Sakrileg geworden ist, nageln sie der Herr und seine Diener mit Piken an die Tür und heben ihr Kleid über der Nacktheit ihres Hinterteils, als Zeichen ihrer Ausschweifungen. Noch etwas später, und sie wird in ihr Reich verfolgt, mitten im Wald, in den sie sich zurückgezogen hat.

Dort ist sie der erste Arzt, dort hilft sie anderen Frauen, ihrer Liebe und den Früchten ihrer Liebe und bereitet die Zaubertränke zu, die Tristan töten oder ihn verliebt machen, nimmt bei den Armen Abtreibungen vor, pflegt die Notleidenden. Bis zur Stunde jenes schrecklichen Jahrhunderts, in der Descartes den *Discours de la méthode* schrieb, zur Stunde der Prozesse, zur Stunde, als der vorausahnende Michelet sie mit einem Federstrich rettet, indem er

den großen schwarzen Bock zur Hilfe ruft, auf dem sie sich mit einem verrückten Lachen forthebt... Das ist die erste Geschichte von Opernfurien, in der man das Echo dieses schweigsamen Epos wiederfindet.
So bittet auch Turandot in der sie schützenden Nacht um Hilfe für die erstickten Ängsten ihres Volkes und erhält sie. So erreicht sie, daß ihre Schreckensherrschaft während der Zeit ihrer Jungfernschaft geduldet wird; so widersteht sie in ihrer extremen Jugend und Unverwundbarkeit und fängt die Männer dort, wo sie sich verankert fühlen: im Wissen um Rätsel. Noch ein wenig, und sie ist verheiratet. Stell Dir vor, Norma ist die gealterte Turandot. Wie Turandot, ist sie der Verführung des Feindes erlegen: für die Chinesin ist es der mongolische Sieger; für die Gallierin ist es der Römer. Alle beide erhielten vom Mann die Pflicht übertragen, Frauen und Mütter zu sein; der Tag kommt, an dem der Ehemann und der Vater die nicht mehr begehrenswerte Frau verraten. Hier beginnt Normas Geschichte.
Und genauso wie in *Eugen Onegin* die Witwe Larina in Moll die Farbe von Tatjanas bevorstehendem Alter wiedergibt, stehen sich in Norma zwei identische Figuren gegenüber, die Junge und die Alte, die untereinander durch den gleichen Mann, Pollione, verbunden sind. Norma und Adalgisa sind die Vergangenheit und Gegenwart ein und derselben Kolonialliebe: der Sieger nimmt mit Gewalt, verführt, entführt, darin liegt sein Vergnügen, darum geht es ihm. Pasolini, der Italiener, der die Rolle der Medea der Griechin Maria Callas anvertraut hatte, hatte das begriffen; aber Medea geht bis ans Ende des heiligen Verbrechens, indem sie Hand an ihre Kinder legt und sich damit in die Göttlichkeit der griechischen Ungeheuer einreiht, unsichere Zwischenstufen zwischen Tieren und Göttern, die unter und über menschlichen Gesetzen stehen.
Norma ist nicht Medea, ist keine Göttin; Norma ist nur Frau. Völlig verstrickt in unendliche Spielarten des Verrats, gibt sie schließlich nach, bevor sie sich auflehnt. Sie verkörpert mit aller Kraft das zur Romanisierung bereite besetzte Gallien; und Rom, das schreckliche und magische Wort, enthält jede Art von Unterdrückung. In Norma erheben sich die punischen Heldinnen, die karthagischen Prinzessinnen, die eher bereit sind zu sterben, als romanisiert zu werden, die Frauen von Numanz, die Rebellinnen gegen die strenge Ordnung des Kaisertums. Aber Norma nimmt auch bereits die mit Heliogabalen verheirateten Vestalinnen vorweg, die inzestuösen, mörderischen Kaiserinnen und sogar die teuflischen Päpstinnen, die selbst heute noch die Kardinäle der Kurien während der Konklaven der päpstlichen Wahl kitzeln, wenn diese untereinander versichern: »duos habet, et bene pendentes...« Es ist die lange, lange Geschichte einer heiligen Stadt, in der der von Romulus vorgezeichnete Raum für immer ein heiliges Territorium abgesteckt hat; wo der

einzige Gott, Jahrhunderte von Polytheismus ausmerzend, sich ohne Anstrengung im Herzen des Heidentums niederließ. Wo all die vielfältigen Götter, die Ungeheuer mit Ibiskopf und die Lichtfrauen sich entmachtet fanden. Seither gibt es nur noch eine einzige Frau, Jungfrau, Mutter, unberührt und befruchtet. All die anderen, die Hebammen, die Buckligen, die Närrinnen, die Griechinnen, die Göttinnen mit einem Pfau als Gemahl, diejenigen, die die Nacht verjagten, die aus väterlichen Muscheln am Busen eines betörten Meeres Geborenen, diejenigen, die durch ihren Gesang Seeleute ängstigten, die Hekaten, die an Kreuzwegen saßen ... All die anderen verschwinden. Michelet sagt mir, daß sie nicht tot sind. Daß sie nicht verschwunden sind, daß sie in jeder Frau aufleben, sobald ihr das Herz zu schwer wird vor lauter Unglück. Und die Hexe wird da geboren, wo die Heilige Jungfrau scheinbar triumphiert. Wenn ich diese ganzen zerrissenen Frauen aus Liebe liebe, dann deshalb, weil sie unter dem Opernglanz Züge eines abgeschwächten, so doch erkennbaren, heilsamen Heidentums tragen, das uns erlaubt, anders zu denken. Oh, nicht daß das Heidentum triumphieren würde, wo sie doch stets verlieren; aber darüber singen sie ihren Widerstand gegen den einzigen Gott. Christus, Rom, Pinkertons Amerika, der Bulle José oder Tristan: der einzige Gott, dem sich der Mann, auch er gekreuzigt, verschrieben hat, um die heidnischen Frauen, die Hexen zu bekämpfen.

Nun wird aber Normas Göttin, die keusche Göttin Luna gerade von ihr verraten; Rom gewinnt, seit Norma schwach geworden ist. Es braucht einen anderen Verrat, damit sich Norma wieder zusammenreißt und im Selbstopfer die verlorenen Wurzeln wiederfindet. Das ist das Ziel: den eigenen, untreuen Körper dem rituellen Scheiterhaufen übergeben, und dadurch die verlorene Funktion wiedererlangen. Von Verrat zu Verrat eilend, konnte Norma nicht länger von Rom nach Gallien und von der Liebe zur Niederlage schwanken. Einzig der heidnische Gott Irminsul wird sie retten können, auch wenn dies um den Preis ihres Lebens geschieht. Rom beugt sich vor dem Gott des Volkes, den es kolonisiert.

Da sind sie beide, stehen sich ein letztes Mal von Angesicht zu Angesicht gegenüber. Der Römer Pollione, von seiner übermächtigen Begierde getrieben, und Norma, die Druidin, die nicht mehr weiß, was sie tun soll, eine zerrissene Frau. Während dieses kurzen Augenblicks, in diesem langsamen und verhaltenen Duett, behält sie die Oberhand; sie, die Priesterin, die ihn töten oder retten kann, sie, die Bewahrerin der göttlichen Macht. Der Römer hält sich aufrecht; seine Sieger haben die Ewigkeit des kommenden Imperiums, und Pollione gibt nicht nach. »In mia man‹ alfin tu sei« .... In meinen Händen bist Du endlich, sagt sie zu ihm. Nur die Bedrohung der anderen Frau, der jüngeren, unschuldigen Adalgisa kann den Römer erreichen; so bittet er nur, fleht um Mitleid, er bricht zusammen. Nur das will Norma. Ein rascher Siegesgesang, voller Fröhlichkeit, und sie ist besiegt. Sie wird Adalgisa nicht denunzieren, sondern sich selbst, die schuldige Mutter, ungetreue Priesterin. Alles verwischt sich um sie herum, die gallische Welt, die römische Welt, die Götter, die anderen Götter. Verloren, die Liebenden haben sich, mitten in einem mythischen Kampf, verirrt. Aber Normas Stimme ertönt in der Stille: die Meineidige, das Opfer, das verbrannt werden muß, bin ich. »Son io...«

Das schließlich gefundene Wort ist ganz einfach; alleine, ohne irgendwelche Musik, die standhafte Stimme der alten, wiedergefundenen Frau. Das langsame, zitternde Wiegen der Geigen kehrt wieder, während dumpfe Schläge den letzten Liebesworten des durch das Feuer verbundenen Paares den Rhythmus geben. In Kürze werden sie verbrannt, die Gallierin und der Römer, vereint durch das, was Normas Stimme »un Nume« nennt: eine schicksalshafte Gottheit. Dies ist der Höhenflug der Hexe, die im Feuer das Mittel findet, ihren untreuen Geliebten zu zwingen; der vergängliche Triumph der alten, gefallenen Frau, des abnehmenden Monds. Hier gibt es noch Licht um einen Mann und eine Frau herum; aber es ist nicht mehr der triumphale Aufstieg der Sonne, es ist die nächtliche Flamme des heidnischen Scheiterhaufens. Übrig bleibt eine junge, verlorene Frau, eine junge, lebende Adalgisa, der zweifellos eine andere Geschichte widerfahren wird.

Rom. Im romantischen Gerümpel, in dem die erste Darstellerin der Rolle, Giuditta Pasta, sich produziert, hallen die Echos der Stadt wider. Später in der Geschichte der Oper wird sich eine andere Figur im von Bonaparte besiegten Rom produzieren. Nicht weit von Norma, der Gallierin, leistet die kleine Sängerin Floria Tosca Widerstand; als ob die Pasta von 1831 der Figur ein wenig zärtlichen Wahnsinn vererbt hätte, in die Puccini den Mut und die Stärke einer Römerin zu pflanzen wußte, die fähig ist zu töten, um den zu retten, den sie liebt. Die Sonnenuntergänge über dem Pincio, das Gold über den schwarzen Pinien, die langsamen Spazierfahrten in der Kutsche um das Grab der Cecilia Metella, lassen in Norma das heidnische Rom und das romantische Rom aufleben. Und da man Jahrhunderte des Mythos und der Geschichte durchläuft, rächt sich ganz sanft all das, was Rom den Völkern der Erde geraubt hat: ihre Frauen, ihre Reichtümer, ihr Getreide, ihre Freiheit, ihre Phantasien und flüstert den schönen Mündern der tragischen Heldinnen die Gewissensbisse einer fernen, schlafenden, aber insistierenden Vergangenheit ein. Norma ist der Ort, an dem sich diese lebenden Geschichten kreuzen.

Die kleine Prinzessin Resi oder der Schokoladentod

Eine seltsame Geographie der Opern, in der Plätze, Städte, Länder das Flußbett der Konflikte aushöhlen und die Personen im gewaltigen Fluß der erweckten Geschichten mit sich reißen. Das Peking der Träume, in dem *Turandot* spielt, ist der ferne Widerschein der ernsthaften und luftigen Fäden, die der Philosoph Leibniz zwischen dem aufgeklärten Europa und China gesponnen hat; später dann der Krieg der Kolonialstaaten gegen die Kaiserin Ts'ehsi, und gleich danach die Boxeraufstände gegen die Gesandschaften der fremden Mächte. Durch den Prinzen Kalaf und die Mongolei, durch den tartarischen Ahnen, der die Prinzessin Liou-Ling vergewaltigte, die dumpfe Erinnerung an Babur, den grenzenlosen Eroberer, der auf der einen Seite Triest, auf der anderen Seite die japanische Küste angriff. Turandot, die chinesische Kaiserin, ist die schlummernde Geschichte, von einem unbewußten Visionär erzählt.
Der gallische Wald ist das Römische Reich zur Zeit seiner Entstehung. Alle Städte, alle Orte sind von Größe und Gespenstern erfüllt; und Verdis *Aida*, die andere fremde Heldin, die Kriegssklavin, wurde in der in wenigen Monaten erbauten, ganz neuen Oper von Kairo uraufgeführt, um Memphis und die Reminiszensen an das antike Ägypten zu feiern. Schau Dir die Geschichte unserer Imperialismen an, während Du diese offenen Bühnenräume durchläufst: *Tosca* oder Bonaparte, der Italien im Namen der Ideale der französischen Revolution eingenommen hat; *Butterfly* oder das Japan des Meiji, unterjocht vom Whisky eines amerikanischen Marineoffiziers: *Carmen* oder die nie beendete, noch heute aktuelle Revolte der Zigeuner; *Otello* oder der Mohr, der im Namen der Republik Venedig Verräter an seiner Hautfarbe wird; *Tristan und Isolde* oder Irland, von der Bretagne entführt; *Don Carlos* oder der Niedergang des Reichs Karls V.... Wie eine unendliche Liste, in die mit Leidenschaften und Dolchen die gesamte Geschichte des Abendlandes eingetragen wurde, opernhaft gefesselt, um den eigenen Verrat darzustellen, Beute seiner eigenen Meisterschaft, weinend über die eigenen Massaker und ruhig die beschränkte, auf Liebesgeschichten reduzierte Vorstellung verlassend. Konflikte der Klassen, der Mächte, der Familien: nichts entgeht der Dimension des abendländischen Mythos, der sich im Bühnenbild, in den Säulen aus Leinwand und Karton, in den Schiffen im Hintergrund der Bühne, im ganzen komplexen Apparat ablesen läßt, der wie ein Schrein für jene winzigen Figurinen ist, die sich wie Gefangene bewegen. Bis zu dem Tag, an dem der Tyrann beschließt, sich eines Ortes zu bedienen: Nürnberg, der mittelalterliche Ort

der *Meistersinger* von Wagner, wird zum Ort des Faschismus, unterstützt vom Geschichte gewordenen Mythos, von der zur Oper gewordenen Geschichte. Bis zu dem Tag, an dem die Oper den Wall der Aufführung überschreitet, und den vom Zuschauerraum, der Bühne, den großen Freitreppen gegebenen Rahmen sprengt, um im Gänsemarsch durch die Straße zu gehen...

Wien. Im Zerfall. Wo die Ghettos besorgte Genies hervorbringen, wo die letzten Walzer in der verlorenen Erinnerung an die Größe eines Metternich und einer Sissi getanzt werden. *Der Rosenkavalier,* trotz seines Titels und seines Rufs der leichten Zuckerbäckerei, heißer Schokolade und knisternder herrlicher Spitzengewänder, ist die gleiche Geschichte von welkender Haut, wie die Normas. Es gibt weniger Gewalt und Zorn, sie sind erstickt, müde, außer Atem. Es spielt in jenem Wien des 18. Jahrhunderts, der Hüterin so vieler Alkovengeheimnisse und so vieler grausamer Vernunft. Die Geschichte einer alten Frau, die auf die Liebe verzichtet: ohne Scheiterhaufen, ohne Widerstand wird die Marschallin immer träger, wie das alte Kaiserreich zu der Zeit, als Richard Strauss seine Oper schrieb.

Du mußt wissen: *die Marschallin von Werdemberg hat Liebhaber, wenn ihr Mann fern ist. Das ist seit langem so. Derjenige, der da am frühen Morgen gegenwärtig ist, ist ein ganz junger Mann, Octavian. Alles ist gut in der Morgendämmerung, Octavian und die Marschallin erwachen nach einer Liebesnacht. Als die Marschallin aufsteht, kommt der Baron Ochs, ihr dicker, unerträglicher und selbstgefälliger Vetter, der sie bittet, einen würdigen Boten zu finden, um seiner jungen Verlobten, wie es die Tradition will, eine silberne Rose zu überbringen: er steht kurz vor der Heirat mit der jungen Sophie, die zwar nicht adelig ist, dafür aber eine hohe Mitgift hat. Die Marschallin gibt die Rose ihrem Liebhaber, den sie zum Boten ernennt. Und was kommen mußte tritt ein: Octavcian und Sophie – gleiches Alter, gleiche Schönheit – verlieben sich auf den ersten Blick ineinander. Angesichts der Vulgarität des Barons empört sich Octavian, provoziert ihn, ritzt ihn mit seinem Degen und macht sich ans Intrigieren, um die Hochzeit zu verhindern. Um ihn zu kompromittieren, lockt er ihn in ein Gasthaus, wo er sich in Frauenkleidern als Dienstmädchen ausgibt: bereits im ersten Akt hatte er sich, um jeglichem Verdacht zu entgehen, als Frau verkleidet und vorgegeben Mariandel, die Kammerzofe der Marschallin zu sein. In diesem Kostüm führt er den Baron mühelos an der Nase herum, der sich vor den Augen seines Schwiegervaters und vor denen der Marschallin überraschen und in die Falle locken läßt... Die versteht, verzichtet und geht auf Zehenspitzen hinaus. Ihr kleiner Neger kommt nur noch einmal zurück, um ein fallen gelassenes Taschentuch aufzuheben, das sie oder Sophie vielleicht brauchen.*[1]

Der Vorhang hebt sich und gibt den Blick frei auf ein Schlafgemach. Voll der Liebesgerüche der Nacht. Die Oper spielt zwischen den Falten der Bettlaken; die Körper sind entkleidet, man sieht Haut beim Erwachen, verstreute Wäschestücke, überall Kissen. Sie ist die Marschallin, eine sehr mächtige Person im Kaiserreich von Maria Theresia. Aber frühmorgens ist sie eine verunsicherte Frau, trotz der Bewunderung durch ihren blutjungen Liebhaber. Jemand, der sie noch »Bichette« nennt – für nicht mehr lange Zeit. Ein ganz verrückter ist das, der junge Graf Octavian, so wild, unter Damenröcken so bewandert, daß er unter dem zärtlichen Namen »Quinquin« bekannt ist. Und um seine Jugendlichkeit besser auszudrücken, das Androgyne eines kaum herangereiften Helden, gibt ihm Richard Strauss die verwirrende Stimme einer Frau: ein Kontra-Alt singt die Rolle des Liebhabers. Seine Stimme ist kaum tiefer als die der reifen Frau. Reif: man wird Dir sagen, daß sie kaum dreißig Jahre alt ist, und daß die Zeiten sich doch geändert haben. Aber die Besetzungsbüros, die die Rolle erblühten Fünfzigjährigen geben, täuschen sich nicht; der Wandel der Sitten wurde von den Regisseuren eingeholt. Die großen Marschallinnen wie Régine Crespin, Elisabeth Schwarzkopf, Christa Ludwig, fangen die Rolle aus der Luft in der Zeit ihrer Reife. Denn die ganze Oper dreht sich um das Alter der Frau: dort befindet sich das eigentliche Drama, dort der Knoten der Handlung.
Die Marschallin: ein bißchen schlaff, ein bißchen weich, ein Brioche, das zu lange in eine Tasse Schokolade gestippt wurde. Wie die Sanseverina, wie Madame de Rênal, wie all die vielen Verliebten, schlägt sich die Marschallin nicht, schreit nicht, weint heimlich, hält sich aufrecht. Sobald Octavian das Bett verlassen hat, konstatiert sie ihr Los, träumt vor sich hin, während sie sich anzieht, denkt an später, wenn sie alt ist; sie weiß nicht, daß das in Kürze sein wird, sie weiß nicht, daß sie in diesem Augenblick, als sie sich anzieht, darüber entscheidet. Sie frisiert sich, schminkt sich ruhig, nur ein wenig verloren in ihren üblichen Träumen.
Aber was sie dann mit kleiner betrübter Stimme singt, ist schrecklich. Wie ist das nur möglich, daß aus dem kleinen Mädchen, das man Resi nannte »die Marschallin« wurde? Und die Musik geht ihr voran, hinkt ein wenig, während sie beginnt, sich an den Gedanken zu gewöhnen. Der Gedanke, daß sie eines Tages die alte Fürstin Resi sein wird. Man wird ihr wieder den Vornamen aus ihrer Mädchenzeit geben, wie man es mit den alten, hinkenden Frauen

1 Oper von Richard Strauss und Hugo von Hofmannsthal.

macht, die am Stock gehen. Sie wird nicht mehr »die Marschallin« sein. Zwischen dem kleinen Mädchen und der alten Frau, zwischen den beiden Resis wird, wie in der Vorvergangenheit, die Zeit der Liebe hindurch gegangen sein. Das spielt sich vor unseren Augen ab, am Morgen beim ungeordneten Lever der großen Dame, in Wien, in der barocken Pracht eines Palais. »Ich schaff' mir meine Träum' nicht an«, sagt sie zu dem verwirrten, ängstlichen Oktavian; »Heut' oder morgen kommt der Tag ...« Er will nichts davon hören; es gibt keine Zeit, keine Zukunft, der schreckliche Tag existiert nicht. Schließlich setzt sie ihn, wütend über so viel Tugend und Unschuld, mit Nachdruck vor die Tür. Er soll gehen, wenn er nicht zuhört; und sie will alleine bleiben ... Wie man einem Armen ein Almosen gibt, wenn man »die Marschallin« ist, oder wie man einem Pudel ein Stück Zucker gibt, gestattet sie ihm, am Nachmittag im Prater an ihrer Seite zu reiten. Das ist alles für heute; einige Minuten zuvor gab es noch ihre Umarmungen, die halbnackten Körper und die Zärtlichkeit der Nacht. Der Tag ist zu Frauen nicht zärtlich.

Kaum ist er draußen, kaum hat er sich traurig verabschiedet und sie noch »Bichette« genannt, kommt sie wieder zu Bewußtsein. Sie besinnt sich eines besseren, wahnsinnig vor Angst: »Ich hab ihn nicht einmal geküßt!« Und die Musik folgt Octavians Schritten, versucht ihn einzuholen. Zu spät. Er ist in der Tat ein junger Mann; er ist, wie der Wind so schnell, auf und davon, bestätigen die Lakaien, die genau schildern, wie er davongeflogen ist. Er ist fort, der junge Mann mit der Frauenstimme, fort die Liebe, entflogen die Jugend, die bereits verlorene der Prinzessin Resi. Vorbei. Der Rest vollendet heiter den Tod des Frauenkörpers. Der kleine Graf Octavian wird auf Befehl der Marschallin die Rose einem blutjungen Mädchen bringen. Es wird Intrigen geben, Walzer, Verwechslungen, kleine, zurückhaltende Gewalttätigkeiten und eine Mitgift, die auf dem Spiel steht.

Der Vorhang säumt nicht, zu fallen. Octavian und Sophie sind jetzt verlobt, einer dem anderen in Schönheit und Frische zugedacht. Ausgeschlossen sind der Baron und die Marschallin. Hinter den jungen Leuten gibt es ein anderes Paar. Sophies Vater, ein rechtschaffener Mann und Vater, der fähig ist, seine Tochter an einen alten Adeligen zu verkaufen, dann fähig ist, sie an einen noch adeligeren weiterzugeben, betrachtet gerührt das junge Traumpaar, das durch eine silberne Rose vereint ist. An ihrer Seite steht eine Art Mutter, sie ist fast so alt wie Sophies Vater, das ist ihm auf einmal aufgegangen, es ist Resi. Vater Faninal gibt einen dieser Sätze zum Besten, mit denen Väter eine gute Figur machen, wenn ihnen nichts mehr zu tun bleibt. »Sind halt aso, die jungen Leut!« Denn sie stehen umschlungen da, Fremde auf dieser Erde. Und Resi stimmt zu, mit zwei friedlichen Noten: »Ja, ja.«

Die Stimme sackt in sich zusammen. Sie hat soeben die Schwelle zum Alter überschritten. Der Tag ist gekommen, der Tag, der morgen hätte sein können, oder an einem anderen Tag, aber nein, es ist dieser Tag, es ist jetzt. Es wird nie mehr einen Octavian in ihrem Leben geben: er wird ihre letzte Liebe gewesen sein, und da steht er, vor ihren Augen, in den Armen einer anderen. Friedlich sieht die Marschallin den Dingen ins Auge. Würdevoll bleibt sie stehen. Ihr bleibt ein Leben ohne Sex.

Einen Augenblick vor diesem entscheidenden Schritt, hatte Octavian eine bestimmte Melodie aus dem ersten Akt wiedergefunden. Einen dieser schwebenden Momente, die der Oper ihre Größe verleihen; in ihnen spielt sich der Verfall ab, der Tod, all das, weswegen man verstört ist. Einen Augenblick lang könnte Sophie Octavian verlieren, der noch zwischen den beiden geliebten Frauen schwankt, die gemeinsam anwesend sind. Aber der Name, den er nun der Marschallin gibt, den hast Du noch nie gehört.[1] Er nennt sie Marie-Theres, was ihr richtiger Vorname ist. Er bezeichnet sie, das ist alles, er nennt sie, wie er sie nie zuvor genannt hat, nicht Resi, nicht seine Liebe, nein, nur ein Vornamen, der auch derjenige der Kaiserin ist, derjenige ihrer Wahrheit. »Marie-Theres, ich weiß gar nicht...« Und sie, mit einer ganz kleinen dünnen Stimme, tonlos, ohne Orchester: »Ich weiß auch nix. Gar nix«. Das ist alles. So tötet sie ihr eigenes Bild, so vollendet sie die Vergangenheit. So zieht sie sich von jeglichem Liebesleben zurück.

Aber danach, oh, wie sie singt, während sich mit ihrer endlich leidenden Stimme die beiden Stimmen der jungen Leute mischen... Sie singt von der Vergangenheit, die gerade vor meinen Augen vorüberging, aber jetzt mal ehrlich, wie ist das geschehen? »Hab' mir freilich nicht gedacht, daß es so bald mir auferlegt sollt' werden!« Und sie singt mit einer Stimme, die frei ist von den Banalitäten, die das Leben selbst ausmachen: »Es sind die mehreren Dinge auf der Welt, So daß sie ein's nicht glauben tät. Wenn man sie möcht' erzählen hör'n. Alleinig wer's erlebt, der glaubt daran und weiß nicht wie – Da steht der Bub und da steh' ich, und mit dem fremden Mädel dort wird er so glücklich sein, als wie halt Männer das Glücklichsein verstehen...« Um ihre reife und feine Stimme herum schlingen sich geheimnisvoll die beiden anderen Frauenstimmen, deren eine, die weniger hohe, die Stimme eines Mannes darstellt, die dem Erwachsenenalter entgegengeht. Die kleine Sophie singt wie in der Kirche, blind, versteinert, gegenüber der feinen Dame, die ihr den Vortritt läßt; Octavian schließlich weiß nichts mehr; etwas ist passiert, etwas sehr wichtiges.

In der Tat. Eine Frau ist ihm gerade in die Arme gefallen, er hat soeben eine

1 Das ist nicht richtig. Bereits in der ersten Szene des ersten Aktes nennt Oktavian die Marschallin bei ihrem Vornamen. (Anm. d. Üb.)

andere dem Alter des Verlassenseins preisgegeben. Drei Frauenstimmen singen, jede für sich, jede hat ihren Text, in einem Augenblick des Stillstands, in dem ihre drei Schicksale wanken. Die drei Stimmen verstärken sich; bis zur Exstase des Schmerzes die eine, bis zur geteilten Exstase die beiden anderen. Die Ausgeschlossene macht dem Dreiergesang ein Ende. »In Gottes Namen.« Es möge nach Gottes Willen geschehen. Und sie geht fort, auf Zehenspitzen. Man wird sie nicht wieder sehen. Aber während die beiden Kleinen miteinander ein Spieluhr-Duett singen, kommt ein kleiner, niedlicher Neger zurück. Um ein vergessenes Taschentuch aufzuheben. Für welche Tränen? Vom Laken zum Taschentuch, das ihr kleiner Opernneger aufhebt, hat sich der Raum der Marschallin verengt wie Chagrinleder.[1]

Es handelt sich nicht um den Tod. Ebensowenig um die gezwungene Heirat Turandots. Es handelt sich um einen kleinen traurigen Tod, wie ihn Wien hervorbringen konnte; ein Tod ohne äußeres Drama, ein ganz innerlicher Tod, einfach ein Ende. Die bestürzende Beendigung einer weiblichen Sexualität, der endgültige Übergang der kleinen Resi zur alten Fürstin. In der Oper ist die Sanftmut trügerisch: sie maskiert die vorwitzige Grausamkeit der Generationen, die im Vorübergehen alles auslöschen; manchmal bezahlen die Jungen für die Alten, manchmal werden die Alten schwach und geben in einer um so edleren Größe nach, als sie sich ohne große Worte bemerkbar macht.

Die befragte Mélisande oder das Geheimnis der Männer

Die Sanftmut ist verlogen. Andere Heldinnen sterben an ihr, an ihrer Lüge, ihrer Klarheit, ihrer trügerischen Zärtlichkeit. Von Hexe zu Hexe, von der entfesselten Furie zur zärtlichen Marschallin, führt mich der Faden zu der kleinen unbekannten Hexe, die keinen Ursprung hat, von nirgendwo herkommt, die doppelbödigste, die entrückteste: Mélisande.[2]

Du mußt wissen: *Nahe bei einem Brunnen. Prinz Golaud, der Enkel von Arkel, dem alten König von Alemonde, hat sich bei der Jagd verirrt. Er hört jemanden im Dunkeln weinen: es ist eine junge Frau, verstört und wild, Mélisande. Er nimmt sie mit, heiratet sie trotz der Einwände seiner Familie. Méli-*

1 *La peau de chagrin,* Roman von Honoré de Balzac. Eine *peau de chagrin* ist im Französischen ein feststehender Begriff für alles, was kleiner oder enger wird, was sich verengt. (Anm. d. Üb.)

2 Ich verdanke Vladimir Jankélévitch im Jahre 1960 die ersten wahren Worte über Mélisande, für die er eine extreme Zärtlichkeit hegt, wie für die gesamte Oper Debussys, die er zum philosophischen Werk erklärt.

sande langweilt sich in diesem düstren und sonnelosen Land; ihr einziger Zeitvertreib besteht darin, mit ihrem Schwager Pelléas zu spielen, der genauso jung ist wie sie. Und was passieren mußte passiert: die jungen Leute entbrennen in inzestuöser Liebe zueinander. Der eifersüchtige Golaud läßt sie von seinem Sohn aus erster Ehe, dem kleinen Yniold, beobachten. Umsonst: nichts läßt sich über die Beziehung zwischen den jungen Leuten in Erfahrung bringen. Mélisande ist schwanger. Eines Abends trifft sich Pelléas, der fortgeht, mit ihr außerhalb der Grenzen des Landes. Dort überrascht sie Golaud, tötet Pelléas und verletzt Mélisande leicht. Sie bringt ein kleines Mädchen zur Welt und stirbt still. Arkel nimmt das Neugeborene mit den Worten entgegen: « Nun ist die Reihe an der armen Kleinen. «[1]

Eine ganz einfache Sprache, eine banale Geschichte, ein bekanntes Trio: der Ehemann, die Ehefrau, der Liebhaber, eine Ehebruchsgeschichte. Das ist *Tristan* und seine Umkehrung. In Tristan ist alles am Platz, sichtbar, blendend: die wirkliche Liebe, die Verschmelzung zweier Wesen, der narzistische Wahn zweier Subjekte, die sich gegenseitig töten. In *Pelléas* ist alles umgekehrt: Du verstehst nichts von alledem, was passiert. Du weißt nicht, wie alt Mélisande ist, noch woher sie kommt, nicht einmal, ob die beiden Liebenden schuldig geworden sind. Die Unsicherheit ist Mélisandes Melodie, das Geheimnis ihre Garantie. Wie Golaud triffst Du auf Mélisande, Du wirst nie erfahren, was sie sagt, noch was sie denkt, ob sie die Wahrheit sagt, weshalb sie stirbt. Sie widersetzt sich bis zum Ende: geheimnisvoll, selbst bis in den Tod.
Wie Isolde, kommt Mélisande von anderswo, gewaltsam geraubt, fast mit Gewalt verheiratet, in Ermangelung eines Besseren, unterworfen, was kann ein verstörtes Mädchen im Wald auch anderes tun, als dem Mann zu folgen, der ihr soviel Angst einjagt? Dies ist das erste Anzeichen ihrer Hexerei: Mélisande, die vom Himmel fiel, ohne Herkunft, von Grund auf störend, ist frei, und sie ist eine Hexe. Sie ist wild, wie ein Tier hat man sie mitten im Wald gefunden; bei einem Brunnen hat man sie gefunden, eine mythische Erbin der Jungfrau mit dem Einhorn, der im Wald Umherirrenden. »Bei ihrer Erscheinung hat die Hexe weder Vater noch Mutter, weder Sohn noch Gatten, noch Familie. Sie ist ein Ungeheuer, ein Meteor, der von nirgendwo her kommt. Wer, oh großer Gott, würde es wagen, sich ihr zu nähern?«, ruft Michelet aus, als er seine Hexe mitten in die Natur setzt. Eine Hexe, mit ihren langen offenen Haaren, ihren Antworten, die keine sind, ihren viel zu klaren Augen. Eine Hexe, diese Frau, die aus dem Unbekannten kommt. So stark ist das Geheimnis, daß man bisweilen den gerissenen Faden neu verknoten wollte, den Fa-

1 *Pelléas et Mélisande*, Oper von Claude Debussy und Maurice Maeterlinck.

den der Jungfrau, die mit dem Nordwind davongeflogen ist; man hat ganz grob die Geschichte von Mélisande mit der von Blaubart verknotet. Die verstörte Blonde am Brunnen wäre keine andere, als die siebte Frau des Phallokraten mit den verschlossenen Schränken und Zimmern. Die auferstandene verbrannte Jeanne d'Arc; ach wo, nicht einmal das, nur ein kleines konventionelles Opfer, eine Rose im Dunkeln, eine Perücke mit strohblonden Zöpfen, all das, was Pierre Boulez als »blutleere, dumme Postkarte« bezeichnet.

Aber Mélisande ist frei. »Wo ist sie?« fragt sich Michelet noch immer, bezüglich dieser überlegenen Frau. »Wo ist sie? An unmöglichen Orten, in dornigen Wäldern, auf der Heide, wo ineinander verwobene Stacheln und Disteln kein Durchkommen zulassen. Nachts unter irgendeinem alten Dolmen. Wenn man sie dort findet, ist sie doch immer noch durch das allgemeine Entsetzen isoliert; sie hat so etwas wie einen Feuerring um sich herum ...« Sie ist gefangen, hat sich vom Jäger anstelle des Wildschweins fangen lassen, das ihm entwischt ist; sie ist Gefangene einer Welt ohne Himmel und ohne Sonne, aber frei in diesen Momenten des Ausbrechens. Frei, mit ihren Haaren. Ach, Mélisandes Haarpracht, Pelléas am Fenster, personifiziertes Blond, eine Sternschnuppe, wie die Berenikes am Himmel von Ägypten ... Gestirnefrau, Sternefrau, Frauengeheimnis, Symbol der männlichen Begierde, die sie sorgfältig, sanft umdrehen wird.

Diese Haare sind eine Körperbehaarung. Durch dieses sublimierte Element erlangt Mélisande wieder die seidige Behaarung der Tierfrau, die sie nie aufgehört hat zu sein. Michelets Hexenfrau verwandelt sich in eine sanfte Wölfin, ihr Jägergatte bricht ihr den Lauf. Und mit ihrem Pelz, der ihr das Haupt umhüllt, gibt Mélisande den Männern Zeichen. Golaud sieht ihr Gesicht nicht; sein Bruder Pelléas ist in der Seele getroffen, als die blonden Haare in den Brunnen fallen und das Wasser berühren. Er stürzt sich hinein, verbirgt seinen Kopf in der Flut, wie ein Liebhaber sich an anderer Stelle in den Pelz derjenigen hineinstürzt, die er liebt; wie fern doch die kleine Unschuldige ist, wie nah, meine Herren, ist doch der wildeste, körperlichste Erotismus. Es ist nicht weiter erstaunlich, daß Golaud später an ihren Haaren der Sünde zerrt, vorwärts, rückwärts, er hat sie gut im Griff, er geiselt sie, sagt, daß sie endlich zu etwas nütze sind, diese Haare; er könnte nicht besser ausdrücken, daß sie bis jetzt, mit ihm, keine Funktion hatten. Mélisande hat sowohl etwas vom Teufel, als auch vom Tier, vom Oben und Unten, ganz nahe den primitiven Empfindungen, an die sich die Menschen nur noch aufgrund ihrer Körperbehaarung erinnern. Als Golaud sie trifft, weiß er nicht, was da am Rande des Wassers stöhnt. Was da weint, ist nicht wirklich eine Frau, nicht wirklich ein menschliches Wesen: »ein kleines Mädchen, das am

Rande des Wassers weint...« Das weint eben, unbestimmt, ohne Form. Das Geheimnis.

Aber von ihren Haaren macht sie Gebrauch. In dem von ihr gewählten Augenblick. Sie löst sie, frisiert sie, in dem einzigen Augenblick, in dem sie, endlich allein, in einer Regung der Eigenliebe und der Freiheitsliebe vor sich hinsingt. Sie kämmt ihr Haar, sie besingt es, sie spricht davon. »Meine langen Haare reichen bis an den Sockel des Turms...« Nach ihrem Haar, das hier in der Nacht gefeiert wird, kommen die Schutzheiligen, dann die Stunde und der Tag ihrer Geburt. Daniel, der Schutzheilige der Öfen, Michael, der Drachentöter, Raphael, der Erzengel und Besieger Satans: Flammen, teuflisches Getier, wie ihr Himmel nach Hölle riecht... wie das Engelswesen bereit ist, sich umzukehren. Mélisande ruft die Erzengel an, die Bekämpfer der Schlange und der Frau, während sie ihr Haar löst, eine unbewußte Lilith mit dämonischen Augen. Und dann... »Ich bin an einem Sonntag geboren, an einem Sonntag zur Mittagszeit.« Fromme Referenz an den Tag des Herrn, an die heilige Stunde? Ja. Aber es ist auch die Stunde des heidnischen Wahns. In Süditalien, dort wo in früheren Zeiten die reisenden und durchziehenden Griechen die Magna Graecia gründeten, mitten in Apulien, gibt es ein befremdliches kollektives Phänomen. Frauen werden von Taranteln gestochen, jenen giftigen Spinnen, die den verrückten Tanz verursachen, der beinahe ihren Namen trägt, die Tarantella. Nun existieren aber diese Spinnen nicht, ebensowenig ihre vollständig fiktiven Stiche. Und dennoch nennen die Frauen, deren leidender Körper an anderer Stelle getroffen wurde, die Stunde, den Tag, den heiligen Augenblick ihres Einstichs. Und das ist oft: der Sonntag Mittag. Die Stunde des Löwen Sonne, die heilige und verrückte Stunde. Um aus dem merkwürdigen niedergeschlagenen Sehnen herauszukommen, in das sie von den Spinnen versetzt werden, haben diese Frauen keinen anderen Ausweg, als jenen kriechenden und entfesselten, endlosen Tanz. So schüttelt Golaud sie, hin und her. An einem Sonntag Mittag: hört unter Mélisandes Erstarrung den zurückgekehrten Wahnsinn, das Unglück, das sich nicht auszudrücken vermag, der Körper, der nicht mehr kann, der Körper der kleinen Bacchantin mit dem aufgelöstem Haar.

Einer anderen Hexe ganz ähnlich, einer unschuldigen Prostituierten, von einem Frauenvorführer in Szene gesetzt, Georges Bataille, Schöpfer der *Madame Edwarda*. Der Körper dieser Frau, die er zufällig in einem Bordell fand, wurde zuvor von Männern bearbeitet, wie Mélisande. Auch sie weiß nicht mehr, wer sie ist, noch woher sie kommt. »Ihre Stimme, wie auch ihr graziler Körper, waren obszön.« Das Obszöne im ursprünglichen Sinn ist Träger des bösen Vorzeichens: diese Stimme, die nie wankt, diese Stimme der Pythia, was sie sagt, ist stets wahr, ohne daß sie die Wahrheit sagt. Diese Stimme, die

Golaud wahnsinnig macht, diese Stimme, die nie antwortet, diese Stimme, die Pelléas bezaubert, diese Stimme, die nur von sich spricht. Es hat schon seine Richtigkeit, wenn sie im Augenblick des Sterbens von jenem kleinen Stückchen Körper spricht, das aus ihr herausfiel, ohne daß sie es bemerkte, von ihrer kleinen neugeborenen Tochter. »Sie tut mir leid.« Ihre letzten Worte, vielleicht die einzigen Prägungen von Menschlichkeit, die einzigen Worte, bei denen sie nachgibt. Madame Edwarda verfolgt die gleiche Suche nach ihrer geheimen Identität und sucht in exzessiven Lusterlebnissen das gleiche feminine Geheimnis zu enthüllen, das sie sorgsam maskiert. Die beiden Anmutigen entwischen schließlich dem Blick der Männer: denn Bataille, Maeterlinck, Debussy haben uns diese Traumgestalten geschaffen, diese geknechteten Kindfrauen, damit uns diese schuldigen und verführerischen Bilder heimgezahlt werden. Es sind Fiktionen, Phantasmen von Männern: »Eine kalte Morgenröte ging von ihr aus, eine Transparenz, auf der ich den Tod ablesen konnte.«[1]

Weil sie für Generationen von Männern ein Phantasma darstellt, wird Mélisande Fragen unterworfen. Schau Dir die Nachdrücklichkeit von Golauds Fragen durch die ganze Oper hindurch an. Vom ersten Aufeinandertreffen an, als er sie kaum sieht, so dunkel ist es; es ist immer dunkel, wenn er seine Fragen stellt. Golaud trifft zuerst auf eine Stimme, die wie eine Geige weint. Und sofort fragt er sie aus: »Warum weint Ihr?/ Warum weint Ihr so?/ Hat Euch jemand weh getan?/ Wer hat Euch welches Leid angetan?/ Woher kommt Ihr?/ Von woher seid Ihr geflohen?/ Woher seid Ihr, wo seid Ihr geboren?/ Was glänzt dort auf dem Grunde des Wassers?/ Wer hat Euch eine Krone gegeben?/ Ist es lange her, daß Ihr geflohen seid?/ Schließt Ihr nie die Augen?/ Warum seht Ihr so erstaunt aus?/ Wie alt seid Ihr?« ... Wie neugierig dieser Mann doch ist, der all die Fragen nach Stammbaum, Herkunft stellt, soziale Fragen, solche des guten Tons, Fragen des Herrn, der einzuordnen, zu definieren sucht. Fragen ohne Antworten, außer den beiden, mit denen er die Kleine dran kriegt: »Wollt Ihr mit mir kommen? Wie heißt Ihr?« Bis zur letzten Frage Golauds, auf die er keine Antwort erhalten wird: »Wart Ihr schuldig?« Ach, von Anbeginn an ist es doch die gleiche Frage. Wen gab es vor Golaud, daß Mélisande schuldig wurde wegen dieser Krone, die auf dem Grund des Brunnens schimmert und die ihr ein anderer Mann gegeben hat, aber wer? Mélisande, die schuldig ist, weil sie von nirgendwoher kommt, geflohen, ohne daß man wüßte, weshalb und vor wem?

Sie ist auf der Hut. Sie biegt die Fragen um. Wollt Ihr mit mir kommen? Antwort: »Ich fange an zu frieren.« Ihre ersten Worte sind eine absolute Schutz-

1 Georges Bataille, *Madame Edwarda.*

maßnahme: »Rührt mich nicht an, rührt mich nicht an, sonst stürze ich mich ins Wasser.« Einmal jedoch antwortet sie. Oder vielmehr tut sie so, als würde sie antworten. Als Pelléas sie fragt: »Seit wann liebst Du mich?« Sie: »Seit jeher, seit ich Dich gesehen habe«, und die Stimme entflieht in eine außergewöhnliche Süße. Aber Pelléas ist sofort beunruhigt: »Du wirst nicht vor mit fliehen? Wo sind Deine Augen?« Die Augen sind davon. »Du schautest woanders hin«, sagt er zu ihr und wirft ihr bereits ihre Autonomie vor. Sie, wahrheitsgemäß: »Ich sah Dich woanders ...«

Zu spät. Das ist die Anklage, und die Flucht ist das Verbrechen. Um zu wissen, ob eine Frau eine Hexe war oder nicht, in jenen Zeiten, in denen man sie zu Tausenden verbrannte, um die christliche Erde zu säubern, waren – und das war schriftlich festgelegt – die Inquisitoren angewiesen, insbesondere den Blick, die Sprache und die Stimmen der angeklagten Frauen zu überwachen. »So wird also, wenn eine Seele stark zum Bösen neigt ..., der Blick dieser Person giftig und schädlich ... die Augen durchdringen die Luft, die sich bis zu einem bestimmten Ort ausdehnt.« Durch Ansteckung überträgt der Blick die diabolische Besessenheit. Diabolisch heißt wörtlich: was abweicht. Golaud hält in seinen großen Mörderhänden das Gesicht Mélisandes: »Diese Augen, ich hab sie am Werk gesehen ... man könnte meinen, daß Engel darin unaufhörlich Taufe feierten ...« Engelsgleich, teuflisch: der klare Blick verdammt Mélisande. Genau wie ihre Stimme: »Verlogen von Natur aus, ist sie es in ihrer Stimme, sie sticht zu indem sie bezaubert«, schreiben die Inquisitoren in ihr mittelalterliches Handbuch, den *Hexenhammer.* Sie spricht eine Sprache, die dazu gemacht ist, angeklagt zu werden, eine zauberhafte und schuldige Sprache. Lügnerisch und geheim.

Von Seiten der Männer, die sie ausfragen, ist das ein ganz gezieltes Geheimnis. »Das unersättliche Vergnügen zu fragen«, schreibt Freud, »welches ein bestimmtes Alter in der Kindheit charakterisiert, erklärt sich durch die Tatsache, daß sie eine einzige Frage stellen müssen, die nicht über ihre Lippen kommt; so erklärt sich die Schwatzhaftigkeit vieler Neurotiker durch den Druck eines Geheimnisses, das zur Mitteilung drängt und das sie indes, jeglicher Versuchung zum Trotz, nicht verraten.« Die einzige und einfache Frage: Woher kommen die Kinder? Woher kommt Mélisande ohne Eltern? Und was hat sie mit dem gemacht, der ihr die goldene Krone gegeben hat? Golaud fragt sie aus und auch Pelléas; sie wissen nicht, was sie dazu drängt, aus einer zufällig gefundenen Frau den Gegenstand all ihrer Begierden zu machen. Mélisande, der Spiegel zweier Brüder, die sich um sie schlagen und ihr beide auf den Leib rücken, wie um aufeinanderzutreffen. Mélisande taugt für alle männlichen Projektionen. Am Ende des Wegs bleibt Golaud alleine zurück mit seiner lebenden Frage, dem kleinen Mädchen, und Pelléas ist darüber ge-

storben. Einzig der alte Arkel, der nicht mehr im Alter der Sexualität steht, kann sich den philosophischen Luxus behauptender Phrasen ohne Fragen leisten, über das Leben, die Liebe, den Tod, das Schicksal. Es gibt auf der Bühne immer einen Greis, der den Übergang bezeugt, um die Kontinuität eines Lebens zu sichern, das nicht im Drama enthalten ist. Arkel nimmt das Kind an sich und bringt es aus dem Sterbezimmer fort: »Jetzt ist die Reihe an der armen Kleinen.« Normas Vater, der alte Druide, nimmt die Kinder der schuldigen Priesterin an sich; der alte Kaiser von China nimmt die erste Einwilligung seiner Tochter entgegen, als diese in den hinteren Rang zurücktritt. Furien, Hexen, im Fallen begriffene Mondgöttinnen, übergeben ihren zu Zärtlichkeit gewordenen Zorn, ihre lebenden Kinder, ihren extremen Überdruß, an Mitleid fühlende alte Männer.
Zwei Männer und eine Hexe haben den Übergang des Lebens blockiert, nach einer Familienstruktur, in der die Frau als Tauschobjekt an sich nichts gilt und Gefangene der Männerfrage ist. Sei's drum. Sei's drum, in dieser Oper wird ihnen nicht geantwortet. Mélisande ist eine Isolde, die der liebenden Verschmelzung entkommt, eine Isolde, die sich aus dem Staub macht. Die Inquisitoren proklamieren mit lauter Stimme: »Eine Frau, die alleine denkt, denkt falsch.«
Mélisande, Du kleine inexistente Schwester, wenn Du als Sängerin hoch oben auf dem Kartonturm Deine falschen Haare kämmst, wenn Deine einsame Stimme, die kein Orchester unterstützt, die Schutzheiligen und die Stunde Deiner Geburt anruft, dann fängt etwas alleine an zu singen, alleine zu denken, richtig zu denken.

... Nochmal in einem Wald.[1] *Ein düsterer russischer Wald in der Umgebung von Moskau, der schrecklichen Stadt, der Erbin von Iwans Zorn. Es ist der letzte Akt einer langen Geschichte von Rivalitäten zwischen Bojarengruppen, dem Volk und einem ganz jungen Zaren, der mit seinen wohl disziplinierten Soldaten aus Europa kommt. Peter der Große jagt die Altgläubigen, eine häretische und mächtige Sekte, in den Wald. Sie sind entschlossen, sich alle in einer großen, zum Opfer bereitstehenden Holzhütte selbst zu verbrennen. Um sie herum nähern sich die europäischen Trompeten des neuen Zaren. Die Zeit drängt; schon sind die alten Bojaren tot, die Chowansky, die sie beschützten. Eine Frau zieht sie in den Tod, wie sie es lange zuvor vorausgesagt hatte.*
Ja, lange zuvor hat die gläubige Bäuerin Marfa eine ahnungsvolle Weise gesungen, in der sie diese Szene beschrieb: ein kollektiver Holocaust, ein riesi-

1 *Chowanschtschina,* Oper von Mussorgski und Stassov.

ges Feuer für die Erlösung der Welt. Die Altgläubigen sterben für ein Symbol: anstatt das Kreuz mit der ganzen Hand zu schlagen, benützen sie nur drei Finger. Aber sie sterben auch für das alte zerrissene Rußland, während der starke Einiger ankommt. Als Marfa ganz sanft das Lied der Zukunft gesungen hatte, hatte sie der Pope unterbrochen: »Es ist noch zu früh, mein Täubchen ...« Die Hexe kommt nie zur rechten Zeit. Und Marfa ist eine Hexe. Sie sagt die Zukunft aus einer mit Wasser gefüllten Schale voraus, sie macht den Männern Angst. Jetzt ist ihre Stunde gekommen.

Und die schlosenweiße Marfa führt ihren entsetzten Geliebten mit süßen Worten zum Scheiterhaufen, während die mit Menschen gefüllte Hütte brennt, und während die Soldaten Peter des Großen um eine zusammenstürzende Welt Wache stehen.

... Für die Ewigkeit einer durch ihre eigenen Gräber auf immer eingestaubten Kultur, entschläft Aida in den Armen ihres Geliebten aus Ägypten. Unter dem Boden eines riesigen Tempels, an den Wurzeln von Säulen in der Form von Lotusblüten, die heute ausgebleicht und ohne Farben sind, singt die kleine nubische Sklavin, die gekommen ist, um bei einem Heerführer zu sein, der dazu verurteilt wurde, eingemauert zu sterben. Er liebt die Sklavin, die ihm versagt ist, er weist die Prinzessin, die Tochter des Pharaos zurück; er begeht unwissentlich Verrat, er nimmt sein Schicksal und den Tod an, den die Priester ihm bereiten. Im offenen Grab singen die vereinten Stimmen, die vom Himmel und der Erde sprechen, von denen Ägypten nur »die Gestade kannte, an denen man anlegt«, und den Boden der unterirdischen Grabkammern, die nie den Himmel sahen.. Auch die dritte Stimme singt, die lebende Amneris, die heftige, die starke, die rebellische.

Mariette-Bey, der Archäologe, den Ägypten adoptierte, dem er dessen eigene Vergangenheit entdeckte, hatte an der Konstruktion des Librettos von Aida[1] *Anteil. Aber die wissende Wiederherstellung erregt bisweilen weniger, als der Mythos, wenn man ihn einfach durch die sturen Schichten des Unterbewußtseins wirken lassen will. Und diese Aida der Träume ist mehr christlich als eine nubische Gefangene in Ägypten. Christlich ist auch ihr ritterlicher Radames. Aus Ägypten stammt lediglich die hohe Tochter des Pharaos, Amneris. Aus Ägypten stammen ihre Heftigkeit, ihre Würde, ihre Wut. Aus Ägypten stammt ihr düstrer, am den Boden des Tempels niedergeschmetterter Schmerz. Amneris, die von Göttern mit Tierköpfen heimgesucht wird, während das liebende Paar vom Verzicht und den Tugenden eines Abschieds von der Erde singt, verweilt in der Erstarrung der aufrechten Königinnen mit den*

1 *Aida,* Oper von Verdi und Ghislanzoni nach einem Thema von Mariette.

zierlichen Armen, diese ewigen jungen Mädchen, deren Lächeln immer noch die Wände der Gräber, die Säulen der Ruinen und die Kapitele erleuchtet, wo die Göttin Hathor mit den Kuhohren das Verlangen, die Trunkenheit und das Glück bedeutet.

Gegenüber der wilden und starken Amneris ist Aida schwarz, schwach, sanft, Sklavin. In der langen Geschichte des alten Ägypten, stehen sich zwei sehr wirkliche Frauen gegenüber, wie Amneris und Aida sich in einer einzigen Oper gegenüberstehen. Die Pharaonin Hatschepsut, dieser Frauenkönig, die sich in aller Ruhe durch zwei aufeinanderfolgende Ehemänner die höchste Macht, den falschen Bart und die beiden Kronen Ägyptens aneignete. Und Nofretete, die abgelegte Frau, die verratene Ehefrau von Pharao Echnaton, die sich widerstandslos exilieren ließ und vergessen in ihrem Hohen Schloß, mitten in einer verlassenen Stadt, starb. Er war der Urvater des Monotheismus; er wollte die unzähligen Götter vernichten, die das Leben in Ägypten sicherten. Er wollte einen einzigen Sonnengott durchsetzen, in dem die abendländischen Intellektuellen heute mit Freude die künftige Figur eines Moses sehen, wie Freud [1]oder Christus. Aber er verurteilte seine Frau zur lebenslangen Verbannung. Hatschepsut nahm die Vielgötterei in Schutz, um ihre Macht zu festigen; und wie ein guter Pharao errichtete sie Tempel, damit die Götter, wie jedes Jahr, das Übertreten des Nils und die Fruchtbarkeit der Felder sicherten. Schau hin: wir sind im Innenraum, der von Geschichte bevölkert ist, wo die Götter und die Natur leben. Schau Dir die beiden Heldinnen an, mehr schlecht als recht von Opernmännern zusammengeschustert, um die Einweihung des Suezkanals mitten in einem königlichen Grab zu feiern, Aida und Amneris erben auf konfuse Weise und dank der treuen Erinnerung eines leidenschaftlichen Archäologen etwas von den beiden größten Frauengestalten, die uns Ägypten überliefert hat. Aber die eine, Hatschepsut, hat mächtig regiert in einer Welt, in der die Götter lebten und das tägliche Leben regelten, und das wunderbar vorbereitete Leben jenseits des Todesstroms; und die andere, Nofretete, die Schöne mit dem geschwungenen Hals, hat für den monotheistischen Wahn ihres königlichen Gemahls mit dem Preis ihrer Freiheit bezahlt. Über die Grenzen der Wüste hinweg, von Erinnerung zu Erinnerung weitergetragen, das Lächerliche der prunkvollen Wiederherstellung mit goldenen Trompeten und Palmenwedeln aus Papier überwindend, erreicht uns, über tausende von Jahren hinweg, die uns von ihm trennen, der Kampf der Götter. Alle beide, Amneris und Aida, sind im Tempel eingeschlossen. Die Ägypterin, die autoritäre Pharaonin, ist von der Oper besiegt, verdammt zu leben; und die Nubierin ist verdammt zu sterben.

1 *Moses oder der Monotheismus*

Die erste findet man unter den ägyptischen Göttern wieder, die andere vollendet, dank der Güte des Himmels, ihren Tod.

...Am Ufer eines Flusses.[1] *Auf einem düsteren Scheiterhaufen liegt die Leiche eines Mannes: Siegfried, die Freude der Erde. Vor den stummen und ohnmächtigen Anwesenden streichelt eine Frau den Hals ihres Pferdes. Eine Frau weiß alles über diese Geschichte, die sich vollendet; sie weiß auch, was ihr noch zu tun bleibt. So entzündet Brünhilde den Scheiterhaufen, während zwei Raben in den flammenden Himmel fliegen und springt mit einem einzigen Satz in die Flammen. Der Fluß tritt über seine Ufer, eine Welt geht unter.*

... *Karfreitag, auf einer Lichtung.*[2] *Ein junger geheiligter Held hat soeben die Heiligkeit und den Graal erobert. In einem frühlingshaften Mysterium befreit Parsifal die Frau, die vor ihm kniet. Diese Frau, die lange Zeit eine Hexe und seit Jahrhunderten gefesselt war, hat das schlimmste aller Verbrechen begangen: sie hat gelacht – eines dieser leichten Lachen, das Hexen haben können, um die Götter lächerlich zu machen – als Christus vorüberging. Und als Parsifal ihr endlich die seit langem erwartete Erlösung bringt, stürzt Kundry tot nieder und kehrt in die Natur zurück, die ihr durch ihr Verbrechen genommen war.*

1 *Die Götterdämmerung,* Oper von Richard Wagner (Text und Musik).
2 *Parsifal,* Oper von Richard Wagner (Text und Musik).

SECHSTES KAPITEL

WAHNSINNIGE, NEGER, NARREN ODER DIE HELDEN DER ENTTÄUSCHUNG

Wo endlich von Männern die Rede ist; aber nicht von den richtigen. Wo man einen Neger sieht, der in eine Blonde verliebt ist; wo ein altes Kind von den Feen Englands gerettet wird; wo ein Schuhmacher und Poet Evas Fuß beschuht und ihr die Hand Adams gewährt. Wo die Götter zu sterben drohen . . .

Alles wäre so einfach, alles wäre so sauber, wenn dieser Schnitt zwischen Mann und Frau die Welt so klar in zwei antagonistische Hälften trennen würde, wobei die eine der anderen hart zusetzen würde, seit grauer Vorzeit . . .

Aber die Oper ist ein Abbild unserer historischen Wirklichkeit; und dieser Spiegel zerbricht an den Stellen, wo das Bild sich teilt, sich plötzlich vervielfacht. Ich meinte zwei Figuren zu sehen, wie auf den Gemälden der Triptychen: links ist Adam, mit leicht unsicherem Blick, wie er seine nagelneuen Glieder und seine böse Männlichkeit reckt; rechts, noch ganz schüchtern, in Helligkeit gehüllt, ist Eva, mit schwer lastendem Blondhaar. Ich vergaß das zentrale Gemälde: Heilige Geburt, Familie der heiligen Jungfrau, Christi Familie; ich vergaß, daß die beiden Hälften des Geschlechts lediglich durch die zentrale Darstellung einer Empfängnis ohne Fleischesakt getrennt sind, wo die Vereinigung zweier getrennter Wesen nicht stattfindet, wo einzig die Heilige Familie den Mann und die Frau grenzenlos getrennt hält, jeden in seinem Gemälde.

Die Oper ist wirklicher. Sicher, Eva wird darin als Frau besiegt, ohne Unterlaß gequält, liegt ohne Unterlaß sterbend darnieder und wird wiedergeboren, um noch besser zu sterben. Aber da kehren meinem Ohr verratene, verletzte Männer zurück, Männer, denen Frauengeschichten widerfahren; Männer, die den Status von Eva haben, als ob sie ihren inneren Adam verloren hätten. Und jene sterben wie die Heldinnen; sie weinen und jammern am Boden, sie beklagen sich. Und wie die Heldinnen, sind sie von richtigen Männern umgeben, von richtigen Adams, die sie niedergeworfen haben. Sie nehmen Teil an der Weiblichkeit: ausgeschlossen, mit dem Stempel einer grundlegenden Fremdheit, sind sie dem Verderben geweiht.

Sie sind wahnsinnig, eine Beute liebestoller oder mystischer Delirien. Sie sind schwarz, ihre Haut hat nicht die Farbe der anderen, und in ohnmächtiger Wut wälzen sie sich am Boden. Sie sind gekrümmt, über ihren buckligen Körper lachen die gerade gewachsenen Männer, und sie sind Hofnarren. Sie sind dick, kurzatmig, lächerlich und werden von allen verspottet. Sie heißen Parsifal, Tristan und sind junge abgewiesene, unschuldige oder vom Tod gezeichnete Helden; Otello, der Mohr aus Venedig, der in die viel zu blonde Desdemona verliebte Fremde; Rigoletto, der Hofnarr des Herzogs von Mantua, entsetzlich in der Angst und im Lachen; Falstaff, der alte junge Mann, berauscht vom Bier und von verlorenen Träumen. Mehr als die weiblichen Hosenrollen mit zweideutigem Charme, mehr als der junge Octavian und der charmante Cherubin, sind sie mit den Frauen in der Niederlage verbunden.

Wie die Hexen, haben sie die Grenze eines einzigen der beiden Geschlechter überschritten. Die ungezeugten, androgynen Hexen entkommen der weiblichen Rolle, der sie eine autonome Würde außerhalb jeglicher Norm verleihen; und ihrerseits sind die Wahnsinnigen, Neger und Narren keine richtigen Männer. Ihre männliche Statur kann zwar unerschütterlich wirken; aber ein Zug entstellt sie, macht sie verletzlich, rührend, bald tödlich getroffen. Für Tristan ist es der Tod seiner Mutter, der ihn empfänglich macht für den taumelnden Wahn, die tödlichen Halluzinationen, den geträumten und schließlich ausgeführten Selbstmord. Für Parsifal ist es die mittelalterliche Unschuld, die Debilität des Kindes, das kein Wort herausbringt; einzig der Mystizismus wird ihn aus der Psychose herausholen, falls er keusch und in seiner Reinheit anormal bleibt. Für Otello ist es seine Hautfarbe und seine Diskriminierung, seine Wut und seine Epilepsie; für Rigoletto ist es sein Bukkel, seine Häßlichkeit und seine Tochter. Für Falstaff ist es seine exzessive Beleibtheit und seine Freundlichkeit eines dicken, unbewußten Stück Specks.

Sie bringen aus der Fassung, sie verwirren. Sie sind anders, fühlen sich nicht wohl in ihrer Haut. Sie erzeugen entweder Angst oder Lachen; aber das ist das gleiche. Über Jahrhunderte und Geschichten hinweg, über Welten und Meere hinweg haben sie, wie die heidnischen Hexen in der christlichen Welt, von vergessenen Göttern geerbt. Griechische Götter, afrikanische Götter, deren jetzt verwischte Wesenszüge das abendländische Gedächtnis, sorgsam darauf bedacht, die Erinnerung eines mit familienfreundlichen Göttern verzierten, artigen Pantheons zu bewahren, nicht zu konservieren verstand.

Der afrikanische Weltordner Legbà ist ein Brücken- und Wortschleuderer: Als Gott der Sprache und der Schwänke ruft er gleichermaßen Lachen und Gefahr hervor.

Baubo, die kleine Alte der korinthischen Landschaften, war die einzige, die die Göttin Demeter zum Lachen bringen konnte, als diese voller Trauer ihre vom Gott der Unterwelt entführte Tochter Persephone suchte und nichts mehr auf der Erde wuchs, und es war Winter und Hungersnot. Baubo hob ihre Altweiberröcke und zeigte ihren Hintern der Demeter, die anfing zu lachen, schallend warmherzig, endlich lebendig; und die Pflanzen fingen wieder an zu keimen, es war Frühling.

Teiresias der Seher, erhielt die Macht seiner Sprache, weil er eine Göttin mit seinen Diensten geehrt hatte; er konnte sieben Jahre lang wie eine Frau leben, sieben Jahre lang wie ein Mann; aber da er das Geheimnis der weiblichen Lust nicht für sich behalten konnte und Zeus verriet, daß sie siebenmal größer als die des Mannes sei, wurde er von Hera gestraft, die ihn blendete.

Folgt den Punkten der Kette, verwebt nun den lustigen Kobold, die obszöne Alte und den androgynen und blinden Seher: ein Kind, ein Greis, ein Hermaphrodit. Sie sind das, was man »tricksters« nennt: Mistviecher, Hausdrachen, Weltenschöpfer, eine göttliche Gegengesellschaft, die durch Sakrilege und Provokationen voranschreitet. Sie lösen, sie zerstören, sie verursachen Kurzschlüsse und Zickzack-Strecken; sie verdrehen den rechten und festgefahrenen Gedanken und brechen ihn in unzählige Splitter, so sehr, daß die friedlichen Oppositionen, die bornierten Klassifikationen verschwinden. An ihre Stelle tritt die freudige und perverse Unordnung, die Öffnung des Gedankens, die Unmöglichkeit zu schließen, einzuschließen. Diese Wesen befreien, gebären, triften ab; ohne sie wären die Grenzen der Welt stets die gleichen. Mit ihnen werden Horizonte verlagert, verändern Berge ihre Form, werden Brücken gebaut, reichen sich Hände. Auf der Opernbühne sind sie zur Niederlage verdammt, wie die Frauen, weil die hier vorgestellte Welt keinerlei soziale Überschreitung, keinerlei Abtriften erträgt, ohne streng gestraft zu werden. Ihr trauriger oder komischer Gesang aber gleicht sich dem der Frauen an; düster im Wahn oder leuchtend in der Fröhlichkeit entwischen sie dem Mann-und-Frau-Spiel und werden ihrerseits Helden der Enttäuschung. Der Anthropologe Roger Bastide sagte von den »tricksters«, daß sie im Wesen gleichzeitig gefährlich und komisch sind. Vom Lachen bis zur Angst besetzen sie in der Oper den Platz der ewigen Randexistenzen, die in die geschlossenen Räume unserer Ghettos abgedrängt werden: die Irren sind den Irrenanstalten geweiht, die Neger dem Rassismus, die Narren der Lächerlichkeit aller.

So wird, an einem eiskalten Tag, im von Mussorgski beschriebenen alten Rußland, ein armer Narr, den die Kinder ohne Unterlaß quälen, halb tot geschlagen, zu Boden geworfen, trotz seiner Sanftmut und seiner sehr hohen Stimme, die einer krächzenden Frauenstimme nahe kommt. Aber dieser Einfältige ist der einzige, der die Wahrheit sagen kann; und als der allmächtige Zar, Herr über alle russischen Länder von damals, herauskommt, sagt ihm der Einfältige mit seiner klaren Stimme. »Boris, Mörderzar.« Alle denken und flüstern es ganz leise; und er, der Einfältige sagt es, weil es seine Aufgabe in dieser Welt ist, die Wahrheit zu sagen. Boris Godunow[1] bestraft ihn nicht: man rührt die »Einfältigen des Herrn« nicht an, die Sehenden mit dem Zeichen des göttlichen Wahns. Mit seinen albernen Küchengeräten auf dem Rükken ist der Einfältige lächerlich und trägt doch die göttliche Gefahr in sich. »Trickster«: düsterer Possenreißer, verzweifelter Schalk, für immer verlorener Narr, außerhalb aller Gesetze. Aber die Väter, die Könige, die symbolischen Machthaber zittern vor ihnen; und da sie bereit sind, alles zu verlieren, fordern sie die höchste Ordnung heraus, verhöhnen sie alle Mächte. Sie sind Träger der Revolten, in Körper und Fleisch stecken ihnen die Revolutionäre; undeutliche, verschwommene Wesen, die Keime der Zukunft.

Der Wilde mit den wulstigen Lippen

Alles fängt dort unten an, als die Nacht hereinbricht. Man sieht nichts, dunkel wie im Negerarsch, sagte man zu Zeiten des schönen Kolonialismus. Was man sieht, wird sichtbar im Lichte eines Gewitters; ein Segel, eine Standarte, den Löwen von San Marco. Und den Mohren aus Venedig im Schein der Blitze.

Du mußt wissen: *Otello, ein Mohr nach Hautfarbe und Herkunft, hat sein Leben und seine ganze Kraft der Verteidigung der Patrizierstadt Venedig geweiht. Zurück in der Stadt, nach siegreichen Kämpfen, hat er Desdemona, ein Mädchen aus Venedig entführt und geheiratet. Sie legen in Famagusta in einer gewittrigen Nacht an, die das Schiff mit Mühe und Not übersteht. Das paßt Jago, einem Fähnrich Otellos, nicht in den Kram. Um den Helden zu Fall zu bringen, beschließt er, dessen Eifersucht zu wecken. Und es gelingt ihm dadurch, daß er ihn auf Nichtigkeiten aufmerksam macht: ein Desdemona geraubtes Taschentuch wird zum einzigen Beweis ihrer Untreue. Desdemona nimmt ohnmächtig am Untergang ihres Glücks teil. Otello wird immer wahnsinniger. Als eine venezianische Delegation zu Besuch kommt, wirft er Desdemona zu Boden, dann wälzt auch er sich in einem epileptischen Anfall. In der folgenden Nacht erwürgt er Desdemona, dann, als der endlich demaskierte Jago seinen Haß und seine Intrigen zugibt, tötet er sich mit seinem Degen und stirbt über der Leiche der wiedergefundenen Desdemona.*[2]

Man wird indes Shakespeare vergessen wollen; man wird nur einige unbestimmte Reminiszenzen, blasse Spuren des ursprünglichen Texts finden. Man

1 Oper von Mussorgski (Text und Musik) nach Puschkin
2 Oper von Verdi und Boito, nach Shakespeare.

wird erfahren, aber woher, daß das bestickte Taschentuch, das Otello Desdemona gegeben hat, dieses anklagende Taschentuch, seiner Mutter gehörte, die vielleicht eine Zauberin war... man meint sich zu erinnern, daß es zwischen Otello und Jago eine Frau gibt, Emilia, die Jago geheiratet hat, aber sehr wohl von Otello beschlafen worden sein kann. Aber die Oper geht ihren eigenen Gang, verlangt ihre eigene Hörbereitschaft, sie vergißt, sie weiß nicht mehr, und in der ganz nackten Intrige, die den Helden in den Tod geleitet, treiben musikalisch Reste einer verlorenen Dramaturgie.

Aber man hat auch irgendwo in einem Winkel der Netzhaut einige Bilder aus der Vergangenheit dieser Geschichte, die einem nicht aus dem Sinn gehen; ohne im Voraus zu wissen weshalb, kann man die Negerfiguren in den nationalistischen Filmen von D. W. Griffiths nicht mehr vergessen, die Weißen mit Schuhwichse, und Orson Welles im Halbprofil, wie er die Stufen der Zitadelle von Mogador herunterschreitet. Aus weiß wird schwarz: die Tenöre, die Otello singen, haben geschwärzte Gesichter.

Man wird versuchen zu begreifen, weshalb so viele Männer Freude daran gefunden haben, sich mit dem schwarzhäutigen Mohren zu identifizieren; Louis Aragon in *La Mise à mort,* wo er den Schriftsteller und den Wahnsinn durch *Othello* darstellte; und die von Jacques Prévert in *Die Kinder des Olymp* inszenierte Figur des Frédérick Lemaître, des romantischen Schauspielers, der endlich die richtigen Töne der Eifersucht findet, um den *Othello* zu spielen, als er die schwarz verschleierte Garance, die er eifersüchtig liebt, in ihrer Loge sitzen sieht. Für all diese Männer, die sich in der Veränderung wiederfinden, für den Schauspieler, der seine Haut eintauscht, für den Schriftsteller, der den Narzissmus eintauscht, stellt *Otello* die wünschenswerte, gefährliche Mutation dar. *Otello,* der sich eine weiße Statue mit schwarzer Schminke errichten muß.

Zwischen Otello und Venedig gibt es nicht die geringste sichtbare Entfremdung. Der Löwe von Venedig, der auf der Kriegsstandarte brav die Pfote hebt, ist er. Die Stadt Venedig ist in ihren Emblemen und in der weißen Haut der Frau, die ihr geraubt wurde, der blonden Desdemona, gegenwärtig. Und später, wenn Otello am Boden liegt, vom Anfall überwältigt, während die Zyprioten draußen »den Venezianischen Löwen« bejubeln. setzt ihr Anführer Jago den Fuß auf den bebenden Körper und ruft: »Ecco il leone!« Hier ist der Löwe! Am Boden, speichelnd, röchelnd, seiner Krallen benommen.

Der Löwe ist nämlich, wie in der Fabel, in eine Schöne verliebt; darin liegt seine Schwäche, an der ihn Jago packt. Dort befindet sich Otellos Bruch. Damit eine Ehe den verwandtschaftlichen Normen entspricht, muß man eine kräftige Distanz wahren, um den Gesetzen der Exogamie zu genügen. Zu nah bedeutet Inzest; zu weit bedeutet Krieg. Zu nah ist Jokaste oder Isolde: der

Tod. Zu weit ist Otello: nochmal der Tod. Desdemona und er haben mit einem Flügelschlag alle Distanzen hinter sich gelassen: die Hautfarbe, den Klassen- und Altersunterschied. Und weil alles auf einer Insel spielt, liegt alles offen zutage: es gibt keine Familie und keinen Heimathafen mehr. Alle beide sind sie in etwas anderem vereint, Symbol ihrer Überschreitung. Aber Desdemona ist auf einer Insel, die zu Venedig gehört; der Raum ist belegt. Otello ist vollständig alleine, ein illusorischer König auf seiner Insel, verloren inmitten der Weißen.

Die Männer, die anderen Männer vergessen nicht, wer der andersartige Otello ist. Jago spricht als erster die Worte des rassistischen Ausschlusses aus. »Di quel selvaggio dalle gonfie labbra ...« Dieser Wilde mit den wulstigen Lippen. Dieser Ausgeschlossene in der Position des Herrn, geschmückt mit den Federn des Stammeshäuptlings; dieser Narr, der sich um die Angelegenheiten der Weißen kümmert, dieser Neger... Er darf mit den Augen rollen, sich auf der Erde krümmen: es ist der groteske Otello. So nah, so nah dem verliebten Otello, daß einem schwindelig wird. Die Oper beginnt mit einem Gewitter, dem ein Orgasmus folgt. Die Nacht ist vollständig hereingebrochen; die letzten Wolken verziehen sich. Die betrunkenen Fähnriche sind geschlagen; Otello hat die Degen wieder zurückgesteckt. Und da tritt Desdemona auf, die vom Lärm der Waffen geweckt wurde. Sie kommt aus dem Bett, in dem sie kurze Zeit später sterben wird. Und hier, auf der Schwelle zum Schlafzimmer, noch mit der frischen Erinnerung an die Blitze und das Durcheinander der Degen, lieben sie sich in ihrer ersten Liebesnacht.

Wie sollte man nicht gerührt sein, wo man doch das Ende der Geschichte kennt? Schaut Euch diese herrlichen Liebenden an, einer auf den anderen eingestimmt in einem großartigen Duett, in dem nichts vom Verlangen, noch von seinen Quellen verborgen wird. Ach, wie sie schon alles in sich tragen, wie nah die Gefahr ist! Desdemonas erste Worte der Liebe lauten: »Mein herrlicher Krieger...« Ihr liebender Austausch findet durch den Zorn des Krieges statt; den Gipfel der Lust erreichen sie am Ende eines langen Wegs, auf dem sich, wie Desdemona sagt, » der Schrecken in der Seele und die Extase im Herzen« kreuzen. Gefahr. Otello liebt den Krieg, das Gewitter, die Gewalt: »Und soll der Krieg auch toben und die Welt zugrunde gehen, wenn nach dem riesigen Wüten die riesige Liebe kommt.« Wut, Liebe, der ganze Otello ist in diesen beiden Wörtern enthalten: er geht vom einen zum anderen, von der Wut zur Liebe, er kennt nichts anderes, er kennt das Maß nicht. Er kommt nämlich von anderswo, und niemand hat ihm wirklich gute Sitten beigebracht, welche Distanzen man wahren muß. Er wahrt überhaupt keine: weder in der Gewalt, noch in der Liebe. Genau das verführt Desdemona: seine Erzählungen der Schlachten, die Angriffe, die Schreie, die Düfte, nach denen er immer riecht... Wie sie doch sofort aus dem Bett gestiegen ist, die kleine schlafende Venezianerin, als sie gehört hat, wie die Männer sich schlagen! Er erzählte ihr von seinen Kriegen, seinen Wüsteneien, seiner Sklaverei; sie weinte und seufzte, als sie ihm zuhörte; und sie verschränken erneut, was sie am Anfang ihrer Liebe austauschten und besingen gemeinsam das »Ich« und das »Du« eines Gebens und Wiedergebens, das sie »ihre Liebe« nennen. Und vom Krieg zu Tränen, vom Mitleid zu dessen Einlösung haben sie das äußerste Verlangen erreicht.

»Venga la morte«, singt Otello genau in diesem Moment. Jenseits ist nichts mehr: soll der Tod doch kommen. Der Mohr, der Heide hat keine Alternative; aber Desdemona, die gute kleine Christin, nimmt sich ihren Rüpel vor, ihren schlecht getauften Bären. Jenseits, und das weiß er nicht, gibt es den Himmel. Da Desdemona das träge Geflecht eines heidnischen Verlangens, auf das ihre christliche Engelhaftigkeit antwortet, verschließt, bewirkt ihr »Amen« den ruhigen Übergang. In einem Kommen und Gehen von sehr hohen und sehr tiefen Tönen vereint Desdemona den christlichen Himmel ihrer Kindheit mit der heidnischen Erde Otellos.

So ist ihre Liebestaufe seine Stunde, die er unaufhörlich wiederholen möchte. Die Stunde der Körper und der Vereinigung des vom schwarzen Körper umschlungenen weißen Körpers. Welche quälenden Umwege er einschlägt, um diese Szene zu wiederholen! Ein erstes Mal singt er verzweifelt Worte der Liebe, die ohne Folgen bleiben: »un bacio, un bacio ancora...« Einen Kuß, noch einen Kuß; er ist verrückt vor Liebe, bereits verrückt. Ein zweites Mal, als alles zu Ende ist, wiederholt er über Desdemonas erdrosseltem Körper diese glücklichen Worte im Morgengrauen der Wirklichkeit. Wie hätte der arme Mohr auch die blonde Weiße halten können? Wie kann der Zauber der Kriegsberichte dauern, wenn man Ehemann geworden ist? Wie kann man diese lange Entfernung zwischen ihm und ihr wiederfinden, diese Bahnen der Sternschnuppen, die sich am Himmel treffen, diese riesigen Bewegungen, die die Welten durchqueren? Er überragt sie, er steigt, er singt noch höher. Er überlagert sie. Und die erstaunliche Tenorstimme erhebt sich bis an ihre möglichen Grenzen, bis zur Venus, die über dieser griechischen Insel leuchtet; und Desdemonas Stimme hält den Einklang eine Terz tiefer. In der Reihenfolge der Männer und Frauen; wenn nicht diese viel zu hohe Stimme bereits das Symbol seines Scheiterns sein sollte... Für den Mohr aus Venedig ist die Ordnung der Menschen unhaltbar.

Stellen Sie sich mal diesen Krieger nach den geschlagenen Schlachten vor, wie er auf seiner Insel eingeschlossen ist. Da inszeniert ihm Jago ein Spektakel: es gibt einen möglichen Liebhaber, der um die Ecke verschwindet, es gibt die lächelnde Desdemona, als Madonna der Fischer und ohne

Taschentuch; es gibt das Taschentuch zu sehen... Jago ist ihnen auf den Fersen und zieht den Bühnenvorhang hoch: »Vigilate, scrutate...« Und die mörderischen Objekte, die der gespaltene Otello in sich trägt, diese Objekte der Begierde, die ihn aus seiner Wüste und von seiner Mutter, der Zauberin, erreichen, diese Objekte, die für ihn die glorreiche Form von Spießen und Standarten angenommen haben, eben sie wühlen ihn auf und schmettern ihn nieder.

Es braucht nur einen Mann; aber es brauchte einen Mann. So einen wie ihn, aber anders; einen Phallusträger mit weißer Haut. Der wirkliche Unterschied ist blond, passiv, venezianisch, trügerisch. Beunruhigender ist der Unterschied zu Jago: Otello sieht ihn nicht einmal. Im venezianischen Irrglauben gleichen sich Krieger und Krieger; Otello hat seine wilde Schwärze völlig vergessen. Er ist wie ein verrückt gewordener Kompaß, der beim unmöglichen Kontakt mit der weißen Frau mit dem ausladenden Blond in Schwingung gerät; von der Liebe mit der fernen Prinzessin schreitet er zum Massaker, das von der kriegerischen Homosexualität abgesichert wird, die in Famagusta in der Luft liegt. Und kaum berührt er die Ränder der Eifersucht, bröckelt Otellos Standbild. Die Hörner schmettern nicht mehr, die Banner haben aufgehört zu flattern...Wie wenn die Waffensammlung von der Wand fallen würde, an der der männliche Firlefanz aufgehängt war. Federn und Rüstung sind abgelegt, der Degen am Boden: hier ist der Wilde aus der Wüste mit seiner schwarzen Eifersucht. »Della gloria d'Otello è questo il fin«: dies ist das Ende von Otellos Ruhm. Es ist schnell gekommen, als ob er eine schwere Last ablegen müßte.

Von nun an sind Männer und Frauen auf ihrer jeweiligen Seite; der Neger und sein weißes Double Jago, die Weiße und ihre Dienerin Emilia. Otello und Jago, beide auf Knien, schwören, sich zu rächen. Diese beiden Männer, die vor ihren Göttern schwören, sind der Schlagschatten eines Männerpaares, das sich vor der Frau schützt. Der endgültige Köder, an dem sich der Wilde mit den wulstigen Lippen festbeißt, ist eine weibliche Schaufensterpuppe, die zu zerstören er bereit ist. Es ist wieder Nacht in einem christlichen Schlafzimmer, das mit Zeichen des Gebets vollgestopft ist: der Betstuhl, das Bildnis der Madonna, das weiße Hochzeitskleid, das Desdemona auf dem Bett ausbreitet, als ob es nicht so schon genügend Gefahr gäbe; und ihr ängstlicher Gesang, die Anrufung der Heiligen Jungfrau. Die Tat, der Mord geschieht so schnell wie ein Blitz; ein Traum, der mit einem Atemzug in die Wirklichkeit übergeht.

Sie sind am Ziel, am wirklichen Ende angekommen, der Zweck ist erfüllt: »Niun mi tema.« Der Wilde ist ruhig nach dem Wahnsinn. Jetzt endlich kann er von sich in der Vergangenheit sprechen, er hat sich selbst dorthin gebracht,

in diese symbolische Wüste, in der ihn kein Weißer verstehen kann: »O gloria! Otello fu.« Otello war. In dieser Grabrede, die er für sich selbst hält, kommt die Zugehörigkeit zu seiner Rasse zum Ausdruck. Er, eine lebende Statue, der Mohr, hat gute Mohrenarbeit geleistet, er hat sich für die blonde Stadt geschlagen, hat eine ungeheuerliche Verbindung zwischen der Schönen und dem Tier besiegelt, hat sich dazu verurteilt, »gewesen zu sein«. Otello war. War nichts. Nichts anderes als sein vergessener Name.
Auch die andere ist ohne Leben, eine kalte Statue; aber er sagt es nicht. Mehr »blaß« als tot. Damit sein Grabmal in einem posthumen und verdammten Ruhm errichtet wird, damit ein wenig seiner Kriegernatur übrigbleibt, bleibt ihm noch, sich selbst zu töten. Das letzte Wort entschlüpft ihm – oder bleibt ungesagt; die letzte Note der Partitur vollendet die liebende Phrase nicht... Un bacio, un bacio anc... Der letzte Vokal wird ausgelassen; die Stimme verrät, der Neger kann nicht singend sterben. Nichts von den heldenhaften Toten, dem zärtlichen Schlußduett von *Aida,* dem Bravourgesang des *Troubadour.* Die richtige Agonie für einen schwarz angemalten weißen Tenor. Als ob die ausgefallene Note und dieses erbärmliche Grab den Übergang vom Heroismus zur Wahrheit markieren würden: Verdis *Otello* ist ein Alterswerk. Da scherzt man nicht mehr mit dem Tod, man stattet ihn nicht mit den Zügen des Prahlhans junger Leute aus; der tapfere Tod wird abgetrieben. Otello stirbt als Neger, ausgeschlossen: ohne Stimme, entblößt, reich einzig durch seine Vergangenheit, nackt vor seinen Herrn. Der Wilde verliert, bis hin zur Musik, über der Erinnerung an einen verbotenen Kuß.

Vecchio John

Noch einen Schritt weiter und Verdi, nachdem er das Alter der Liebschaften und des triumphierenden Narzissmus hinter sich gelassen hat, kommt mit einem fabelhaften »trickster« nieder, dessen einzige Abweichung von einem Bauch herrührt: »Dickwanst« nannte ihn Verdi zum Zeitpunkt der Komposition. Er ist der unerwartetste der Opernhelden: alt, dick, schmutzig, lächerlich, obszön, dies ist John Falstaff. Sein Bauch birgt alle Symbole die ihn in der Kleinstadt Windsor zum Außenseiter machen: adelig, abgebrannt, er kommt von woanders, er steht über den Bürgern, die ihn foppen und gerne mögen. Seinen Bauch hat er sich in den Jahren der Geldnot, der Schulden und der luxuriösen Armut, deren Schein er durch aristokratische Klamotten wahrte, angefressen. Die traurige Niederlage Falstaffs besiegelt den Sieg des spottenden Bürgertums und, in der Tat eine Ausnahme und Zeichen einer vorausgeahnten Zeit des alten Verdi, begrüßt den Sieg der Weiber. Die Weiber... Diese schwatzhaften und verrufenen Frauen, diese sanften und gefühlvollen Weibchen, die das Leben durch Streiche und kleine Kühnheiten lebenswerter machen, sie sind die endlich akzeptierten Hexen: gerade gefährlich genug, daß ihr Willen Vorrang vor den Machenschaften ihrer Ehemänner hat, gerade lebhaft genug, um nicht mehr lebendig verbrannt zu werden. Ihr Feuer umgibt Falstaff, als ob der Dickwanst mit seinem Fett für alle männlichen Taten bezahlen müßte. Von der Themse verweht... Der nie versiegende Fluß sammelt Seufzer, Abfall, den Körper von Falstaff, der sich erkältet, und fern ist jeglichen Heldentums vergangener Zeiten.

Du mußt wissen: *Sir John Falstaff, betrunken und abgebrannt, beschließt, zwei reiche Bürgersfrauen zu verführen, Alice Ford und Meg Page. Aber da sie beide den gleichen Liebesbrief erhalten, beschließen sie wütend, den dicken Mann zu foppen und schicken ihm eine Botin, um ein Rendez-vous auszumachen. Mrs. Quickly verrichtet ordnungsgemäß ihren Auftrag, und Falstaff kommt zum Rendezvous im Kostüm des jungen Pagen, der er vor sehr sehr langer Zeit einmal gewesen ist... Unterdessen besucht ihn in Verkleidung Alices Gatte, der von Falstaffs Plänen erfahren hat. Als der Gatte mitten ins Rendezvous platzt, verstecken die Weiber Falstaff in einem Korb voller schmutziger Wäsche und kippen ihn in die Themse...*
John Falstaff rettet sich durchnäßt, enttäuscht, wütend. Aber da kommt Mrs. Quickly erneut und bringt eine andere Nachricht: für Mitternacht ist ein weiteres Rendezvous im Wald anberaumt. Falstaff soll sich dort in der Verkleidung des Schwarzen Jägers einfinden. Wir finden unseren Mann dort wieder, unter der schicksalshaften Eiche, überragt von einem enormen Paar Hörner: er stirbt schier vor Angst. Um so mehr, als aus dem Dickicht Feen, Kobolde auftauchen, eine richtige Phantasmagorie, die den armen Dickwanst erschreckt. Wieder sind es die Weiber, die sich verkleidet haben. Während der ganzen Geschichte intrigiert Alices Tochter Nanetta mit ihrer Mutter, um ihren Geliebten gegen den Willen von Mr. Ford zu heiraten. Und in der Zaubernacht täuschen die beiden Liebenden den Vater und werden vereint.[1]

Auf der einen Seite die arme und erbärmliche Welt Falstaffs; die Wirtschaft, in der er lebt, falls man dieses schlampige, verschuldete Dasein, bei dem ihn zwei dreiste Diener mit ihren Launen und kleinen Diebstählen flankieren, überhaupt Leben nennen kann. In dieser Welt gibt es nur Männer, verwirrte und schlaue. Auf der anderen Seite die geschlossene und gemütliche Welt der Weiber, helle und ordentliche Häuser, Wäsche die trocknet, und die Lieben-

1 Oper von Verdi und Boito

den, die sich hinter Bettüchern, unter Bäumen, zwischen Paravents verfolgen. Falstaff ist aus dieser familiären Welt ausgeschlossen; er ist ein altes Kind ohne Familie, das dort Schutz sucht, wo der Körper einer Frau und ein gut gefüllter Beutel ihm etwas Wärme geben. Windsor ist eine Stadt voller Geschrei und Fröhlichkeit, das Elend geht in Spitzen umher, und Falstaff altert und wird immer dicker; er ist nicht mal mehr dick, nicht mal mehr rund, nein, fett. »Pancione«, sagte Verdi, Dickwanst: Bauch raus, Stimme rein, mit allen Illusionen ausgestattet. Und die ganze Oper spielt unter dem Zeichen volkstümlichen Zaubers, in Höfen, in Gemüsegärten, im Pfarrgarten, wo Rosmarin und Salbei und all die duftenden Pflanzen blühen, die man im Wald pflückt, in Häusern, wo die Winkel geraubte Küsse verbergen, in nebligen Wäldern, wo die Feen Englands im heiligen Kreis tanzen, der wahnsinnig macht. Falstaff hat seine Momente des Wahnsinns, seine Proben, seine Einführungsriten: er wird ins Wasser der Themse geworfen, dann den Schrecken der nächtlichen Geister unterworfen. Das Mysterium ist überall: das gleiche Mysterium, das, großartig und wild, Normas Gesang in den Wäldern der Druiden umgab, findet sich in *Falstaff* unter familiärem Blickwinkel wieder, wenn ein Schatten durch die vielfarbigen Fensterscheiben die Wirklichkeit entstellt, wenn ein fettes, unschuldiges Stück Speck alles glaubt, was man ihm sagt, ja sogar, daß zwei hübsche Weiber in ihn verliebt sind. Das Geheimnis der lichtdurchfluteten Häuser, der Möbel, hinter denen sich der Galant verbirgt, das Geheimnis der heimlichen Rendezvous, das Geheimnis der verliebten, verrückten, weisen Frauen, die spielen können, ohne etwas zu riskieren, die endlich leben können, ohne zu sterben. Nur das alte Kind purzelt die Stufen der Verzweiflung hinunter, aber weil er dick ist, hört man das nicht, Nur ein wenig, nur einmal...

»Les soirs de repassage, dans la maison qui dort, la bonne n'est pas sage, mais on la garde encore...«[1] Welches Lied gibt ein Bild unserer radiophonen Welt wieder? *La Folle Complainte* ist zweifellos das Meisterwerk von Charles Trenet, auch er ein »trickster«: er singt von einer Welt, in der die Gehängten auferstehen, in der die Vagabunden ihren Weg gegen alle Gesetze gehen, in der die Enten mit den Blumen Feste feiern. Das Dienstmädchen aus der *Folle Complainte* ist keineswegs brav: »On l'a trouvée hier soir avec une passoire se donnant de la joie;
La barbe de grand-père a tout remis en ordre,
Mais la bonne en colère a bien failli le mordre!«[2]

1 An den Abenden, an denen gebügelt wird, in dem schlafenden Haus, ist das Dienstmädchen nicht artig, aber man behält sie noch...
2 Man hat sie gestern gefunden, wie sie sich mit dem Sieb Freude bereitet hat; Großvaters Bart hat alles wieder in Ordnung gebracht, aber sie hat ihn beinahe gebissen!

Frauen bringen nachts Chaos ins Haus; aber der Sänger verlischt wie eine Kerze. Der müde trickster legt sich schlafen und verschwindet:
»Je n'ai jamais su dire pouquoi j'étais distrait...
je vais seul sur les routes, sans dire ni oui ni non.
Mon âme s'est dissoute,
Poussière était mon nom.«[1]
Staub ist der Name Falstaffs, der zu dick ist für diese Welt der Farcen und der fröhlichen Frauen. Weil das eine Buffa-Komödie ist, in der alles gut endet, wird das altgewordene Kind den mütterlichen Busen und die Wärme der Weiber zurückgewinnen; aber zuvor muß er leiden, vor Kälte und Angst, vor Einsamkeit und Armut schier sterben. Seht ihn Euch an, den wie Parsifal in einem bürgerlichen Palast verlorenen Falstaff, wo sich die schönen Damen grausam über ihn lustig machen; seht Ihr die Kindheit, die wohlbehütete Kindheit, den Kleinen, der sich unter die Röcke der Mutter schmiegt und eine Ohrfeige bekommt, bevor sie ihn küßt.

Wie ein Kind stecken sie ihn in einen Korb. In einen Korb voller schmutziger Wäsche, gerade recht, um ihn zu wickeln. Wie ein Kind werfen sie ihn ins Wasser. Und als er rauskommt, starr vor Kälte, bis auf die Knochen durchnäßt, tropfend vom dreckigen Wasser der Themse, in die man die Abfälle wirft, entblöst Falstaff, allein vor einem Topf mit Glühwein, seinen Bauch und seinen Stolz und spricht mit sich selbst in einem Augenblick echter Verzweiflung. »Va, vecchio John«, sagt er sich, geh Deinen Weg... Der wiedergefundene Vornamen, das Eingeständnis eines bis dahin mit aller Gewalt geleugneten Alterns, das ist für Falstaff der Augenblick der Wahrheit, das ist die Prüfung, nochmal die gleiche. Bishin zur Buffa-Komödie, wo tanzend alles hin und her fliegt, hält hier das Tragische dessen Einzug, der um zu leben entweder verzichten oder sterben muß. Falstaff hat nicht mehr das Alter des Todes, auch nicht die dumme Statur der Helden; Falstaff, der alltägliche Held, verzichtet. Und die Musik trottet schwer neben ihm her und begleitet den Held des Fetts und des Kummers bei seinem traurigen Marsch. Oh, das dauert nicht lange: gerade die Zeit einiger gemurmelter Phrasen, einer orchestralen Pirouette, eines kleinen Lieds und der Dickwanst erscheint wieder in seiner ganzen Pracht. Bereit, jedem zu glauben, der nur zu ihm sprechen möchte.

»Il pleut sur la basse-cour,
Il pleut sur les framboises,
Il pleut sur mon amour...«[2]

1 Ich konnte nie sagen, weshalb ich zerstreut war... Ich geh alleine auf die Walz, ohne ja oder nein zu sagen. Meine Seele hat sich aufgelöst, Staub war mein Name.«

2 Es regnet auf den Hühnerhof, Es regnet auf die Himbeeren, Es regnet auf meine Liebe...

Staub staubt sich ab und brüllt los.
Denn Mrs. Quickly ist zurückgekommen, mit ihren großen schwarzen Röcken, alle Segel gehißt. Mit ihren tiefen Verneigungen und ihren Klagen über Alice: »Povera donna...« Die arme Frau. Mrs. Quickly, die einzige unter den Weibern, die nicht in der Gewalt eines Ehemannes steht, ist das weibliche Gegenstück zu Falstaff: genauso imposant, genauso alt, einfach Frau und lebendig. Sie würde ihn zweifellos anstelle von Alice und Meg empfangen. Denn weiß man wirklich? Die Weiber schubsen den Dickwanst in alle Richtungen, aber als Alice mit ihm alleine ist, in der Lächerlichkeit eines Duetts, schleicht sich in die Komik eine Musik ein, wie die wehmütige Sehnsucht nach Ritterlichkeit. Und was, wenn Falstaffs Adel trotz der Not noch etwas von der alten Verführungskraft enthielte? Ihr anzüglichen und leichtsinnigen Frauenstimmen! Die Weiber schwänzeln um den fetten Gegenstand herum, den sie sich als Spielball ausgesucht haben. Quickly sucht den Ball, schickt ihn zu Alice, die ihn an Meg zurückgibt, und der gefangene Ball entkommt und fällt ins Wasser. Hört sie Euch an, die gezähmten Hexen, liebenswerte Figuren, allesamt mit gestochenen, getüpfelten Noten, wie Libellen, die sich auf einem Rosenstock niederlassen und dann, von einem plötzlichen freudigen Zittern befallen, ohne Warnung mit allen Flügeln anfangen zu vibrieren. Die einen naschen von den Noten der Musik, eine andere erhebt sich als Melodie, sie fangen wieder an zu tanzen, sie hören nicht auf herumzuflattern. Alice und Meg, die beiden verheirateten Frauen, gerade in dem Alter, in dem ihre Töchter heranwachsen, gerade in dem Alter, in dem die Liebe für sie am Ende ihres Wegs angekommen ist, gerade recht, verführt zu werden, halten sich gut. Quickly, außer Konkurrenz, die weise Matrone, gebiert die Wünsche der anderen; und am anderen Ende des Lebens, die Debütantin, die ganz frische und junge Nanetta. Vier Weiber um ein altes Kind herum: eine Mutter, eine Tochter und zwei große Schwestern.
Und von Szene zu Szene wird die Kindheit gegen den Strich aufgerollt. »Dalle due alle tre«: zwischen zwei und drei Uhr findet das Rendezvous zwischen Alice und Falstaff statt. Der arme Dicke hat nichts besseres zum Anziehen gefunden als einen alten rosenfarbenen, mit Bändern verzierten Anzug, überall quillt das Fett heraus. Und während Alice auf der Laute die alten Worte begleitet, die er in seiner entschwundenen Jugend wiederfindet, setzt Falstaff die Zeit außer Kraft. Vergiß den Komiker und finde in den rosenfarbenen Bändern und der Rose, die er in der Hand hält, die Jugend wieder: für ihn ist die Zeit nicht vergangen. Und wie er sich beschreibt, das muß einmal gestimmt haben: »Als ich ein junger Page beim Grafen von Norfolk war, war ich dünn und nett, nett, nett...« *»Sottile«,* sagt er von sich: dünn, er der riesige

Fleischberg? Die Musik beschleunigt, er kommt ganz außer Atem bei seinen jungenhaften Luftsprüngen – die Musik sagt, daß es wahr ist. Ein gekünsteltes und lächerliches Duett lang hat die Jugend bei ihnen Einzug gehalten, bei dem Weib und dem dicken Mann.

Dieses Echo verlorener Frische findet seine Wahrheit in der wirklichen Jugend des Liebespaares, bei denen, die sich während der ganzen Oper in Girlanden, wie ein Windhauch nachjagen. Nanetta und Fenton sind in dem frischen Alter, in dem die Oper noch nicht enthüllt: wo es das Drama nicht gibt, weder Fleisch noch Trennungen. Sie sind aus der Zeit davor, aus der Zeit der Abzählreime und der Versteckspiele, wie Pamina und Tamino. Und sie verfolgen sich in allen Ecken. Machen Spielchen mit Wörtern, mit Liedern, mit dem, was sie für Liebe halten, mit Blicken und heimlich gedrückten Händen. Boïto, der Librettist, schrieb an Verdi: »Es wird eine dieser lebhaften und fröhlichen Liebesgeschichten sein, stets gestört und unterbrochen und stets bereit, wieder anzufangen ... Wie man einen Kuchen mit Zucker bestäubt, so würde ich gerne die ganze Komödie mit dieser heiteren Liebe überzuckern und sie nicht auf einen einzigen Moment beschränken.« Eine Liebe aus Zuckerguß und keine Liebe aus Passion, kein langes Dehnen eines leidenschaftlichen Duetts; das kommt dann später. Sie werden heiraten, die Kinder, die so frei sind, wie die Luft im wunderbaren Raum der für Erwachsene verbotenen Spiele. Von ihren ersten Worten an, ihren gespielten Händeln, halten sie mitten im Verschwinden mit erhobener Tatze inne: da kommt ein Erwachsener, es kommt jemand ...

»Ricominciamo«. Laß uns von vorn anfangen. Was nie in der Oper passiert. Verdi rächt all seine toten Männer und Frauen mit dieser Liebe, die die Abwesenheit erträgt, die unterbrochen werden darf, ohne daß der Tod am Ende steht; es ist das Gegenteil des ganzen vorhergegangenen Verdi. Es ist das Leben auf der Seite, von der aus man sieht, wie das Leiden endet; das befriedete Leben, die Wunde, die vernarbt, die Schürfung, die verkrustet, dann verschwindet, es ist das Alltägliche, was stets die Oper verdrängt, woran sie nur noch selbst sterben kann. Und das Leben geht seinen Gang ... sie fangen an, sich unter den Bettüchern, in den Koffern auf dem Dachboden, hinter den Himbeerstauden im Garten zu küssen.

Aber weil die Oper um die Ecke lugt, mit Mühe ausgetrieben und weil ein Nichts genügt, damit die Abwesenheit tödlich ist, ist der Keim der Leidenschaft in ihnen. Ihr Passwort, ihr Lied der Verbündeten, ist eine langsame und zurückgehaltene Melodie, in der die ganze Tiefe der Liebe liegt. Fenton singt die erste Phrase, irgendeine Geschichte von wegen auf den Mund küssen, und Nanetta endigt, indem sie die lange Phrase in die leuchtenden Räume ihrer klaren Stimme davonträgt, bis zum Mond, schon wieder der Mond, der Stern

der jungen Nachtmädchen ... Der letzte Akt kippt, dank der Liebenden, in die Verwunderung der phantastischen Magie um.
Es geschieht in einem Wald. Mitternacht: die gefürchtete Stunde, in der sich die Lebenden nicht mehr vor den Toten schützen können. Mitternacht in England: die Feen sind nicht weit. Falstaff trägt das von Mrs. Quickly angegebene Kostüm: das des schwarzen Jägers. Auf dem Kopf trägt er ein enormes Paar Hörner. In seiner Unförmigkeit verbindet er sich mit den Bäumen, beinahe wäre seine Häßlichkeit verschwunden. In dieser Verkleidung erhält er eine Art Größe, deren Gefangener er schnell wird. Da steht er unter der Eiche. Die Musik ist großartig, während langsam die zwölf Schläge Mitternacht verkünden; der dicke Mann zählt sie, auf einer einzigen wiederholten Note, in völligem Entsetzen. Es ist die Stunde der Liebe, die Zeit, in der sich nächtlich die beginnende Leidenschaft der jungen Leute entwickelt: ihnen gehört der Ruhm der Nacht, die geheimnisvollen Schatten, die ihnen beistehen ... In der Ferne singt die Fee, ganz weit, jetzt ganz nahe, die Welt wechselt ihr Gesicht. Das ist der duftende Hexensabbat. Jede ist verkleidet. Die Königin der Feen ist das kleine Mädchen, das die Männer noch nicht kennengelernt hat.
Nanetta führt den Reigen an, umkreist den bestürzten Falstaff, der sich alsbald zu Boden wirft, um nichts mehr zu sehen; und die Weiber, die der Stimme ihrer Jugend gehorchen, drehen sich mit der Fee, umkreisen ihn, treten das feuchte Gras nieder, morgen wird es hier einen Zauberkreis geben, der von ihren tanzenden Füßen gezeichnet wurde ... Es ist Hexensabbat, der nach und nach das Gehabe des inzestuösen Sakrilegs annimmt und man den Hintern des Teufels küßt, sowie der überdrüssigen Freuden eines »großen Maskenballs, der jegliche Vereinigung erlaubt«, wie es Michelet beschreibt: die Wiedervereinigung getrennter Familien, der kleinen Vettern und Basen, die sich lange nicht gesehen haben, den schrecklichen Hunger, den man im Verborgenen stillt, die wiedergefundene Freiheit, das Gegenteil des harten, mittelalterlichen Lebens. Und schau Dir mitten in dem Kreis, in diesem bürgerlichen Hexensabbat, der zu einem Hauch von Ländlichkeit zurückfindet, den Edelmann an. Sieh die verspätete Rache derer, die ein Jahrhundert zuvor unter der feudalen Härte gelitten haben. Nieder mit dem dicken Edelmann; aber nachdem die Probe einmal beendet ist, als Falstaff sich erhebt und sich die Frauen in ihrer Weiblichkeit entdecken, ist er Teil der gleichen Welt. Der Ritus ist beendet, die Komödie auch. Das Liebespaar ist verheiratet, jeder geht im Morgengrauen zu sich nach Hause. Im Wald bleibt nur der Feenkreis übrig, sowie die Schleier der Verkleidungen. Die Weiber sammeln sie ein und legen sie brav zusammen: es sind Wäschestücke von zuhause. Auch die Heirat ist brav, ebenso sind es die bürgerlichen Gattinnen. Aber dank des komi-

schen Helden haben sie eine Nacht des Wahnsinns und des Traums kennengelernt.
Und er, seiner Bänder und seines Hochmuts entledigt, hat es den Weibern in der Fähigkeit gleichgetan, die ernsthafte Ordnung des Mr. Ford zu unterlaufen. Alices Mann, der eifersüchtige Spion, der bürgerliche Vater, der seine Tochter Nanetta gegen deren Willen verheiraten will, ist der einzige Verlierer der Komödie. Er glaubt, sie an einen finstren Gelehrten seiner Wahl zu verehelichen; aber die Weiber und die teuflische Nacht täuschen ihn, und Fenton steckt in dem schwarzen Domino.
Die Oper braucht eine entschiedene Komödie und das Alter Verdis, damit die Ordnung der Väter und Könige endlich umgeworfen wird; damit durch die unbewußte Mithilfe eines dicken, lächerlichen »tricksters« die Frauen die Partie gewinnen, heiraten, wen sie wollen, in Freiheit lieben, damit sich die Hexen in Feen wandeln, damit junge Mädchen die Macht des Unendlichen bewahren, zum Nachteil der Gesellschaft, zum Vorteil ihres Lebens.

Das neue Paradies

Hans Sachs, der zentrale Held in Wagners *Meistersingern*, hat offenbar nichts von einem trickster: keinerlei körperliche Deformation, keinerlei Makel, nichts Merkwürdiges. Keiner ist in seiner Stadt und seiner Gesellschaft besser integriert, als dieser von allen respektierte Schuhmacher, dessen musikalische Autorität von niemandem angezweifelt wird. Und dennoch gehört er zu den Ausgeschlossenen; etwas entgeht ihm im Lauf der Oper, etwas wird ihm untersagt. Er wird die Liebe eines jungen Mädchens, welches ihm versprochen ist, nicht gewinnen: denn er ist zu alt. Darin ist er anders, darin wird er seine vermittelnde und übergebende Rolle so gut wie möglich spielen: Sachs verzichtet, als er sieht, daß Eva einen anderen liebt und verschafft dem jungen Liebhaber Zutritt zur Zunft der Meistersinger, unter denen Eva ihren Gemahl wählen kann.
Denn die wirklichen tricksters, die ewigen Possenreißer oder Narren sind wie Zwischenhändler. In ihrer Gegenwart vollziehen sich Standortwechsel, notwendige Störungen. Es kann vorkommen, daß sie das Chaos verkörpern und daran sterben, wie Otello; es kann sein, daß sie zum Spielzeug der Frauen werden, wie Falstaff; aber diese Männer, die nicht sind wie die anderen, begünstigen den Wahnsinn, wodurch auf ihre Kosten eine Öffnung, ein Durchbruch im sozialen Netz zustande kommt. Sie sind das dialektische Element, die Verunsicherung der Oper, deren unaufhörliche Bewegung zwischen einem ruhigen Leben und seinen plötzlichen Brüchen.

So öffnen und schließen sich eine Oper lang die Konflikträume, in denen die Schwachen, Frauen, Kinder, Wahnsinnige, Narren, Alte sich an den etablierten Mächten stoßen: Väter, Ehemänner, Liebhaber, die Starken der gesellschaftlichen Gesetze und der vielfachen Verbote. Damit ein Individuum, Mann oder Frau, Opernheld werden kann, muß es selbst genügend abweichende und ungeordnete Kraft darstellen und um sich herum eine gegenteilige Konzentration hervorzurufen: man wird seine Geschichte Schicksal, Zufall, Fluch, Intrige, Komplott nennen. Es gibt keinen »normalen« Opernhelden; und die Frauen, an denen sich die Lichtbündel der eingesetzten Mächte kristallisieren, sind in diesem entscheidenden Kampf nur durch die Männer vertreten, die ihre Welt verlassen haben, die die Waffen niederlegen, die schon woanders sind.

Hans Sachs gehört zu ihnen: nachdem er auf normalem Weg die Schwelle des Alters überschritten hat, verrät er wegen der Liebe einer Frau und der schemenhaften Zukunft, die sich um ihn herum abzuzeichnen beginnt, die Sache der Seinen. Wie Falstaff, wird er zum Held eines verbotenen Fests, eines rasch vorübergehenden Chaos, einer vergänglichen Gegenordnung: die Ordnung stellt sich sogleich wieder ein, nachdem sie ein fremdes Element verdaut hat. Falstaff, der arme Unbewußte, ist sich sein eigener Zwischenhändler und integriert sich selbst in den sozialen Korpus, der ihn ablehnte; weil Hans Sachs seinen eigenen Ausschluß aus der Welt der Verliebten verstanden hat, wird er zum Lotsen eines Fremden, eines herumziehenden Ritters, der nicht aus seiner Welt kommt.

Du mußt wissen: *Die bürgerliche Stadt Nürnberg lebt im 15. Jahrhundert ganz dem Kult der Meistersinger, der feierlichen Zunft, die die Kunst der Musik nach alten und harten Gesetzen verwaltet. Eva, Tochter von Meister Pogner, ist Gegenstand eines Wettstreits: der Vater wird sie demjenigen zur Frau geben, der den Wettstreit gewinnt. Der trübselige Beckmesser und der wache Walther, ein edler Ritter, der sich ganz schön über die Meister lustig macht, aber Eva genügend liebt, um in den Wettkampf zu treten, stehen Schlange; aber Hans Sachs, der bekannteste der Meister, hofft insgeheim, den Wettstreit und die Hand Evas zu gewinnen. Als eine Art Vorspiel verlangen die Meister, die Walther nicht kennen, eine vorläufige Probe seiner Kunst, die dieser, dank der aufmerksamen und gehässigen Sorgfalt Beckmessers, völlig verpatzt, der die Fehler seines Rivalen, den Regeln entsprechend auf einer Tafel »vermerkt«... Verzweifelt vertraut sich Eva Sachs an, der sich entschließt, den Liebenden zu helfen. In der Johannisnacht, während Beckmesser Eva ein Ständchen darbringt, spielt er Beckmesser den gleichen Streich, wie dieser Walther und »vermerkt« Beckmessers Fehler, indem er mit dem Schusterhammer auf den Leisten schlägt. Dieses Geklopfe weckt die Nachbarschaft, die vom Wahn befallen wird. Alle treten aus ihren Häusern, prügeln sich auf der Straße, aber der Nachtwächter sorgt wieder für Ordnung. Anderntags denkt Sachs nach, während ihm Walther den Traum erzählt, den er in der Nacht gehabt hat: es ist ein herrliches Stück für den Wettstreit. Sachs hilft dem jungen Mann, seinen Gesang zu vervollkommnen und verläßt ihn. Beckmesser klaut das Blatt, auf welchem Walther und Sachs ihre Notizen für den Wettstreit gemacht haben, und Sachs, der ihn beobachtet, überläßt ihm das Wettkampfstück in der Gewißheit, daß jener daraus nur unverständliches Zeug fabrizieren wird. Und so geschieht es auch: Während des äußerst feierlichen Wettstreits, produziert Beckmesser einen lächerlichen Text, den er nicht entziffern kann; Walther triumphiert mühelos, und Sachs nimmt nicht am Wettstreit teil... Walther wird Eva bekommen und wird wider Willen Meistersinger von Nürnberg.* [1]

Wie im *Falstaff*, so spielen auch die *Meistersinger* in einer friedlichen Stadt, in der alles in Ordnung ist; und wie im Falstaff, so zeigt eine verrückte Nacht das schwelende Chaos unter dem guten Verhalten auf; eine traumhafte Nacht, in der alles drunter und drüber geht. Auf die Feennacht, die dem Herz des dicken Falstaff Angst einjagt, antwortet die wundervolle Johannisnacht in den *Meistersingern*. Alles ist friedlich, alles schläft; jeder hat seine Schlafmütze aufgesetzt, seine langen Unterhosen angezogen, man geht früh zu Bett in Nürnberg; um so mehr, als der folgende Tag ein Feiertag ist und man früh raus muß, um sich anzuziehen, die Mieder zu schnüren, die Hauben aufzusetzen, die Haarnadeln hineinzustecken, die Bänder der jungen Mädchen zurechtzurücken. Alles schläft. Außer zwei oder drei Chinesen, die durch ihre Arbeit aufgehalten werden. Hans Sachs, der Träumer, nützt die Ruhe der Nacht, und, weil er Poet ist, wartet er auf den Mond; Eva, die kleine Verlobte, die auf ihren Auserwählten wartet, ist unruhig und schleicht in der Nacht herum, während ihre Amme Magdalena es lieber sähe, wenn sie zu Bett ginge; und Walther, der junge Ritter, der wütend ist über seinen Mißerfolg und nicht weiß, wie er, ein von Stolzing, die Hand der kleinen Bürgerin gewinnen kann, die ihm eine reiche und hochmütige Stadt verweigert. Beckmesser, der Dummkopf, der versucht, die Nacht für ein Ständchen zu nützen, das macht man so. Und über ihnen, um sie herum der Sommerduft eines riesigen Lindenbaums, der sie mit seinem Wohlgeruch einhüllt...

Monologe, Duette, Terzette, Geflüster, Wutanfälle, jeder denkt und träumt

1 *Die Meistersinger von Nürnberg,* Text und Musik von Richard Wagner.

mitten im allgemeinen Schlummer; jeder träumt ein bißchen heftig, die Stimmen werden lauter. Glücklicherweise gibt es das Horn des Nachtwächters, um die Ordnung wiederherzustellen. Er geht vorüber, mit seiner Laterne in der Hand und ruft die Stunden, damit die guten Leute in Ruhe schlafen können: »Ehret Gott den Herrn...« Und nachdem er seinem Horn eine reichlich falsche Note abgerungen hat, fährt er fort, seine Runde zu machen, ein nächtlicher Arbeiter. Hinter seinem Rücken gehen die Schreie, die Wutanfälle, die Terzette, die Duette wieder los, alle regen sich noch mehr auf, es gibt Radau.

Und dann! Die Fenster werden geöffnet, die Fensterläden schlagen, heraus kommen alle Bürger gemeinsam, dicht gedrängt, die Schlafmütze auf dem Kopf, im Nachthemd; und sie schlagen sich mit Kopfkissen, und sie mimen einen Angriff, eine Verteidigung, welcher freche Feind hat die Stadt Nürnberg überfallen? Keine Armee, keine Räuberbande, keine Söldnertruppe: nur zwei Liebende, die sich suchen, zwei Alte, die sich streiten, und die Johannisnacht. Da stehen sie alle im Freien, liegen am Boden, den Hintern in der Luft, hör sie Dir an, sie schreien, sie kreischen, der Mond hat sie verrückt gemacht, und der Duft der Linde... Da ertönt das Horn des Nachtwächters. Hui! In einem Augenblick ist jeder zuhause, man hat diesen Wahn geträumt, die Fensterläden werden geschlossen, die Schlafmützen gehen wieder schlafen, die Kerzen werden ausgeblasen, man hält den Atem an in den Betten, man horcht... Als der Nachtwächter erscheint, vom Krach angezogen, ist alles wieder friedlich, alle tun, als würden sie schlafen. Keine Menschenseele. Der Nachtwächter reibt sich die Augen, es war wohl Einbildung; und er nimmt seinen ruhigen Gassenhauer wieder auf: »Lobet Gott den Herrn.« Anderntags werden einige ganz schön fertig aussehen.

Am Morgen ist Hans Sachs, der kaum geschlafen hat, als erster auf den Beinen. Er hat Walther und seine Ängste bei sich aufgenommen; und der junge Mann ist in einen bleiernen Schlaf gesunken, während der alte Mann, der weiß, daß ihm sein Liebestraum verloren geht, insgeheim eine ruhige Hoffnungslosigkeit, einen ohne großes Getue vollzogenen Verzicht wiederkäut, der kaum durch einige großartige Akkorde angedeutet wird. Die Größe von Hans Sachs erwächst ohne Funkeln, ohne Pracht. Langsam verstehen die beiden jungen Leute das Opfer des alten Mannes.

Das ist diese herrliche Szene, sieh hin, hör zu. Die kokette Eva ist zu ihm gegangen, um ihm zwei goldene Schuhe zur Reparatur zu bringen, unter dem Vorwand, einer der beiden würde sie drücken; aber sie weiß genau, daß ihr Ritter da ist, im Haus des Schuhmacher und Poeten. Und Hans Sachs weiß sehr wohl, daß sie deswegen gekommen ist. So kniet er vor ihr nieder, ohne von allem, was er weiß, etwas zu sagen. Siehst Du die Geste der Liebe, die sich hinter der Haltung des Schuhmachers verbirgt. Denn um ihr den Schuh anzuziehen, kniet er vor ihr, und er kümmert sich nur um ihren Fuß. Wie in dem alten französischen Lied: »C'est un p'tit cordonnier qu'a z'eu la préférence, lon la, qu'a z'eu la préférence...«[1] Aber er weiß sehr wohl, daß er den Vorzug nicht bekommt und ihn nie bekommen wird; und die einzige Tragik des Gegenhelden, des Hans Sachs, der seinen ganzen Heldenmut in den Schuh seiner Liebe legt, ohne ihr etwas zu sagen, ist diese Geste. Während er kniet, tritt Walther hinzu, jung schön, adelig, ganz das Gegenteil von Sachs; Walther, dem Sachs gerade das Meisterlied beigebracht hat, damit dieser den Wettstreit gewinnt; Walther, der, während Sachs Eva beschuht – ganz schön schwer zu nähen, so ein kleiner goldener Schuh – zu seinem Liebes- und Siegeslied anhebt. Und so begreift Eva, einen Fuß in der Luft, was Hans Sachs getan hat. Sie wird ihren Ritter bekommen, und sie sinkt gerührt in die Arme des alten Mannes, der immer noch den Schuh in der Hand hält und sie einen langen Moment drückt; das Schwerste steht noch bevor, er tut es und läßt Eva aus seinen Armen in diejenigen Walthers gleiten. Danach, etwas, was es sich zu merken gilt, fängt er an zu schimpfen: Was für ein Beruf ist doch die Schuhmacherei! Nie hat man seine Ruhe, nie kann man sich ausruhen, alles wird einem gesagt, und dann stinkt er auch noch nach Pech, und dann hilft ihm auch keiner, und dann... Eva, Eva Tochter Evas, sagt alles, alles, was sie schon wissen und was durch die Gesten so sehr angedeutet wurde, die beschuhten Füße, die stummen Umarmungen, der Lindenbaum, die verrückte Nacht, die kindlichen Raufereien der Bürger.

Und was sie sagt, zwingt Hans Sachs dazu, sich zu erklären. Als sie ihm sanft gesteht, daß sie ihn zum Ehemann genommen hätte, wenn nicht – welch ein Zufall! – diese neue Liebe geboren wäre, antwortet er, und die Musik verändert den Ton. Die Musik wird anders, sie kommt von woanders, sie erstaunt in dieser Oper. Und Du erkennst, wie ein Echo in Deinem erstaunten Herzen, Themen aus einer anderen Welt wieder, aus der Oper von vorhin, aus *Tristan und Isolde*. Sachs kennt die alte Geschichte: »Mein Kind«, sagt er zu Eva, die noch einiges lernen muß, »von Tristan und Isolde kenn' ich ein traurig' Stück: Hans Sachs war klug und wollte nichts von Herrn Markes Glück. 's war Zeit, daß ich den Rechten fand: wär' sonst am End doch hineingerannt...« Und die düsteren Töne, die König Markes Jammer hören lassen, wiederholen im Herzen von Hans Sachs die Geschichte, die er während der Johannisnacht, alleine unter dem Lindenbaum auf dem großen Platz von Nürnberg geträumt hat. Eine ganze Trauerarbeit vollzieht sich in drei Sätzen, die an eine verzichtende Liebe gerichtet sind; die ganze Arbeit eines weisen Alten, der weiß, sieht

1 »Einem kleinen Schuster wurde der Vorzug gegeben, lala, wurde der Vorzug gegeben...«

und verzichtet. Der richtige Weg ist der der wiedergefundenen Ordnung, aber nicht wirklich; denn die Ordnung, der Sachs seine Autorität verleiht, vergewaltigt die Gesetze der Meister.
Denn keiner wird Meister, wenn er adelig ist, und Walther wird in die Zunft aufgenommen, nicht wegen seines Ritterstands von Stolzing, sondern wegen seines Lieds, das der bürgerlichen Kunst entspricht. Sachs weiß, was er tut: der Alte renoviert den Neuen. Walthers freie Inspirationen, die dieser vorgibt, von Walther von der Vogelweide entliehen zu haben, werden der ausgestopften Kunst der Nürnberger Sänger Leben verleihen. Der Alte, für den Walther unfreiwillig Träger ist, wird die Stadt Nürnberg erneuern, die im Gegenzug den Ritter den Adelstitel nehmen und ihm das Bürgerrecht verleihen wird: ein doppelter Streich für den Gesang und das Bürgertum. Sachs weiß was er tut; und die Anspielung auf Tristan und Isolde weist sehr wohl auf diese alte Welt hin, die zwei Jahrhunderte vor Nürnbergs Handelsmacht, diese alte Welt der Mythen, der Könige und der wackeren Helden, die eben nur Mythen sind, hervorbringt. Die weltlichen Mythen müssen Mythen bleiben, König Marke gehört nicht mehr in diese Welt, und Sachs ist kein König. Hans Sachs oder die Lektion der Oper in der Oper: oder wie man den Mythos los wird, indem man ihn seine Worte in der Tiefe des Herzens singen läßt; oder wie man im eigenen Leben zu ihm auf Distanz geht, um besser daraus zu lernen. Ja, die Oper ist ein Abbild eines sehr alten Todescodes, ja, die Geschichten aus alter Zeit taugen nichts für den, der jetzt lebt, ja, Tristan, das war früher, das ist nicht heute. Und es braucht so wenig, um diese Szenenentwürfe unserer Vorfahren zu wiederholen ... Es brauchte eine Nacht, einen Lindenbaum, einen jungen Ritter, der rechtzeitig auftauchte, um Hans Sachs den Spiegel seines Alters hinzuhalten. Isolde-Eva setzt den Fuß zu Boden, Walther-Tristan empfängt sie in seinen Armen, und als der Lehrbub David und seine Freundin Magdalena das Haus verlassen, wird Walthers Lied getauft.
Ein herrliches Quintett, voller Anmut und empfangener Liebe. Ein herrlicher Augenblick der Ruhe und des Friedens, an diesem klaren Morgen, an dem sich die Konflikte lösen. Aber sieh hin. Zwei junge Paare, Frauenstimme, Männerstimme, vermählt in der schicklichen Reihenfolge der sozialen Klasse und des Alters: die reiche Eva und der Ritter auf der einen Seite; auf der anderen Seite das Paar des Lehrlings und der Amme. Zwei glückliche Paare und ein fünfter: vom Glück ausgeschlossener. (*Die fünfte Stimme* ist immer die des Ausgeschlossenen: erinnere Dich an *Così fan tutte,* als die beiden Paare gemeinsam singen und der fünfte vor Wut auf soviel Glück vor sich hin brummelt: der fünfte ist dieses Tier Don Alfonso, der die Frauen und die Liebe haßt.) Sachs brummelt nicht, protestiert nicht; aber sein Gesang ist nicht wie der der anderen. Wenn die anderen von Liebe sprechen, was sagt er? Er spricht von seiner

Qual, aus der er gestärkt hervorgehen wird... Jetzt ist er alt, jetzt ist er in einer Welt, in der man hilft; vorbei ist's mit der Liebe, vorbei die gelebte Poesie, die er so oft besungen hat; von nun an gilt's, sie zu besingen, ohne sie zu leben... Wie die von Richard Strauss beschriebene Marschallin von Werdemberg, begibt er sich auf die andere Seite. Und hilft Walther mit einem eleganten Sprung hinüber, reicht ihm die Hand, um über die Brücke zu springen.

Bleibt noch der Wettstreit, Sachs' Triumph. Nein, nicht der Walthers: Sicher, Walther gewinnt Eva und schlägt Beckmesser endgültig aus dem Feld. Aber die Menge applaudiert Sachs und belohnt ihn für sein Opfer, von dem sie nichts wissen, mit einem spontanen Lied: ein von Sachs komponiertes Lied. So geht er in die Legende und die Unsterblichkeit über. Eine harte Lektion der Sublimierung; aber Sachs hat wenigstens als höchste Auszeichnung die Anerkennung einer ganzen festlich geschmückten Stadt erhalten. Denk nur an die Marschallin, die den gleichen Weg des Alters und des Verzichts gegangen ist: sie bekommt nichts dafür, nichts, als die Sicherheit, alleine zu leben. In der Tat sind Frauen weder Dichter noch Musikerinnen, oder?

Die letzte Geste von Hans Sachs, dem Helden der Sublimierung, wird die Krönung Walthers mit Evas Hilfe sein; gegen dessen Willen. Denn Walther möchte den Meistertitel nicht: Eva genügt ihm. So wird der junge Edelmann seiner gefährlichen Herkunft beraubt, die ihm seine Kühnheit und sein Genie gab; so wird er als Meistersinger Teil der Stadt. Alles ist in Ordnung, alles war Unordnung, und durch die Macht eines alten Mannes, der genügend Poet ist, um aus dem Mythos Lehren zu ziehen, ist alles wieder in eine neue Ordnung gekommen, am Ende eines Einweihungsritus, der dem Fremden die Flügel stutzt. So hätte es, wenn König Marke die Weisheit besessen hätte, Isolde seinem Neffen Tristan zu geben, niemals eine Geschichte der Liebe und des Todes gegeben; aber so hätte es auch nie eine Oper gegeben. Und Wagner hat, nach *Tristan,* und nachdem er als Person das mächtige Genie und die Prägnanz des Mythos der Liebe besungen hatte, mit den *Meistersingern* seine eigenen Absichten durchkreuzt.

Aber nach den *Meistersingern* kam der Ring. Das heißt, aufs Neue der Mythos und der Inzest und der Tod der Götter. Zwischen *Tristan* und dem *Ring* fungiert Hans Sachs als Scharnier, da er allen das Gegengift zu den westlichen Mythen zeigt, die an den Grenzen der christlichen Welt entstehen. Mythos gegen Mythos: was Hans Sachs dem Tristan und dem liebenden Inzest entgegensetzt, ist das Paradies. Es ist sein Lied, die Geschichte des fiktiven Schuhmachers, der seine ersten Schuhe macht.

»Als Eva aus dem Paradies
von Gott dem Herrn verstoßen,

gar schuf ihr Schmerz der harte Kies
an ihrem Fuß, dem bloßen.
Das jammerte den Herrn,
Ihr Füßchen hatt' er gern,
und seinem Engel rief er zu:
»da, mach der armen Sünd'rin Schuh'! ...«

Eva, Eva... Sachs, der sanfte Erzengel, ist damit beschäftigt, der ersten Frau Schuhe zurechtzuschneiden und zu nähen... Die Szene mit Evas Fuß, das war das neue Paradies; und da das Lied vorschreibt, auch Adam zu beschuhen, den die Steine des Wegs schmerzen, macht Hans Sachs Schuhe für die beiden Hälften des ersten Paares. Der Weg aus dem Paradies ist weit, die Steine sind spitz, Sachs kann ein Lied davon singen. Aber im Herzen des Meistersingers, hat das Heilige über das Profane gesiegt; Eva und Adam haben ihn über Tristan und Isolde erhoben, und deshalb kehrt die Ordnung zurück und fegt das Heidentum hinweg, das einen Moment lang in der Stadt sein Unwesen trieb.

Aber der *Ring* ist die Geschichte der Rückkehr des Heidentums, seines langsamen, dämmerungsartigen Niedergangs, bishin zum wiedergefundenen Ursprung: die Götter sind tot, schreit die Oper, aber bis in die Unendlichkeit gibt sie nicht auf, ihre ewige Wiederauferstehung darzustellen. Christentum gegen Heidentum, die Kirche gegen die Frau und den Narr, die dazwischen stehen, deren Körper und Herz, mitunter auch deren Leben, zermalmt werden, und der Triumph der Ordnung, was auch immer geschehen mag, der Ordnung, die im *Ring* mit den letzten Göttern ein Ende macht.

TETRALOGIEN ODER DIE VERLORENE TOCHTER

Wo man Wasser und Fluß gegen das Feuer kämpfen sieht; wo ein von Frauen umgebener, einäugiger Gott den Inzest den Familiengesetzen vorzieht; wo er die Tochter opfert, die er anbetet... Wo schließlich eine Frau, die alles weiß, der Macht der Götter ein Ende setzt.

Und wenn wir zum ersten mal den schwergewichtigen *Ring* hören würden? Wenn keine Unmenge von Texten den Zugang zum wagnerschen Text erschweren würde, wenn keine Interpretation sich mehr als Schirm zwischen das Werk und uns schieben würde? Und wenn schließlich das unmögliche Phantasma eines transparenten Hörerlebnisses Wagners möglich wäre?

Unmöglich. Weißt Du, als Präambel zum *Ring,* zu diesem eindrucksvollen Meisterwerk an vier langen Tagen, habe ich einen besonderen Wunsch. Den Wunsch nach einem »ersten Mal«, hervorgerufen durch eine primitive Kosmologie und demiurgische Hoffnung. Wir folgen zuhörend der Genesis der Welt... Und die ins Unendliche weiterentwickelten Akkorde der ersten Harmonien des *Rheingolds* erfüllen diese präzise Aufgabe: die Illusion des Ursprungs zu betreiben, die sich mit jedem Hören erneuert. Jedes Mal kann in den tiefen Wassern alles von neuem beginnen. Alles erhellt sich, es ist das erste Mal.

Alles, aber was alles? Die Köder der Transparenz, diese Wasser des Rheins, die Flammen des Feuers, du weißt sehr wohl, daß sie zugleich wirkungslos und unabwendbar sind. Unabwendbar: Du tauchst in die Musik ein, Du wirst mit ihr beim ersten Tageslicht geboren, Du ertränkst Dich mit ihr in der dämmerungsartigen, finalen Überschwemmung. Und auch wirkungslos: Du wirst nicht vergessen können, daß die Unmenge an Schriften über Wagner ihre Wirkung zeitigt, unterschwellig, maskiert. Ja, wir haben den Wunsch, nichts mehr zu wissen, diese Geschichte anzuhören, wie sie uns Wagner erzählt. Aber zu viele lange, endlose Reihen, zu viele schädliche Schatten wiegen schwer mit ihrem Gewicht der Geschichte; schon vor der Hitlerzeit und der *Götterdämmerung,* die den Selbstmord des Tyrannen in seinem Berliner Bunker begleitete, gab es die Geschichte eines widersprüchlichen Deutschlands und seiner geträumten nationalen Vereinigung; es gab das Leben eines Wagner in den Fängen der bürgerlichen Moral und ihrer obligaten Überschreitungen. Es gab die Geschichte der Form der Oper, die der Idee des Mythos. Der *Ring* wurde in dieser Welt konzipiert; jegliche Transparenz ist gleichzeitig notwendig und illusorisch, und wir werden ganz schön zu tun haben, um den Knoten zu entwirren.

Das ist noch nicht alles. Die von Wagner gewählte Form entzieht sich überall. Er hat selbst den Text und die Musik geschrieben, die Worte sind die seinen, er hat sie aus Musik gewoben, und es ist die gleiche Arbeit. Es ist ein Mythos aus Worten; und es ist eine Musik, die die gleiche Geschichte als tönenden Text erzählt. Zwischen den beiden Registern, beiden Sprachen gibt es ein und dieselbe Welt; und zwischen ihnen bestehen so genaue Wechselbeziehungen, daß es unmöglich wird, die Erzählung von ihrer Umgebung zu trennen. Ich kann Dir die Geschichte nicht erzählen, ohne sie sogleich zu interpretieren, getragen von der großen musikalischen Quelle, die übersprudelt und meinen Geist füllt. Ich kann mich nicht mehr mit einem kleinen kursiv gesetzten Text zufrieden geben, der Dir grob die Geschichte wiedergibt. Die Geschichte ist auch die Musik; die Geschichte ist wieder einmal der Mythos ... So wirst Du die Flut von Schriften verstehen, die Wagners Werk umgibt; versteh die unausweichliche, abgöttische Verehrung vor einem übermächtigen Text, ähnlich der Bibel, dem Gilgamesh-Epos, den anonymen Texten, die seit Urzeiten in den Köpfen herumschwirren. Versteh auch das Dickicht der Wagnerianer, das vom wilden Verlangen eines Vergessens der nazistischen In-Beschlagnahme durchdrungen wird. Versteh schließlich den wilden Haß, die Karikaturen, Wagner als Mongole, Wagner der Zwerg, woher das Lächerliche kommt, das ihn umgibt und mitunter die Wahrheit sagt. Man hat ihn angebetet. Lavigniac hat eine *Pèlerinage à Bayreuth* geschrieben, eine Art Religion stellte ihre Altäre in ganz Europa auf; und Erik Satie hat sich über ihn lustig gemacht und eine *Wagnerie Kaldéenne* geschrieben, in der düstere und groteske Figuren in Kadenzen hüpfen. Beide Lesarten sind *wahr*.

Also gibt es eine zusätzliche »Lesart«? Selbst wenn ich mich ganz frei halte, gelingt es mir nicht. Ich ziehe eine Illusion meines Gewächses vor. Du hast schon sehr früh den *Walkürenritt* gehört, denn allen ist an seiner Verbreitung gelegen; aus Comicstrips kennst Du bereits den Ausdruck dieser Frau mit Pferd in den Wolken. Irgendwo in Deiner Erinnerung gibt es eine Vaterfigur, bärtig und einäugig; Rüstungen, Speere, ein ganzes kriegerisches und primitives Sortiment. Irgendwo gibt es Feuer, ein lebendes und Unheil bringendes Feuer, einen riesigen und grünen Drachen; einen wachsamen Helden; Löwenherz, Rahan, Robin Hood ... Du weißt es nicht mehr. Du hast die wagnersche Scheinwelt im Kopf mit ihrem eigentlichen Gewand, und Du weißt nichts davon, wie sie funktioniert. Du bist bereit, von einer guten metaphysischen und theologischen Tradition zu erben, von der wir indes gut wissen, wie schlecht sie enden kann. Hör Dir also die Geschichte eines allzu wissenden Gottes an; eines unsicheren und einäugigen Gottes und seiner geliebten Tochter.

Wie auch sonst überall in der Oper, wirst Du auf niedergeschmetterte Frauen

treffen. Kriegerinnen, Göttinnen, Superfrauen, Allmächtige, eine nach der anderen verlieren sie die Werkzeuge ihres Ruhms. Eine Sterbliche und eine Walküre werden die Werkzeuge des Untergangs der Götter sein. Sie sterben wegen zweier Frauen; Vorwände, um ihre Mängel zu verbergen, ihre Gier, ihren Stolz, ihre Verblendung. Diese Männergötter sind die gleichen, die die Oper Dir überall vorführt; aber dieses Mal entkommen sie nicht.
An der Geschichte der ungehorsamen Frauen, die die von Wotan vorgeschriebenen Gesetze mißachten, hat die Geschichte aller Götter teil, und das Ende der Welt. Als der lange Reigen schließlich beendet ist, kennt eine Frau, und sie allein, die ganze Geschichte. Als fromme Bewahrerin eines Wissens, für das sie teuer bezahlt hat, bleibt ihr noch eine Geste zu tun: den Scheiterhaufen zu entzünden, der dieses Mal ein ganzes Volk verbrennen wird. Keiner kommt davon: weder Frauen noch Männer. Und im *Ring* verbinden sich die »tricksters« mit den Frauen, um die Geschichte des toten Heidentums zu einem Ende zu bringen. Aus seinen Trümmern werden sich der Monotheismus und seine unerbittlichen Grausamkeiten erheben können. Schau hin: Du wirst die Morgendämmerung der Oper hören.

Ein wirklich unvoreingenommener Prolog

Alles beginnt im Wasser. In einem tiefen und schwarzen Wasser. Sehr tiefe Noten, sehr lange ausgehalten, dann ein aufgelöster Akkord, dann noch einer, er kommt aus der Tiefe, er drängt nach oben; von oben kommt die Helligkeit, eine undefinierbare Helligkeit. Und es hört nicht auf zu fließen:
»... von wogendem Gewässer erfüllt, das rastlos von rechts nach links fließt.« Die Quelle der Akkorde sprudelt immer stärker, bis zu dem Augenblick, in dem ...
... eine Frauenstimme ertönt. Dann noch eine, dann eine dritte. Selbst wenn Du nichts von ihnen weißt, errätst Du, weil sie sich auf dem Grund des Wassers befinden, daß es Nixen sind. Ihr Gesang folgt den aufsteigenden Akkorden, begleitet das fließende Wasser. Sie spielen. Es sind Fischfrauen, die im Wasser spielen. Ihre Worte sind voller Wellen und »W«: sie heißen Woglinde, Wellgunde und singen »Weia« und flüssiges »Wallala«. Das ist alles sehr fröhlich; diese Nixen, die man Rheintöchter nennt, haben glänzende Laune. Frauen, die im Wasser lachen, das ist das erste Bild des ersten Ursprungs. Aber siehst Du, der Rhein ist ein komischer Vater: er ist ein Fluß.
Ein rhythmisiertes und schwerfälliges Geräusch kündigt die Erscheinung des ersten Mannes an. Er ist so häßlich, daß die Nixen sich grausam über ihn lustig machen. Sie benehmen sich kokett und es gelingt ihm nicht, sie zu fan-

gen. Das ist wichtig, die Gefangennahme, die Beute, die Hand, der es nicht gelingt, zu greifen. Der arme Mann kann nichts mit Händen greifen; denn die Schwänze der Nixen sind glitschig, und er ist ein Mensch, der sich kaum auf den Felsen halten kann. Er kann ihnen im Wasser nicht folgen. Er rutscht aus, das ist das erste Drama, das wirklich erste Drama, die einfache Geschichte einer Gefangennahme, *die nicht vollzogen werden kann. Hör Dir an, was er in seiner Wut und Enttäuschung singt: »Garstig glatter glitschriger Glimmer! Wie gleit' ich aus! Mit Händen und Füßen nicht fasse noch halt' ich das schlecke Geschlüpfer! Feuchtes Naß füllt mir die Nase: verfluchtes Niesen!« Ein Mann, der drei Nixen nachrennt und der versucht, sein Glück auf dem Grunde des Wassers zu bannen: es ist bereits eine unmögliche Liebe, die durch das Lachen der Frauen betont wird.*

Auf dem Gipfel seiner Verzweiflung schaltet sich die stumme, entschiedene Hauptfigur ein. Das Gold. Das war, aber das konntest Du nicht wissen, die undefinierbare Helligkeit, die da oben leuchtete, ganz oben im Wasser. Eine Art gedämpfter und weicher, metallischer Ton kündigt das Leuchten an, das allmählich auf der Bühne immer heller wird: das Gold erwacht. Seine Töchter grüßen es fröhlich. Alles ist immer in Ordnung in dem jetzt goldenen Wasser. Der arme Mann ist vom Glanz des Gesteins fasziniert; so etwas hat er noch nie gesehen. Mit ihm erfährt man, daß das »des Goldes Auge, das wechselnd wacht und schläft« ist. Das Gold ist also sehr wohl ein lebendiges, organisches Wesen mit einem elementaren Leben, das zumindest in der Lage ist zu schlafen und zu wachen. Aber um es zu haben – um es zu bekommen, es herauszureißen, so ähnlich, wie wenn man eine mit einem Felsen verwachsene Muschel herausreißt – muß man einen furchtbaren Schwur leisten. Das erzählen die frivolen Nixen dem Zwerg, so sicher sind sie, daß er keine Gefahr bedeutet. Denn der Schwur ist ein Verzicht auf die Liebe und dieser geile Spießer wirkt nicht besonders entschlossen, auf die Freuden der Liebe zu verzichten.

Aber im Mythos trifft man stets auf den ersten Fehltritt der christlichen Version der Ursünde Adam und Evas. Alberich pflückt das Gold, wie Eva den Apfel pflückt: als Fehltritt, aus Notwendigkeit, aus Verzweiflung. Er verzichtet auf die Liebe – mach die Ohren auf bei seiner Melodie, sie wird die ganze Geschichte bestimmen und von Hand zu Hand weiter gereicht werden, wie eine klangliche Verwünschung – und kann den lebenden Stein herausreißen Das Gold ist zum menschlichen Gegenstand geworden, das Gold wird zum Ring werden. Das heißt, ein bearbeiteter Gegenstand, ein Gegenstand, den man hergeben, tauschen, in Umlauf bringen kann. Fluch des Kommerz: Alberich wird seine ganze Fertigkeit darauf verwenden, das von nun an tote Gestein in

Wertmetall umzuformen. Die Nixen lachen nicht mehr, sie klagen; Alberich bricht in ein böses Lachen aus, du weißt schon, das finstere Lachen des Bösen. Das Wasser hat sich wieder verdunkelt. Der alte Vater Rhein wurde beraubt. Am Anfang war das väterliche Wasser und die Töchter, die das Gold hüteten. Der Erdenmensch, so tollpatschig auf den Klippen, hat ein menschliches Werk getan, als er das Gold stahl. Aber Du wirst sehen, daß die Liebe – die sexuelle und empfindsame Liebe, das Herz und der Hintern – auf die er wegen dieser Tat verzichtet hat (Erinnerst Du Dich an die stets gleichen Erklärungen der mythischen amerikanischen Milliardärinnen: Geld macht nicht glücklich, die Liebe ist nicht käuflich? Ein alter romantischer Abzählreim), sich gleichzeitig mit dem goldenen Ring dreht und sich gegen ihn dreht. Und dann noch ein Schlag, das passiert durch eine weibliche Schwäche: denn wenn die verrückten Nixen nicht so frisch von der Leber weg geplaudert hätten, hätte kein Mann je erfahren, daß es ein Mittel gibt, mit dem man des Goldes habhaft wird.
Das ist der Anfang. Die nächste Szene spielt woanders: ganz wörtlich in den Wolken. Du merkst also, daß die Geschichte, die da in den Tiefen des Wassers beginnt, nicht die einzige ist; und daß gleichzeitig in den höchsten Lüften sich eine andere abspielt. Das erste Stück des *Rings* hat das Aufeinandertreffen der Geschichte des Wassers und der Geschichte der Wolken zum Gegenstand; und Du wirst sehen, daß das ganze mit dem physischen Aufeinanderprallen der beiden Elemente endet, in Form eines Regenbogens: in den Lüften gebrochenes Wasser.

In den Wolken, hoch über den Ufern des Rheins, erhebt sich eine Burg. Dort wohnen die Götter. Wenn sich der Vorhang erhebt, schlafen die Götter, genau wie das Gold. Die Sonne weckt sie. Sie sind ein Paar: es fehlte das Element eines ehelich vereinten Paares. So hat die Geschichte also vor langer Zeit begonnen; die beiden sind sogar ein altes Paar, Du wirst sehen, wie sie sich den ganzen Ring über zerfetzen. Es muß zwischen ihnen einmal Liebe gegeben haben, aber man weiß es nicht mehr. Die Liebe ist also ein out-law. Die Frau – sie erwacht zuerst – wird immer daran erinnern, daß es Gesetze gibt. Der Mann ist Wotan, der König der Götter, und er hat nur noch ein Auge; als Fricka ihm zu heftige Vorwürfe macht, erinnert er sie mit ernster Miene daran, daß er dieses fehlende Auge verloren hat, um sie, seine Frau, zu bekommen. Im Augenblick wirst Du nicht mehr erfahren; Du wirst zwei Opern warten müssen, um das letzte Wort zu dieser Augengeschichte zu hören. Sie sind also an dem Punkt angelangt, an dem man sich gegenseitig vorwirft, zu existieren. Es ist die Grundangst der ehelichen Liebe; und im Wolkenreich spielt sich das Äquivalent des Dramas vom Grunde des Rheins ab: ein Mißverständnis zwischen Mann und Frau.

Aber sie sprechen nicht über dieses Mißverständnis. Es ist vor allem die Rede von einem abgeschlossenen Handel. Fricka wollte Wotan mit einem prächtigen Schloß an zuhause binden; Wotan bat also die Riesen (warte nur! Sie kommen schon noch mit ihren dröhnenden Schritten), die Burg zu bauen, im Tausch gegen Freia, die Göttin der Jugend; und Fricka, die anfangs wohl den Dingen ihren Lauf ließ, zittert um ihre Schwester Freia. Wotan regt das nicht auf: er erwartet Loge, den wunderlichen Gott, bucklig und listig, den Gott des Feuers. Loge hat ihm zu diesem Vertrag geraten, Loge hat ihm versprochen, ihn da herauszuholen, wenn der Augenblick gekommen ist. Was will Loge? Das ist ein wunder Punkt, erinnere Dich an die Bilder der von Feuer umgebenen schlafenden Frau, erinnere Dich an eine flammende Burg, an ein Leuchten der Dämmerung. All das ist schon in Wotans Warten beinhaltet.

Denn Wotan scheint gleichgültig. Das alles ist nicht wirklich seine Sache. Sicher, er wird sich einmischen müssen, denn er ist der König und es ist seine Aufgabe, Konflikte zu regeln. Umso mehr, als es seine eigenen sind. Aber er spricht mit Fricka ganz blauäugig, wenn sie nur zuhören würde... und er sagt ihr ganz deutlich, daß er im ehelichen Schloß kein Gefangener mehr sein kann. Und daß er, wenn es so ist, fortgehen und die Welt »von außen« erobern wird. »Das Spiel drum kann ich nicht sparen«. Ist er also ein Spieler? Solange, bis er ein Auge verliert, und schließlich alles, was er besitzt. Wotan ist ein Zündler. Er zündelt mit Entzücken.

Er hat sicher schon davongeträumt. Aber im Moment zählen die schweren Schritte der Riesenzwillinge Fasolt und Fafner, Footit und Chocolat, Dick und Doof. Ein kurzer Kampf: Wotan weigert sich, Freia gehen zu lassen. Götter mischen sich ein, wollen mit den Riesen kämpfen; Wotan zückt seinen Speer und trennt sie. Sein Speer ist kein normaler Speer. Auf dem Holz sind in Runen die Gesetze eingeschrieben, wie wenn das ganze Bürgerliche Gesetzbuch auf einem Stock eingraviert wäre. Auch Moses trug eine ganze Kultur auf zwei behauenen Steinen. Das Grundgesetz ist ganz einfach: man muß geschlossene Verträge halten. Genau dies ist hier der Fall, und Wotan ist gezwungen, Freia gehen zu lassen. Über ihm gibt es eine höhere Macht als seine Wünsche, als alle menschlichen Wünsche, und er wird jedes Mal vor seinem eigenen Speer zurückweichen müssen. Er ist Gefangener: seines Speers, seiner Burg, seiner Macht.

Loge tritt auf, den man auch Lüge *nennt, das ist beinahe sein Name. Er sagt jedoch das Richtige, um die Riesen zur Umkehr zu bewegen, die Freia bereits unterm Arm haben. Er sagt, daß keiner verrückt genug sei, um auf eine Frau zu verzichten, und daß es für eine Frau wie Freia keinen Ersatz gebe. Nur ein Wahnsinniger habe es gewagt: Alberich, des Rheingolds wegen, und er*

komme, um Wotan – der die Falle nicht versteht, die da den Riesen gestellt wird – die Klage der Rheintöchter zu überbringen. Aber um Wotan herum haben alle die Ohren gespitzt: Fricka, die denkt, daß man aus Gold Schmuckstücke machen kann und Ringe, das Symbol der Treue, und die Riesen, die heftig nachdenken. Und Wotan denkt schließlich auch nach, durch ein Wort Loges dazu veranlaßt: Loge sagt, daß das Gold, »ein Tand ist's in des Wassers Tiefe, lachenden Kindern zur Lust«, und daß es, zum Ring geschmiedet, die höchste Macht verleiht. Ebenso sehr wie von der Macht, ist Wotan von dem freien Spiel des Goldes angezogen. Hier schließt sich der Kreis, wird der Ring geschmiedet: Wotan will den Ring, er wird ihn stehlen. So wie das Gold gestohlen wurde. Die Grundgleichung bleibt: wer das Gold hat, hat keine Frau, hat keine Liebe. Die Riesen entscheiden schnell: sie möchten gerne das Gold anstelle von Freia, aber um Wotan zur Entscheidung zu zwingen, entführen sie die Schöne. Die Auswirkungen lassen nicht lange auf sich warte: Freia kultiviert außer ihrem Charme auch die Äpfel der Jugend, die die Götter jung erhalten. Sie hat sich kaum umgedreht, als auch schon ihre Haut zu runzeln beginnt, die Augen hohl werden, die Herzen nicht mehr schlagen.
Es ist keine Zeit zu verlieren, Wotan geht das Gold holen, Loge folgt ihm, geht ihm voraus, umkreist ihn. Aber siehst Du: als alle plötzlich gealtert sind, ist Loge nicht gealtert. Loge sagt grinsend: Freia hat ihm kaum einmal von den Äpfeln gegeben, und er weiß wohl, daß er nicht so sehr Gott ist, wie die anderen.

Na so was! Keiner scheint zu merken, daß Loge den Tod der Götter will, seiner mächtigeren Brüder. Alle sind mit der Dringlichkeit des Alterns beschäftigt. Loge wird immer, überall, im ganzen Universum der *Tetralogie* da sein; er wird einen Endpunkt setzen, er wird Genugtuung erhalten. Genugtuung von diesen Wahnsinnigen, die die Frau gegen das Gold tauschen. Denn der entscheidende Spieleinsatz ist zweifach, in den Tiefen des Wassers und in den höchsten Lüften: entweder die Frau oder das Gold, aber nicht beide zusammen. Sie haben die Wahl, und sie wählen das Gold. Nach Alberich kommen Wotan und die Riesen.
Das Gold ist noch nicht erobert, und die nächste Phase der Ursprungskonflikte spielt unter der Erde. Dieses Element hatte in der Tat noch gefehlt.

Unter der Erde regiert Alberich. Man taucht in eine schwefelige Kluft hinab, wo man erneut auf das besondere Leuchten des Rheingolds *trifft: das Dämmerlicht des Wassers, das gleisende Leuchten des Golds; der Dunst der wolkigen Luft, die aufgehende Sonne über der Burg; die Nacht von Alberichs Reich, das rötliche Leuchten seiner riesigen Werkstatt. Überall wird geschmiedet,*

gehämmert, geschlagen, da gibt es tausend kleine Geräusche von Metall, fleißigen Menschen, Rüstungsbetrieben. Dies ist Niebelheim. Es ist die Hölle einer schrecklichen Arbeit. Die dort unter Alberichs Aufsicht arbeiten sind die Nibelungen, den netten Zwergen aus Schneewittchen nicht unähnlich. Zuerst schmiedeten sie Schmuckstücke, Tand, Kinkerlitzchen; jetzt machen sie eine Schmelze, machen Waffen für die Machterhaltung ihres Herrn. Es ist das Gewicht des Goldes. Die gleichmäßigen Ambosse schlagen rhythmisch, skandieren, sie kennzeichnen die Zwerge unter der Knechtschaft jenes Metalls, von dem Du nun weißt, daß es verflucht ist. Und das da ist ein Bergwerk, mit ausgebeuteten Bergarbeitern, ausgebeutet von Alberich. Es ist, als ob Alberich, gleichzeitig mit dem Verzicht auf die Liebe und dem Erhalt des Goldes, auch die Macht der Ausbeutung, die Fähigkeit, sich Sklaven zu unterwerfen, kennengelernt habe. Es gibt also eine notwendige Verbindung zwischen dem Gold und der Ausbeutung; die Fabel ist simpel, aber selbst wenn sie simpel ist, ist sie dennoch wahr.
Und da ist Alberich, er ist nicht mehr das Wesen voller Begierde, das gerade eben noch, in den Wogen, plump versuchte, eine glitschige Nixe in seiner geballten Faust festzuhalten. Er zieht so eine Art Lehrling am Ohr, er ist der Herr. Hör Dir dieses geheimnisvolle Motiv an, das da mitten in den Schreien und dem Gehämmer auftaucht: er entwirft einen verzauberten Helm, ein Requisit, das einem später wieder begegnen wird und das unsichtbar macht. Man begibt sich auf ein Gebiet, das vom Kaspertheater nicht weit weg ist, mit Pritschen, die einen von hinten bedrohen, kindischen Späßen, Bubenstreit. Aber vergiß nicht: es sind Götter, und in Wagners Kopf spielen sie um das Schicksal der Menschheit. Und um unsichtbar zu sein, muß man gleichzeitig wie im Märchen sagen: »Nacht und Nebel.«

Weißt Du, auf uns wirkt das komisch, so etwas innerhalb eines Mythos zu hören; aber das ist eine ganz andere Geschichte.

Alberich hat seinen Helm, er wird zu Rauch, er nützt es, um seinen Lehrling zu peitschen, Mime, der mit hoher Stimme jammert, eine junge Stimme, eine bereits abgenutzte Stimme. Die Bergarbeiter schreien, hörst Du, es sind Kinderstimmen. Und als Mime Loge und Wotan sein Mißgeschick erzählt, lachen diese. Ja, sie lachen; es geht sie nichts an, sie kommen als Räuber. Von nun an, wirst Du einen Streit unter Räubern sehen, Götter die betrügen, die lügen, Gangster eben. Das spielt sich zwischen Alberich und Wotan ab, und das Feuer geht von einer Hand in die andere über: von Macht zu Macht. Die armen Zwerge sind Arbeitskräfte, und merk Dir das Wort, Du wirst sehen, daß es die Sache trifft. Wotan stellt einige Fragen, Alberich verbirgt nichts, denn er hat alle Macht dieser Welt. Diese Götter, die lachen und die lieben – die Violine singt sehr hoch, sehr süß – er wird sie sich schnappen, über das Gold, er wird sie zwingen, zu ihm herabzukommen. Alles was lebt, sagt er in seinem Wahn, soll der Liebe entsagen. Wenn Loge nicht da wäre, würde sich Wotan mit Alberich schlagen, würde er seinen Speer heben, aber Loge läßt die Schmeichelei spielen, wie er es gerade vorhin mit den Göttern in der reinen Luft von Walhall gemacht hat. Und seine List ist wirklich äußerst simpel: und was würde passieren, wenn jemand des Nachts käme um den Ring zu stehlen, nun? Alberich spricht also von dem Helm – aber Wotan und Loge kennen bereits die Geschichte, denn Mime hat sie ihnen erzählt. Was möchte Loge? Er möchte Alberich in die Falle locken und zwingt ihn, seine Gestalt zu verändern. Und dieser Idiot tut es; er zieht den Helm über und verwandelt sich unverzüglich in eine schreckliche Schlange, schon allein die Blechbläser lassen den Körper der Schlange sich krümmen. Und Du hast hundert Mal die Geschichte des orientalischen Geists gelesen, erinnere Dich, der aus Prahlerei in seine Flasche gegangen ist, nur um zu zeigen, daß er die Wahrheit sagt: Alberich verwandelt sich in eine graue Kröte. Und da ist er gefangen. Ganz einfach. Das Gold, der Ring, der Helm machen einen nicht schlauer.

Und von neuem ertönen die hellen Ambosse, von Dampf umgeben. Wagner konstruiert gerne große Reisen, weite musikalische Landschaften. In *Parsifal* bewegt man sich so durch die Akkorde, die nach und nach ein Bühnenbild umgestalten.

Hier steigen Loge, Wotan und ihr Gefangener langsam nach oben. Sieh wie sich der Nebel lichtet, man verläßt die unterirdische Finsternis, man steigt langsam nach oben, bis man in der frischen Luft von vorhin ist. Loge ist entzückt, er hat wieder einmal gewonnen, er hüpft vor Freude um den herum, den er seinen Vetter nennt. Loge ist mit allen verwandt, das ist eine recht gefährliche, ländliche Verwandtschaft. Aber schau ihn Dir an, in seiner menschlichen, oder zumindest anthropomorphen Form, Du wirst ihn nur noch als Feuer sehen. Alberich muß wohl oder übel nachgeben, er läßt seine Zwerge heraufkommen, um den Schatz heranzuschleppen, er rechnet allerdings damit, den Ring zu behalten: das Wesentliche. Da kommen die Zwerge mit Geschmeide und Gold. Alles wird aufgehäuft. Aber Wotan will den Ring. Alberich schreit, brüllt, verteidigt sich, argumentiert sogar: denn schließlich hat er teuer bezahlt, um den Ring zu bekommen. Er hat das getan, wozu sich kein anderer entschließen konnte: er hat schlicht und einfach auf die Liebe verzichtet. Er ruft die Gerechtigkeit an, das heißt Wotan selbst, der sie, auf seinen Speer eingeritzt, bewahrt. Er droht nicht, nein, er redet sehr verständig. Wotan ist taub, er ist schon in dem Teufelskreis gefangen; er ist blind und sieht nichts von den Kräften, die ihn überwältigen. Und er nimmt den Ring. Das heißt, er raubt ihn, oder? Von nun an ist der Gott schuldig. »Nun halt' ich, was mich erhebt, der Mächtigen mächtigster Herrn!«

Alberich bestraft den Fehler des Gottes. Er hatte den Ring, weil er die Liebe verfluchte; es sei, also verflucht er den Ring. Und so groß ist die Macht der Flüche oder Segnungen, in diesem archaischen und kindlichen Zeitalter, daß er vom Fluch bis zum endgültigen Ende eilt, der Dämmerung dieser göttlichen Räubergesellen. Und dies ist die expressive Kraft dieser Musik, daß, sobald dieses Fluch-Motiv erklingt, Du die Katastrophe erwartest, selbst wenn Du es Dir nicht bewußt machst. Diese Noten wiederholen sich, selbst in den wenigen glücklichen Momenten des Mythos, und etwas in Dir weiß, daß von nun an alles verflucht ist. Das Glück ist trügerisch, es leitet sich selbst zu immer noch mehr Unglück, und bereits hier wird es verspielt.
Wotan hört nichts. Er denkt nur an seinen Ring. Der Himmel wird noch heller, die Götter kommen wieder, die Riesen auch, und mit ihnen Freia, die Jugend. Alles ist ruhig und friedlich. Du könntest denken, daß alles vorbei ist; es könnte hier enden. Das tritt übrigens auch teilweise ein: ein Trugschluß. Du kennst diese Geschichten, die zu Ende scheinen, aber jemand kennt noch eine Fortsetzung und erzählt sie, und der Mythos geht weiter, legt seine Ringe aus, bis alle Elemente an ihrem Platz sind, endlich stabil. Man nähert sich dem Ende des Anfangs.

Es fehlt noch eine Episode. Die Riesen nehmen das Gold, soviel Gold und Geschmeide wie Freia groß ist. Sie muß ganz mit Gold bedeckt sein, das sich immer mehr auftürmt und sie verdeckt. Man sieht nur noch den Schimmer ihrer Haare; also verlangen die Riesen den Helm, um das Gold ihrer Haare zu verdecken. Aber man sieht noch ihr Auge durch die Goldstücke blitzen. Und es gibt nur noch den Ring an Wotans Finger, wie vorhin am Finger Alberichs. Die gleiche Geschichte fängt so schnell von vorne an; warum so schnell? Wotan gibt nicht nach. Der Ring fesselt ihn, Pech für Freia. Denn jetzt ist der Spieleinsatz von vorhin weit weg; als Wotan auszog, um Freia zu befreien, hat er den Ring erobert. Der Konflikt bricht gewaltsam durch. Wotan gibt nicht nach.

Da erscheint die Mutter. Versuch nicht zu erfahren, wer die Kinder sind; es ist die Urmutter, die Mutter der Erde, Erda. Sie taucht von nirgendwo auf, aus den Tiefen des Schlafs, sie ist der Traum einer Mutter. Wotan selbst weiß nicht, wer sie ist. Sie weiß alles, sieht alles von den Göttern. Und wenn sie da

Peter Tschaikowsky, »Eugen Onegin« – Julia Varady als Tatjana (München, Bayerische Staatsoper 1977, Inszenierung: Rudolf Noelte). Foto: Sabine Toepffer, München.

Richard Wagner, »Die Walküre« – Catarina Ligendza als Brünnhilde, Peter Meven als Wotan (Staatsoper Stuttgart 1978, Inszenierung: Jean-Pierre Ponnelle). Foto: Eduard Straub, Düsseldorf.

Richard Wagner, »Götterdämmerung« – Gwyneth Jones als Brünnhilde (Bayreuther Festspiele 1980, Inszenierung: Patrice Chereau). Foto: Siegfried Lauterwasser (Copyright: Unitel-Film 1980).

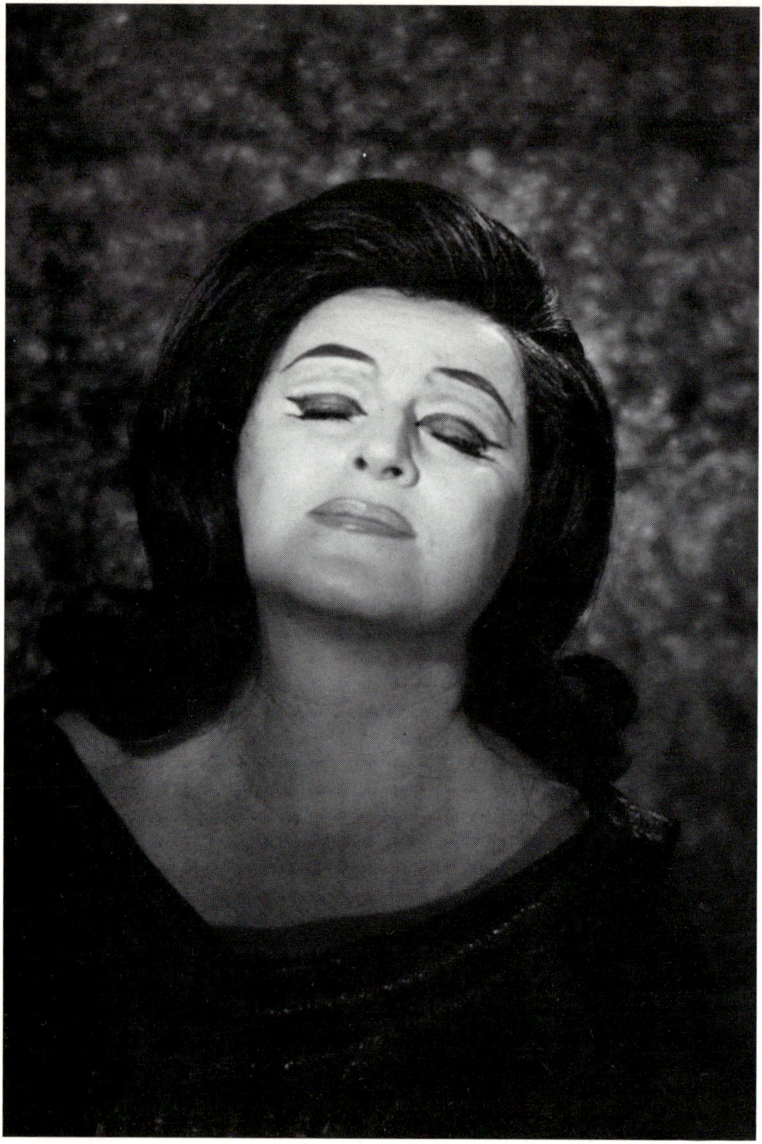

Richard Wagner, »Tristan und Isolde« – Birgit Nilsson als Isolde (Wiener Staatsoper 1967, Inszenierung: August Everding). Foto: Fayer, Wien.

Richard Wagner, »Parsifal« – Waltraud Meier als Kundry (Wiener Staatsoper 1991, Inszenierung: August Everding). Foto: Fayer, Wien.

Richard Strauss, »Der Rosenkavalier« – Elisabeth Schwarzkopf als Marschallin (Wiener Staatsoper 1960). Foto: Fayer, Wien.

Richard Strauss, »Der Rosenkavalier« – Gwyneth Jones als Marschallin, Christa Ludwig als Octavian (Wiener Staatsoper). Foto: Fayer, Wien.

Alban Berg, »Lulu« – Anja Silja als Lulu, Günther Reich als Dr. Schön (Staatsoper Stuttgart 1966, Inszenierung: Wieland Wagner). Foto: Hannes Kilian, Wäschenbeuren.

ist, ist die Gefahr extrem, und Wotan spürt es. Durch ihre Worte zieht sich der Fluch. Diese ausladenden, aufgelösten Akkorde, als ob die Wasser des Rheins verlangsamt fließen würden, dieser langsame und majestätische Rhythmus ist nicht das Tempo der Götter. Es ist die Ewigkeit, die singt. Eine neue Leidenschaft packt Wotan, der von Erdas Rythmus gefangen ist: er möchte wissen, ihr folgen, sie nehmen ... Es wird zur dringlichsten Aufgabe; sieh, wie dieser Gott schnell seine Begierden wechselt. Er läßt den Ring, die Warnungen Erdas haben gewirkt. Aber Wotan wird die Verführung durch die Mutter nicht vergessen.

Die Riesen nehmen den Ring; oh, aufgepaßt, sie sind zu zweit. Das ist das erste Mal, daß man es wahrnimmt; denn bisher hatten die Zwillinge nur einen einzigen Körper. Der Ring teilt sie; jeder der beiden will ihn, und das geht schlecht aus. Der eine, Fafner, tötet Fasolt, den anderen, und reißt ihm den Ring weg. Die Falle schnappt zu, schnappt zu, es gibt einen ersten Toten. In der Musik erklingt der Fluch. Dieses Mal hat Wotan verstanden; er hat auch seinen Schmerz und seine Furcht begriffen. Wotan ist berührt, Angst ergreift ihn, eine nicht zu unterdrückende, zwanghafte Angst, gegen die er nur eine einzige Zuflucht weiß: die Burg. Das Lustschloß, der Hauptwohnsitz, ändert seine Funktion; es wird eine Festung werden, ein Ort der Verteidigung und des Schutzes. Wotan weiß nicht genau, gegen was er sich verteidigen muß; er nennt es »die Nacht«. Die Nacht senkt sich herab, senkt sich gegen die Götter; Wotan hat verstanden. Die anderen Götter nicht, die davon träumen, endlich in ihre geheiligte Burg einzuziehen. Wotan spricht noch einmal von Erda: vielleicht könnte sie ...

Um die Festung zu betreten, fehlt nur noch eine Brücke. Der Zauber wirkt; der Donnergott schlägt seinen Hammer, die Wolken lösen sich in ein Gewitter auf. Und durch den Dunst, den metallischen Schlag und das Getöse erhebt sich ein riesiger Regenbogen. Er ist die Brücke; die Sonne geht unter. Wotan beschließt hineinzugehen und mit Fricka zu leben. Die Götter betreten allmählich die Brücke; diesmal sind sie wirklich Götter, sie gehen auf Wolken. Endlich sind sie übermenschlich: endlich siehst Du einen Beweis ihrer Göttlichkeit. Und dennoch ist ihr Untergang beschlossen; dennoch wird Dir anhand der Leidenschaften, der Scheidungen, der Zerrissenheiten ohne Ende die Geschichte ihres Untergangs erzählt. Denn Loge droht ganz leise, träumt davon, sie eines Tages zu verbrennen; und die Klagen der Nixen steigen im Kontrabaß bis zum Wohnsitz der Götter auf. Sie klagen an: dort oben ist alles falsch. In den tiefen Wassern wohnt die Reinheit und Wahrheit. Das Feuer und das Wasser sind gegen die Götter vereint; Alberich hat den Ring verflucht, den sich Wotan an den Finger steckte. Selbst für einen Augenblick des Vergnügens hat er das verfluchte Objekt berührt. Sie sind verloren.

Unbesorgt, majestätisch ziehen sie über den Regenbogen und betreten das von der Sonne erleuchtete Schloß.

Zwischenakt

Der Vorhang schließt sich; die Lichter gehen wieder an. Du bist ganz verblüfft, Du bist in einem Zuschauerraum, der Regenbogen dort ist die Bühne und die Sänger verneigen sich erschöpft. Dieser Mythos ist eine Oper, er wird von Sängern und einem Orchester erzählt, und wenn es Dich plötzlich packt, als hätte man Dir eine Geschichte erzählt, dann deshalb, weil die Stimme, in Rollen vervielfacht, Dich von überall her umgibt und Dir die Erzählung sichtbar macht. Diese Geschichte beginnt, das *Rheingold* ist ein Prolog. Man mußte die Teile eines riesigen Puzzles zusammensetzen; und selbst wenn Dir die ganze Geschichte auf einmal erzählt würde, bis die Burg brennt und alles in die Wasser des Rheins zurückkehrt, wirst Du im Laufe der Stunden von Akkorden, plötzlichem Getöse, Melodien bis zum letzten Ende der Erzählung fortgetragen. Um jedoch davongetragen zu werden, braucht es eines ganzen Gewebes von Fäden, das sich ohne Dein Wissen in Deinem Unterbewußtsein einflicht, oder eigentlich nicht: das Unterbewußtsein arbeitet daran, die Erzählung zu konstruieren. Und das Netz bleibt unsichtbar, unwahrnehmbar, und eben dadurch wirksam; nachdem die Musik verstummt ist, kannst Du versuchen zu verstehen.

Als erstes gibt es eine Fortsetzung; und es wird nie wieder einen Anfang geben. Die gesamte Fortsetzung ergibt sich aus dieser Geschichte, und das weißt Du, denn die Musik hört nicht auf, Dich daran zu erinnern, was geschehen ist, und was die Personen der Fortsetzung bisweilen nicht wissen. Das heißt, daß du als Zuschauer mehr Bescheid weißt als diejenigen, die ihre Rollen spielen, und daß Du Dich von nun an eines außerordentlichen Machtgefühls erfreuen darfst. Du weißt, daß Du dem Untergang der Götter beiwohnst, der gegen ihren Willen angekündet wurde; Du nimmst an der Musik teil, Du verstehst, Du weißt im voraus; Du vergißt, daß es sich um eine komponierte Arbeit handelt und daß das alles im voraus bedacht ist. Du betrachtest, Du hörst zu, Du forderst; Du sitzt unbeweglich, Du siehst alles. Ohne die musikalische Artikulation wüßtest Du es nicht.

Danach ist die Geschichte vorgezeichnet. Sie wird mit großen Auslassungen erzählt, große weiße Stellen, die die Musik für Dein Wissen füllt. Die folgenden Tage, *Die Walküre, Siegfried, Götterdämmerung,* sind oft bekannter als der erste Tag. Du kannst Walküre-Fans begegnen, die sich mit der Liebesgeschichte begnügen, und denen diese genügt; sie lieben nur einen Teil der Emotion. Denn die Emotion ist eine doppelte; es ist sowohl die der Erzählung und die der Musik, als auch der Erzählung, die in der Musik konstruiert wird. *Das Rheingold* stellt das bereits mit den Anfangsakkorden, im Wasser des Flusses, klar. Was gespielt wird, ist auch eine Methode, eine unvergleichliche Theaterform, die das Ohr dem Auge einfügt, während das Unbewußte seinerseits etwas webt, was Dich gleich darauf rührt. Aber nachfolgend wirst Du nie mehr die Illusion des Ursprungs, das Vergnügen eines Anfangs haben; und du wirst entdecken, daß die ersten Fäden der Geschichte die schönsten, die mächtigsten, die wahrhaftigsten sind.

Um diese ursprüngliche Komplexität zu begreifen, muß man die gesamte Geschichte kennen. Und wieder von vorne anfangen, so daß in jeder der drei Opern, die zu hören bleiben, es jemanden gibt, der alles von Anfang an erzählt. In der *Walküre* ist es Wotan, in der *Götterdämmerung* sind es die Nornen, drei Göttinnen, die den Faden der Zeit spinnen. Jedes Mal erfährt man mehr, und mehr von früher; in der Erzählung der Nornen erfährt man, weshalb Wotan ein Auge verloren hat und was er vor dem *Rheingold* gemacht hat. So daß die Erzählung, je mehr sie ihrem Ende entgegen geht, desto mehr zu einem unerwarteten Ursprung zurückgeht. Du glaubtest, das *Rheingold* sei der Anfang; mitnichten, das war schon die Folge einer anderen Sache. Diese *Tetralogie* heißt auch »Der Ring des Nibelungen«, der Ring, wie Du oft sagen hörst. Der Sinn dieses runden Ringes ist auch, sich unaufhörlich um seine eigenen Schritte zu drehen; es ist eine Geschichte, die ohne Unterbrechung die Ereignisse annuliert, die sie produziert, bis das Gold, aus dem der Ring gemacht wurde, in die Tiefen des Wassers zurückkehrt. So daß Du im *Rheingold* zwei Geschichten erfährst: die eine, fortschreitende, die den Weg hin zur *Götterdämmerung* bereitet; und die andere, rückschreitende, die die früheren Gründe dieses unfehlbaren Fluchs vertieft.

Rücken wir die Geschichte wieder der Reihe nach gerade, ganz gegen die Gangart der Krebse, die Wagner ihr verliehen hat, und die die Musik in transparenter Art und Weise wiedergibt. Und flicken wir die Geschichte der drei Nornen ein, den Anfang des letzten Tages, der *Götterdämmerung.*

Drei Schwestern: die älteste, die zweitgeborene und die jüngste. Drei Schwestern, Freud hätte auch gesagt drei Frauen, die drei Zustände einer einzigen Frau darstellen, stets derselben, die den Mann durch sein ganzes Leben begleitet. Die älteste, die Mutter, die mittlere, die Ehefrau, die jüngste, die Tochter: alles Erscheinungsbilder der Frau, die das Leben des Mannes beglei-

tet. Die Geschichte – zumindest diese Geschichte hier – spricht nicht von den drei Altersstufen des Mannes für die Frau. Aber sieh Dir die Wirklichkeit an: es gibt sehr wohl diese drei Arten von Liebe im Leben des Gottes Wotan: Erda, die Urmutter; Fricka, die schwesterliche Gattin; und Brünhilde, die Tochter. Die drei Nornen weben also den Faden der Zeit auf einem von Flammen umgebenen Felsen. »So gut und schlimm es geh', schling' ich das Seil und singe«, sagt die erste und bindet den goldenen Faden an einen Tannenzweig.

Früher webte sie unter der Weltesche; das ist der Ursprung des Ursprungs. Unter diesem geheiligten Stammbaum sprudelte eine Quelle, deren Wasser die Weisheit sangen; und das ist der Ursprung des Wortes, das Murmeln einer Quelle. Bis zu dem Tag, an dem der Gott Wotan – der erste Störenfried – an die Quelle kam um zu trinken. Aber dies verlangt eine Gegengabe und bleibt nicht ungestraft: Wotan läßt an der Quelle der Esche ein Auge. Deshalb ist er einäugig, ganz wie andere Helden, die hinken, wie Oedipus, oder eine Buckel haben, wie Hephaistos: die Macht eignet man sich um den Preis einer physischen Abnormität an. Dafür wird aber ein menschliches Wesen, sobald es irgendwie körperlich entstellt ist – sei es der scheele Blick von Sokrates, oder seien es die grünen Augen ganzer Legionen von Hexen, die im 17. Jahrhundert verbrannt wurden – als Inhaber einer übernatürlichen Macht anerkannt, denn der Mythos gebietet in jeder Hinsicht. So ist das mit Wotan, nach der Episode an der Quelle. Nun geht Wotan aber weiter, er vergreift sich noch mehr an der Ordnung der Natur: er schneidet sich einen Speer – Du kennst ihn bereits – aus einem Ast der Esche. Es ist die erste Wunde. Und seither siecht der Baum langsam dahin. die Blätter fallen, der Baum ist tot; und die Quelle versiegt. Der Gesang der Nornen wird wirr und unruhig; sie mußten sich als Ersatz in die Nähe einer Tanne zurückziehen, um ihrer Arbeit als Weberinnen weiter nachzugehen.

Mächtig durch sein Wissen und seinen Speer, erobert Wotan zuerst Fricka. Aber eines Tages hört er auf zu lieben und möchte die Welt erobern. Hier beginnt Das Rheingold, *von dem Wotan selbst eine eigene Version zu Beginn der* Walküre *zum Besten gibt. Er klagt sich traurig an: ja, er war untreu, ja, er hat Verträge gebrochen, als er deren Hüter war. Er hat sich von Loge verführen lassen, er hat seinen eigenen Untergang geschmiedet. Dennoch hat er das nicht tun können, wozu ein anderer die Kühnheit besaß, auf die Liebe zu verzichten. Die Liebe, die in der merkwürdigen Figur der Erda wieder auflebt, erwacht aus ihrem Schlaf, um Wotan zu warnen. Wotan folgt ihr, bezaubert sie, verführt sie geheimnisvoll und »stört ihres Wissens Stolz«. Du kannst andeutungsweise hören, daß er mit ihr schläft. Und so wird Wotan Vater von acht Töchtern, den Walküren, Töchter von Erda, der Wala. Diese Liebe ist nicht rein: Wotan liebt um zu wissen, dann um sich zu verteidigen. Aus seinen acht Töchtern macht er Kriegerinnen, kämpfende Jungfrauen, deren einzige Mission darin besteht, eine seltsame Sammlung anzulegen. Diese Mädchen, die auf Wolken reiten, begeben sich auf die Schlachtfelder, um die gefallenen Helden einzusammeln und Wotan daraus ein hochwertiges Heer zusammenzustellen. Aber was sagt Wotan da? Die Abwesenden der Geschichte kommen zum Zug: »...die herrisch wir sonst in Gesetzen hielten, die Männer, ...« Die Männer? Bisher war nur von Göttern, Zwergen, Riesen die Rede; jetzt sind die Männer da; irgendwo zwischen dem Wasser, den Wolken und Alberichs unterirdischer Hölle; und sie werden eine immer größere Rolle spielen, bis zum letzten Augenblick, in dem sie, als Kleinverdiener allerdings, durch den Untergang der Götter ihre Zukunft sichern werden. Die Männer wurden durch »trüber Verträge trügende Bande« unterjocht, sagt Wotan; und die Walküren drängen sie zum Kampf, damit sie nach ihrem Tod die Götter verteidigen können. Eine bewundernswerte Sklaverei, die durch Krieg und Tod zustande kommt.*

Erda hat Wotan die ganze Zukunft vorausgesagt: um Alberichs Fluch zu entgehen, der den Untergang der Götter geschworen hat, bräuchte es eines absolut freien Helden, um den Ring zurückzubekommen, den jetzt Fafner hat, der in einen den Schatz behütenden Drachen verwandelt wurde. Aber das ist ein unlösbarer Widerspruch: wie sollte man einen Helden finden, der gegen und für Wotan kämpft? »Wie macht' ich den andren, der nicht mehr ich, und aus sich wirkte, was ich nur will?« Also hat Wotan die Idee, sich zu verkleiden, und als Mensch durchstreift er die Wälder, liebt die Menschenfrauen. Eine von ihnen gebiert ihm Zwillinge, die er im Unwissen über seine göttliche Natur beläßt; er nennt sich »Wolfe« und gibt dem Knaben ein Zauberschwert; diese Zwillinge heißen Siegmund und Sieglinde. Zu dieser Zeit rüstet Alberich zur Schlacht; die einzige Waffe, die er benützen könnte, wäre diese, Erda hat es gesagt: Alberich muß einer Menschenfrau ein Kind zeugen, und genau das findet statt, dem Gold sei Dank. Siegmund und Sieglinde sind Kinder der Liebe; Hagen, Alberichs Sohn ist ein Kind des Hasses. Der Fluch hat in die Fortpflanzung eingegriffen. Nach der Geschichte der Väter, ist dies die Geschichte der Söhne.

Es ist der Anfang des zweiten Tages, der Walküre, *an dem Du sehen wirst, durch welche gezielten Tricks, von jeglichem Willenseinfluß unabhängig, der Sohn Wotans zugrunde geht. Erschöpft erreicht er ein Blockhaus, er nennt sich Wehwalt, der einzige Name, den er sich zugesteht, nachdem er seinen Vater verloren hat; und dieser Name bedeutet »Unglück«. Dort ist eine Frau, die gegen ihren Willen mit Hunding, so einer Art Bär, verheiratet wurde. Der Flüchtling und die Gefangene verlieben sich auf den ersten Blick ineinander.*

Sie wissen nicht, wer sie sind; nach und nach lassen es sie Einzelheiten wissen. Da steckt in einem Baumstamm, mitten in dieser Behausung, ein Schwert, das noch keiner herausziehen konnte. Sieglinde erzählt: ein Fremder hat es am Tage ihrer traurigen Vermählung hineingestoßen, ein Fremder, der einen Hut tief in die Stirn gezogen hatte, um ein Auge zu verdecken. An diesem Zeichen erkennst Du Wotan. Wehwalt, der sich auch als »Wolfes Sohn« bezeichnet hat, gewahrt das von einem Lichtstrahl angestrahlte Schwert; er zieht es ohne Anstrengung heraus, dieses väterliche Schwert, das zuvor für ihn hineingestoßen wurde. Da erkennt Sieglinde ihn: er ist ihr verlorener Bruder. Alles könnte gut gehen. Aber der Mondschein mischt sich ein, Träger von beunruhigendem Unheil; und die Zwillinge umschlingen sich und setzen sich über das höchste aller Verbote hinweg: über das des Inzests.

Wotan, der stets im Widerspruch zu den auf seinem Speer eingeritzten Gesetzen steht, freut sich an diesem Abenteuer. Fricka, majestätisch und mächtig, schaltet sich ein, und erinnert ihn an die Ordnung, und Wotan wird, wie das erste Mal vor den Riesen, von dem mächtigeren Gesetz vollständig bezwungen. Er muß Siegmund, seinen Sohn, opfern, den freien Helden, der ihn hätte retten können. Die Gelegenheit ist ganz nahe: Hunding, der betrogene Ehemann, verlangt nach Rache, und verlangt sie um so mehr, als zwischen seinem Männerstamm und der Familie der »Wölfe« ein alter Streit besteht. Und Hunding verfolgt die blutschänderischen Liebenden. Das alles erzählt Wotan in tiefster Verzweiflung haarklein seiner Lieblingstochter, nicht Sieglinde, sondern der ältesten der Walküren, Brünnhilde. Brünnhilde haßt die hochmütige und sterile Fricka, und sie verehrt den kriegerischen Vater. Aber sie gehorcht seinem Befehl: im Kampf muß Siegmund, entgegen Wotans Wunsch, fallen und Hunding gewinnen.

Siegmund ist verloren und mit ihm die Hoffnung Wotans. Aber auch wieder nicht, denn der Wunsch der Tochter wird den des schwachen Vaters ersetzen. Die Walküre sucht Siegmund auf, der seine vor Angst und Erschöpfung besinnungslose Frau beschützt, mitten im Wald, mitten in der Nacht. Sie verkündet ihm, daß er sterben muß, und daß er danach nach Walhall gehen wird, um dem Heer der gefallenen Helden beizutreten; aber Siegmund stellt eine unerwartete Frage: wird auch Frauen diese Ehre zuteil? Du kannst Dir wohl denken, daß das unmöglich ist. So verzichtet Siegmund, der wirklich frei ist, wegen der Liebe zu seiner Schwester auf die Burg und ihren Pomp; und um dessen sicher zu sein, erhebt er das Schwert Nothung, um sie zu töten, bevor er selbst sterben wird. Die Walküre ist verwirrt, erschüttert von der Macht der Liebe, die sie nicht kannte, und die sie nun plötzlich ahnt. Sie hält Siegmunds Arm von der Tat ab und entdeckt ihm – die Zukunft voraussagen ist eine Fähigkeit, die sie von ihrer Mutter Erda geerbt hat –, daß Sieglinde schwanger ist. Mehr noch, sie verspricht Siegmund ihren Beistand im Kampf und ihren Schutz für Sieglinde. Somit widersetzt sie sich also den Befehlen ihres Vaters. Die Ordnung zersetzt sich sehr schnell; zuerst der Inzest, dann der Ungehorsam der Walküre. Von nun an geht alles ganz schnell. Der Kampf beginnt: zwischen Siegmund und Hunding, und darüber, im Gewölk, zwischen Brünnhilde, die mit Siegmund kämpft, und Wotan, der mit blutendem Herzen und gegen seinen Willen mit Hunding kämpft. Wotan hebt seinen Speer: Siegmund ist tot. Ein blitzender Blick Wotans zu Hunding: und dieser fällt tot zu seinen Füßen nieder.

Zwischen Vater und Tochter bleibt eine Rechnung zu begleichen. Brünnhilde zieht Sieglinde auf ihr Pferd und flieht entsetzt zu ihren sieben Schwestern. Diese kommen von der Erde zurück, und jede hat auf ihrem Pferd einen toten Helden. Alle, außer Brünnhilde, die mit einer lebenden und schwangeren Frau zurückkommt: Was für eine Geschichte! Man bringt Sieglinde in einen dichten Wald, in die Nähe eines schrecklichen Drachens, der den Zugang verwehrt. Brünnhilde verkündet der Frau, daß sie ein Kind erwartet; sie reicht der werdenden Mutter die zerbrochenen Stücke des Schwerts, für das künftige Kind. Da erhebt sich Sieglinde und singt eine einzigartige Melodie, die Du für lange Zeit nicht mehr hören wirst, Trägerin der Hoffnung und des Lebens.

Aber da kommt Wotan, wütend und bedrohlich. Er wird die ungehorsame Walküre richten und sie zur schlimmsten aller Strafen verurteilen; zumindest scheinen alle mit einer solchen Strafe einverstanden. Sie wird ihrer Göttlichkeit beraubt, wird ihre übermenschlichen Fähigkeiten verlieren und Wolle spinnen, wie eine niedrige Frau. Der absolute Horror für eine kriegerische Jungfrau, dem unterdrückten Schicksal aller Frauen unterworfen zu sein. Brünnhilde lehnt sich auf, fleht ihn an, überzeugt schließlich ihren Vater: daß er sie wenigstens beschützt, daß er sie mit einem Flammenvorhang umgibt; so muß der, der ihre Jungfernschaft raubt und sie zur Frau macht, notwendigerweise tapfer und »ein furchtlos freiester Held« sein.

Das trifft sich im Innersten mit dem Wunsch des Gottes: daß ein freier Mann sich gegen seine Pläne als Gott stellt. Er gibt nach und enthüllt gleichzeitig die ganze Liebe, die er für seine Tochter empfindet. Die wirkliche, vielleicht einzige Liebesszene des *Rings* findet hier statt: zwischen diesem betrübten Vater und dieser bestraften Tochter. Er umarmt sie lange, betrachtet ein letztes mal die hellen Augen, die ihn so verwirrten, dann küßt er sie auf die Augenlider, und sie schläft ein. Er bettet sie auf den Felsen und ruft Loge, das Feuer, der rund um die schlafende Walküre eine Flammenmauer errichtet. *Die Walküre* endet mit dieser doppelten Hoffnung: das Kind von Sieglinde und Siegmund und die schlafende Brünnhilde.

Ihr Aufeinandertreffen, ihre Liebe, wird sich am dritten Tag offenbaren, in *Siegfried.*

Die Geschichte geht weiter, Wotan verschwindet nach und nach aus ihr. Das Kind wurde geboren, seine Mutter ist tot, und Mime – der kleine Zwerg mit der hohen Stimme, der Jammerlappen – hat ihn bei sich aufgenommen und erzogen; oh, nicht aus Herzensgüte, sondern weil er sehr wohl damit rechnet, die Stärke des Kindes für sich selbst zu nützen. Siegfried ist ein freier Held geworden, den Vögeln ähnlich, und er kennt keine Angst; und Mime ist ein unendlicher Angsthase. Als Siegfried einen Bären fängt und ihn an einem Seil herbeiführt, erschreckt sich Mime. Siegfried versteht nicht recht, wie er Mimes Sohn sein und ihm so wenig ähneln kann. Er versucht ohne Unterlaß zu erfahren, wer seine Eltern sind; und weshalb Mime so sehr daran gelegen ist, dieses zerbrochene Schwert zusammenzuschmieden. Mime zählt darauf, daß Siegfried für ihn den Drachen Fafner besiegen und den Schatz des Nibelungen erkämpfen wird, der seit langem in der Höhle ruht. Ein alter Mann mit einem Hut, der ein Auge verbirgt, tritt herein; an diesem Zeichen erkennst Du wieder den als Mensch verkleideten Gott, den Gott, der zum Vagabunden wurde, den Wanderer. *Er verwickelt Mime in ein rätselhaftes Gespräch, in dessen Verlauf Mime ihm Fangfragen stellt. Wotan antwortet darauf mit Sicherheit. Die letzte Frage betrifft das Geschlecht der Götter: wer wohnt auf wolkigen Höh'n? Lichtalben, antwortet Wotan, dessen Anführer »Licht-Alberich«, Wotan, ist. So erfährst Du also jetzt, daß Wotan die lichte Gegenseite des Wesens der Finsternis ist. Als Wotan dies erzählt, stößt er mit seinem Speer auf den Boden, ein Donnern ertönt; Mit diesem Zeichen weiß Mime, wer der Wanderer ist. Dieser teilt ihm nun mit: nur wer keine Furcht kennt, wird Nothung zusammenschmieden können.*

Also bringt Mime Siegfried das Schmiedehandwerk bei, der fröhlich das Schwert schmiedet, während der Zwerg einen Gifttrank zubereitet, der ihn von dem jungen Mann befreien soll, sobald der Schatz gewonnen ist. Alberich auf der einen Seite, Wotan auf der anderen, die Dunkelheit und die Helligkeit verfolgen den Verlauf dieses Kampfes, Siegfried greift den Drachen Fafner an, der gähnend und schlafend am Eingang der Höhle liegt; er verwundet ihn tödlich. Aber bevor er stirbt, sagt Fafner ihm, wen er da gerade getötet hat; und er warnt ihn: jemand hat ihn zu diesem Mord getrieben, den er aus reiner Tapferkeit beging, jemand, der versucht, ihn, Siegfried zu töten. Fafners Tod versöhnen das Kind und das Ungeheuer in einer merkwürdigen Zärtlichkeit miteinander. Aus Unachtsamkeit taucht Siegfried seine Hand in das Blut des Riesen; aus Unachtsamkeit schleckt er daran, und da versteht er den Gesang des Vogels, der ihn einlädt, ihm zu folgen. Aber das magische Blut verleiht

ihm noch eine andere Macht: diejenige, die Gedanken aller lesen zu können. Und als Mime dem heldischen Kind das tödliche Gebräu mit süßen Worten reicht, hört Siegfried die Wahrheit seiner geheimen Gedanken; und tötet ihn. Der zwitschernde Vogel enthüllt Siegfried die Existenz der auf dem Felsen schlafenden Jungfrau; und Siegfried, der immer noch keine Angst kennt, nicht einmal die Urangst vor dem Feuer, eilt fröhlich dorthin.
Der letzte Auftritt Wotans, bevor er im Dunst der Kulissen und der Burg verschwindet: er ruft Erda, weckt sie mit viel Mühe, denn sie soll ihrerseits etwas erfahren: er verzichtet. Es ist zu Ende mit den Göttern; was Wotan jetzt wünscht ist ihr Ende, das er freudig herbeiruft. Jetzt ist es an den anderen, um ihr Leben zu spielen. Erda, die Mutter, schläft düster wieder ein. Dennoch versucht Wotan noch eine letzte Tat, so widersprüchlich, wie für ihn der Mord an Siegmund war: er will versuchen, Siegfried, seinem Enkel (ja, Sohn seines Sohnes Siegmund) den Weg zu verwehren. Die Begegnung ist erstaunlich: der Enkel, so unschuldig wie der singende Vogel, läßt diesen verrückt angezogenen Alten, dem ein Auge fehlt, links liegen und zerbricht ihm schließlich seinen Speer. Er weiß nicht, daß er soeben den göttlichen Speer, den Hüter der Gesetze zerbrochen hat. Der alte Mann sammelt die Bruchstücke zusammen; der Speer ist in Stücken, das Schwert zusammengeschmiedet. Nun muß Siegfried nur noch Brünnhilde wecken. Und da, als er sie entdeckt und ihr die Rüstung und den Helm abnimmt, lernt er Angst und Schwindelgefühl kennen; in diesem Moment ruft er nach seiner Mutter. Brünnhilde erwacht beim Klang der strahlenden Blechbläser; ihr Geist ist ganz verwirrt, sie hat ihre Göttlichkeit verloren und läßt sich zur Frau machen, während sie selbst nach dem Ende der Götter ruft.

Die Götterdämmerung muß kommen, damit die Menschen lieben können: so nennen sie ihre Liebe, den »lachenden Tod«. Ab dem Moment, an dem der Gott Wotan seine Niederlage eingesteht, liegt Suizid in der Luft, ein freudiger und unheilvoller Tod, wie er in der Luft der Zeit lag, als Wagner den *Ring* schrieb.
Die *Götterdämmerung* vollendet den Selbstmord. Dieses eine Mal gibt es nahezu keine zeitliche Lücke zwischen dem Ende von *Siegfried* und dem Beginn des letzten Tages. Die Zeit wird gerafft, rückt enger zusammen, bis zum letzten Ende der Götter. Als die Nornen weben, den goldenen Faden der Geschichte weben, da reißt er plötzlich, als er sich an einem scharfen Stück Fels verhakt: der Faden ist gerissen ... Siegfried und Brünnhilde erscheinen, sie werden sich trennen; Siegfried, von einer gänzlich schicksalshaften Notwendigkeit geplagt, will »zu neuen Taten« aufbrechen. Du hörst, daß die Geschichte nun wirklich enden muß. Siegfrieds Abreise weist in eine ganz an-

dere Welt hinein, als diejenige, die wir bisher erlebt haben: die Welt der menschlichen Wesen, dieser geknechteten Wesen, die im Verborgenen wieder den Kopf heben. Und bevor er geht, gibt Siegfried Brünnhilde einen Ring: den Ring. Du siehst, daß er nichts von diesem Ring weiß; die Erinnerung an den Ring war im Bewußtsein der Götter, und weder Siegfried noch Brünnhilde sind noch Götter. Die ehemalige Walküre hat wohl eine diffuse Erinnerung in einem Winkel ihrer Träume, aber das ist alles so vage ... Sie nimmt den Ring wie einen Hochzeitsring, eine menschliche Verbindung. Aber der Fluch bleibt, Alberichs alter Fluch, von dem die Musik zerschmetterte Trümmer erwähnt, so wirr wie eine verlorene Erinnerung. Erst Siegfried, dann Brünnhilde werden also nacheinander die unheilvolle Macht des allmächtigen Ringes erben, den sie in einen Ring der Liebe umgewandelt haben. Zum Tausch gibt Brünnhilde ihrem Geliebten ihr Walkürenpferd Grane. Sicher, durch die Lüfte fliegt es nicht mehr; aber es bleibt ein außergewöhnliches Pferd. Und da geht er also fort und läßt Brünnhilde von Flammen umgeben zurück, eine zum Hausmütterchen gewordene Brünnhilde, die brav auf die Rückkehr ihres Mannes an den häuslichen Herd wartet. Sie ist Frau geworden.

Und Siegfried fährt mit dem Schiff davon. Auf dem Rhein. Die Musik beschreibt wieder einmal den sich verändernden Raum, und der alten Fluß, dessen Oberfläche man sieht, trägt den jungen Helden bis zu dem Ort, an dem er den Ring wieder bekommen wird. Und dieser Ort ist ein Menschenpalast, in dem sich Edelleute befinden, von denen man bisher noch nichts gehört hat: die Gibichungen. Sie sind zu dritt und sitzen zusammen, um Familienrat abzuhalten: Gunther, Gutrune und Hagen, sie sind Geschwister. Na gut; aber einer unter ihnen, Hagen, ist ein Bastard, Sohn Krimhilds und... Alberichs. Dies ist der reale Bezug zur Fortsetzung der Geschichte. Von ihm sprach Wotan in der Walküre, *dieses Kind, das Alberich wegen seines Geldes einer Frau zeugen konnte. Er ist also der Feind, oder vielmehr der Handlungsträger des Schlußakts. Hagen heckt einen verräterischen Plan aus: er schlägt Gunther und Gutrune vor, zu heiraten, der eine Brünnhilde, die andere Siegfried. Aber wie soll man das anstellen, wenn nicht mit einer List? Gutrune bedient sich eines Zaubertranks, um Siegfried zu verführen und vor allem, um ihm die Erinnerung an seine Frau zu nehmen; danach würde man den Helden überreden, Brünnhilde zu erobern, aber als Gunther verkleidet. Und das findet auch wirklich statt; aber das ist nicht Hagens eigentliches Ziel. Hagen will Siegfrieds Tod. So weit sind wir noch nicht ganz. Hagen ist in der* Götterdämmerung *der einzige, der alles weiß; sein Vater Alberich unterrichtet ihn vorsichtig in seinen Träumen, und gegenüber allen anderen hat er die erhabene Macht der Erinnerung. Die anderen sind unwissend oder haben wegen des Liebestranks vergessen. Das Szenario der Schwarzalben rollt wie vorgesehen ab: Siegfried trinkt das zauberische Gebräu, verliebt sich in Gutrune, vergißt Brünnhilde. Er geht mit Gunther davon, erobert ein zweites Mal – aber für ihn in seinem wirren Bewußtsein ist es das erste Mal – die Walküre, dank des Zauberhelms, den er Fafner abgenommen hat und übergibt Brünnhilde seinem Schwager Gunther. Jetzt sieht's wirklich übel aus.*

Denn als Brünnhilde in der Gibichungenhalle ankommt, sie, die der Kraft der Männer nachgegeben hat, Brünnhilde, die jetzt das ganze Gewicht des väterlichen Urteils kennenlernt, die dieses Mal, von der Gewalt besiegt, wirklich gefallen ist, nimmt an Siegfrieds Finger den Ring wahr, den dieser ihr während des Kampfs abgenommen hat, als er sich als Gunther ausgab. So kam also Siegfried, um sie zu holen und nicht Gunther? Verrat! Brünnhilde weiß nichts vom Zaubertrank und seinem vergessen machenden Zauber; und Brünnhilde reagiert wie eine betrogene Frau. Sie gerät in Wut; schwört feierlich, daß Siegfried ein Verräter ist; Siegfried, guten Glaubens, schwört ebenso feierlich, daß er kein Verräter ist. Brünnhilde geht noch weiter; sie plant mit Hagen, der bereit steht und nur darauf gewartet hat, ein Komplott, das Siegfrieds Tod zum Ziel hat. Sie verrät ihm, daß der Held nur am Rücken verwundbar ist. So bereitet Hagen eine Jagdpartie vor, in deren Verlauf es einfach sein müßte, Siegfried heimtückisch zu töten; umso mehr, als das Ansehen des Helden durch den Verdacht, der ihm durch Brünnhildes Schwur anhaftet, angeschlagen ist. Es ist eine Männerwelt: wirr, vielschichtig, widersprüchlich, von uraltem Haß durchzogen, den man bis zum Vergessen verloren hat, der aber unwissend in allen wirksam ist.

Die Götter sind fern, sehr fern. Auf dieser Bühne gibt es keinen einzigen Gott mehr. Und doch schicken sie zweimal Zeichen, beauftragen Botschafterinnen. Ein erstes Mal, als Brünnhilde alleine auf dem von Flammen umgebenen Felsen wartet, kommt eine Walküre, um mit ihr zu reden; sie sagt ihr, daß Wotan eines Tages von seiner ziellosen Wanderschaft zurückgekehrt ist und in der Hand seinen in Stücke gebrochenen Speer hielt; daß er befahl, die Weltesche zu fällen und einen riesigen Scheiterhaufen um die einst prächtige und herrische Burg aufzuschichten. Und dort, inmitten der entsetzten Götter, wartet er. Doch er hat lediglich gesagt: wenn Brünnhilde den Ring den Rheintöchtern zurückgeben würde, wäre alles gerettet. Brünnhilde weigert sich: für sie ist es der Ring der Liebe, sie könnte ihn nie zurückgeben, und wenn die Götter daran zugrunde gehen müssen.

Ein zweites Mal, als Siegfried auf die Jagd geht, gelangt er, als er einem Hirsch nachstellt, ans Rheinufer. Und da erscheinen die Rheintöchter und plaudern mit ihm. Diese Kicherliesen bitten ihn scherzend, ihnen den Ring zu schenken. Es ist ein harmloses Spiel zwischen den Najaden und dem jun-

gen Mann, der von der Anmut der Sirenen-Frauen gebannt ist. Als er sich weigert, klagen sie ihn des Geizes an; und der gekränkte Siegfried hält ihnen den Ring hin. Einen Augenblick lang kann alles geschehen; einen Augenblick lang wird der Ring vielleicht endlich in den Fluß zurückkehren und die Götter werden so gerettet.. Aber die Nixen wechseln den Ton und erzählen Siegfried vom Fluch des Ringes: entweder er gibt ihn zurück, oder er wird sterben. Die Rheintöchter sind Wesen des Göttlichen; sie sind Teil jener Schar, die dem Untergang geweiht ist und davon weiß. So ist Siegfried wieder gekränkt, aber im umgekehrten Sinn: Ach so, man versucht, ihm Angst zu machen? Na gut; er wird ihnen schon zeigen, daß er keine Angst kennt. Und behält den Ring. Diesmal ist alles endgültig verspielt. So werden die Rheintöchter zu Brünnhilde schwimmen, um ihr alles aufzudecken, um sie an alles zu erinnern.

Siegfrieds Tod naht. Die Jäger lagern im Wald, nahe beim Wasser. Hagen gibt Siegfried zu trinken, ein Zaubertrank, der ihm nach und nach die Erinnerung wiedergibt; er bittet ihn, von seinen Abenteuern zu erzählen. Siegfried erzählt: wie er das Schwert geschmiedet hat, Mime getötet, dem Vöglein gefolgt ist, Brünnhilde erweckte... Brünnhilde erweckte? die bewaffneten Männer um ihn herum springen auf, Gunther als erster, der davon nichts wußte. So stimmt es also, daß er einen Verrat begangen hat; zumindest in den Augen aller, die das doppelte Spiel der verkreuzten Zaubertränke nicht kennen. Hagen nützt es und bohrt seinen Speer in Siegfrieds Rücken. Zwei Raben fliegen krächzend auf.

Die Raben sind die Vögel Wotans. Es ist soweit: der freie Held, der für den Gott gegen seine eigenen Wünsche handelte, ist tot. Er liegt in der Agonie und träumt von der Liebe; er erlebt noch einmal Brünnhildes Küsse. Er hat noch einmal vergessen; er hat die Erinnerung an seinen falschen Verrat vergessen. Er stirbt, ohne etwas zu wissen. Er hat nichts erfahren: weder wer seine Eltern waren, seine Verwandtschaft mit Wotan, wer wirklich seine Frau war, noch weshalb er starb. Siegfried ist ein völlig unschuldiger Held; der einzige, der vom einen Ende seines Lebens zum anderen absolut nichts gewußt hat. Außer zwei Dingen: daß er keine Angst gekannt hat und daß er Brünnhilde liebte.

Sie bringen die Leiche des toten Helden in die Halle. Die beiden Frauen des unfreiwillig polygamen Siegfried warten dort auf ihn; diejenige, die nichts weiß, und diejenige, die inzwischen von den Rheintöchtern unterrichtet wurde, die alles weiß. Gunther, der wahnsinnig ist vor Angst, wird von Hagen erschlagen; Gutrune schweigt. Übrig bleiben die beiden gegnerischen Kräfte: Hagen, der Sohn Alberichs, und Brünnhilde, die Tochter Wotans. Hagen will Siegfried den Ring vom Finger ziehen; aber die Hand des Leichnams hebt sich und hindert ihn daran. Da greift Brünnhilde ein; unbeweglich gibt sie Befehle. Man soll am Ufer des Rheins einen Scheiterhaufen errichten; das Pferd soll man zu dem aufgeschichteten Holz führen. Jetzt weiß sie alles, sie weiß sogar, weshalb sie, eine Frau, alles weiß. »Mich – mußte der Reinste verraten, daß wissend würde ein Weib« Sie spricht zu Wotan jenseits der Wolken, sie hört die Flügel der beiden Raben, die Wotan mitteilen werden, daß er den Scheiterhaufen um Walhall anzünden kann, zur gleichen Zeit, wie sie selbst Siegfrieds Scheiterhaufen anzünden wird. Die Götter werden in Frieden ruhen können. Sie nimmt den Ring und vertraut ihn den Rheintöchtern an, sie sollen ihn aus der Asche holen. Sie besteigt ihr Walkürenpferd, entzündet den Scheiterhaufen und begibt sich mit einem Sprung mitten in die Flammen zu Siegfrieds Leiche.

Alles brennt, die Halle, die ganze Welt, die Götterburg. Das Wasser des Rheins steigt, überflutet die Ufer und den ganzen Raum: das Wasser und das Feuer wüten gleichzeitig. Loge hat gewonnen, und der alte Fluß auch. Die drei Nixen nehmen den Ring, den Hagen mit einer letzten Bewegung zu stehlen versuchte; sie ziehen Alberichs Sohn in die Tiefe der Wasser. Alles stürzt zusammen. Im tiefen Wasser leuchtet das Gold aufs neue, das endlich an seinen Ursprungsort zurückgekehrt ist. Aber ganz oben in den Wolken flammt ein roter Schein. Die Musik deutet über den Tod der Götter hinaus: die erhabene Melodie, die Sieglinde in dem Augenblick schmetterte, als sie erfuhr, daß sie einen Sohn erwartete, dominiert hier, löscht, befriedet. Das Wasser des Flusses hat alles gereinigt; die Welt der Menschen ist bereit für eine andere Zukunft.

Kleine verwandtschaftliche Seitensprünge

Du kennst jetzt die ganze Geschichte als lineare Erzählung, wie der Faden, den die Nornen spinnen und an dem Ast der Tanne festmachen. Wir selbst waren der Faden der Geschichte: dies ist die erste, die unmittelbarste Aufgabe des Zuschauers. Von der Geschichte davongetragen zu werden, und in die Nacht hinauszutreten, die Erinnerung voller Figuren, die nicht Du sind, die aber Dein Leben während dieser sehr kurzen Zeit des *Rings* bevölkert haben. Jetzt bist Du kein Zuschauer mehr; der Augenblick der Emotion, der Augenblick der musikalischen Zeit ist tot. Zurück bleibt nur die Spur.
Auf dieser Spur werden wir arbeiten. Arbeiten: denn dieses Spektakel an sich war für Dich keine Arbeit, sondern ist es in erster Linie für die Dasteller, die für den Preis einer enormen Anstrengung spielen und singen; für die Musiker, für die Techniker, für all jene, die für Deine Emotion gearbeitet haben. Den-

noch ist in einem anderen Sinn in Dir eine »Arbeit« entstanden, keine vergütete, aber trotzdem eine Arbeit. Die Dich verstehen, empfinden ließ. Auf ihren Spuren zu arbeiten, heißt, im Nachhinein zu analysieren, heißt, einen Mechanismus zu verstehen. Das ist, außerhalb des Unmittelbaren, eine zweite, grundlegende, reflexive Zeit; ich würde sie fast philosophisch nennen, denn so ist meine Ausbildung, die sich nie verleugnen läßt und über deren Anwendung ich mir nie so bewußt bin, wie wenn ich den Mechanismus einer Oper erkläre. Denn wenn man über ein komplexes Gebilde Rechenschaft ablegt, das dazu gemacht ist, zu rühren und zu entrücken, dann verliert man darüber zuerst einmal die notwendige Distanz und ergreift die Fäden, andere Fäden als die der Nornen.

Gehen wir von der Familie aus. Sie ist immer und überall eine der Strukturen, die unaufhörlich im Unbewußten aller arbeiten. Und die Familie des *Rings* begibt sich in Verirrungen, die im Widerhall der Musik noch einzigartiger werden. Am Anfang ist das alles ganz schön verwirrend, ganz schön beängstigend: es gibt Götter, es gibt ihre umgekehrten Brüder, die Nachtalben, es gibt den Fluß und seine Töchter. Und es gibt nur eine einzige Mutter, Erda. Was macht also Wotan? Um zu »wissen«, geht er hin und verführt die Mutter – seine Mutter also, denn sie ist diejenige aller Götter – und er zeugt ihr acht Töchter. In der Welt der Menschen, das weißt Du, ist das verboten, das heißt Inzest. Wenn man richtig in den mythischen Geschichten sucht, deren sich Wagner bedient hat, um seinen eigenen Mythos zu konstruieren, dann findet man dort, daß Wotan bereits einen ersten Inzest begangen hat: Fricka ist seine Schwester. Aber das ist ein »leichter« Inzest, den Göttern eigen in der ganzen übernommenen Tradition der Griechen und oft noch anderer. Der »schwere« Inzest, schwerer als jede andere Sünde, ist der Inzest mit Erda. Schwer wegen der »Sünde der Erkenntnis«: die alte abendländische Bedrohung gegenüber der Erkenntnis, die stets irgendwie als Risiko, als Skandal, als etwas Unerlaubtes angesehen wurde. Dieser Gott versucht stets zu wissen: um Fricka zu bekommen, mußte er aus der Quelle trinken, das kostete ihn ein Auge; um mehr zu wissen, wird er bis zum höchsten Inzest gehen. Für Freud liegt hierin der Grund der Suche nach dem Allwissen, bishin zur wissenschaftlichen Forschung; wenn die Menschen verteufelte Sucher sind, dann deshalb, weil sie das letzte Wort ihrer Geschichte »wissen« wollen, das heißt, nach dem ersten Psychoanalytiker, woher sie kommen, woher die Kinder kommen, diese geheimnisvolle sexuelle Verbindung, die ihnen verborgen bleibt. Und Wotan hat keinen Vater; es ist logisch, daß er nicht mehr davon erfahren wird, und daß das zum Tod führt. Du siehst, daß Freud der religiösen Bedrohung der Erkenntnis nicht entkommen ist; und diese ist eine gefürchtete kritische Waffe, die in den Familien nur allzu oft zum Neutralisieren eingesetzt wird.

Laß uns den Faden des Inzests abwickeln, Du wirst sehen, wohin er führt. Die Zwillinge, Sohn und Tochter Wotans, fallen fröhlich übereinander her, und dieses bezaubernde Kind, Siegfried, der Träger aller Hoffnungen, ist das Kind eines Bruders und einer Schwester. Merk Dir gut, daß er wirklich, bis zu seinem Tod, nichts von seiner Herkunft erfährt; man kann sich vielleicht denken, daß der Inzest so nahe ist, so heiß, daß er Siegfried untersagt, was auch immer von seiner eigenen Geschichte zu erfahren. Nur einmal spricht er von seiner Mutter: in Gegenwart des schlafenden Körpers der Walküre, die zufällig seine Tante ist, da sie die Schwester seiner Eltern und die Tochter seines Großvaters ist.[1] Sicher, wenn man es so sagt, verschwindet ein ganzes Stück Poesie zugunsten der alten geschwätzigen Frauengeschichten, die in der Familie die Funktion haben zu wissen, und die Genealogie zu übermitteln. Und dennoch ist diese tetralogische Struktur stark und blendend; so sehr, daß man sie im allgemeinen nicht sieht. Statt daß der Austausch zwischen Mann und Frau sich von Generation zu Generation vollzieht, ist es als ob Sprünge stattfinden, Windungen, so daß die Struktur sich nicht sich auf sich selbst öffnet, sondern sich bis zur Götterdämmerung wieder schließt. Da sind Götter, welche die menschliche, notwendige Norm nicht befolgt haben, die Basis jeder Kultur; ein Vater gibt seine Tochter einem anderen Mann als Ehefrau, ein Bruder tauscht seine Schwester aus. Wotan versucht wohl auf seinen Wanderungen, die göttliche Struktur aufzubrechen, wenn er mit Frauen von anderswo, einfachen Sterblichen, Kinder zeugt. Aber das ist verlorene Mühe: der Fluch, zweifellos Träger des Todes und des Inzests gleichzeitig, gewinnt schnell wieder die Oberhand, und die beiden Kinder, anstatt sich selbst neuen, nicht blutschänderischen Ehen zu öffnen, verschließen sich füreinander, um Siegfried zu zeugen. Was die Ethnologen diesbezüglich sagen, ist aufschlußreich: daß das Verbot des Inzests, wenn es nicht respektiert würde, zu Riesenfamilien führen würde, die auf sich selbst rückbezogen wären, mit verwandtschaftlichen Beziehungen, in denen die einen die anderen umzingeln; und das wäre der Krieg zwischen den Familien. Du kannst den ganzen *Ring* wie das allmähliche Verschwinden einer großen Familie lesen, die den Austausch verweigert. Denn wieviele Fälle von Austausch werden verweigert unter dem eitlen Vorwand »sie« seien zu häßlich oder zu brutal; aber Alberich, aber Hunding, die »Häßlichen« in der Geschichte, das sind sie in der wirklichen Norm. Alberich läuft den Nixen nach, Hunding hat seine Frau im Krieg geraubt; irgendwo haben sie recht, und die Liebe, die erhabene Liebe auf Seiten der Götter ist eine tödliche Liebe. Deshalb umschlingen sich Sieg-

1 Das ist nicht richtig. Siegfried spricht bereits im zweiten Akt von seiner Mutter: »Aber – wie sah meine Mutter wohl aus? Das – kann ich nun gar nicht mir denken! ...« (Anm. d. Üb.)

fried und Brünnhilde, als sie gerade anfangen, sich zu lieben und besingen den fröhlichen Tod. Du siehst übrigens eine merkwürdige und dennoch schlüssige Sache: die göttliche Ehe, die Ehe nach dem Gesetz, dessen Hüterin Fricka mit ihrem Ehemann Wotan ist, ist eine Ehe ohne Kinder. Die Götter werden unfruchtbar, wenn sie in der Norm sind.
Gehen wir zum Ende der Geschichte, dorthin, wo die Menschen mit ihren, für ein göttliches Wesen, zweifellos zu vielschichtigen Systemen intervenieren. Gunther, Gutrune befinden sich vollkommen in der Norm: sie suchen Mann und Frau durch einen »geregelten« Austausch. Der eine wird seine Frau gewaltsam erobern, die andere wird einen Mann nehmen, den sie trifft. Gut; aber das geschieht um den Preis der Zauberei, denn weder der eine noch die andere scheinen in der Lage zu sein, es anders zu schaffen. Darüber kriegt sie Hagen dran, der schlaue Kopf in dieser Verwandtschaft: die Linie der Gibichungen, ihr Vater, bleibt kinderlos... So sind die magische Kraft des Zaubertranks und die verabscheuungswürdige List Gunthers die letzten Mittel, um die Linie zu sichern. Aber Hagen ist ein Sohn Alberichs, und Siegfried selbst ist dafür verflucht, daß er den Ring über den Finger streifte. Die armen Menschen sind notwendiges Beiwerk des Fluchs; übrigens verschwinden sie mit dem Ende der Götter wie durch Zauberei, von einem Tod überholt, der sie nichts angeht. Wir befinden uns in einer Art archaischer, diffuser Vorzeit, in der die Dinge des Lebens noch nicht an ihrem rechten Platz sind. Damit sie dorthin gelangen, geschieht alles, als ob eine Welt verschwinden müßte. An einer Kultur gestorben. Aber vergiß nicht, daß das ein Text ist, der in unserem System geschrieben wurde und der Dich als Zuschauer auf ganz alte Phantasmen zurückwirft, die im System Deines Unbewußten verborgen sind, und genau dort wirkt das Werk. Es erzählt eine sogenannte Vergangenheit, einen sogenannten Ursprung und sagt etwas von sich selbst, gibt sich für etwas aus, was es nicht ist. Denn das ist keine wahre Geschichte; es ist ein Mythos, das imaginäre Projekt einer wirklichen Situation. Zum Beispiel, und was für ein Beispiel ist das, als Hitler und seine Familie und einige andere Familien seiner nächsten Umgebung im Bunker in Berlin eingeschlossen waren und sich alle das Leben nahmen, weil ihr Untergang gekommen war, haben sie die Musik der *Götterdämmerung* aufgelegt. Das war ihre Phantasie; und du weißt, welches ihre Wirklichkeit war, die unter anderem durch den Mythos sorgsam maskiert war. Das zeigt etwas von der Verführung und der Gefahr des Mythos, und weshalb man um jeden Preis *wissen* und Distanz halten muß. Auf die Gefahr hin, sich für eine Figur zu halten und sich das Recht zu nehmen, als Gott zu handeln. Der Mythos hat immer ein politisches Potential, und es ist unmöglich, ihn alleine zu überprüfen, als ob er wirklich wäre.
Sieh her! Dies ist ein anderer Faden, ein anderes Netz, als ob wir dieses Faden-

spiel spielten: man wickelt den Faden um einen Finger, dann um einen anderen, und über beide Hände gespannt, erscheinen andere Figuren. Wir sind immer noch in der Familie, aber dieses Mal den Funktionen nach: Väter, Mütter, Söhne, Ehefrauen ... Und diese Funktionen, nach allem, was vorausging, decken sich nicht. Die Gattinnen zum Beispiel sind keine Mütter.

Es gibt zwei genau komplementäre *Väter*, den Lichtalben Wotan und den Schwarzalben Alberich. Sie pflanzen sich fort, sicher, aber sie pflanzen sich für einen spezifischen Zweck fort; sie pflanzen sich weder aus Liebe fort, noch, um nur ihre Linie fortzusetzen. Alles steckt in diesem »nur«; denn Wotan und Alberich suchen »mehr« in ihren Kindern. Sie machen sie zu Werkzeugen ihrer Macht, oder ihrer Verteidigung, oder ihres Angriffs. Alberich schläft mit einer Menschenfrau, *um* einen Mensch zu zeugen, der aus seiner Rasse hervorgeht und fähig ist, die Götter zu zerstören, es wird Hagen sein. Wotan schläft mit Erda, *um* sich eine Legion von beschützenden Kriegern anzuschaffen; und mit der Mutter der Zwillinge, *um* zu versuchen, freie Wesen zu schaffen, unabhängig von ihm, denn er weiß, daß das eine mögliche Verteidigung gegen das Ende der Götter ist. Alle Kinder sind Bastarde zur Verteidigung. Wotan weiß es sehr wohl, der sich über diese grundlegende Unfähigkeit beklagt: wie ein freies Kind bekommen, das dennoch von ihm kommt? Genau das ist unmöglich. Er selbst muß Siegmund töten und Siegfried muß sterben.

Die Mütter sind die großen Opfer der Geschichte. Zwei sind uns ziemlich unbekannt; die Mutter von Sieglinde, sie kam zufällig vorüber, Wotans Kinder »haben sie kaum gekannt«. Das Gleiche gilt für Kriemhild, die Mutter von Hagen. Sie sind Bäuche, gerade eben nützlich während der Zeit des Kinderkriegens; danach verschwinden sie, sie haben ihre Funktion erfüllt. Auch wenn Siegmund und Sieglinde wie in einem Spiegel erkennen, daß sie die gleichen Augen haben, sind es diejenigen Wotans, mit dem unvergleichlichen Glanz. Nichts bleibt ihnen von ihrer Mutter, außer ihrer Abwesenheit. Die beiden anderen werden kaum besser behandelt. Sieglinde, die etwas präsenter ist, aber mehr Schwester als Mutter, und als Mutter ihrerseits Passantin. Sobald Siegfried auf der Welt ist, stirbt Sieglinde, es ist, als ob der göttliche Samen die Frauen das Leben kosten würde. Und schließlich Erda, aber was für eine sonderbare Mutter, Mutter noch bevor sie Kinder bekam, die Ahnin, unsterbliche und schlafende Urmutter. Sie taucht nur auf der Bühne auf, um Unheil zu prophezeien oder zu schlafen. Die Mütter sind entweder der Stille oder dem Tod geweiht; sie schlafen. Aber zwischen Erda und Sieglinde arbeitet sich nach und nach eine Dialektik heraus. Die erste, die Mutter der Götter, zieht sich in einen dämmernden Schlaf zurück; nachdem sie Wotan gewarnt hat, kann sie nicht mehr dagegen kämpfen, sich zu vergraben. Die zweite spricht zum ersten Mal das Motiv der Liebe an, das die *Götterdämmerung* zuallerletzt vollendet. Mütter, die ihre Leibesfrucht dahingeben, und mit denen die Väter strategisch spielen.

Die Söhne vollenden mit unfehlbarer Sicherheit die Wünsche der Väter, denn sie wurden dafür gezeugt. Aber die Wünsche sind aus unüberwindlichen Widersprüchen gewoben, und ebenso sicher zerstören die Söhne die Wünsche ihrer Väter. Hagen allerdings wäre ganz nahe daran, die hartnäckigen und einfachen Ziele Alberichs zu erfüllen; es stimmt, daß dieser ihn festhält, seinen Schlaf heimsucht, ihm keinen Moment Ruhe läßt, seine Handlungen schürt, ihn altern läßt und ihn von jeder Freude fernhält. Hagen existiert nur für Alberich; aber sie haben nicht mit den Rheintöchtern gerechnet, die Rache nehmen und die Brünnhilde soviel Wissen übermitteln, daß diese den zweifachen Scheiterhaufen, den Walhalls und den der Gibichungenhalle, in Brand steckt. Hagen ertrinkt im Wasser des Rheins; das ist seinem Vater nicht geschehen, als er den Ring nahm, aber es ist das logische Ende einer Geschichte vom Zwerg und dem Fluß. Ein Sohn für den Vater, ertränkt von den Nixen. Was Siegmund anbetrifft, so verwirklicht er vor allem anderen Wotans Widersprüche: frei, aber vom Gesetz Frickas abhängig, tapfer, aber dazu bestimmt, den Kampf zu verlieren, Lieblingssohn seines Vaters, der es sich zur Pflicht macht, ihn zu töten. Siegmund wird von Wotan ohne Unterlaß »verdrängt«: verdrängt, wie die Polizei Demonstranten zurückdrängt, verdrängt, wie das Unbewußte all das verdrängt, was es nicht haben möchte. Ein erstes Mal verdrängt, weil sein Vater ihn verläßt, ein zweites Mal, weil sein Vater ihn tötet, der sich ihm in den Weg stellt. Er ist, wie alle Söhne, das Unbewußte Wotans, so wie Hagen dasjenige, einfältige, Alberichs ist. Wotan ist verquer, zerrissen, zögerlich, unlösbar; und Siegmund schreitet zum Akt dieser Zerrissenheit. Nichts könnte das Schicksal Wotans mehr dramatisieren, als der Inzest zwischen seinen beiden Kindern. Siegfried, die Frucht dieses Inzests ist wie die »Rückkehr des Verdrängten«: was dennoch, trotz allem, aus dem Unbewußten hervorkommt und was mit soviel mehr Kraft zurückkehrt, als die Verdrängung mächtig war. Siegfried wird so heftig von einem unbewußten Groll angetrieben, der vom Tod seines Vaters herstammt, daß er sich ebenfalls Wotan in den Weg stellt und den göttlichen Speer zerbricht. Es ist geschehen. der Sohn des Sohnes hat den Vater besiegt. Jetzt muß er nur noch die Tochter bumsen, damit Wotans Niedergang vollendet wird. Besser noch: nachdem das alles vollbracht ist, wird er ganz albern, ruhmlos, mit einem Loch im Rücken sterben, und das wegen einer Frau. Ein erbärmliches Ende für den Enkel eines Gottes, ein wenig glorreicher Untergang für den vermeintlichen Retter. Wotan grübelt über seinen Untergang und versteht nichts.

Die Ehefrauen sind unangenehme kleine Spießerinnen, die die Widersprüchlichkeiten ihrer spießigen Ehemänner vergrößern. Es reicht, so möchte man meinen, den Status der rechtmäßigen Ehefrau zu besitzen, um die Schwierigkeiten bloßzulegen und das Gesetz zu erzwingen. Fricka ist das Vorbild, die Initiatorin von Walhall, voller Vorwürfe, wenn es daran geht, die Riesen dafür zu bezahlen; Fricka, die Nörgelnde, die Wotan an seine ihm auferlegten Pflichten erinnert; Fricka, die Gierige, die mit dem Gold liebäugelt, sobald es zwischen den Händen der Nibelungen erscheint. Aber was geschieht mit Brünnhilde, sobald sie die rechtmäßige Frau Gunthers geworden ist? Sie »rapportiert«, sie enthüllt, sie verrät Siegfried und schmiedet mit Hagen ein Komplott. Sie steht am Ausgangspunkt der tödlichen Jagdpartie. Sie ist Frau geworden, zumindest so eine, wie sie Wagner beschreibt, ohne alle Tugenden, wenn es keine Schwestern sind. Mütter sterben; Töchter leiden; Ehefrauen langweilen sich. Schwestern sind erhaben, aber der Mann kann damit nicht viel anfangen. Es bleiben genau gesagt noch *die Geschwister* übrig, die eine ganze Legion unter den Figuren bilden. Die beiden Riesen Fasolt und Fafner, vereint, um die Burg zu bauen, entzweit wegen des Goldes; Hagen und Gunther, vereint, um die beiden Heiraten durch Verrat durchzusetzen, entzweit durch den Ring, einer erschlägt den andern, schließlich Wotan und seine Brüder, sowie der kleine Vetter, der zweischneidige Loge, der gegen die Verwandtschaft ein ganzes Flammengeflecht anzettelt: listig, schlau, beschützender Flammenvorhang, zerstörende Feuersbrunst. Loge wächst, während die Götter kleiner werden, eine gefährliche Vetternwirtschaft. Nun müssen die Brüder sich nur noch untereinander töten, und die Brüderschaft hält nicht mehr. Die »Schwesternschaft« taugt kaum etwas: Fricka und Freia, das Nornentrio, die Walkürenkohorte haben alle einen gemeinsamen Zug, die Klage. Da beklagen sich die einen über die andern, sie stöhnen, sie sind unaufhörliche Heulsusen. Die Verbindungen unter den Brüdern auf der einen Seite und die der Schwestern auf der anderen sind wenig leistungsfähig; es ist keine dominierende Verbindung, es ist eine verdammte Verbindung.

Aber es gibt *eine Tochter*. Als solche anerkannt, mit höchst privilegiertem Status versehen, die dem Fallensystem entkommt, das ich Dir hier zu beschreiben versuche. Sicher, sie gehört wie jedes Kind zur Taktik des Gottes. Wie ihre sieben Schwestern, die gleichzeitig mit ihr und um des lieben Wissens willen gezeugt wurden. Aber warum wurde sie mit soviel Liebe versehen? Ihr vertraut sich Wotan an, als Fricka ihn überzeugt hat – wenn man so sagen kann –, Siegmund zu töten; sie weiß, wie sie ihren Vater zum Sprechen bewegen kann, sie hat gewissermaßen, das absolute Privileg einer wirklichen Beziehung zu Wotan. Oh, das beinhaltet Grenzen der Göttlichkeit, wenn Wotan, als er mit seiner Tochter redet und es nicht mehr ertragen kann, so tut, als rede er mit sich selbst. Brünnhilde selbst definiert sich als »Wotans Wille«. Hör Dir den Dialog zwischen Vater und Tochter an: »Wer – bin ich, wär' ich dein Wille nicht?«, worauf Wotan im Echo antwortet: »Mit mir nur rat' ich, red ich zu dir – - – ». Und ihr erzählt er die Geschichte, immer die gleiche Geschichte, die an vier Tagen viermal erzählt wird. Aber sie, die mit dieser einzigartigen Liebe versehen ist, mit der Wotan so zu geizen scheint, wird befreit über diesen Willen hinwegschreiten, aus Liebe zur Liebe, von der inzestuösen Liebe ihrer Brüder und Schwestern verführt. Man könnte sagen, daß ihr Erbe die Liebe selbst ist, und daß sie Wotan entkommt, ohne daß dieser einäugige Gott, der nur auf einem Auge sieht, es weiß. In Wahrheit ist er ein schöner Oedipus, der nur eine Auge weniger hat und alles zu wissen meint: Oedipus, Du weißt schon, der seine Mutter geheiratet und seinen Vater getötet hat, hatte, so der Dichter Hölderlin »ein Auge zuviel«. Diese Geschichten erzählen von falscher Klarsicht: Wotan, Oedipus, wollen einen Schritt voraus wissen. Während sie über eine viel zu weit entfernte Zukunft nachsinnen, entschlüpfen ihnen Handlungen, Gesten, wie eine Träne, die ihnen aus dem Auge rinnt und die jemand an ihrer Seite aufsammeln würde. Diese Träne, dieses unkontrollierte Sekret, durch Zufall fallen gelassene Sperma, sammelt die Tochter ein: die treue Antigone, die treue Brünnhilde. Die Liebe, diese andere Figur des Schicksals, geht durch die Töchter über ihre Beziehung zum Vater. Und beide, Antigone, Brünnhilde, schöpfen ihre Kraft aus dem Ungehorsam, der sie noch teurer macht. Denn die Brünnhilde, die Wotan verraten hat – aber seinen teuersten Wunsch erfüllte – ist Wotan noch liebenswerter; an sie richtet er den leidenschaftlichsten Gesang, die liebevollste Melodie. Hör zu: »Der Augen leuchtendes Paar, ... dieser Augen strahlendes Paar, das oft im Sturm mir geglänzt ... zum letzten mal letzt' es mich heut' mit des Lebewohles letztem Kuß! ...« In Brünnhilde erkennt sich Wotan, und in sonst niemandem. Brünnhilde, seine einzige Liebe ... Brünnhilde, die Leidenschaft, die er verliert.

Vater und Tochter sind endgültig durch Raum und Zeit getrennt, und durch den endgültigen Fall der Tochter in ihre Bedingtheit als Frau, die nichts mehr weiß, die dumm geworden ist. Dennoch schickt ihr Wotan noch die Botin Waltraute; ihr schickt er die beiden Unglücksraben, die um den toten Siegfried herumflattern. Ein letztes Signal; das die treue Brünnhilde sehr wohl erkennt. Als Antwort gibt sie das Todessignal und legt selbst Feuer an den letzten Scheiterhaufen. Sie verbrennt ihren Vater, wie das der Vogel Phönix tat, als es ans Sterben ging. Nun kennzeichnet gerade der Phönix in allen Mythen eine sonderbare Sache: das Androgyne, das Bisexuelle, die Tatsache, eine Natur zu haben, die gleichzeitig am Mann und an der Frau teil hat. Genau das sagt Hegel auch von Antigone, der Getreuen Oedipus', während in beiden Geschichten die Söhne im Kampf fallen, dem Ruhm des Vaters geopfert. Die Tochter erbt die wirkliche Kraft des Sohnes und setzt der Familiengeschichte ein Ende. Treu und geheim erledigt sie alles. Sie, eine Frau in dieser Oper, in der, wie in allen Opern, die Frau entweder leidet oder bösartig ist, in der die Männer, Wotan, Alberich, Siegfried, Hagen, ihren Männergeschäften nachgehen; sie, eine Frau, setzt ein Ende. Nach Brünnhildes Tod auf dem Scheiterhaufen ertönt zum Ende noch eine weibliche Melodie. Du kannst den ganzen *Ring* auch als den Untergang eines Vaters lesen, den seine eigene Tochter herbeigeführt hat.

Ich greife noch einen Faden auf und wechsle die Finger, da hast Du eine andere Figur. Diese Geschichte ist mit Tieren und Objekten bevölkert, die sich um die Personen mit menschlicher Gestalt drehen und die sich ihrer bedienen, um eine gewisse Strecke Wegs zu vollenden. Was den Objekten eigen ist, ist, daß sie von Hand zu Hand gehen, ohne daß sie jemand behalten könnte; und wenn jemand ein Objekt behält, wird er vernichtet werden. Das passiert mit Wotans Speer: ein beständiges Objekt, eine Grundlage der Welt, eine symbolische Sammlung geschriebener Gesetze, und er gehört Wotan, der ihn nicht losläßt. Aber dieses Objekt setzt Wotan unter Druck, es hält den Gott gefangen. So sehr, daß in dem Augenblick, wo der junge Narr den göttlichen Speer in Stücke bricht, Wotan befreit ist; besiegt, aber erleichtert. Er sammelt seinen Speer ein und errichtet seinen Scheiterhaufen. Die anderen Hauptobjekte gehen von einem zum andern, allen voran der Ring, kreisender und kreisrunder Gegenstand par excellence. Vom Rhein zu Alberich, von Alberich zu Wotan, von Wotan zu Fasolt, von Fasolt zu Siegfried, von Siegfried zu Brünnhilde, von Brünnhilde zu Siegfried, schließlich von Siegfried zu Brünnhilde und von dieser zu den Rheintöchtern. Welch ein Reigen! Aber es ist die Liebe und nicht das Gold, das in der Sprache, im Reden, die Runde macht. Man könnte sagen, daß das die Verdrehung des »normalen« Reigens ist: das Gold geht von Hand zu Hand und mit ihm der Fluch der Liebe, und plötzlich zirkuliert die Liebe nicht mehr. Und dann hat der Ring nur in den Händen von Männern seine runde Form: anfangs, im Rhein, ist er ein Lichtschein; danach im Rhein wird er wieder Licht. Der Kreis muß gebrochen werden. Das gelingt nur im Hin und Her zwischen den Liebenden: denn er geht wie beim Pfänderspiel von Männlein zu Männlein, aber wenn er am Finger einer Frau landet, kommt er auf einmal zurück, geht nicht weiter, kreist zweimal von Siegfried zu Brünnhilde, um schließlich am Finger der Lieblingstochter zu bleiben. Sie gibt ihn nicht zurück, er fällt von ihrem verglühten Finger. Bis auf die Knochen verbrannt, gibt die zur Asche gewordene Brünnhilde den Ring zurück.

Der Speer, der Ring, sind Herrschaftsinstrumente; aber es gibt das Schwert und den Helm. Der Tarnhelm, der unsichtbar macht, ein Netz über dem Gesicht, dessen sich Alberich, danach Siegfried bedienen: auch das ein Gegenstand der Unterdrückung. Alberich benützt ihn, um die Zwerge zu beherrschen und um sie auszubeuten, Siegfried benützt ihn, um seine Frau zu beherrschen. Man beherrscht besser, wenn man sich nicht sehen läßt... Maskiert ist die Macht der Ausbeutung größer, eine leicht zu entziffernde Fabel. Das Schwert ist komplizierter. Von Wotan in einen Baum gestoßen, zuerst hineingerammt, unmöglich, es herauszuholen, außer von einem einzigen Mann, Siegmund, dem es bestimmt ist, geht es den umgekehrten Weg des Speers. Es wird zuerst von dem Speer zerbrochen, dann, zusammengeschmiedet, bricht es den Speer. Ein Nebenprodukt des Speers, Wotans defensiv-offensive Waffe gegen sich selbst, wendet sich solange gegen ihn, bis die Hände, die es zu halten meinen, Werkzeuge des Schwerts sind.

Und die Tiere? Sie sind immer da, eine stumme und lebende Präsenz, ordnungsgemäß im Text und den szenischen Angaben festgehalten. Aber sie werden oft, viel zu oft durch vielsagendes Licht ersetzt, das mir persönlich überhaupt nichts sagt, oder durch an die Decke verdrehte Augen. Nicht der mindeste Pferdehals, an den sich Brünnhilde anlehnen könnte, nicht der geringste Vogelflug, dem man folgen könnte, nicht die mindeste Feder, das mindeste Tierhaar, der mindeste Geruch. Ich erinnere mich an das kindliche Staunen, einer der Bestandteile des Vergnügens an der Oper, als ich zum ersten Mal in einer Inszenierung des Bolschoitheaters echte Pferde auf die Bühne kommen sah, mit ihrer anmaßenden und kaum kontrollierbaren Präsenz und den Pferdeäpfeln, die bisweilen zu Boden fielen... Es ist eine Präsenz, die sich *widersetzt,* und genau deshalb ist sie wesentlich. Wenn man sie also unterdrückt hat, dann bestimmt nicht aus Zufall. Was man aus dem *Ring* macht, ist eine »ewige« Geschichte außerhalb der Welt, mythisch und übermythisch, die im Himmel der erhabenen Gefühle spielt. Keine Rüstungen, kein Glanz, kein Beiwerk mehr, man hat alles eliminiert, was der Idee schaden könnte. Ach was! Wagner hat eine Geschichte voller wirklicher Tiere geschrieben, vielleicht die einzigen wirklichen und nicht fiktiven Wesen dessen, was auf der Bühne gezeigt wird; man hat sie in einen seichten Fortsetzungsroman für einen viertklassigen Philosophen umgewandelt. Ich träume von diesen Parasiten, die die Ordnung störten und die dafür gedacht sind. Eine Darstellerin, die sich schlecht auf ihrem Pferd hält, wirkliche Widder – Fricka ist immer von einem Widderpaar umgeben – , die »wirkliche« Materie ist ein Mahnung an die Ordnung, denn die mögliche Störung ist da, und alle wissen es. Die Götter werden von Menschen gespielt; dann soll man uns das bitte zeigen. So gesehen und am anderen Ende der Kette ziehe ich die ernsten Farcen eines Mauricio Kagel vor. Er nimmt die Requisiten ernst; er macht daraus spielerische Elemente, nimmt Siegfrieds Amboß, baut ihn aus Styropor nach und läßt einen Sänger mit einem Hammer aus Schaumgummi draufschlagen. Das ergibt zwar nicht das Geräusch eines Amboß'; aber es kennzeichnet die Leere, die alberne Leere all derer, die den *Ring* in eine ideelle »Philosophie« umgewandelt haben. Die Leere der toten Götter... Hörst Du, wie laut sie tönt?

Denn diese ganze Familiengeschichte muß eine unbewußte Struktur bleiben, so, wie sie geschrieben wurde, sonst wird sie ihres Sinns entleert. Man sieht Figuren, sie sind kostümiert, erkennbar, sie tragen Helme, wie die Frau auf den blauen Gauloisepackungen; sie sind mit Tierhäuten bekleidet, sie tragen Hörner bei sich, um zur Jagd zu rufen, sie sind irgendwie »lebendig« und werden von der Geschichte gebeutelt. Wenn man sie in Glanzleder und zeitlose Kleider steckt, werden sie zu Figuren des Vaudeville. Sicher, das sind sie *auch,* wenn sie in einem Augenblick vom Grotesken zum Erhabenen wechseln. Der vielfältige Spott, der das Werk umgibt, zeigt das deutlich, ebenso wie die ganzen notwendigen Parodien. Aber indem man ihnen ihre prähistorische Duftnote nimmt, ihre kindliche Verkleidung, nimmt man ihnen das Leben. Und es durch eine grelle, denunziatorische Interpretation zu ersetzen, dem Mythos Absichten zu unterschieben, heißt ihn irrezuführen.

Kleine strukturelle Stücke

Lassen wir mal die Fadenspiele, und wenn die Hände von jeglicher Bindung frei sind, reden wir über Musik. Denn all das, was ich Dir erzählt habe, sind Geschichten. Dies ist im doppelten Sinn zu verstehen: es sind in der Tat Geschichten, und dann »sind das alles doch nur Geschichten«. Denn es handelt sich um Oper und deshalb hauptsächlich um Musik. Mehrmals habe ich im Laufe des Kapitels daran erinnert, daß Du dieses oder jenes »ohne die Musik« nicht wissen könntest. Erinnere Dich auch an das, was Lévi-Strauss schrieb: mit Wagner, und insbesondere mit dem *Ring,* hat man zum ersten Mal mit einer Strukturanalyse der Mythen zu tun. *Struktur:* deswegen muß man keine großen Geschichten machen... Das heißt, daß von der Musik zum gesungenen Wort, von Wort zu Wort und von Musik zu Musik, Gesetze, Entsprechungen und Verbindungen eintreten, die funktionieren, sogar ohne, daß Du es weißt, zweifellos aber noch besser, wenn Du sie kennst. Die Familienverbindungen sind so ein Beispiel. Aber sie legen über die musikalischen Verbindungen keine Rechenschaft ab.

Als der oben genannte Lévi-Strauss anfing über den Begriff des *Mythos* zu arbeiten, fand er Vergleichbares in der Art und Weise, wie ein Orchester funktioniert und befand, daß ein Mythos lesbar sein muß, wie eine Partitur. Du hast sicher schon eine Partitur gesehen; in einer Richtung liest Du die Geschichte, die Erzählung, die Melodie, das, was vielleicht gesungen wird, was sich merken läßt, was bleibt. In der anderen Richtung, vertikal, hast Du das, was die Instrumente spielen. In einem Mythos ist es das gleiche. Es gibt die bloße Erzählung, die man erzählt und behält; und dann ganze Packen voller Bezüge, die man in eine ganz andere Ordnung klassifizieren kann, die nicht mehr die chronologische Ordnung ist, und die sich mit dieser vereint. Zum Beispiel die Väter, Mütter, usw. ; aber auch Ereignisse, die sich gleichen: Siegmund wird durch Wotans Speer getötet / Siegfried zerbricht Wotans Speer; Wotan schläfert Brünnhilde ein und umgibt sie mit Flammen / Brünnhilde verschafft Wotan den ewigen Frieden und entzündet den letzten Scheiterhaufen. In beiden Fällen sind es Ereignisse, die sich ähneln und sich widersprechen, das zweite löscht und wiederholt das erste. Um diese Wechselwirkungen wahrzunehmen, muß man das Hören entlang der Erzählung unterbrechen und einen anachronistischen Sprung nach hinten machen. Tatsache ist, daß ein anderes Funktionieren – aber ist es wirklich ein anderes? – so vorgeht, es ist das des Unbewußten, in den Bezügen, die es zu der alltäglichen Dauer unterhält. Dem Unbewußten ist die Zeit, die vergeht und die Reihenfolge der Ereignisse ganz schön egal, und er erinnert unaufhörlich an vergangene Punkte, die er in der Gegenwart ansiedelt. Das heißt dann Lapsus oder Fehlleistung; das gehört allgemein zu einem wesentlichen Prozess, den Freud *das Nachträgliche* nennt. Eins zu spät, aber auch immer eins voraus, denn seine auf ewig eingeschriebenen Spuren lassen Dich Gesten ausführen und eine Wahl treffen, die irgendwie vorhersehbar sind. Auch hier funktionieren packenweise Verbindungen, im gegenläufigen und ergänzenden Sinn zu dem Leben, das Du führst, das Du zu »führen« meinst und das in Wirklichkeit Dich führt. Das ist viel einfacher noch im Funktionieren selbst des Wortes festgelegt, und das ist Lacan, einem anderen ehrwürdigen Vorfahr entlehnt. Gegeben sind Aneinanderreihungen von elementaren Ausdrücken der Sprache, die einen Vektor bilden, zum Beispiel von O nach I; diese Kette hält nur inne, wenn Du sie aussprichst und erhält nur dann Bedeutung, wenn Du einen Endpunkt, ein Zeichen setzt. Ohne diese Zeichensetzung ist die Kette schlaff und hat keine Bedeutung, sie ist ein simpler Speicher. So daß die Bedeutung nur *retroaktiv* besteht, im gegenteiligen Sinn, indem die Orientierung dieses fiktiven Vektors sich der anderen Richtung beugt. Lacan beschreibt das in der ihm eigenen Sprache folgendermaßen: »... Der Satz... beschließt seine Bedeutung erst mit seinem letzten Ausdruck, indem jeder Ausdruck in der Konstruktion der anderen Ausdrücke vorweggenommen wurde und umgegekehrt ihren Sinn durch seinen retroaktiven Effekt besiegelt.« So wie am Ende der *Götterdämmerung* das Wasser des Rheins die Rückkehr des Golds in den Fluß besiegelt. Aber die Musik des Rheinwassers ist nicht mehr die gleiche wie im Vorspiel zum *Rheingold,* und wenn Du einen Satz beendet hast, ist er nicht mehr derselbe, den Du begonnen hast; die Sprache hat Dich dorthin getragen, wo sie etwas mitteilt, genauso wie die Musik von Anfang an ihre eigene musikalische Geschichte geschrieben hat, die den gesungenen Text begleitet, oder, das Gegenteil, ihn aufhebt.

Da liegt der Hase im Pfeffer. Die Geschichte, die die Musik in einem ziemlich genauen narrativen System erzählt, ist nicht genau die gleiche, die der Mythos erzählt. Es ist »im großen und ganzen« die gleiche Erzählung, es sind wohl die gleichen Personen, die gleichen Ereignisse, aber die Reihenfolge ist verschoben, wie diese Verschiebungen, die das Unbewußte im Leben produziert. Die Musik ist also wie das Unbewußte des Texts, spielt ihm Streiche, indem sie eine andere Linie bildet, Brücken und Regenbögen schlägt, bis zu einem Punkt der Vergangenheit und zwinkert mit dem Auge in die Zukunft. Du wirst in jeder dieser Vorwegnahmen, die man in dem *Ring* machen kann, musikalische Phrasen gehört haben, die Du wiedererkennst. Diese Phrasen bilden eine Geschichte für sich, die das Ohr für das laufende Ereignis formt. Sie komplizieren den Text, geben ihm eine riskante Dimension, aleatorisch in der Erscheinung, kombinatorisch, wenn man nur ein bißchen genauer hinschaut.

Dieses System des »Wiedererkennens«, musikalische Phrasen, die immer und immer wieder kommen, das ist schon eine sonderbare Geschichte. Sicher, das System wurde sehr früh wahrgenommen. Um Wagner herum, und vor allem in Frankreich, haben kleine Schlauberger, Unbedarfte und leidenschaftliche Verehrer damit angefangen, Nachschlagewerke zu verfassen, die Phrasen zu benennen, ihnen Titel zu geben, damit man sie noch besser »erkennen« kann. Und so ist ein kleiner Tauschhandel entstanden. Natürlich, indem sie die Musik benannten, haben sie damit eine nicht ganz unschuldige Arbeit getan, und mit ihren groben Worten haben sie Wagners Text, Musik und Worten ihren Hemmschuh einer Hofschranze und kommentierenden Schwätzers übergezogen. Einige dieser Bezeichnungen sind weder schädlich noch nutzbringend: das »Walhall-Motiv« wird als das benannt, was es ist. Aber »Erlösung durch die Liebe« ist schon etwas anderes, das ist eine Interpretation. »Gerechtigkeit der Sühne« ist eine weitere Interpretation. Oh, all das in absoluter Treue zu dem, was Wagner *sagte;* denn er selbst hat bezüglich der Erlösung den *Parsifal* komponiert und geschrieben und den vom Himmel stürzenden Chören jene mystischen und mystifizierenden Worte in den Mund gelegt: »Erlösung dem Erlöser.« Aber dem Individuum Wagner in seinen alten Worten von vor einem Jahrhundert zu folgen, ihn in eine Gottheit zu verwandeln, wie das immer noch geschieht, heißt, ihn viel sicherer zu verurteilen, als sich die Nazis dieses Aspekts des wagnerschen Gedankens bemächtigen konnten. Ein Jahrhundert später gibt es eine andere Arbeit zu tun, als die Motive anzuhören und jedes mal zu erwähnen: »Ach! Da ist ja die »Zerstörungsarbeit« oder die »Macht Alberichs«! » Das ist genauso, und nicht anders, wie wenn Du dem »Soundso« in der Métro begegnest.

Man muß an einem Beispiel arbeiten. Wir werden von einer zentralen Situation ausgehen, die gleichzeitig ein Endpunkt und ein Wiederanfang der Geschichte ist. Es ist der Augenblick, als Wotan soeben Siegmund getötet hat; dieser wurde von Brünnhilde beschützt, die dadurch mit ihrem Vater in Konflikt gerät und den ihr anvertrauten Auftrag (den toten Siegmund mitzunehmen) nicht ausführt. Wotan erscheint, Brünnhilde hält sich hinter ihren sieben Schwestern verborgen, sie hat ihrem Vater gegenüber einen einzigen Vorteil: sie weiß, daß Sieglinde, die sie soeben gerettet hat, ein Kind trägt, der nun einzige männliche Sproß Wotans. Aber Wotan ist Herr und Meister und verkündet sein Urteil. Brünnhilde wird entehrt und in eine Frau verwandelt. Hier vollendet sich eine Geschichte, die der Walküre, und eine andere beginnt, die der Frau Brünnhilde, der künftigen Frau Siegfrieds. Wotans schwieriger und selbstmörderischer Einsatz ist der, diese Verbindung geschehen zu lassen, die alle beide in diesem Augenblick vorausahnen. Damit das Schicksal der Götter gerettet werde? Verloren sei? Wotan weiß es selbst noch nicht. Ein spannender Augenblick.

Fangen wir an. Wotan hat soeben Brünnhilde gesagt, daß sie keine Walküre mehr ist. Und er fügt hinzu, daß er sie nie mehr aussenden wird. Was er sagt, ist einfach das: er wird ihr keine Helden fürs Schlachtfeld mehr zuweisen, sie wird ihm nicht mehr liebevoll das Trinkhorn reichen, er wird sie nicht mehr küssen. Und das Thema, das man unter diesen Worten hören kann, haben wir gehört, wie es sehr lange eine schon vergangene Szene prägte; als Brünnhilde Siegmund ankündigt, daß er sterben wird und daß er nach Walhall geleitet wird, zur Truppe der Helden. Ein langsames Thema, geprägt, von gedämpften und düsteren Schlaginstrumenten, ein Thema, das für Dich und für mich zuerst einmal an die Todesverkündigung und Siegmunds Weigerung gebunden ist. So sehr an das eine, wie an das andere, denn diese unerhörte Weigerung – und für welch ein Motiv, wegen der Liebe zu einer einfachen Frau – stürzt Brünnhilde zuerst in die Rebellion, dann in die Liebe. Die Liebe, vergiß das nicht, ist Wotan verboten, seit er den verfluchten Ring berührt hat. Wir sind hier bereits wieder an den Ursprung zurückgekehrt, und das ist absichtlich so gemacht, diese unaufhörliche Arbeit des Kommens und Gehens, die den Sänger nicht betrifft, aber den Zuschauer. Als Wotan diese Worte singt und Brünnhilde sie hört, bedeutet die Musik also *ihre Beziehung zueinander:* diesen Akt, den Brünnhilde nie wieder vollziehen wird, hingegen all die anderen, die sie als liebende Frau vollziehen wird, das ist alles, was Wotan entgeht. Wotan verliert, was seine Tochter ihm entgegengebracht hat, ein Lächeln und tote Helden, und er verliert, was sie auf eigene Kosten tun wird, als Frau zu lieben. Ein wenig später – diese Verschiebungen – wird er ihr mit Bitterkeit sagen, daß sie dabei ist, von der Liebe zu kosten. Aber während er das sagt, sagt die Musik zwei Dinge, die Wotan nicht sagt: zuerst die Phrase, die Alberich begleitete, als er das Gold entwendete – die seinen definitiven Verzicht auf die Liebe unterstrich – und dann die Phrase, mit der er den Ring verfluchte, als Wotan ihn ihm seinerseits entwendete. So fügt die Musik auf eigene Rechnung Wotans Klagen hinzu, daß es seine eigene Schuld ist, da er dafür verantwortlich war, das Gold gestohlen zu haben, und darüber hinaus der Fehler der Götter, denn Alberich hat die Geschichte ausgelöst. Historische Erinnerung, taube Widersprüche von Wotan, die mit dem, was er zu Brünnhilde singt, kontrastieren; sie führt neue Phrasen ein, deren Trägerin sie ist. Das Thema, das von einem Ende zum anderen Siegfrieds Dasein begleitet, stellt sie in den Raum, als sie der noch unwissenden Sieglinde die Geburt eines Kindes ankündigt, das sie Siegfried nennen soll. So schützt Brünnhilde von Anfang an den Namen Siegfrieds; sie hält ihn sich warm, rettet die Mutter und konserviert sich im Schlaf, bis zu dem Tag, an dem er sie aufwecken wird. In dieser Szene mit Wotan ist es wieder sie, die Wotan die nächste Geburt ankündet; sie hat schließlich die Idee des sie umgebenden Feuers. Diese neuen Ideen bringen das Drama bis zur *Götterdämmerung;* die Musik treibt die Aktion voran.

Brünnhilde ist also die Trägerin neue Motive; und Wotan hingegen, auf dem Gipfel seiner göttlichen Macht, schmettert musikalisch nur alte Themen, schon altbekannte Melodien. Auf Alberichs Thema des Liebesverzichts schläfert er Brünnhilde ein: »Denn so – kehrt der Gott sich dir ab: so küßt er die Gottheit von dir.« Alles geschieht so, als ob Brünnhilde und Wotan musikalisch miteinander kämpfen würden, die eine, um die Zukunft zu retten, der andere für eine Vergangenheit, die er für endgültig, verloren, gefesselt hält. Brünnhilde gewinnt bei diesem Spiel zwischen Gegenwart und Zukunft; und Wotan gewinnt in der Sache des Schicksals der Götter. Aber in dem Moment des Nachgebens, als er selbst die Siegfried-Themen übernimmt, die eines Kindes, das geboren wird, sagt die Musik erneut etwas anderes und bringt die drei Noten ins Spiel, die das finale Schicksal kennzeichnen. Die Musik, die immer voraus ist, immer verschoben, erinnert an die Ordnung. Welche Ordnung? In jedem Fall eine Ordnung, die im Text festgeschrieben ist, bestehend aus Musik und Worten, eine Ordnung, die auf die Psychologie der Personen verweist und nichts als ein konstituierendes Element des gesamten *Rings* ist.

Dieses Thema, das Wotans Worte an Brünnhilde begleitet: »Nicht send' ich Dich mehr aus Walhall« ist sehr interessant. Laß uns sehen, wo und wann es auftaucht. Siegmund und Sieglinde fliehen vor Hunding, der von der Rechtmäßigkeit seiner Ehe überzeugt ist. Sieglinde wird von einem prophetischen Traum heimgesucht, eine Esche stürzt, Siegmund ist tot! – Sieglinde wird ohnmächtig. Siegmund hält sie in seinen Armen. Da tritt Brünnhilde auf, die andere Frau; Siegmund hat sie nie gesehen, er weiß nicht, wer sie ist. Während des ganzen Anfangs dieser Szene singt Siegmund dieses Todesthema und stellt folgende Fragen: Wer bist Du? Wohin führst Du mich? Wen finde ich in Walhall? Finde ich dort meinen Vater? Finde ich dort eine Frau? Finde ich dort Sieglinde? Dann sagt Siegmund nein zu Brünnhildes Angebot; nein zu dem, was er als Vorschläge ansieht. All diese Fragen von Siegmund werden von der Ankündigung seines Todes rhythmisiert. Brünnhilde nimmt die Melodie auf und greift ein; um Siegmund zu sagen, daß es sich hier um eine Notwendigkeit und nicht um eine Wahl handelt. Er hat den tödlichen Blick der Walküre gesehen, er wird sterben. Dreimal muß sie ihm wiederholen, daß er sterben muß. Immer auf die gleiche Melodie, die von dumpfen Schlaginstrumenten skandiert wird. Das Thema wird lebhafter; Siegmund schaut Brünnhilde an, beschreibt sie als kalt und schön, das Thema wird für Brünnhilde die unerträgliche Prüfung ihres eigenen Abbilds, das ihr ein furchtloser Mann entgegenhält. Sie gibt nach, wie später Wotan ihr nachgeben wird. Aber wenn in der letzten Szene der *Walküre,* die ich Dir vorhin erzählt habe, Wotan verfügt, daß er seine Tochter nie mehr nach Helden aussenden wird, wird etwas klar: was Brünnhilde tat, war nicht ihr eigener Wunsch, sondern der Wunsch ihres Vaters, Inhaber dieses tödlichen Motivs, Anführer des Heers der toten Helden. In der Szene mit Siegmund singt ein Mann dieses Thema; in der Szene mit Wotan ist es wieder ein Mann. Brünnhilde nimmt die Themen der Verlangen der anderen auf: zuerst das ihres Vaters, als sie »walkürt«, dann dasjenige Siegmunds, als sie sich auflehnt. Schließlich verkündet sie leidenschaftlich Siegfrieds Wunsch: wann wird sie je sie selbst sein?

Niemals. Ich sagte Dir, daß Brünnhilde die Sache richtiggehend zu Ende bringt, nach der guten Tradition, die es verlangt, daß die Frauen das ganze Haus aufräumen. Die Nummer mit dem Scheiterhaufen, eine ordentliche Überschwemmung, das war's dann. Aber bevor sie gleichzeitig mit den Göttern verschwindet, erklärt Brünnhilde, oder vielmehr, faßt die Musik zusammen. Da steht sie, aufrecht vor Siegfrieds Leiche und betrachtet den, der sie verraten hat; sie erzählt, daß keiner gleichzeitig so treu und so verräterisch war.

Auf diese Worte ertönt das Thema der Todesverkündung: »Wißt ihr, wie das ward?« Einzig mögliche Antwort: durch die Schuld der Götter. Das Walhall-Motiv beantwortet die Frage. Um zur finalen Entscheidung zu gelangen, muß Brünnhilde sich an ihren Vater wenden, der nicht auf der Bühne ist. Sie kündet ihm ihrerseits seinen Tod an, sendet ihm die »bang ersehnte Botschaft« vom Ende der Götter. Das Verlangen hat seinen Weg beendet, ist zum Absender zurückgekehrt, zu Wotan: Wotan hatte das Verlangen hervorgerufen, als er Siegmund und Brünnhilde zusammenbrachte, von denen jeder eine Hälfte des Verlangens des Vaters trug. Jeder hat seine Arbeit getan, Wotan erhält sein Verlangen zurück: die Todesverkündung. Danach muß der Ring den gleichen Weg gehen und zu seinem Ursprung zurückkehren, durch das Feuer und durch die Nixen; die Musik verbindet die so oft gehörten Melodien untereinander und hebt plötzlich eine hervor, die die anderen beherrscht. Diese gehört einer Frau, aber diese Frau ist nicht Brünnhilde, es ist Sieglinde. Sie hatte sie gesungen, als sie erfuhr, daß sie Mutter wird. Alles ist also letztendlich tödlich: die Begierde, ihre Auswirkungen im Bauch und das weibliche Herz im Fleisch und Blut der Männer.

Dies ist das Ende der Reise und das Ende der *Götterdämmerung.* Jetzt, wo es endlich zu Ende ist, gibt es keinen Blick nach vorne mehr, keine mögliche Zukunft mehr. Alles spielt sich also in der Interpretation der Vergangenheit ab; hör gut zu, die Vergangenheit, die sich vor Deinen Augen während vier langer Tage abgespielt hat. Die Personen verwischen, ihre Umrisse verschwimmen zugunsten eines musikalischen Systems, das sie aufnimmt, sich ihrer bedient, ihnen diesen oder jenen Sinn zuweist, je nach dem Platz, den sie in Bezug zu ihr einnehmen. Nicht, was Wotan »denkt«, oder was er »macht«, zählt, selbst wenn man, um die Geschichte zu begreifen, sie präsentieren muß, wie man das im Kasperltheater tun würde. Was wäre denn der »Gedanke« einer fiktiven Person?

Nein. Was zählt, ist die Beziehung zwischen jenem Thema, das er in diesem präzisen Augenblick singt, und dem gleichen Thema, das ein anderer in einem anderen Augenblick singt, Wotan und Siegmund, die beide das Thema aus der *Walküre* singen, das dem Helden den Tod verkündet; was zählt, ist also dieses Thema, das über Brünnhilde von einem zum anderen zirkuliert. So geht die Musik von Figur zu Figur, webt ihre Bezüge, fertigt sie, löst sie und tötet sie schließlich alle. Die Musik ist das Unbewußte des *Rings;* denn das Unbewußte eilt von Figur zu Figur, webt und löst Bezüge, hält die menschlichen Wesen, bewegt sie, wie die Musik das im *Ring* für Dich tut. Das ist eine komplizierte Idee, wenn man sie zum ersten Mal hört, daß die Sprache das Wesen festhält und nicht umgekehrt; daß Du sprichst, daß Du zu sprechen glaubst, und daß Du in Wirklichkeit *gesprochen wirst.* Aber der *Ring* ist wie eine Fabel, die das eben *auch* noch erzählt. Und wieder sagt der alte Lacan, daß ein Signifikant das Subjekt für einen anderen Signifikanten bedeutet; ein Signifikant, das heißt, ein sprachliches Element, stellt denjenigen, der spricht – der gesprochen wird –, für ein anderes sprachliches Element dar. Ein musikalisches Thema stellt eine Person als ein anderes musikalisches Thema dar: zum Beispiel stellt Brünnhilde die Todesverkündung in der Verkündung von Siegfrieds Geburt dar. Die Figuren – die Subjekte – sind die Austauschbeziehungen zwischen den Begriffen, die kreisen, wie das Gold und sein Ring, die ein riesiges Rund um Dich herum bilden. Sieh Dir Brünnhilde an; sie wird ständig deportiert, von ihrem Vater über Siegmund zu ihrem Mann, aber sie sind nichts anderes als vorübergehende Träger anderer Themen, und die Personen gehen vorbei, von Szene zu Szene, von Generation zu Generation, bis zum letzten Akkord, der schließlich vom Wasser begraben wird.

Vorletzte Gedanken

Wir wollen hier aufhören. Das ist die Regel eines geschriebenen Textes. Es ist nicht die Regel der Erzählung, der mythischen Narration, die dazu gemacht ist anzuhalten, wenn sich Müdigkeit bemerkbar macht, aber um wieder neu anzusetzen, unermüdlich und um nie zu enden. Den Entschluß, den ich gefaßt habe, so zu tun, als erzählte ich dir etwas, hat ein wenig mit Deiner Erziehung zu tun, die noch nicht so schnell zu Ende sein wird. Aber auch hier muß man ein Ende machen können; oder zumindest eine Pause. Wenn man eine Geschichte erzählt, vergißt man unterwegs immer etwas; und im Augenblick des Beendens, liegt so etwas wie ein Bedauern in der Luft, etwas, was es noch zu sagen gäbe, was man vielleicht vergessen hätte ...

Dieses Vergessen ist niemals unschuldig, wie übrigens kein Vergessen. Zum Beispiel meine eigenen Unterlassungen in dieser Geschichte. Ich habe zwei Väter aufs Korn genommen: Wotan und Alberich. Aber auch Siegmund ist Vater, denn er zeugt Siegfried; und mir ist nicht einmal die Idee gekommen, seine Vaterschaft in Betracht zu ziehen. Sie geht schnell vorüber und er schenkt ihr keine Beachtung, oder allzu wenig ... Was tut er, als ihm Brünnhilde die Neuigkeit mitteilt? Er hebt Nothung, das Schwert, und macht sich daran, zwei Leben anstelle von einem zu opfern. Und Brünnhilde reagiert wie eine Mutter. Und dennoch ist er darin den anderen beiden Vätern gleich, die, jeder in seiner Ecke, auch ihre Söhne opfern. Aber wo ist dann der Unterschied? In der Musik. Siegmunds Gesang ist der Gesang eines Mannes und ist kein väterlicher Gesang; das vermittelt sich über die höhere Stimme, über die Gestalt, die nicht die gleichen symbolischen Attribute hat, wie die der beiden anderen, über den Bezug dieses Gesangs mit dem Gesang der Frau. Wotan, Alberich sind mit der Vaterschaft »beauftragt«; Wotan trägt seinen Speer und auf diesem Speer die Gesetze, dann trägt er diesen Hut, der ihn zur Hälfte verdeckt; Alberich ist ein hassenswerter Herr, aber er ist ein Herr, und stellt sich mitten in den Weg und verkündet Fluchworte, die Gesetz werden. Siegmund hat nichts von alledem, er ist ein Liebhaber und ein Bruder, er singt nur von der Auflehnung und der Liebe, er begeht nur Gesten der Verzweiflung und der Leidenschaft: er ist ein Sohn, die Zeit, Vater zu werden, wird er nicht haben. Was zählt, ist die symbolische Vaterschaft, die im Bezug zwischen Musik und Text stattfindet.

Und dann die Geschwister. Ich habe sie in Bruderpaare und Schwesterpakete eingeteilt, jeden nach seinem Geschlecht. Und dabei ist einer der zentralen Momente des *Rings* ein Inzest zwischen Bruder und Schwester, zwischen Siegmund und Sieglinde; das ist sehr wohl ein Bezug der Geschwisterliebe, eng, zu eng um erlaubt zu sein. Es ist auch eine Liebesszene mit jener romantischen Zugabe, die oft die Spur der Leidenschaftlichen markiert: dem Mondschein. Sicher ließ mich der Mondschein und die Stereotypen, die er mit sich bringt, den Inzest zwischen Bruder und Schwester »vergessen«. Schnell taumelt er in die Trauung; so kündigt Siegmund am Ende des ersten Aktes die Richtung der *Walküre* an: er liebt seine Schwester, damit, »so blühe denn Wälsungenblut«, die Familie weiter existiere. Paradoxerweise ist es mitten im Inzest, daß Siegmund, ganz mit der Fortpflanzung beschäftigt, die Vaterschaft streift. Mit dieser Figur, weder Vater noch Ehemann, nicht mehr ganz Bruder, nicht mehr ganz Geliebter, sind die Karten gemischt, die Karten des Familienspiels. Siegmund, der Joker, Siegmund, der nicht Festzulegende, entwischt den Kategorien; er ist dies und gleichzeitig jenes; im Griechischen würde man sagen, daß er ein »Dämon« ist, das heißt, daß er Übergänge vollzieht, die andere nicht tun. Dämonisch; vorbeigehend, vorübergehend bis in sein Leben, kreist Siegmund, und mit ihm der gesamte *Ring*. Es ist nicht verwunderlich, daß er in einer klassifizierenden Annäherung keinen Platz gefunden hat, es ist nicht erstaunlich, daß man ihn wiederfindet, nachdem man über die Musik nachgedacht hat, über die Verschiebungen, denn er ist grundlegend verschoben. Dennoch ist der Augenblick einmalig, in dem sich Bruder und Schwester wiederfinden; Hegel sah in der Bruder-Schwesterbeziehung die Höchste aller Beziehungen, eine Beziehung »ohne Durcheinander«, worunter auch das fehlende Durcheinander des Bluts zu verstehen ist.

Die Zwillinge, die vom System erwischt wurden, verschwinden schneller als alle anderen Personen. »Versäumnisse« dieser Art, wirst Du noch mehr finden, die gehören zu mir, zu dieser Lesart, die löchrig ist, wie jede Lesart und verdunkelt durch die Phantasie. Da sind wir wieder am Ursprung angelangt:

das Unbehagen des Kommentars, die Fallen der Interpretation, das um jeden Preis »Alles-Sagen-Wollen«. Jetzt ist es an Dir, Dir Deine eigene Lesart zurechtzulegen, Dir Dein eigenes Gitter zu konstruieren, auf dem Boden der Phantasie und der Kultur, die untrennbar vereint sind. An Dir ist es nun zu lesen und zu hören, und es gibt keinen Zweifel, daß Du etwas anderes hören wirst, und daß auch diese Lektüre nur ein Übergang gewesen sein wird. Ein Übergangsritus, so bezeichnet man die unzähligen Riten in allen Zivilisationen, die im Lebensablauf von einer Wegstrecke zur anderen führen. Lesen, zuhören, sind Übergangsriten und werden als solche vergessen. Auch die Musik vergißt irgendwie, denn sie schließt sich direkt der Zeit des Unbewußten an, dessen vitale Funktion es ist, sich einzuprägen, wie sie gleichzeitig auch das Vergessen prägt. In Deiner Kultur treiben die minimalistischen Kompositionen diese Arbeit bis zu einem sehr weit vorangeschrittenen Punkt, an dem sich alles auflöst und in einem repetitiven Vergessen voranschreitet. So muß man sich Wagner nach der ganzen Lektüre anhören. Im Vergessen, weit weg von dieser untergehenden Familiengeschichte, von diesen bis in den Tod ergebenen Frauen, von diesen mörderischen Vätern und diesem unaufhörlichen Sterben.

LOBREDE AUF DAS HEIDENTUM

Die Götter sind tot. Erstarrt in ihrer letzten Pose, von den Fluten verschlungen auf dem Grund der Meere, verbrannt auf ihrem letzten Scheiterhaufen, schweigen die Götter endlich. Über den versinkenden Lichtern, während ihre Stimmen versiegen, entsteht ein letztes Bild.

Ich weiß, daß es das letzte ist. Als sich vorhin der Vorhang der Ursprünge hob, hat mein Herz ein wenig geschlagen. Jetzt, wo ich weiß, denn das ist so üblich, daß sich die wundervolle Truhe mit Phantasmen wieder schließen wird, wo sich die Mythen, die mich heimsuchen, leibhaftig gezeigt haben, zieht sich mein Herz noch mehr zusammen, ohne daß ich etwas dafür tue. Ich weiß, daß es das Ende ist. Nicht nur die Vollendung des gesellschaftlichen Spektakels, das lange gedauert hat und das gut gelungen war; nicht nur die glänzende Vollendung einer gut gemachten Demonstration von Heldentaten. Den anderen gehört die simple Freude an den musikalischen Hochleistungen, an der Anwesenheit eines berühmten Dirigenten, der Leistung eines Stars, der Klugheit einer Inszenierung. Es handelt sich um etwas völlig anderes. Die letzten Worte, die man an jemanden richtet, der geht, der Schmerz einer Trennung, der letzte Kuß, den man auf die kalte Stirn eines Leichnams drückt, der Augenblick, in dem das lächerliche, mit Spitzen gesäumte Leichentuch zugedeckt wird, und das Verschwinden für immer dessen, was einmal ein Lächeln war, ein Blick aus blauen Augen, eine abgeschaffte Existenz... Einen Augenblick später gibt es niemanden mehr; das Lächeln wird krampfhaft, statt des Körpers ein Packen weiße Wäsche und, wenn man das ganze schließt, ein zugeschraubter Deckel mit silbernen Nägeln. Es ist der Augenblick, an dem sich ernsthaft der Beginn der Trauer vollzieht, diese langsame und schwierige, nicht endende Arbeit. Vorher war es noch »zum Lachen«; vorher blieb eine Erscheinung. Jetzt ist es zu Ende; man muß wohl oder übel dran gehen, man muß wieder daran gehen zu leben, ohne...

Ohne sie. Das Ende einer Oper ist eine Trauerarbeit. Eine vergängliche Arbeit, die schnell von feinen Gesten absorbiert wird. Man muß sich erheben, sich bewegen, einen Mantel anziehen, hinausgehen, ein paar Schritte machen, hinuntergehen. Aber das Haus der Männer ist nun unbewohnt. Wie ein riesiger Sarg läßt es ganze Heerscharen von höflichen und gut gekleideten Komparsen hinaus, die den Trauerzug bilden. Wie traurig das ist, wenn man die Oper verläßt. Die Welt, die gerade auf der Bühne gestorben ist, überläßt den großen sozialen Körper, der da durch alle Türen, alle Ausgänge flieht, seinem versprochenen Tod. An der Stelle von Stimmen höre ich Worte, gesprochene Worte. Der Lärm der Worte schmerzt in meinen Ohren wie eine seltsame Unschicklichkeit; ich brauche Stille und muß, ohne ein Wort zu sagen, diese Nacht ohne Schlummer fortsetzen.

Sicher ist es, um die verborgene Feier des unsichtbaren Tods zu durchbrechen, daß man so sehr applaudiert. Zuvor, bleib noch einen Augenblick, der Schein, mit seinen Kostümen, seinem »als ob«, seinem Bühnenbild, seinen Figuren; eine herrliche, flüchtige Stille schützt die Bühne noch vor dem Ende. Danach, wenn sich der Vorhang gesenkt hat, wird sich immer jemand finden, der erste von allen, der diesen codierten und wilden Lärm produziert, der das Signal zum vereinbarten Aufbranden gibt. Die harmonische Architektur zerreißt; jeder für sich schlägt die Hände nach seinem Rhythmus; die einen erheben sich, die anderen bleiben sitzen. Einige schreien. Auf die Musik folgt die vielfältige Organisation anderer Geräusche. Es scheint, daß sich das Ausmaß des Erfolgs am Ausmaß der hervorgerufenen Störung messen läßt. Auf der Bühne führen die toten Götter ihr Lächeln vor, ihre Verbeugungen, und in einem erbarmungslosen Licht ihre Schminke, die zerknitterten Falten ihrer Roben. Sie haben nicht ganz die imaginäre Figur abgelegt, die aus ihnen hybride Wesen macht, in denen sich kein Mann, keine Frau völlig wiedererkennen kann. Sie machen sich auf den Weg zurück in ihre menschliche Natur, der Kopf brennt, das Herz ist durcheinander. Was denken sie? Was fühlen sie? Welche Bewegung ist in ihren beruhigten Stimmen? Sie schauen dem riesigen Tumult, der sie feiert, ins Auge. Welche Gewalt... Hast Du jemals den Krach eines ganzen Zuschauerraums gemessen, der applaudiert? Hände, die schlagen, Füße, die trampeln, Stimmen, die vor lauter »Bravos« außer Atem geraten und damit den Mut und den Wert der Kämpfer ehren, und die verrückte Bewegung der wie Waffen geworfenen Blumensträuße... Dieser wilde Ritus, der ein Erbe der alten Klageweiber ist, gibt der Oper letztendlich eine barbarische Dimension, die etwas ganz anderes feiert als eine einfache Aufführung. Hör zu... Das ist alles, was dagegen wir unsererseits tun können. Hör zu... Wir können nicht mehr zusammen singen.

Immer bleiben vereinzelt einige im Zuschauerraum, lange nachdem das Publikum gegangen ist, die nicht aufhören wollen, etwas festzuhalten. Noch einen Augenblick, Herr Henker... Ein letzter Kuß, mein Herz. So versucht, bevor wir einschlafen, der Teil der Kindheit in uns, das Wachen hinauszuzögern. So versucht, bevor der Sarg geschlossen wird, der leidende Teil in uns, die Illusion des Lebens aufrechtzuhalten. Man muß gehen. Arme ziehen mich fort, Töne sprechen mir ins Ohr; der Körper bewegt mich langsam, als ob unsichtbare Fäden mich am Boden festhielten. Jeder Kommentar ist überflüssig. Draußen wird dann der sein, der von der Höhe seiner weisen Hühnerstange herab, dieses oder jenes finden wird, der seine Arbeit als Kritiker tun wird. Da ich eher höflich bin, werde ich irgend etwas antworten: oft das

Gegenteil, so sehr irritieren mich diese im Augenblick des größten Schmerzes gesprochenen Worte. Aber ich habe gute Lust, ihn zu erwürgen. Sollen sie doch endlich still sein... Hören sie nicht den Triumph des Gottes der Heere gegen die heidnische Aufruhr? Wissen sie nicht, welcher seltsamen Messe sie da eben geopfert haben? Und können sie nicht den Schmerz der Niederlage verstehen?

Es ist kalt. Oder auch, ganz im Gegenteil, ist die Nacht schmeichlerisch und verspielt. Draußen beruhigt sich die unumgängliche Wut, die mich ergreift. Der Verstand kehrt zurück – der stinkende Verstand, der mich aufrecht gehen läßt, einverstanden ist zu essen, wenn man direkt ins Meer rennen sollte. Und während mein unsensibler Mund schickliche Worte ausspricht, über die ich mich lustig mache, ertönen in einem Raum, den mir nie jemand nehmen wird, Musikkrümel, die mich ernähren. Mit der Oper ist es wie mit einer Reise in ein fremdes Land, die der Ethnologe unternimmt; wenn er zurückkommt, scheint ihm alles unpassend; und von seiner Kultur entwöhnt, erkennt er sich nicht mehr unter seinesgleichen. Er ist der wiederauferstandene Lazarus, er kommt aus einer anderen Welt, deren Spuren unauslöschbar sind. Wenn ich zu mir zurückkomme, finde ich mich dort nicht mehr; etwas in mir ist geschehen, das mich noch lange irreführt. Und von diesen Abwegen möchte ich nicht mehr zurückkommen... Aber im täglichen Leben hat das Delirium keinen Platz. Ich werde im *decrescendo* Trauerarbeit leisten. Langsam, ohne daß jemand es weiß, werde ich diese gefährlichen Objekte in mich aufnehmen, diese Frauen, die sich gut geschlagen haben, diese Hexen, die von nun an Teil meines Lebens sind. Und zur gleichen Zeit, wie ihre Musik sich in eindringlichen Melodien niederschlägt, geht von ihnen auf mich das Ferment einer Revolte über, das immer größer wird.

Ich gehe mit ihnen schwanger. Trauerarbeit enthält oft diese Überraschung; und während langer Monate befruchtet der Tote den Lebenden. Sie lassen meine Stimme im Zorn hochmütig werden, sie besänftigen sie in der Liebe, sie breiten ihre mächtigen Arme in meinen Gesten aus. Wie die Hysterikerin in ihrem Körper, sträubt sich mein Geist mit seltsamen Symptomen; ich bin voller Auswüchse, es wachsen mir Ideenpickel, ich bekomme Gedankenfieber. Ich gebäre noch unbekannte Worte; mit Entzücken lege ich sprachliche Schnitzer. Ich gehe mit ihnen schwanger, sie haben meine Bilder befruchtet und meinen neuen Stolz wieder hergestellt. Keiner merkt es. Es ist eine unsichtbare Arbeit, ein dichter Teppich, von tausenden von Stimmen, in tausenden von Jahren gewoben. Norma hält Carmen die stumme Fackel der Revolte hin, und sie fällt mir in die Hände, wie ein Weberschiffchen, damit auch ich webe. Morgen, das weiß ich im voraus, werde ich eine Arie trällern, die von irgendwo herkommt; das betrifft niemanden, keiner wird darauf acht geben.

Aber ganz in meinem Innern werde ich das Geheimnis bewahren. Ich erwarte das nächste Treffen mit meinen musikalischen Schwestern.
Man wird Dir sagen, daß das überhaupt nicht gut ist. Man hat mir sehr weise Reden gehalten, die ich mit Achtung angehört habe, über die Notwendigkeit, künstlerische Formen mit einem distanzierten Blick anzusehen, ja, ja, vergrabt, bedeckt sie mit Sand, die nichtigen Worte, die im Wind der männlichen Gedanken verloren sind. Rennt immer Eurer Versicherung nach; klebt Eure Stücke wieder zusammen. Ich ziehe es vor, mich in dieser heilbringenden Stückelei zu verlieren, in der mein Körper nicht mehr mir gehört, sondern heimgesucht wird; ich ziehe die Hysterie vor, die glückselige Fähigkeit, anders zu sein. Ich identifiziere mich mit ihnen, nur mit ihnen, mit ihrer Schlacht, ihrem Kampf; ich werde nicht länger ihre wiederbegonnene Niederlage ertragen. Für den weisen Herrn, der in aller Ruhe essen geht, und der aus seinem Kopf den Faden einer Seidenraupe herausläßt, wird sich der Kokon schnell wieder schließen. Ich möchte den Kokon offen halten, aus dem der Schmetterling schlüpft. Und ich möchte ihn nicht mehr auf einem Brett befestigt sehen, die Flügel vor dem Blick eines Insektenkundlers ausgebreitet. Ich weiß, daß sie in mir wieder aufleben; ich werde in mir bis ins Unendliche singen, um die Spur zu verewigen. Ich werde für den Raum einer Geste, den ich vielleicht gar nicht kenne, Carmen sein, und keiner wird den Sinn eines »Nein« verstehen. Ich werde mehrfach sein; ich werde mich von Musik zu Musik aufteilen, heimliche Beute unbekannter Zärtlichkeiten. Ich werde mich rückhaltlos der Weiblichkeit ausliefern, aber keiner wird es wissen. Und ihre Musik wird in mir wie eine Nacht am hellichten Tag sein. Eine immerwährende Finsternis der männlichen Sonne.
Man wird Dir sagen, daß die Hysterie eine Krankheit ist. Daß man seit den alten Griechen den kleinen Igel kennt, der da im Körper der Frau umhergeht. Daß jede Frau krank ist; und daß es in einer Familie immer eine gibt, die das Unglück der anderen auf sich konzentriert. *Die Kranke in der Familie:* der Ausdruck stammt von Freud. Du hast gehört, Du hast gesehen, wie diese Kranken stöhnen, weinen, schreien, schließlich geschlagen, besiegt werden. Verlaß Dich nicht darauf. Die Hysterie ist die hauptsächliche Hilfsquelle der Frauen. Mein Freund Diderot hat sich darin nicht getäuscht. »Die Frau trägt in sich«, schrieb er, »ein für schreckliche Krämpfe empfängliches Organ, das über sie verfügt und in ihrer Phantasie Phantome jeglicher Art hervorruft.« Aber sogleich fügte er hinzu: »Im hysterischen Wahn kommt sie auf die Vergangenheit zurück, wirft sich in die Zukunft, sind ihr alle Zeiten gegenwärtig.«
Lange Zeit waren meine Gedanken, die aber nicht zu mir gehörten, Kopfgeburten. Lange Zeit haben geordnete Gedanken, weise Worte, disziplinierte

Gründe den Raum dessen besetzt, was nicht meine Sprache war, sondern die der anderen, der Männer. Die Oper bildete die Enklave, das Indianerreservat, den gestatteten Naturzustand, ein vorübergehendes und schmerzhaftes Gelobtes Land. Die Musik war mir unvorstellbare Zuflucht. Eines Tags wußte ich, daß mir die Oper nicht mehr aus dem Kopf gehen würde. Und wenn ich oft das Wort »Herz« benutzt habe, dann aus einem Rest von Anstand und Vorsicht heraus in einer Welt, in der Frauen immer noch in Schach gehalten werden, in der man sie immer noch mißachtet. Die Oper kommt von anderswo; sie kommt aus der Gebärmutter. Das ist nicht gerade das einfache Geschlecht. Der Uterus, aus dem die Hysterie kommt, ist ein Organ, wo Wesen ausgedacht werden, ein Ort, an dem mächtige Rhythmen entstehen; ein den Frauen eigenes, musikalisches Tempo, die Quelle ihrer Stimme, ihrer Atmung, ihrer spasmodischen Art nachzudenken. Hier, und nur hier drückt sich die Geschichte in der ersten Person aus. Hier kommen verscharrte Jahrhunderte wieder hervor, wie Michelet, wie Diderot, wie Freud in einigen, schnell wieder getadelten, flüchtigen Augenblicken, es wahrnehmen konnten. Die Hysterikerin kann in ihrer Gebärmutter die Rebellionen gegen Rom ebenso wiederfinden, wie den mythischen Hexensabbat; die Hysterikerin unserer Tage kann, wie im letzten Jahrhundert, schwindsüchtig werden und daran sterben, wenn es sein muß. Aber diese Vergangenheit ist keine süßliche Erinnerung; dort, so beweisen es die aktuellen Formen der vielfachen und regellosen Bewegungen, drückt sich vielfältig die weibliche Revolte, der Elan der Zukunft aus. Von dieser Rückkehr zum Ursprung hängt die Projektion der Zukunft ab. Und die kunstvollen Tode, die mich heimsuchen, säen Stücke der Welt, in der ich mich vielleicht eines Tages frei fühlen werde.

Ich werde Leibniz auslachen, der erstaunt sein wird, daß er durch die Röhren seines magischen Hauses etwas wie ein Lachen hört, das er nicht versteht. Ich werde das Gold der Girlanden rot beschmieren und golden das Rot der Sessel. Die Männer werden endlich Farbe und Federn tragen. Sie werden nicht mehr wie Polizisten aussehen, die alle gleich sind, grau, braun, schwarz, trübe. Ich werde keine Angst mehr haben zu lachen und zu singen, wenn es gerade der falsche Augenblick ist. Und die Hexerei wird alltäglich, fröhlich sein. Die Oper wird nicht mehr sein. Es wird das alte Abbild eines zerbrochenen Spiegels sein, dessen wertvolle Splitter in einem Museum sind und einigen Zauber, einige Geheimnisse für die Schulkinder bewahren, die kommen und die Reste betrachten. Es wird keine Bühne und keinen Zuschauerraum mehr geben; und die Frauen werden das Glück besingen.

Es wird das große heidnische Fest sein, das wiedergefundene Paradies, bevor ein einziger und rächender Gott beschloß, daß das Böse existiert und daß man leiden muß. Die furchterregenden Tiere werden regelrechte Plüschtiere sein, sie werden die schlafenden Kinder nicht mehr bedrohen. Nackt und bloß werden sich Mann und Frau ohne Sünde berühren, und ihre beiden Stimmen werden sich für eine Musik vereinen, die nicht mehr die Liebe sein wird und auch nicht mehr ihre romantischen Leiden. Es wird kein Verbot mehr geben, kein Messer mehr in der Luft, keinen Verrat mehr; Gott wird nicht mehr existieren, als seine ohnmächtige Oper... Ach!

Der Vorhang senkt sich über meinem ausgelöschten Traum. Der Tod bleibt. Die Welt wird nicht in dem Maße rissig, sie dauert, und mit ihr dieser Gott, dessen schwankende Bilder die phallokratischen Unerbittlichkeiten verteidigen. Ich kenne die Delirien der Trauer; wenn der Tote mit seinem ganzen riesigen Körper das Herz des Lebenden einnimmt, der zurückbleibt, treibt eine wilde Explosion den Lebenden dazu, in einer gefährlichen Trunkenheit jegliche Grenze aufzuheben. Der riesige Tote lebt glücklich wieder auf. Aber man ersetzt das Unglück nicht durch das Glück; dieser Gegensatz ist gänzlich gekünstelt, und ich gewinne nichts bei dem Tausch, es sei denn das Wort. Auf der Bühne der großen Oper hast Du das Unglück gesehen und sein Gegenteil; Du hast nichts vom Leben gesehen, es sei denn die Lächerlichkeit der sich widersprechenden Figuren, wo einzig die Stimmen die Wahrheit singen.

Als die bürgerliche Revolution die Suppe des Humanismus köchelte, beschäftigten sich die Philosophen viel mit der Erziehung der Töchter. Für die Söhne hatten sie das schon längst getan. Aber die Töchter, das war etwas anderes. Heute hat die Französische Revolution ein hartes Dasein. Sie hat ihre Töchter hart erzogen. Ihren Söhnen geht es gut; ihre ganze Erziehung ist noch zu tun.

Man muß ihnen abgewöhnen, ein Mann zu sein; man muß ihre Sprache und ihr höhnisches Grinsen abschaffen; und wie ein Kind, das über den Boden robbt, damit seine Beine es eines Tages aufrecht tragen können, muß man ihnen Zärtlichkeit und verbotene Liebkosungen beibringen. Sie müssen in sich die Schwäche entdecken – oder zumindest das, was ihre gute Erziehung immer so nannte. Du, mein Sohn, als Du erfahren hast, daß Deine Schwester eines Tages ihre Periode haben würde, daß dieser Tag nahe sei und daß beschlossen wurde, diesen Tag zu feiern, warst Du schockiert, wütend. Woher kam denn diese ererbte Wut? Aus der Tiefe der Zeiten hast Du Dich geweigert, davon sprechen zu hören. Du wolltest das Geheimnis, das Mysterium, die Schande. Lachen verstörte Dich, Du hast Dich geändert. Die Geschichte der Frauen in der Oper unterscheidet sich nicht von dieser wahren Episode. Von nun an muß man die Söhne erziehen und ihnen an dieser großartigen Szene zeigen, was ihre Väter da angerührt haben. Du hast die Fallen gesehen, in die man sie sperrt, Du hast die herrliche Musik gehört, mit der das Abendland seine intimsten Morde zu verschleiern versteht... Ohne Zweifel ist dies meine Geschichte. Vielleicht gehörst Du bereits zu einer anderen Welt. Aber wenn der Wahnsinn der Hysterikerinnen vom Scheiterhaufen zur Oper gelangen konnte, und durch die verstörende Herrlichkeit ihrer Stimmen noch andauern konnte, schleichen in irgendeiner Ecke Deines Kopfes unvorstellbare große Mythen umher, deren Gefangener Du, ohne es zu wissen, bist. Die Oper ist die Sammlung dieser Mythen; besser als jedes Buch, wußte sie sie in ihrer ganzen vergangenen Größe auszustellen. Sie läßt sie leben, überleben, wieder auferstehen; sie unterhält mit blindem Vergnügen die harten familiären und politischen Gesetze. Man muß diesen Mythen auf den Grund ihres blendenden Blicks schauen.

Warte, geh noch nicht, verlaß das Haus nicht. Eine letzte Geschichte. Wenn die Kindheit eines Kindes endet, kehrt ihre zurück. Ich erinnere mich meiner ersten Tränen. Ich spreche nicht von den Tränen der Notwendigkeit, die das neugeborene Kind einsetzt, um Hunger oder Durst mitzuteilen, oder daß es naß ist; es handelt sich um richtige Tränen, um die erste Verzweiflung. Ich erfuhr sie durch ein Buch, ohne Zweifel das erste. Wie Stimmen, so haben auch gedruckte Wörter die perverse Macht, jenseits ihrer einfachen Vision zu rühren. Dieses kleine illustrierte Buch erzählte die Geschichte des kleinen Mädchens mit den Schwefelhölzern. »Hinter den Fenstern, die überall beleuchtet waren, erriet man die Freude.« Es war einmal ein kleines Mädchen, verloren in der großen Kälte von Andersens Märchen. Um zu leben, verkauft sie Schwefelhölzer, und, so erinnere ich mich, sie hatte nackte Füße. Und sie dachte an all die gebratenen Gänse in den warmen Häusern, deren Lichter sie sah. Sie wagte nicht, nach Hause zu gehen, aus Angst, den Zorn ihres Vaters auf sich zu ziehen, der sie sicher schlagen würde.

Also setzte sie sich auf den Boden in den Schnee. Und um sich aufzuwärmen, oder einfach nur so, zündete sie ein erstes Schwefelholz an. Und ein großer leuchtender Ofen wärmte ihr plötzlich die Füße; dann verlöschte das Schwefelholz und nichts war mehr da. Ein weiteres Schwefelholz... Auf diese Weise verbrauchte sie alle Schwefelhölzer. Als sie beim letzten angekommen war, erschien ihre Goßmutter, wieder jung und schön, wie sie sie nie gekannt hatte.

Am anderen Tag, frühmorgens, saß das kleine Mädchen immer noch im Schnee, um sie herum waren die Schwefelhölzer schwarz geworden, überall verstreut. Sie war erfroren. Weiß ich heute noch, was mich zum Weinen gebracht hat? Wenn ich es wüßte, würde ich ohne Zweifel nicht mehr in die Oper gehen. Es war ohne Zweifel die erste klare Vision des Todes meiner Genossinnen, ein kleines Mädchen, im Winter 1942, der so kalt war. Alle Bedrohungen der wirklichen Welt gingen in den vorgegebenen Tod dieser ganz kleinen Heldin über. Aber auch in die Schwefelhölzer. Alle auf einmal angezündet, in einer leuchtenden und vergänglichen Herrlichkeit: ein ganzes Glück auf einmal, das aber nicht dauert. Und der Tod geht daraus hervor, wie wenn jedes zu schnell entflammte Glück sogleich wieder verlöschen würde. So ist die Welt der Oper. Ein großes Strohfeuer aus Licht und Liebe, und der Tod ist das Ergebnis. Und draußen ist es kalt, man muß weiterleben. Es gibt keine glückliche Liebe; es gibt keine glückliche Oper... Und die Tränen kommen jedesmal wieder. Jedesmal stirbt mein kleines Mädchen mit den Schwefelhölzern, wenn sie die ganzen Lichter ihres Bühnenlebens verbrannt hat. Jedesmal wird die Trauer schlecht gelebt und verlängert ein Bild des Leidens, das einprägsamer ist als die Wirklichkeit.

Das Glück aber ist genau das Gegenteil. Die Oper, die Schwefelhölzer, oder die kleine Meerjungfrau, die sich die Zunge abschneidet, um an der Seite des Mannes zu leben, den sie liebt, und der sie nicht lieben wird, das ist die Zauberwelt, die die Eltern vermitteln. Ich mag den englischen Psychoanalytiker Winnicott. Das war ein alter Herr, der viel über die Kindheit wußte. Er hatte beobachtet, daß Kinder lange Zeit – manchmal bis ins Erwachsenenalter – mit Plüschtieren oder Stoffetzen einschlafen. Er nannte das »Übergangsobjekt«: was soll's, er war eben trotz allem ein Analytiker, der sich kaum darum kümmerte, ob er von seinesgleichen verstanden wurde. Das Übergangsobjekt ist die Darstellung der Dauer. Ein Gegenstand, den das Kind nach seinem Geschmack belebt, den es angreift und zerstört und das hart bleibt. Der Teddybär, der seit langem nur noch ein Auge hat, wird zärtlich geliebt; er ist deformiert und häßlich geworden und bleibt dennoch das Lieblingsobjekt. Er sichert den Übergang in die Welt. Er ist ganz einfach da. Er hilft, daß die Zeit vergeht; und mit der Zeit die harten Strecken der Erziehung.

Die Schwefelhölzer sind das Gegenteil dieses Übergangs. Sie flammen auf und nichts bleibt. Die Frauen, deren ewige Geschichte ich Dir erzählt habe, entflammen auf einmal, und nichts bleibt von ihnen übrig. Nichts bleibt übrig, außer der Musik. Ja, die Musik schließlich ist wie ein Übergangsraum; die Musik, die weder außen noch innen ist, sondern anderswo und um Dich herum. Die Musik, in der sich ohne Gefahr für das Leben Liebe und Haß abspielen und in der die Lichter der Leidenschaften brennen, die ebenso schnell verlöschen. Das Leben ist anders, nichts spielt sich so ab. Aber wenn es die Oper immer noch gibt, in ihren verfallenen Geschichten, dann deshalb, weil die Musik darin die gesegnete Rolle des Plüschtiers spielt. In ihr sind alle Agressionen, alle Fusionen möglich; in ihr stirbt man, zittert man, verletzt man sich; aber sie repariert, klebt zusammen, wie eine große membranartige und lebende Oberfläche, an der sich die Substanzen der lebenden Dauer ernähren. Sie wird Dir helfen, durchzukommen; sie wird Dir helfen, zu überwinden. Sie staut die patriarchalischen Gesetze, die die Frauen töten. Wie eine nährende Großmutter, wischt sie die Frauen weg, deren allzu wirkliche Leiden ich Dir zeigen wollte. Sie hat meine Revolten lange neutralisiert, lange meinen Verdacht besänftigt. Und wenn ich auch heute noch die Oper liebe, dann wegen der großen Einschläferin, deren Zauber und wiedergutmachende Macht ich kenne. Man braucht beim Verlassen der Zaubernacht einen langen Augenblick, bis der Geist aufwacht. Man muß das Terrain wieder erobern, sich den mütterlichen Armen entwinden und aufstehen. Und siehst Du, man muß sogar die Wahrheit über die hysterische Frau wissen. Sie hat das Gedächtnis von Jahrhunderten, sie hat den Körper voller Erinnerungen, sie sagt die Wahrheit über die Unterdrückung, sie macht die Familie rasend, sie hat *recht*, in ihrer wirren Vernunft. Aber Freud war unendlich erstaunt über ihre Widerstandsfähigkeit gegen das Unglück. Geschlagen, gequält, besiegt, zu Boden, geht die Hysterikerin am anderen Tag frisch und bereit in einen neuen Kampf, produziert ein neues Symptom. Ein neuer Pickel blüht auf ihrer Lippe. Die Sängerin, die Du soeben hast richtige Tränen weinen und mit der ganzen Kraft ihres Körpers hast leiden sehen, erhebt sich lächelnd, kaum betroffen. Die schöne Gleichgültigkeit der Hysterikerinnen ... Das Unglück spielt sich an der Oberfläche ab, die Haut brennt, die Schwefelhölzer werden angezündet, aber ein harter Kern widersteht und stirbt nicht. Ihren eigenen Schmerzen gegenüber gleichgültig, ruft die Hysterikerin daraus neue hervor. Die Männer werden Dir sagen, daß die Frauen so sind. Werden daraus schließen, daß das nicht wichtig ist. Sie leiden, aber nicht wirklich. Ich sehe darin hingegen ihren letzten Sieg. Sie leiden, aber nichts kann ihr widerstandsfähiges Zentrum wirklich erreichen. Die Oper kommt damit nicht zurande. Und mit diesen unbeschreiblich oft wiederholten Morden, ermordet sie bereits Wiederauferstandene. Die Schwefelhölzer flammen erneut auf, es erhellt sich erneut ihr Himmel ... Die Hysterikerinnen erheben sich. Der große musikalische Fluß wird sie nicht einschläfern.

Ihre weit geöffneten Augen glänzen. Irgend etwas gegenüber sind sie gleichgültig und leben in ihrem Tod selbst. Ihre Haut bebt, ihre Oberfläche schält sich unaufhörlich für eine neue Haut, für noch eine Haut. Sie häuten sich, die Töchter der Schlange, die uns die Männer nie als Komplizin beigegeben haben. Sie sind unsterblicher als dieser verhaßte Gott, der uns Frauen zu Hälften von Männern gemacht hat. Ihre Gleichgültigkeit ist die der alten Göttinnen, heitere Riesinnen, die die Leidenschaften streiften, ohne daran zu zerbrechen. Dieser Gott wird vorübergehen, sie werden bleiben. Und die Oper, ohne Zweifel eine vorübergehende Form, angesichts der kommenden Jahrhunderte, wird nichts weiter gewesen sein, als der große Schlaf ihrer Gewalt, die Darstellung, die sich die Männer von ihrem schlecht abgesicherten Sieg gegeben haben werden, in einem Kampf, den nur sie am Leben halten, den nur sie wünschen. Sie werden weiter singen, schön und lebend, mit einer Stimme, die keine einzige Bedrohung mehr erleiden wird. Sie werden etwas ganz anderes sagen, als die aufgeblasenen Worte des Deliriums und des Schmerzes. Sie werden endlich nicht mehr darum bitten, daß man sie sterben läßt... Ich weiß nicht, wie dieser Gesang sein wird.

Ich stelle ihn mir wie ein Wiegenlied vor. Stärker als Koloraturen, höher als die leidende Stimme, hör zu ... Dort singt eine kaum vernehmbare Stimme, eine Stimme jenseits der Oper, eine zukünftige Stimme. Eine Stimme, die noch nicht erwachsen ist: die Stimme der Zärtlichkeiten und der Liebkosungen. Die Stimme eines sanften Körpers, ohne Distanz, die nur ein wirklicher Körper hervorbringen kann. Der Schlummer wird nicht mehr über einem kleinen toten Mädchen erwachen, und wie man die Arme beim Verlassen der Nacht ausstreckt, werden sie singen.

INDEX